TEAM 3 Politik und Wirtschaft

Differenzierende Ausgabe

Herausgegeben von:
Wolfgang Mattes

Erarbeitet von:
Karin Herzig und Wolfgang Mattes

westermann GRUPPE

© 2017 Bildungshaus Schulbuchverlage
Westermann Schroedel Diesterweg Schöningh Winklers GmbH
Braunschweig, Paderborn, Darmstadt

www.schoeningh-schulbuch.de
Schöningh Verlag, Jühenplatz 1 – 3, 33098 Paderborn

Druck A^1 / Jahr 2017
Alle Drucke der Serie A sind im Unterricht parallel verwendbar.

Umschlaggestaltung: Schöningh Verlag
Fotos: © Schüler Helfen Leben e. V., Foto: Karin Costanzo (U1 links);
© picture-alliance/dpa (U1 rechts); elxeneize-Fotolia.com (U4)
Illustrationen: Reinhild Kassing, Kassel
Druck und Bindung: westermann druck GmbH, Braunschweig

ISBN 978-3-14-**023730**-7

Inhaltsverzeichnis

1 Jugendliche in der Demokratie
Wofür setzen wir uns ein?

2 Auf dem Weg zur Berufswahl
„Wie plane ich meine berufliche Zukunft?"

5 Die Bedeutung der sozialen Marktwirtschaft Was sind ihre Merkmale, Vorzüge und Probleme?

6 Soziale Sicherung heute und morgen Wie viel Schutz kann und soll der Staat den Menschen bieten?

7 Wirtschaft und Umwelt
Gibt es Wege zur Vereinbarkeit von Ökonomie und Ökologie?

8 Grund- und Menschenrechte
Welche Bedeutung haben sie für uns?

9 Die Europäische Union – Erfolge, Krisen und Herausforderungen
Wie sehr brauchen wir das vereinte Europa?

10 Leben in der globalisierten Welt
Welche Auswirkungen hat die Globalisierung auf Alltag, Wirtschaft und Politik?

11 Frieden und Sicherheit als Aufgaben internationaler Politik
Welche Chancen gibt es für eine friedlichere Welt?

Methodenkarten

Info

Warum sind Kompetenzen so wichtig?

Das Foto zeigt Schülerinnen und Schüler einer zehnten Klasse während einer Präsentation vor Publikum zum Thema *Jugend und Politik*. In der Vorbereitung haben sie sich in das Thema eingearbeitet und eine Befragungsaktion in ihrer Schule durchgeführt. Auf die Präsentation haben sie sich vorbereitet, indem sie den Vortrag untereinander aufgeteilt und Folien mit PC gestaltet haben. Vor dem Auftritt vor Publikum übten sie den Vortrag in ihrer Gruppe. Während der Präsentation sind alle konzentriert und hoch motiviert. Damit haben diese Schülerinnen und Schüler einen Weg gefunden, ihre persönlichen Kompetenzen zu entwickeln.

Kompetenz kann mit *Befähigung* übersetzt werden. Kompetent sein bedeutet, dass man in und außerhalb der Schule von seinen erlernten Fähigkeiten Gebrauch machen kann, von seinem Wissen, seinem Können, seiner Fähigkeit, sich ein eigenes Urteil zu bilden und mit anderen in Teams zusammenzuarbeiten.

Die Schülerinnen und Schüler, die man auf dem Foto sieht, waren stolz, nachdem sie Applaus für ihre Präsentation bekamen. Kompetenz schafft Selbstvertrauen. Sie ist etwas, was jeder Mensch sich wünscht.

Dieses Buch soll euch dabei helfen, für wichtige Themen aus Politik und Wirtschaft in eurer Kompetenzentwicklung Schritt für Schritt voranzuschreiten.

Auf vielen Seiten werdet ihr die abgebildete Kompetenzampel entdecken. Die vier Farben stehen für vier unterschiedliche Kompetenzbereiche. Je nachdem, welche Farbe aufleuchtet, seht ihr sofort, was der Schwerpunkt des Lernens sein wird. Mit dem Kunstwort *Smuh* könnt ihr euch die Reihenfolge der Kompetenzen von oben nach unten einprägen.

Sachkompetenz

Man arbeitet sich in neue Themengebiete ein, erwirbt neues Wissen und ist in der Lage, es anzuwenden.

Methodenkompetenz

Man übt das eigenverantwortliche Lernen, indem man alleine oder in Teams die Fähigkeiten trainiert, die einem bei der Bewältigung von Lernanforderungen nützlich sind.

Urteilskompetenz

Man schult die Urteilskompetenz, indem man sich darin übt, einen mit überzeugenden Argumenten begründeten Standpunkt zu den umstrittenen Themen in der Demokratie zu formulieren.

Handlungskompetenz

Auf der Basis von erworbenem Wissen und erworbenen Fähigkeiten übt man sich darin, seine Fähigkeiten im aktiven Tun anzuwenden – zum Beispiel in der Zusammenarbeit mit anderen in Rollen- und Planspielen oder auch bei Erkundungen und in anderen Übungsfeldern außerhalb des Unterrichts.

Sachkompetenz **S**

Methodenkompetenz **M**

Urteilskompetenz **U**

Handlungskompetenz **H**

Wiederkehrende Elemente in TEAM

Fall
Du wirst viele interessante Fallgeschichten in diesem Buch finden. Die Texte dazu sind leicht zu lesen und daher gut für den Einstieg in neue Themen geeignet.

Texte mit diesem Logo stellen etwas höhere Ansprüche. Da kann es sinnvoll sein, sie ein zweites Mal zu lesen. Beim ersten Lesedurchgang verschaffst du dir einen Überblick über den Inhalt. Nach dem zweiten Lesen klärst du auch die wichtigen Teilaussagen.

Die durchnummerierten Arbeitsaufträge zu den Materialien in diesem Buch haben unterschiedliche Funktionen. Wir haben ihnen Farben zugeordnet.

1. Für alle zuerst

Bei den grünen Fragen geht es um das **Verstehen** des zugehörigen Materials. Sie helfen euch dabei, Wichtiges aus dem Inhalt des gelesenen Materials herauszufinden.

2. Im Anschluss daran

Blau sind die Aufträge, bei denen es um das **Analysieren** von Texten und anderen Materialien geht, also um das genaue Untersuchen nach Plan. Wenn es mehrere davon gibt, könnt ihr auch eine Auswahl treffen oder die Arbeit aufteilen.

3. Zum Abschluss etwas kniffliger

Die roten Aufträge erfordern etwas mehr an eigenem Nachdenken. Meist geht es dabei um das **Bewerten** von Problemen und unterschiedlichen Ansichten. Hilfreich kann es sein, sie in Partner- oder Gruppenarbeit zu bearbeiten.

Infoseiten
Hier informierst du dich über bedeutsame Themen des Faches.

Methodenkarten
Hier bekommst du Hilfen und Regeln zur Durchführung wichtiger Methoden.

TEAM kontrovers
Auf diesen Seiten werden unterschiedliche Ansichten zu umstrittenen Themen aus Politik und Wirtschaft angeboten. Sie sollen zur persönlichen Urteilsbildung beitragen.

Kompetenzstationen
Damit wiederholst du das Gelernte mithilfe von interessanten Aufgaben zu den einzelnen Unterkapiteln.

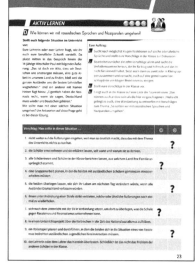

Aktiv lernen
Hier hast du die Gelegenheit, Aufgabenstellungen eigenverantwortlich zu bearbeiten – mal allein, oft zu zweit oder in Gruppenarbeit.

Glossar
Am Ende findest du ein Verzeichnis mit Erklärungen zu Fachbegriffen, die für das Verständnis der Texte im Buch von Bedeutung sind.

Was bedeuten eigentlich die Verben in den Arbeitsaufträgen?

Die Verben in den Arbeitsaufträgen bezeichnen die Tätigkeiten, die während der Bearbeitung von euch erwartet werden. Lehrerinnen und Lehrer bezeichnen diese auch als **Operatoren**. Hier findet ihr in alphabetischer Reihenfolge die Operatoren, die in TEAM häufig verwendet werden. Wenn ihr hin und wieder Zweifel habt, was konkret zu tun ist, könnt ihr euch an den kurzen Erklärungen orientieren.

analy-sieren	Ihr führt eine genaue Untersuchung des Materials durch, untergliedert es in seine einzelnen Bestandteile und fügt am Ende die Teilergebnisse eurer Arbeit zu einem Gesamtergebnis zusammen.	erläutern	geht über das Erklären hinaus. Hier reichert ihr eure Darstellung mit Beispielen und zusätzlichen Informationen an.
begrün-den	ist ein wichtiger Bestandteil eurer eigenen Urteilsbildung. Wenn ihr zum Beispiel eine Stellungnahme abgebt oder eine bestimmte Ansicht in einer Diskussion vertretet, sucht ihr so nach Argumenten bzw. nach Beweisen, mit denen ihr diese möglichst überzeugend unterfüttern könnt.	präsen-tieren	Ihr tragt eure Arbeitsergebnisse vor der Klasse oder einem anderen Publikum vor, um dieses möglichst genau über eure erworbene Sachkompetenz in Kenntnis zu setzen. Ihr achtet dabei auf eine gut nachvollziehbare Struktur und unterstützt euren Vortrag medial in Form unterschiedlicher Visualisierungen.
beschrei-ben	Ihr stellt einen Fall, einen Test, ein Schaubild oder ein anderes Material mit eigenen Worten sachlich richtig dar.	recher-chieren	ist die gezielte Suche nach Informationen – häufig mithilfe des Internets. Ihr geht dabei immer von einem bestimmten Lerninteresse und von einem Untersuchungsauftrag aus und sucht nach Materialien, die euer Forschungsinteresse klären. Dabei achtet ihr im Besonderen auf die Qualität der verwendeten Quellen.
beurteilen	geht noch über die Begründung hinaus. Ihr trefft ein Sachurteil, das aus einer Behauptung bzw. These besteht, begründet dieses mit möglichst mehreren Argumenten und Beispielen und grenzt euch von den Urteilen anderer ab, indem ihr euch damit argumentativ auseinandersetzt.	Stellung nehmen	enthält die Tätigkeiten Beurteilen oder Bewerten. Dabei tragt ihr euer Urteil zusammenhängend in einer gewissen Ausführlichkeit vor und stützt euch dabei in der Regel auf eine schriftliche Ausfertigung, die ihr vorbereitend verfasst habt.
bewerten	geht noch einen Schritt weiter als das Beurteilen, weil ihr zusätzlich die Wertmaßstäbe deutlich macht, auf die sich euer Urteil gründet. Im Bereich der politischen Bildung können solche Wertmaßstäbe zum Beispiel der Beitrag eures Urteils zur Förderung der Demokratie und der Menschenrechte sein, der Abwehr von Gefahren für das Zusammenleben der Menschen und anderes mehr.	verglei-chen	Ihr stellt zwei oder mehrere Materialien zu einem Thema einander gegenüber und betrachtet sie, um Gemeinsamkeiten und Unterschiede herauszufinden.
erklären	Ihr stellt euer Wissen, das ihr euch durch Texte oder durch andere Materialien erworben habt, mit euren eigenen Worten so dar, dass die Zusammenhänge deutlich werden und dass ein Ansprechpartner euren Gedanken problemlos folgen kann. Es gelingt euch bei eurer Darstellung, das Wichtige einer gewonnenen Einsicht zu verdeutlichen.	zusam-menfas-sen	Ihr unterzieht die Ergebnisse eures Lernens einer abschließenden Betrachtung und konzentriert euch dabei auf die Darstellung des Wesentlichen und auf die Erkenntnisse, die ihr nachhaltig im Gedächtnis speichern wollt.

Wofür setzen wir uns ein?

1. Alleine nachdenken

Was können Gründe dafür sein, dass Jugendliche in einem Fußballstadion Rote Karten gegen Rassismus hochhalten?

2. Zu zweit beraten

Welche Beispiele jugendlichen Engagements kennt ihr aus eigener Erfahrung oder aus Erzählungen anderer?

3. In der Klasse sammeln

In der Demokratie leben Menschen unterschiedlicher Herkunft, unterschiedlichen Geschlechts und Glaubens miteinander. Was muss jeder Einzelne leisten, damit das Zusammenleben funktionieren kann?

Im Verlauf dieses Kapitels könnt ihr …

- Beispiele jugendlichen Engagements untersuchen und beurteilen,
- darüber diskutieren, ob sich soziales Engagement lohnt oder nicht,
- begründen, warum Rassismus menschenverachtend ist,
- überlegen, wie man mit rassistischen Sprüchen und Naziparolen umgehen soll,
- Sachtexte zum Thema Demokratie analysieren und bewerten.

Eigene Schwerpunkte könnt ihr setzen, indem ihr …

- im Internet Filmbeiträge zum Thema der Unterrichtsreihe recherchiert und vorstellt,
- Projektideen zum Thema „Schule ohne Rassismus" sammelt,
- andere Schülerinnen und Schüler über deren Einstellungen zur Demokratie befragt.

1 Mitmachen und sich für andere einsetzen
Projekte Jugendlicher vorstellen und bewerten

Eine Einstiegsübung für alle

„Ich glaube, dass nur ein kleiner Teil der Jugendlichen bereit ist, sich für andere zu engagieren."

„Ich bin sicher, dass die meisten Jugendlichen gerne an sozialen Hilfsprojekten teilnehmen."

● Welcher der beiden Ansichten stimmst du eher zu? Notiere deine Meinung, begründe sie kurz und vergleiche mit deinen Tischnachbarn.

A Was Jugendliche tun – drei Beispiele

Die Beispiele können in Dreiergruppen bearbeitet werden. Schaut euch dazu auch die Methodenkarte 1 auf der Seite 18 an.

Beispiel 1: Schülerinnen besuchen Senioren

An mindestens einem Nachmittag in der Woche nehmen sich Paulina, Lara, Alicia, Jennifer, Juliana und Line Zeit für die Bewohner des Josef-Hauses an der Krahenhöhe. Das freut nicht nur die Senioren, sondern auch Renate Eigler, die Ehrenamt-Koordinatorin des Hauses. Sie findet es sehr wichtig, dass die Senioren auch mit jungen Menschen in Kontakt kommen. „Die Bewohner sollen sich nicht isoliert fühlen. Der Austausch mit den jungen Leuten bedeutet für sie auch Kontakt zur Außenwelt", sagt Eigler. [...] In der AG „Mixed Generations" haben Schüler der August-Dicke-Schule Spiele-Nachmittage für die Senioren organisiert. Aufgrund von Umbauarbeiten im Josef-Haus im Jahr 2011 konnte die AG nicht fortgeführt werden – Paulina, Alicia und Lara blieben dem Heim aber treu und spielen seitdem wöchentlich „Stadt-Land-Fluss" mit den Bewohnern, klönen mit ihnen oder unternehmen Spaziergänge mit den Senioren. „Wir führen tolle Gespräche mit den Senioren und man bekommt auch viel zurück", findet Schülerin Lara. „Man bekommt eine andere Einstellung gegenüber älteren Menschen und Altenheimen", ergänzt Alicia.

(Aus: Ann-Christin Stosberg, Schüler helfen in Altenheim, in: Solinger Tageblatt vom 18.09.2014, im Internet unter www. solinger-tageblatt.de; Zugriff: 01.08.2016)

Beispiel 2: Jugendliche engagieren sich gegen Überfischung der Meere

Am 2. Mai haben die JAGs* Frankfurt eine Aktion gegen die Überfischung gemacht. Wir haben uns um 12 Uhr vor die Kleinmarkthalle in Frankfurt gestellt und einen

Banner aufgespannt. Anschließend haben wir Flyer an die Besucher der Markthalle verteilt. Mit unserer Aktion wollten wir informieren und den ein oder anderen zum bewussteren Fischkauf anregen. Dies ist uns auf jeden Fall gelungen. Die meisten Leute blieben erst stehen, als sie das Wort Überfischung hörten, was von allgemeinem Interesse an diesem Thema zeugt, und nahmen dann auch dankend einen der Flyer entgegen. Einige kamen auch direkt auf uns zu und fragten uns, ob sie Infomaterial bekommen könnten. Da wir die Leute entweder direkt vor oder kurz nach ihrem Einkauf in der Kleinmarkthalle ansprachen, konnten wir davon ausgehen, dass diese Leute sich von der Überfischung betroffen fühlten, was auch meistens der Fall war. Viele lobten uns auch und bestätigten uns in unserer Meinung, dass die Politik zu wenig dagegen steuere. [...] Um 16 Uhr beendeten wir dann auch die Aktion und verließen die Kleinmarkthalle mit dem Wissen, dass wir zumindest ein paar Menschen zum Überdenken ihres Fischeinkaufs angeregt haben.

(Bericht aus www.greenpeace-jugend.de; Zugriff: 01.08.2016. Unter dieser Adresse findet ihr zahlreiche weitere Berichte.)
* „JAGs" nennen sich die Mitglieder der Greenpeace-Arbeitsgemeinschaften.

Aktion für den Schutz der Meere

Beispiel 3: Aktion „Der Soziale Tag"

„Wenn viele Menschen viele kleine Schritte gehen, können sie die Welt verändern." Dieses Motto nehmen sich jährlich über hunderttausend Schüler zu Herzen und machen mit beim „Sozialen Tag" von „Schüler Helfen Leben."
Einen Tag lang tauschen Schüler ihr Klassenzimmer gegen einen Arbeitsplatz und jobben für den guten Zweck. Den Erlös spenden sie für Hilfsprojekte auf dem Balkan – das ist die Idee des Sozialen Tages. Ob Wände streichen im väterlichen Büro, Rasenmähen beim Nachbarn oder den Kurier spielen für die Anwaltskanzlei um die Ecke: Ihren Job können die Schüler selbst wählen. Seit 1998 organisiert „Schüler Helfen Leben" den Sozialen Tag – und das mit großem Erfolg. Hunderttausende Schüler sammelten gemeinsam über 22 Millionen Euro. Mit dem

Geld konnte „Schüler Helfen Leben" zahlreiche Projekte im Bereich der Jugend-, Bildungs- und Friedensarbeit fördern. [...] Mit deiner Teilnahme beim Sozialen Tag kannst auch du das Leben der Jugendlichen in Südosteuropa und an der syrischen Grenze verbessern. „Schüler Helfen Leben" ist der beste Beweis dafür, dass Jugendliche gemeinsam etwas bewegen können – wenn sie nur wollen.

(Aus: www.schueler-helfen-leben.de, Zugriff: 01.08.2016 – ohne Autorenangabe; unter dieser Adresse können sich Schulklassen und einzelne Personen zur Teilnahme am Sozialen Tag anmelden.)

1. Was machen die Jugendlichen? Stelle ein Beispiel mit eigenen Worten vor.
2. Bewertet die vorgestellten Projekte anhand der Stichworte (a) Arbeitsaufwand, (b) Erfolg und (c) Bedeutung für Menschen und Umwelt.
3. Angenommen, ihr würdet vor die Wahl gestellt: Ihr könnt an einem, an zwei oder an allen drei Hilfsprojekten teilnehmen. Wie entscheidet ihr euch?

Was auch noch interessant sein kann:
● recherchieren: Unter den Internetadressen www.greenpeace-jugend.de und www.schueler-helfen-leben.de werden laufend neue von Schülern durchgeführte Hilfsprojekte vorgestellt. Viele sind mit Videos dokumentiert. Man kann Projekte aussuchen, die überzeugen, und in der Klasse vorstellen.

„Wie gut bin ich als Gruppenmitglied?"

Thema:
Projekte Jugendlicher in der Gruppe bewerten und vorstellen

Worum geht es?

Eine wichtige Voraussetzung für den Erwerb von Teamfähigkeit besteht darin, dass man über sein eigenes Verhalten während einer Gruppenarbeit nachdenkt. Bei der Gruppenarbeit zu diesem Unterkapitel geht es darum, dass alle Gruppenmitglieder eines der Beispiele zum Thema „Was Jugendliche tun" bearbeiten, um es dann den anderen übrigen Mitgliedern vorzustellen.

Hier kannst du zunächst für dich ermitteln, wie gut es dir schon gelingt, dich mit deinem Arbeitseinsatz und deinen Vorschlägen in die Gruppenarbeit einzubringen.

Wie kannst du vorgehen?

Am besten gehst du den Fragebogen für dich allein durch, nachdem die Gruppenarbeit durchgeführt wurde. Im Anschluss daran solltest du festhalten, was du in deiner Gruppe gut gemacht hast und was du beim nächsten Mal verbessern kannst. Beides notierst du dir. Du kannst nun überlegen, ob du mit einem Freund oder einer Freundin über deine Selbsteinschätzung sprechen möchtest. Interessant kann es auch sein, wenn du den Fragebogen ein zweites Mal durchgehst und dir dabei überlegst, wie die anderen Gruppenmitglieder deinen Beitrag sehen.

	Das hat gut geklappt.	Das kann besser werden.
1. Ich habe das Material, das ich zu bearbeiten hatte, aufmerksam durchgearbeitet.		
2. Ich habe darauf geachtet, dass wir zügig mit der Gruppenarbeit beginnen konnten.		
3. Ich hatte meine Arbeitsunterlagen und meine Notizen dabei und hatte sie auf dem Tisch vor mir liegen.		
4. Ich habe mir Mühe gegeben, das von mir bearbeitete Material so vorzustellen, dass die Gruppe gut und ausführlich informiert wurde.		
5. Ich habe den anderen gut zugehört, als sie die Ergebnisse ihrer Arbeit vorgestellt haben.		
6. Ich habe mich mit eigenen Ideen und Beiträgen am Gespräch in der Gruppe beteiligt.		
7. Ich habe mich weder zu sehr in den Vordergrund gedrängt noch zu sehr mit eigener Arbeit zurückgehalten.		
8. Wenn unsere Arbeit schwierig wurde, habe ich daran mitgearbeitet, dass wir gemeinsam eine Lösung finden.		
9. Ich habe nicht herumgetrödelt, sondern mit dafür gesorgt, dass wir in der vorgegebenen Zeit zu einem guten Ergebnis kommen.		
10. Ich habe mich an der Vorbereitung unserer Ergebnispräsentation beteiligt und war bereit, eine Präsentationsaufgabe zu übernehmen.		

B Sollen Jugendliche sich in ihrer Freizeit für Hilfsprojekte engagieren?

Jeder Dritte ist aktiv

34 Prozent aller Jugendlichen in Deutschland geben an, dass sie „oft" für andere aktiv sind. Das ist eines der Ergebnisse aus der 17. Shell Jugendstudie aus dem Jahr 2015. Insgesamt ist die Bereitschaft zum sozialen Engagement damit leicht rückläufig. 2010 lag der Anteil der Jugendlichen, die sich regelmäßig in ihrer Freizeit für Umwelt-, Tierschutz, Flüchtlinge und andere hilfsbedürftige Menschen einsetzen, noch bei 39 Prozent. Der leichte Rückgang ist nach Ansicht der Forscherinnen und Forscher aber nicht auf ein schwindendes Interesse zurückzuführen. Viele Jugendliche hätten einfach nicht die Zeit, sich für Hilfsprojekte einzusetzen.

Aktivitäten Jugendlicher nach Bereichen		
Ich bin aktiv für	oft	gelegentlich
Eine sinnvolle Freizeitgestaltung von Jugendlichen	13	29
Die Interessen von Jugendlichen	11	37
Hilfsbedürftige ältere Menschen	9	30
Den Umwelt oder Tierschutz	10	27
Ein besseres Zusammenleben mit Migranten	10	23
Ein besseres Zusammenleben am Wohnort	5	22
Sicherheit und Ordnung am Wohnort	6	15
Behinderte Menschen	6	16
Sozial schwache Menschen	7	26
Soziale und politische Veränderungen	4	17

Shell Jugendstudie 2015, Jugendliche im Alter von 12 – 25 Jahren, Angaben in %

C TEAM kontrovers: Mitmachen – ja oder nein?

Nein, das muss eine Ausnahme bleiben!

Schülerinnen und Schüler sollen die wenige Freizeit, die ihnen nach der Schule verbleibt, zur Erholung und zum Treffen mit Freunden nutzen. Eine kurzfristige Mitarbeit an einem Hilfsprojekt ist nur dann sinnvoll, wenn es eine Ausnahme ist. Junge Leute dürfen sich nicht zu viel zumuten. Das schadet ihrer Gesundheit. Es bringt den Jugendlichen mehr, wenn sie sich auf die Schule konzentrieren und dort gute Leistungen erbringen. Das ist auch die Voraussetzung dafür, dass sie nach der Schulzeit eine gute Ausbildung bekommen und Geld verdienen. Davon hat dann auch die Gesellschaft insgesamt den größten Nutzen.

Ja, mitmachen und anderen helfen bringt viel!

Schülerinnen und Schüler, die sich regelmäßig in ihrer Freizeit engagieren – zum Beispiel im Umweltschutz, im Tierschutz oder in Hilfsprojekten für andere Menschen – berichten immer wieder, wie sehr das Mitmachen Spaß macht und das Leben bereichert. Zugleich leisten sie dadurch wertvolle Dienste für das Zusammenleben in der Gesellschaft. Die schulischen Leistungen müssen nicht darunter leiden. Ganz im Gegenteil, man macht wertvolle Erfahrungen, die auch nach der Schulzeit in der Berufsausbildung oder in einem Studium von Nutzen sein können. Die Demokratie braucht noch mehr junge Leute, die zum Mitmachen bereit sind.

 1. 34 Prozent: Ist das deiner Ansicht nach eine hohe oder eine geringe Zahl von Jugendlichen, die oft für andere aktiv sind? Entscheide spontan.

 2. Fasse zusammen, was das Schaubild über Werte, soziales Engagement und Ziele von Jugendlichen aussagt.

 3. Mit welchen Aussagen werden die beiden Standpunkte zum Thema Mitmachen begründet. Nenne sie einzeln.

4. Wie lautet deine Stellungnahme zum Thema dieser Seite? Formuliere sie und stelle sie vor. Diskutiert dann gemeinsam.

2 „Schule ohne Rassismus"
Wollen und schaffen wir das?
Den Umgang mit rassistischen Sprüchen trainieren

A Schülerprojekte gegen Rassismus

Beispiel 1: „Ey, Schwarzkopf", „Finger weg, du Pole", „du Spasti", „du Opfer", „du Homo", „du Hurensohn" – nur einige von vielen Ausdrücken, die man wohl auf vielen Schulhöfen oder in den Pausen aus Schülermündern hören kann. „Wir von der Schülervertretung wollten was gegen diese alltäglichen Beleidigungen tun", sagt Hussein Zeaiter (16). „Da wir uns als zertifizierte Schule ohne Rassismus – Schule mit Courage verpflichtet haben, jedes Jahr Aktionen dazu durchzuführen, wurde jetzt das Projekt ‚Gegen Rassismus und Diskriminierung in der Alltagssprache' in den achten Klassen durchgeführt", ergänzt SV-Kollege Mike Jakobi. [...] „Im letzten Abschnitt des Projektvormittages wurden typische Schimpfwörter des Schulalltages gesammelt, dann deren heimliche Botschaft entschlüsselt und gemeinsam überlegt, ob nicht eine neutralere Aussage möglich ist, die eben nicht diskriminierend oder rassistisch ist", erklärt SV-Lehrerin Mareike Eickers. [...] „Uns ist schon klar, dass die

Plakat des Netzwerks „Schule ohne Rassismus – Schule mit Courage". Dieses und weitere Plakate können im Internet kostenlos bestellt werden.

Beleidigungen nicht plötzlich ganz verschwinden", sagt Schülervertreter Mike. „Aber wir hoffen, dass es weniger werden und die alten nicht mehr so oft herausrutschen."

(Aus: Marcus Esser, Projekt gegen Rassismus in der Alltagssprache, Artikel vom 01.07.2014 (bearbeitet), in: Westdeutsche Allgemeine Zeitung, im Internet unter www.derwesten.de; Zugriff: 16.09.2016)

Beispiel 2: 700 Luftballons für Frieden und Toleranz lassen Bonndorfer Schüler des Bildungszentrums steigen und setzen gemeinsam mit dem Asylkreis ein Zeichen gegen Rassismus. [...]

Vor der Bonndorfer Aktion haben die Lehrer mit ihren Schülern Rassismus und Abgrenzung in ihrer Klassenlehrerstunde mit den Schülern erörtert. Als Ergebnisse wurden Zettel als Botschaften geschrieben, die in den Himmel steigen sollten. Bianca Wiehl etwa fasste zusammen, welches Verhalten sie sich wünscht: „Friedliches Zusammenleben, keine ausländerfeindlichen Bemerkungen, gegenseitiges Interesse", während ihre Freundin, Sarah Krainjniak noch grundsätzlicher wurde: „Sei ein Panda, er ist schwarz, er ist weiß – Rassismus ist bescheuert", vertraute sie ihrem Zettel an. „Wir sind zwei Schulen – eine Schulgemeinschaft. Wir gehören zusammen, unabhängig von unserer Herkunft, Religion oder unserem Geschlecht", trug Schülersprecherin Melissa Hühnergart vor. Ihre Kollegin Jessika Schwarzkopf schloss den gemeinsamen Vortrag mit ihren Hoffnungen für ein gemeinsames Zusammenleben: „An unserer Schule und in unserem privaten Umfeld sollen sich alte Menschen wohlfühlen."

(Aus: Gudrun Deinzer: Bonndorfer Schüler und der Asylkreis setzen ein Zeichen gegen Rassismus, Artikel vom 17.03.2016, in: www.suedkurier.de; Zugriff: 16.09.2016)

1. Hättest du eines oder beide oder keines dieser Schülerprojekte unterstützt? Entscheide spontan. Tauscht euch in der Klasse darüber aus. Könnt ihr von Aktionen gegen Rassismus berichten?

B Seit über 20 Jahren: Die Aktion „Schule ohne Rassismus"

Als ein Beispiel für die Möglichkeit, etwas zu tun, zählt seit Langem die Aktion „Schule ohne Rassismus – Schule mit Courage". Zur Bedeutung dieser Aktion findet ihr hier Ausschnitte aus einer Presseinformation des für Schulen zuständigen Ministeriums in Nordrhein-Westfalen.

Schon in der Schule ist es wichtig, junge Menschen dafür zu sensibilisieren, dass jede Form von Diskriminierung mit unserem demokratischen Selbstverständnis unvereinbar ist. Fast ein Drittel der „Schulen ohne Rassismus" sind in Nordrhein-Westfalen beheimatet – das zeigt, dass unsere Schulen in NRW Rassismus, Diskriminierung und Ausgrenzung engagiert die Stirn bieten.

Mit über 1600 Schulen ist „Schule ohne Rassismus – Schule mit Courage" das größte Schulnetzwerk in Deutschland, allein aus NRW nehmen rund 450 Schulen teil. Im Programm „Schule ohne Rassismus – Schule mit Courage" gestalten Schülerinnen und Schüler das Klima an ihrer Schule aktiv mit. Gemeinsam mit Eltern, Lehrkräften und anderen schulischen Mitarbeiterinnen und Mitarbeitern bekennen sie sich zu Toleranz und wenden sich gegen die Diskriminierung von Minderheiten aufgrund von Religion, sozialer Herkunft, des Geschlechts, körperlicher Merkmale, der politischen Weltanschauung oder der sexuellen Orientierung. „Schule ohne Rassismus" leistet als Programm und Netzwerk in den Schulen einen wichtigen und wertvollen Beitrag zur Demokratiepädagogik.

(Aus: Presseinformation des Ministeriums für Schule und Weiterbildung des Landes Nordrhein-Westfalen vom 13.03.2015, im Internet unter www.schulministerium.nrw.de; Zugriff: 17.01.2017)

Internetrecherche gegen Rassismus und Fremdenfeindlichkeit

„Schule ohne Rassismus – Schule mit Courage" ist ein Projekt von und für Schülerinnen und Schüler. Auf der Homepage des Aktionsbündnisses findet ihr alles, was man über die Ziele, die Aktionen und die Beitrittsbedingungen wissen sollte. www.schule-ohne-rassismus.org. Weitere wichtige Adressen, die sich mit den Themen Rassismus, Fremdenfeindlichkeit und Extremismus auseinandersetzen, sind:

www.
mut-gegen-rechte-gewalt.de
amadeu-antonio-stiftung.de
buendnis-toleranz.de
nrwgegendiskriminierung.de
gib-rassismus-keine-chance.org

 Welche Leistungen von „Schule ohne Rassismus" werden im Text genannt? Notiere sie.

 Welche der genannten Zielsetzungen hältst du für besonders wichtig? Wähle aus, stelle sie vor und begründe deine Entscheidung.

Was auch noch interessant sein kann:

- eine der genannten Internetadressen aussuchen und andere über die Gestaltung und die Inhalte der Homepage informieren.
- Projektideen sammeln – falls eure Schule bereits dazugehört, könnt ihr euch auch über die bereits durchgeführten Aktionen informieren.
- Plakate entwerfen – gegen Rassismus, für Toleranz und Demokratie.

C Rassismus

1. Worin zeigt sich rassistisches Denken und Handeln in aktueller Form? Beschreibe es.

2. Stelle zusammen, was menschenverachtend am Denken und an den Aktivitäten von Rassisten bzw. Neonazis ist.

3. Rassistisch denkende Menschen weisen häufig einen niedrigen Bildungsstand auf. Überlege, welchen Beitrag Aufklärung bzw. Bildung zum Schutz vor Rassismus und zur Förderung demokratischer Einstellungen leisten könnte. Stelle deine Überlegungen in der Klasse vor.

Merkmale und Ursachen

Ein Rassist teilt die Menschheit in unterschiedliche Rassen ein und behauptet, dass die Rasse, der er scheinbar angehört, allen anderen überlegen ist. Rassisten denken zum Beispiel, dass „Weiße" zu größeren Leistungen fähig sind als Menschen mit anderer Hautfarbe.

Aktuell zeigt sich Rassismus häufig in der Form von Fremdenfeindlichkeit und der Ausgrenzung von Minderheiten. Alle, die anders sind als man selbst, werden als minderwertig empfunden, herabgewürdigt und oft sogar aggressiv bekämpft. Die Opfer sind meist Menschen ausländischer Herkunft und Angehörige von Minderheiten, die anders leben, eine andere Religion haben oder nur irgendwie anders aussehen. Dabei sind die Rassisten sich oft gar nicht im Klaren darüber, dass ihr Denken und Handeln rassistisch ist. Sie glauben, dass sie auf der Seite der Guten stehen. Zur schlechten Seite gehören alle, die irgendwelche anderen Merkmale aufweisen als man selbst.

Die Ursachen für rassistisches Denken und Handeln können unterschiedlich sein. Zum einen gibt es Menschen, die Fremdartiges nicht als Bereicherung, sondern als Störung oder gar als Bedrohung empfinden. Mangelnde Bildung gilt als besonders häufige Ursache. Wer sich nicht genauer mit einem Problem be-

Unsere Mülltonne für Naziparolen, Fremdenfeindlichkeit, Rassismus

schäftigen will oder kann, sucht gerne nach Sündenböcken, die man dafür verantwortlich machen kann. Dann sind es eben „die Ausländer", die an allem schuld sind. Es gibt auch Menschen, die andere gerne herabsetzen, um sich selbst besser zu fühlen. Sie glauben, dass sie selbst mehr wert sind, in dem sie andere schlecht machen. Rassismus dient oft als ein aggressives Ventil, um mit der Unzufriedenheit mit dem eigenen Leben fertigzuwerden.

Rassismus und Neonazis

Wer sich zum Neonazitum bekennt, vertritt eine extreme Form des Rassismus. „Neo" bedeutet „neu" und „Nazi" kommt von Nationalsozialismus. Neonazis nehmen sich den Nationalsozialismus der Hitlerzeit zum Vorbild. Sie haben meist folgende Einstellungen:

- Sie sind Rassisten.
- Sie stellen die eigene Nation über alle anderen.
- Sie hassen Ausländer und Juden.
- Sie wollen die Demokratie abschaffen und treten für eine Diktatur ein, ähnlich wie es sie unter Hitler gab.
- Sie missachten den Rechtsstaat.
- Sie wollen die Herrschaft des Rechts durch die Herrschaft des Stärkeren ersetzen.
- Sie bekämpfen und missachten Andersdenkende.

Rassismus geht immer mit Intoleranz einher und kann daher niemals mit den Werten einer Demokratie vereinbar sein. Zu deren Wesensmerkmalen gehört das friedliche Zusammenleben unterschiedlichster Menschen in Freiheit und gegenseitigem Respekt. Zu dieser Freiheit muss immer gehören, die Freiheit anderer anzuerkennen und zu schützen.

D Wie können wir mit rassistischen Sprüchen und Naziparolen umgehen?

Stellt euch folgende Situation im Unterricht vor:

Eure Lehrerin oder euer Lehrer fragt, wie ihr euch eure berufliche Zukunft vorstellt. Da platzt mitten in das Gespräch hinein der 14-jährige Mitschüler Paul mit folgender Äußerung: „Das ist doch ein Witz, dass wir Deutschen uns anstrengen müssen, eine gute Arbeit in unserem Land zu finden, bloß weil die ganzen Ausländer uns die besten Lehrstellen wegnehmen." Und ein anderer mit Namen Heiner fügt hinzu: „Eigentlich haben die Neonazis recht, wenn sie sagen, Deutschland muss wieder uns Deutschen gehören."

Wie sollte man mit einer solchen Situation umgehen? Um Antworten auf diese Frage geht es bei dieser Übung.

Euer Auftrag:

1. Sucht nach möglichst klugen Reaktionen auf solche oder ähnliche Sprüche und stellt eure Vorschläge in der Klasse zur Diskussion.

2. Bearbeitet zunächst die zehn Vorschläge allein und sucht die Verhaltensweisen heraus, die ihr für klug und hilfreich und die ihr nicht für sinnvoll haltet. Setzt euch dann zu zweit oder in Kleingruppen zusammen und versucht, euch auf eine gemeinsame Vorschlagsliste von klugen Reaktionen zu einigen.

3. Stellt eure Vorschläge in der Klasse vor.

4. Einigt euch in der Klasse auf eine Liste der Topreaktionen. (Das können auch andere sein als die hier vorgeschlagenen.) Vielleicht gelingt es euch, eine Wandzeitung zu entwerfen mit Vorschlägen zum Thema „So sollten wir mit rassistischen Sprüchen und Naziparolen umgehen".

Vorschlag: Man sollte in dieser Situation …	☺	☹
1. nicht weiter auf die Äußerungen eingehen, weil man so deutlich macht, dass das mit dem Thema des Unterrichts nichts zu tun hat.	**?**	
2. die Schüler ernst nehmen und sie erklären lassen, seit wann und warum sie so denken.		
3. alle Schülerinnen und Schüler in der Klasse berichten lassen, aus welchem Land ihre Familie ursprünglich stammt.	**?**	
4. eine Gruppenarbeit planen, in der die beiden mit ausländischen Schülern gemeinsam etwas erarbeiten müssen.		
5. die beiden überlegen lassen, wie sich ihr Leben am nächsten Tag verändern würde, wenn alle Ausländer Deutschland verlassen würden.	**?**	
6. ihnen unter Androhung einer Strafe strikt verbieten, solche oder ähnliche Äußerungen noch einmal zu wiederholen.		
7. sich nach dem Unterricht mit der SV in Verbindung setzen, um dort zu überlegen, was die Schule gegen Rassismus und Neonazismus unternehmen kann.	**?**	
8. in einem Unterrichtsprojekt über die Verbrechen in der Zeit des Nationalsozialismus aufklären.		
9. ein Rollenspiel planen und durchführen, in dem die beiden sich in die Situation eines von Rassismus bedrohten ausländischen Jugendlichen hineinversetzen müssen.	**?**	
10. der Lehrerin oder dem Lehrer das Handeln überlassen. Schließlich ist das nicht das Problem der anderen Schüler in der Klasse.		

3 Leben in der Demokratie: Welche Bedeutung hat das für dich?

Aussagen über die Demokratie sammeln und bewerten

A Ansichten Jugendlicher

Die Autoren dieses Buches haben viele Schülerinnen und Schüler befragt, worin sie die Vorteile und die Nachteile der Demokratie sehen. Wir drucken einige Auszüge aus den schriftlichen Stellungnahmen daraus ab. Sie sollen euch dazu anregen, eure eigenen Einschätzungen zu formulieren und auszutauschen.

„Die Demokratie ist auf jeden Fall die beste Art, einen Staat zu führen. Man kann frei wählen, was man mit seinem Leben anfangen will. Man kann auch seine Regierung abwählen, wenn sie einem nicht passt. Überhaupt, dass es freie Wahlen gibt, ist ein großer Vorteil. Ein Nachteil ist, dass man sich um alles kümmern muss. Man ist so ziemlich auf sich selbst angewiesen in der Demokratie."
Anja, 16 Jahre

„Ehrlich gesagt ist das Beste für mich, dass ich mich aus allem raushalten kann. Ich muss mich nicht für Politik interessieren, und ich muss auch nicht zur Wahl gehen. Es ist eben alles freiwillig in der Demokratie, und das ist auch gut so. Nachteile? Bei Demokratie denke ich an Politik und Politik finde ich uninteressant." Antero, 15 Jahre

„Ich bin froh, dass ich in einer Demokratie lebe, da ich meinen Mund aufmachen kann und sagen darf, was mich stört und was nicht. Ich darf frei handeln, sofern ich die Gesetze nicht verletze, und darf meine eigene Meinung in der Politik vertreten. Ich kann eine Partei wählen, die meinen Vorstellungen entspricht. Es dauert oft ziemlich lange in der Demokratie, bis man wirklich zu einer Entscheidung kommt."
Sami, 16 Jahre

„Eigentlich denkt man nie darüber nach, was die Vorteile einer Demokratie sind. Das Leben in der Demokratie ist für uns ja so selbstverständlich. Wenn ich Berichte von Menschen höre, die in einem unfreien Land leben, dann bin ich allerdings froh darüber, dass wir in der Demokratie nicht in ständiger Angst vor der Polizei oder vor Soldaten leben müssen, dass wir uns frei bewegen und reisen können. Nachteile fallen mir keine ein."
Melanie, 15 Jahre

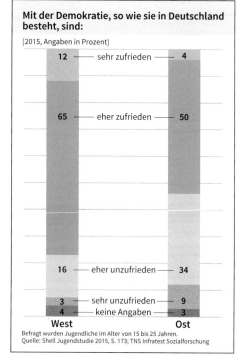

Mit der Demokratie, so wie sie in Deutschland besteht, sind:

(2015, Angaben in Prozent)

	West	Ost
sehr zufrieden	12	4
eher zufrieden	65	50
eher unzufrieden	16	34
sehr unzufrieden	3	9
keine Angaben	4	3

Befragt wurden Jugendliche im Alter von 15 bis 25 Jahren.
Quelle: Shell Jugendstudie 2015, S. 173; TNS Infratest Sozialforschung

1. Welche der abgedruckten Ansichten über die Demokratie findest du am überzeugendsten? Wähle aus.

2. Wie zufrieden sind die Jugendlichen in Deutschland insgesamt mit der Demokratie? Erläutere das Befragungsergebnis aus der Shell Jugendstudie.

B Quiz für Einsteiger: Teste dein Wissen über die Demokratie

5 mal A plus 5 mal B plus 5 mal C

1 Staatsoberhaupt der Bundes-
republik Deutschland ist ...
(A) der Bundeskanzler
(B) der Bundestagspräsident
(C) der Bundespräsident

2 Die gewählte Volksvertre-
tung der Bürgerinnen und
Bürger in Deutschland ist ...
(A) der Bundestag
(B) der Bundesrat
(C) der Landtag

3 Nach Artikel 63 des Grundgesetzes (GG) wird der deutsche Bundeskanzler ...
(A) vom Volk direkt gewählt
(B) vom Bundestag gewählt
(C) vom Bundespräsidenten
bestimmt

4 Mit dem Begriff *Volkssouveränität* bezeichnet man die
Tatsache, dass das Volk ...
(A) durch Wahlen bestimmt,
wer politische Herrschaft
ausüben darf
(B) entscheidet, was politisch
geschehen soll
(C) das Staatsoberhaupt
wählt

5 Nach dem Artikel 38 GG
gehört folgendes Merkmal
nicht zu einer demokrati-
schen Wahl:
(A) Wahlen sind frei
(B) Wahlen sind geheim
(C) Es besteht Wahlpflicht

6 Bei welcher Wahl ist die
Zahl der wahlberechtigten
Bürgerinnen und Bürger am
kleinsten?
(A) bei der Landtagswahl
(B) bei der Kommunalwahl
(C) bei der Bundestagswahl

7 Nach Artikel 38 GG sind die
Abgeordneten des Deut-
schen Bundestages ...
(A) verpflichtet, sich strikt
an die Beschlüsse ihrer
Partei zu halten
(B) an die Aufträge und
Weisungen ihrer Wähler
gebunden
(C) nur ihrem Gewissen
unterworfen

8 Wahlen zum Deutschen
Bundestag finden ...
(A) alle vier Jahre statt
(B) alle fünf Jahre statt
(C) alle sechs Jahre statt

9 Eine vom Bundestag verabschiedete Regelung, an die
alle Staatsbürger sich halten
müssen, nennt man ...
(A) ein Gesetz
(B) einen Regierungsbe-
schluss
(C) eine Verordnung

10 Die Bundesregierung besteht
aus ...
(A) dem Bundeskanzler und
den Ministerpräsidenten
der Länder
(B) dem Bundespräsidenten,
dem Bundeskanzler und
den Ministern
(C) dem Bundeskanzler und
den Bundesministerin-
nen und -ministern

11 Nach Artikel 50 GG wirken
die 16 Bundesländer an der
Gesetzgebung des Bundes
mit ...
(A) durch den Bundespräsidenten
(B) durch den Bundesrat

(C) durch die Landesparlamente

12 Nach Artikel 54 GG wird alle
fünf Jahre der Bundespräsident gewählt ...
(A) vom Volk
(B) vom Bundestag
(C) von der Bundesversammlung

13 Eine Vereinbarung einer
Zusammenarbeit von zwei
oder mehreren Parteien in
einem Parlament mit dem
Ziel, eine regierungsfähige
Mehrheit zu bilden, nennt
man ...
(A) eine Fraktion
(B) eine Koalition
(C) eine Opposition

14 Welche politische Einrichtung in Deutschland wird
auch als „Hüter der Verfassung" bezeichnet?
(A) der Bundestag
(B) das Bundesverfassungsgericht
(C) die Bundesversammlung

15 Deutschland ist eine Repub-
lik. Zu einer Republik gehört
auf keinen Fall, dass ...
(A) das Staatsoberhaupt ein
König oder eine Königin
ist
(B) das Volk in regelmäßigen
Abständen das Parlament
wählt
(C) alle Staatsgewalt vom
Volk ausgeht

Das Quiz ist richtig gelöst, wenn die Antworten A, B und C jeweils fünfmal vorkommen.

C Worin bestehen Mängel und Vorzüge der Demokratie?

Der Textausschnitt wurde dem Buch „Vorsicht Politik" von Siegfried Schiele und Gotthard Breit entnommen. Das Buch richtet sich an junge Leser. Ihr sollt euch darin üben, den Text konzentriert zu lesen, zu verstehen, zu beurteilen und euch wichtige Informationen daraus langfristig zu merken.

Diese Ziele erreicht ihr, wenn ihr euch mit der Pick-up-Methode vertraut macht, die auf der folgenden Doppelseite vorgestellt wird.

Die Demokratie ist teuer, umständlich, kompliziert und langweilig, nicht effektiv, nicht attraktiv. Es ist nicht schwer, weitere negative Eigenschaften über unsere Demokratie zusammenzutragen. Die Demokratie macht es den Kritikern recht leicht.

Und an der Kritik ist ja auch etwas dran. Demokratie ist tatsächlich eine recht teure Angelegenheit. So gibt es in Deutschland zum Beispiel den Bundestag und dazu noch 16 Parlamente in den Bundesländern. In diesen Parlamenten sitzen insgesamt etwa 2500 Abgeordnete, die alle Diäten erhalten. Damit diese Parlamente arbeiten können, braucht man etliche Gebäude und Verwaltungen mit vielen Beschäftigten. Dazu kommen noch die kostspieligen Regierungen im Bund und in den Ländern mit ihren Ministerien und riesigen Verwaltungsapparaten. So könnte man noch lange fortfahren, um den Beweis zu führen, dass Demokratie eine teure Sache ist. [...] Wie soll Demokratie attraktiv sein, wenn sie so viel Geld kostet, wenn sie umständlich arbeitet und wenn die Ergebnisse zuweilen recht mager und auch unverständlich sind?

Werfen wir doch mal einen Blick auf eine Alternative: Eine Diktatur* kann auf den ersten Blick viel einfacher und kostengünstiger sein. Ein Diktator braucht keine Parlamente, er kann sehr rasch entscheiden, in kurzer Zeit können viele Reformen umgesetzt werden, zumal es einem warm ums Herz werden kann, wenn dann noch die Menschen begeistert sind und viele Fahnen die Zustimmung zum Diktator so richtig zum Ausdruck bringen.

Diese positive Betrachtungsweise kann sich schnell ändern, wenn Entscheidungen getroffen werden, die einem nicht passen, und man aus Angst vor dem Machthaber noch nicht einmal schimpfen darf. [...]

Die Demokratie erfüllt trotz der genannten negativen Eigenschaften einen großen Zweck: Sie sichert die Freiheit der Bürgerinnen und Bürger.

Abgeordnete aus unterschiedlichen Parteien in den verschiedenen Parlamenten sorgen dafür, dass neue Gesetze gründlich unter die Lupe genommen werden, ehe sie verabschiedet werden können. In einer Demokratie gibt es eine Opposition, damit alle Vorgänge im Land ausreichend geprüft, kritisiert und kontrolliert werden. Der deutsche Föderalismus*, der sich aus der Geschichte erklärt, hat viele Vorteile, wenn er auch sehr aufwendig ist. Ob wir aber in alle Ewigkeit 16 Bundesländer haben müssen, bleibt offen. Die Grundpfeiler unserer Demokratie – und dazu gehört Föderalismus – dürfen jedoch nicht erschüttert werden, wenn unsere Freiheit keinen Schaden nehmen soll. Auch im Privatleben heißt es ja: Was gut ist, darf auch etwas kosten. Im öffentlichen Bereich gilt dieser Grundsatz noch mehr. Selbst wenn die Demokratie in unseren Augen manche Schwächen hat, so gibt es nach alter Erfahrung nichts, aber auch gar nichts, was die Freiheit der Menschen ähnlich wirkungsvoll garantiert und den Missbrauch der Macht verhindert.

(Siegfried Schiele, Gotthard Breit: Vorsicht Politik, Wochenschau Verlag Schwalbach Ts. 2008. S. 78 ff.)
Zu den Begriffen Demokratie, Diktatur und Föderalismus findest du weitere Informationen im Glossar dieses Buches.

---

1. Warum fällt es Kritikern oft leicht, Negatives über die Demokratie zusammenzutragen? Fasse die Textaussagen dazu zusammen.

2. Warum ist Demokratie (trotz aller Probleme) besser als Diktatur? Beschreibe die Aussagen des Autors dazu.

3. Bearbeite den Text mithilfe der in der folgenden Methodenkarte beschriebenen Pick-up-Methode.

4. Beurteile ihn in einer schriftlichen Stellungnahme anhand der fünf Fragen zur Beurteilung von Sachtexten. Stelle den Inhalt und deine Beurteilung in der Klasse vor.

Sachtexte verstehen und beurteilen mit der Pick-up-Methode

Thema: Demokratie

Worum geht es?

Wer politisch gebildet sein will, sollte seine Lesekompetenz im Umgang mit Sachtexten trainieren. Hilfreich dazu ist, wenn man sich eine Vorgehensweise erarbeitet, die man immer wieder anwenden kann. Man benutzt sie bei Sachtexten, die einem auf den ersten Blick als schwierig erscheinen. Wir schlagen euch hier die Texteinsammelmethode (= Pick-up-Methode) vor. Sie besteht aus fünf Schritten. Zur Anwendung der Methode benötigst du eine Kopie des Textes auf der linken Seite.

Wie macht man das?

1. Du notierst, wovon der Text handelt.
In einem ersten Lesedurchgang solltest du den Text einmal insgesamt überfliegen. Notiere im Anschluss daran, worum es in diesem Text insgesamt geht.

2. Du teilst den Text in Abschnitte ein.
Abschnitt für Abschnitt lässt sich ein Text leichter bearbeiten, als wenn man immer das Ganze vor Augen hat. Wenn du die Abschnitte mit Zwischenüberschriften versiehst, hast du zugleich die Stichpunkte, an denen du dich bei einer mündlichen oder schriftlichen Zusammenfassung orientieren kannst.

3. Du markierst Textstellen.
Markieren sollte man erst bei einem zweiten Lesedurchgang. Wähle dazu Textstellen aus, die du als besonders wichtig empfindest. Markiere sparsam, keinesfalls mehr als 20 Prozent der gesamten Textmenge.

4. Du klärst unbekannte Begriffe.
Suche in deinem Text nach den unbekannten Begriffen, die dir selbst als unverzichtbar für das Verständnis erscheinen. Kläre ihre Bedeutung.

5. Du fasst den Text mündlich oder schriftlich zusammen.
Wenn du alle Schritte bis hierhin durchlaufen hast, wird dir eine Zusammenfassung nicht mehr schwerfallen. Du kannst sagen, wovon der Text insgesamt handelt. Du strukturierst deine Zusammenfassung mit den Zwischenüberschriften. Du kannst Wichtiges zitieren und du kannst Fachbegriffe erklären.

Fünf Fragen zur Beurteilung von Sachtexten

Die Fähigkeit, eine begründete Stellungnahme zur Beurteilung von Texten formulieren zu können, gehört zur Lesekompetenz dazu. Beim Verfassen des persönlichen Urteils kann man sich an den folgenden Fragen orientieren:

1. Welche Informationen aus diesem Text sind so wichtig, dass ich sie mir langfristig merken möchte?
2. Welche Meinungsäußerungen enthält er (zum Beispiel über die Stärken und Schwächen der Demokratie)?
3. Sind die geäußerten Meinungen gut begründet, sodass ich sie nachvollziehen kann?
4. Wie bedeutend oder unbedeutend ist dieser Text für meine eigene Urteilsbildung über das Thema?
5. Kann ich den Text anderen Personen zum Lesen empfehlen oder nicht?

Was unterscheidet eine Demokratie von einer Diktatur?

Euer Auftrag (Tipp: Partnerarbeit):

1. Legt eine Tabelle mit den beiden Spalten *Demokratie* und *Diktatur* an. Füllt sie aus.

2. Was unterscheidet Diktatur und Demokratie? Formuliert dazu mithilfe der gesammelten Stichworte einen erläuternden Text.

3. Überlegt gemeinsam, warum Diktatur keine Alternative zur Demokratie sein darf. Stellt eure Ergebnisse vor.

Demokratie	Diktatur

1 Die Regierung ist aus freien Wahlen hervorgegangen.

2 Menschen mit von der Regierungslinie abweichenden Meinungen werden unterdrückt.

3 Eine Person oder eine Gruppe herrscht über alle anderen.

4 Die Staatsgewalt ist an die Gesetze gebunden. Auch die Regierung muss die Gesetze achten.

5 Die Macht des Herrschers oder der herrschenden Gruppe beruht auf einer starken Armee.

6 Die Menschen werden gezwungen, den Regierenden zuzujubeln.

7 Es gibt mindestens zwei Parteien und eine wirksame Opposition im Parlament.

8 Die Menschen haben Rechte, die ihnen die Regierung nicht nehmen kann.

9 Die Presse ist staatlich gelenkt und vertritt einseitig die Position der Regierung.

10 Die Staatsgewalt ist zwischen Regierung, Parlament und Gerichtsbarkeit aufgeteilt.

11 Bei den Wahlen haben die Wählerinnen und Wähler eine Auswahl unter mehreren Möglichkeiten.

12 Wahlen haben die Funktion, die Macht des Herrschers oder der herrschenden Gruppe zu sichern.

E Wie denken Mitschülerinnen und Mitschüler über die Demokratie?

Mit einer Befragung könnt ihr herausfinden, wie andere Schülerinnen und Schüler über die Demokratie denken. Ihr könnt dazu den Fragebogen auf dieser Seite verwenden. Natürlich könnt ihr euch auch weitere Fragen überlegen und den Fragenkatalog erweitern.

In der Klasse lässt sich die Befragung in Form von Partnerinterviews durchführen. Dazu übernehmen alle abwechselnd die Rolle des Fragers und des Befragten. Aufwendiger wird die Aktion, wenn ihr Schülerinnen und Schüler aus anderen Klassen in die Befragung einbeziehht. Ausgestattet mit Kopien des Fragebogens kann jede und jeder von euch einen oder mehrere Schüler in einer großen Pause interviewen. Ihr könnt die Fragebogen auch in anderen Klassen verteilen und am nächsten Tag einsammeln. Wenn ihr eine umfangreiche Befragungsaktion plant, solltet ihr vorher die Erlaubnis der Schulleitung einholen. Achtet darauf, dass die Befragung anonym erfolgt und der Datenschutz garantiert ist. Der Fragebogen kann Angaben wie Alter und Geschlecht enthalten, wenn euch dies für die Auswertung als wichtig erscheint.

Fallen viele ausgefüllte Fragebogen an, kann ein Team die Auswertung am PC vornehmen. Mit den Ergebnissen könnt ihr z. B. eine Wandzeitung gestalten. Sprecht in der Klasse über die einzelnen Ergebnisse. Gibt es Überraschungen oder entsprechen sie euren Erwartungen?

Vorschlag für die Gestaltung eines Fragebogens
Thema: Jugend und Demokratie

Persönliche Angaben:

Mädchen ☐   Junge ☐   Alter ☐

1. Wie zufrieden bist du – alles in allem – mit der Demokratie, so wie sie in Deutschland besteht?
   - ☐ sehr zufrieden
   - ☐ eher zufrieden
   - ☐ eher unzufrieden
   - ☐ sehr unzufrieden

2. Kannst du einen, zwei oder drei Vorzüge nennen, die für dich besonders wichtig sind in der Demokratie?
   - A _____
   - B _____
   - C _____

3. Fallen dir spontan auch Nachteile ein, wenn du an das Leben in der Demokratie denkst?
   - A _____
   - B _____
   - C _____

4. Glaubst du, dass der Erhalt der Demokratie in Deutschland in der Zukunft gesichert ist, oder hältst du den Erhalt für gefährdet?
   - ☐ Ja, die Demokratie ist sicher.
   - ☐ Nein, die Demokratie ist nicht sicher.
   - ☐ Darauf weiß ich keine Antwort.

5. Wie schätzt du dein persönliches Interesse an Politik ein? Würdest du sagen, dass du
   - ☐ sehr interessiert,
   - ☐ ziemlich interessiert,
   - ☐ ein wenig interessiert oder
   - ☐ gar nicht interessiert bist?

Jugendliche in der Demokratie

Station 1

Mitmachen und sich für andere einsetzen: Lohnt sich das?

Formuliere deine schriftliche Bewertung zu dem folgenden Fall. Orientiere dich dabei an den folgenden Bewertungskriterien: Welche Auswirkungen haben Sönkes Aktionen auf das Zusammenleben der Menschen? Stehen Aufwand und Ziel in einem vertretbaren Verhältnis zueinander? Kann dieses Verhalten als Vorbild für andere Jugendliche dienen?

Nach dem Abschluss seiner Berufsausbildung zum Elektroniker für Betriebstechnik organisierte der 19-jährige Sönke K. eine private Berufsabschlussparty und lud dazu alle seine Verwandten und Freunde ein. Statt der üblichen Geschenke bat er sie darum, eine Geldspende zu leisten. So kamen 400 Euro zusammen, die Sönke dem Kinderhospiz in seiner Stadt für die Anschaffung von Büchern und Spielsachen zur Verfügung stellte. In einem Kinderhospiz werden schwerstkranke Kinder betreut, die nur eine begrenzte Lebenserwartung haben. Sönke, der seine Berufsausbildung mit der Note Eins abschloss, engagiert sich seit seinem zehnten Lebensjahr für Kinder in Notsituationen. Zur Begründung sagt er, er wolle seine Freizeit sinnvoll zum Wohl der Gemeinschaft einbringen. Viel Spaß macht ihm auch sein Einsatz für die Freiwillige Feuerwehr vor Ort. Er hofft, dass sein soziales Engagement ein positives Beispiel für andere Jugendliche ist, sich ebenfalls sozial zu engagieren und dadurch zu ähnlichen Aktionen anzuregen.

(Nach einem Bericht der Stiftung Bärenherz, Stiftung für schwerstkranke Kinder, in: www.baerenherz.de)

Station 2

Jugendliche zeigen Rassismus die Rote Karte

Interpretiere die Karikatur zunächst mithilfe der folgenden drei Fragen:

1. Beschreiben
Was wird in der Karikatur dargestellt?

2. Analysieren
Auf welches Problem will der Karikaturist aufmerksam machen? (Welche Einstellungen gegenüber Neonazis werden kritisiert?)

3. Bewerten
Welche Gedanken und Gefühle löst die Karikatur in dir aus?
Was ist menschenverachtend am Denken von Neonazis? Nennt in einer kurzen Stellungnahme mindestens vier Merkmale.

Klaus Stuttmann

Station 3

Ⓢ Ⓜ Ⓤ Ⓗ

Wie denken Jugendliche über die Demokratie?

1. Fasse den folgenden Text zusammen, indem du die Schrittfolge der Pick-up-Methode anwendest.
2. Schreibe eine Stellungnahme mithilfe der fünf Fragen zur Bewertung von Texten.

Was ist Demokratie?

Demokratie ist eine Staatsform, in der die Staatsgewalt vom Volk ausgeht und direkt oder indirekt vom Volk ausgeübt wird (Volkssouveränität). Demokratie entwickelte sich in Europa zuerst in den griechischen Stadtstaaten (polis) als direkte oder unmittelbare Demokratie.

Zu den wichtigsten Kennzeichen einer Demokratie gehören regelmäßig wiederkehrende freie, allgemeine, gleiche und geheime Wahlen. Alle Entscheidungen in der Demokratie werden nach dem Mehrheitsprinzip bei Anerkennung vom Schutz der Minderheit getroffen. Gewährleistet sein muss die Bindung der Staatsgewalt an eine Verfassung. Diese kann auch die Form von Einzelgesetzen oder Konventionen haben, wie z.B. in Großbritannien. Ferner muss die Sicherung unveräußerlicher Grundrechte (z.B. Glaubens-, Meinungs-, Informations-, Versammlungsfreiheit, Freizügigkeit) gewährleistet sein. Ein weiteres wesentliches Element der Demokratie ist die Gewaltenteilung, wonach voneinander unabhängige Organe der Gesetzgebung, Regierung und Rechtsprechung bestehen.

Bei der direkten Demokratie werden alle Entscheidungen unmittelbar vom Volk getroffen. Sie ist meist nur in Stadtstaaten oder kleinen Gemeinwesen (z.B. der Schweiz) und auch dort nur teilweise verwirklicht. Durchgesetzt hat sich die repräsentative Demokratie, so auch in Deutschland. Hier werden Gesetze von gewählten Volksvertretern (Abgeordneten) beschlossen. Direkte plebiszitäre Entscheidungen (Volksentscheide) sind im Ausnahmefall möglich, häufig aber sogar ausgeschlossen. Zur repräsentativen Demokratie gehört die parlamentarische Demokratie, bei der die Volksvertretung für die Gesetzgebung zuständig ist und auch die Regierungsbildung bestimmt. Die parlamentarische Demokratie verwirklicht haben z.B. Deutschland, Großbritannien, Italien. In einer Präsidialdemokratie wählt das Volk den Präsidenten, der zumeist die Ämter des Staatsoberhaupts und des Regierungschefs in sich vereint. Der Präsident ist nicht vom Vertrauen des Parlaments abhängig (wie z.B. in Frankreich, USA). Im Einzelnen kann die demokratische Staatsform unterschiedlich ausgestaltet sein. Entscheidend sind regelmäßige Wahlen, ungehinderte Tätigkeit oppositioneller Parteien und die Möglichkeit von Regierungswechseln.

(Aus: Dr. Susanne Gaschke [Hg.]: DIE ZEIT, Junior-Lexikon, Zeitverlag Gütersloh 2007, Band 1, S. 221)

1. **Einleitung:**
   Im Text geht es um …
2. **Hauptteil:**
   - Gliederung in Abschnitte
   - besonders wichtige Textstellen
   - Erläuterung von Fachbegriffen
   - Zusammenfassung (schriftlich und mündlich)
3. **Meine Textbewertung**

„Wie plane ich meine berufliche Zukunft?"

1. Alleine nachdenken
Das Foto entstand auf einer Informationsmesse für Schulabgänger. Welche Fragen würden dich als Besucher einer solchen Veranstaltung interessieren?

2. Zu zweit beraten
Welche Ausbildungsberufe fallen euch spontan ein? Sammelt im Brainstorming.

3. In der Klasse sammeln
Versetzt euch in die Rolle der Chefin/des Chefs einer großen Firma. Welche Erwartungen hättet ihr in dieser Position an das Verhalten zukünftiger Auszubildender?

Im Verlauf dieses Kapitels könnt ihr ...

- Verhaltensregeln und Erwartungen erarbeiten, auf die es in einem Schülerbetriebspraktikum ankommt,
- über eure Interessen und Fähigkeiten nachdenken,
- unterschiedliche Ausbildungswege in das Berufsleben beschreiben,
- Anforderungen ermitteln, die in der modernen Arbeitswelt von grundlegender Bedeutung sind,
- eine Strategie zum planvollen Vorgehen bei der Berufswahl entwickeln,
- darüber diskutieren, ob die gestellten Anforderungen vernünftig oder übertrieben sind.

Eigene Schwerpunkte könnt ihr setzen, indem ihr ...

- eure persönliche Berufswahlmappe anlegt, die euch von jetzt an bei der Berufswegplanung begleiten wird,
- anhand ausgewählter Internetadressen weiter zum Thema Berufswahl recherchiert,
- in einem Rollenspiel gemeinsam beratet, welche Azubis ihr in einer Firma einstellen würdet.

1 Worauf kommt es in einem Betriebspraktikum an?
Anforderungen ermitteln, Berufswahlmappe anlegen

Praktikum heißt Praxis testen. Du wirst – vielleicht zum ersten Mal – für längere Zeit die Arbeitswelt erleben. Viel Neues kommt da auf dich zu: Achtstundentag, ungewohnte Pausenzeiten, viele neue Gesichter und Tätigkeiten, die du bisher selbst noch nie gemacht hast.

Im Praktikum sollst du Erfahrungen sammeln, die dir deine spätere Berufswahl erleichtern. Vielleicht findest du heraus, dass du genau in dem Berufsfeld gelandet bist, in dem du deine Zukunft siehst. Vielleicht entdeckst du aber auch, dass ein Beruf, der dir zuvor als Wunschberuf erschien, nun doch nicht zu dir passt. In beiden Fällen können die Erfahrungen wichtig sein.

A Richtig oder falsch?

Das könnt ihr für die Fälle auf dieser Seite gut zu zweit überlegen.

1 Lena ist seit einer Woche Praktikantin in der Spedition Interfracht und hat bereits einen guten Kontakt zu einigen Kolleginnen. Bei einem Mittagessen in der Betriebskantine erfährt sie, dass diese Kolleginnen sich Sorgen um ihre Arbeitsplätze machen. Abends ruft Lena mehrere ihrer Freundinnen an. Allen sagt sie: „Weißt du schon das Neueste? Die Firma Interfracht steht kurz vor der Pleite."

2 Paul macht sein Praktikum in einem Autohaus. Weil er die Arbeit als anstrengend empfindet, verlängert er seine Frühstückspause um zehn Minuten. Als ein Azubi im dritten Lehrjahr ihn ermahnt, in Zukunft die Zeiten einzuhalten, sagt Paul zu ihm: „Diese Arbeit ist überhaupt nichts für mich und du als Azubi hast mir gar nichts vorzuschreiben."

3 Emilian macht ein Praktikum im Bürgeramt der Stadtverwaltung. Beim Einstellungsgespräch hat er gesagt, dass er sich gut mit Computern auskennt. Als ein Mitarbeiter ihn bittet, ein elektronisches Formular am PC auszufüllen, versteht Emilian auf Anhieb nicht, was er machen soll. Obwohl es ihm peinlich ist, fragt er nach: „Könnten Sie mir bitte noch einmal zeigen, wie das gemacht werden muss?"

4 Am ersten Tag in der Großgärtnerei ist Büsra froh, dass eine nette Kollegin sie eine Stunde lang durch den Betrieb führt. Büsra sieht, dass alle Mitarbeiter damit beschäftigt sind, kleine Setzlinge einzutopfen. „Entschuldige, Büsra", sagt die Mitarbeiterin, „ich muss jetzt an die Arbeit. Eine Lieferung steht an und wir haben heute alle hier eine Menge zu tun." Büsra steht nicht lange rum. Freundlich fragt sie: „Sagen Sie mir bitte, was ich tun kann. Ich möchte gerne helfen."

1. Was haben die vier Jugendlichen gemacht? Fasse die Fälle zusammen.

2. Welches Verhalten von Lena, Paul, Emilian und Büsra würdest du in einem Feedback a) lobend verstärken oder b) als unangemessen kritisieren? Wie lassen sich deine Bewertungen begründen?

3. Welche Erfahrungen über das Verhalten im Praktikum kannst du für dich aus den vier Fällen ableiten? Beschreibe sie.

Was auch noch interessant sein kann:
- Rollenspiel: Feedbackgespräche zu den Fällen könnt ihr als gespielte Dialoge zu zweit vorbereiten.

B Verhaltensregeln und Erwartungen

Benehmen

Betriebe bieten freiwillig Praktikumsplätze an. Verhalte dich so, dass der Betrieb immer wieder erneut bereit sein wird, Praktikanten anzunehmen.

Regeln

In jedem Betrieb gibt es eine Betriebsordnung mit verbindlichen Regeln für Arbeitsbeginn und Ende, für die Pausenzeiten und anderes mehr. Über den Sinn dieser Regeln kann nicht diskutiert werden. Du musst sie kennen und einhalten.

Engagement

Betriebe beschweren sich, wenn Praktikanten keinerlei Initiative ergreifen, und schätzen es sehr, wenn diese von sich aus erkennen, wo sie mithelfen oder mit anpacken können.

Kritik

Wer Neues anfängt, muss damit rechnen, Fehler zu machen. Reagiere nicht unwirsch auf Kritik, sondern zeige, dass du bereit bist, aus deinen Fehlern zu lernen. (Sprich mit deiner Lehrerin, deinem Lehrer oder einem betreuenden Mitarbeiter, wenn du dich wiederholt unfair behandelt fühlst.)

Nachfragen

Wenn man einen Arbeitsauftrag nicht verstanden hat, sollte man nachfragen. Das ist in jedem Fall besser, als mit negativen Folgen fehlerhaft zu arbeiten.

Diskretion

Betriebsinterne Vorgänge dürfen nicht nach außen getragen werden. Auch als Praktikant gilt für dich der Grundsatz absoluter Verschwiegenheit.

Handeln auf eigene Faust

Benutze keine Maschine und kein Werkzeug, bevor man dich dazu aufgefordert und dir den Umgang damit erklärt hat.

In der Arbeitswelt gibt es eine Reihe von Erwartungen, die in allen Betrieben, egal ob groß oder klein, für eine positive Bewertung der Mitarbeiterinnen und Mitarbeiter herangezogen werden. Sie gelten auch für Praktikanten. Überlege:

A Diese Erwartung werde ich sicher erfüllen können.
B Daran muss ich noch arbeiten.
C Hier bin ich mir nicht sicher und muss Eltern oder gute Freunde fragen.

	A	B	C
1. Pünktlichkeit			
2. Zuverlässigkeit			
3. Belastbarkeit			
4. Lernbereitschaft			
5. Ausdauer			
6. Kontaktfähigkeit			
7. Kritikfähigkeit			
8. Sorgfalt			
9. Sauberkeit			
10. Höflichkeit			
11. Selbstständigkeit			
12. Teamfähigkeit			
13. Fleiß			

1. Notiere die Erwartungen, die du gut erfüllst, und die, an denen du noch arbeiten solltest. Setze dich mit einer Freundin, einem Freund zusammen und höre dir an, wie eine andere Person dich einschätzt.

 www.take-care.nrw.de: Auf dieser Internetseite des nordrhein-westfälischen Ministeriums für Arbeit und Soziales erfahrt ihr unter anderem, welche Arbeiten im Praktikum erlaubt sind und welche nicht.

C Checkliste Praktikum – Welche Schritte führen zum Erfolg?

Die Suche nach einem Praktikumsplatz solltest du nicht dem Zufall überlassen. Auch solltest du nicht einfach das erstbeste Angebot wahrnehmen, nur damit du für die Praktikumsdauer versorgt bist. Besser ist es, die Suche gezielt anzugehen, auch dann, wenn du noch nicht genau weißt, welche berufliche Richtung du nach dem Schulabschluss einmal einschlagen möchtest. In einem ersten Schritt kannst du darüber nachdenken, was auf gar keinen Fall für dich infrage kommt. Wer sich die Hände nicht gerne schmutzig macht, sollte nicht in eine Gärtnerei oder eine Kfz-Werkstatt gehen, und wer Küchendämpfe nicht vertragen kann, sollte sich nicht als Koch oder Köchin versuchen. Bei der Suche kommt es auf Zielgenauigkeit und eine gute Strategie an. Die folgende Checkliste soll dir dabei eine Hilfe sein.

1. Schritt: Welche Art von Betrieb kommt infrage?

Betriebe kann man nach der Größe unterscheiden in Klein-, Mittel- und Großbetriebe und nach der Betriebsart. Versuche herauszufinden, welche Art von Betrieb deinen Interessen am ehesten entspricht.

Betriebsart	Beispiele
Handwerksbetrieb	Tischler, Heizungsbauer, Kfz-Werkstatt, Uhrmacher
Handelsbetrieb	Kaufhäuser, Fachgeschäfte für Elektroartikel, Computertechnologie, Autobranche, Speditionsunternehmen
Dienstleister	Arzt- oder Rechtsanwaltspraxis, Bank, Versicherung, Hotel, Fitness, Energielieferanten, IT-Unternehmen, Post, Bahn, kommunale Verkehrsunternehmen
Produktionsbetrieb	Landwirtschaft, Hersteller diverser Güter (Fenster, Türen, Möbel, Elektroartikel, Fahrzeuge)

2. Schritt: Betriebe in der eigenen Umgebung finden

Nachdem du herausgefunden hast, welche Betriebsart oder welche Betriebsarten für dich infrage kommen, solltest du mit der Recherche beginnen. Denke daran, dass der Betrieb nicht zu weit von deiner Schule und deinem Wohnort entfernt sein sollte. So kannst du vorgehen:
- Du fragst Eltern, Verwandte und Bekannte, wenn du weißt, welche Betriebsart dich interessiert.
- Du suchst in den Gelben Seiten des Telefonbuchs nach geeigneten Adressen. Du recherchierst im Internet, indem du die Betriebsart als Suchbegriff eingibst und den gewünschten Betriebsort.
- Unter www.praktikum.info findest du Praktikumsangebote für deine Region. Weitere Angebote kannst du mithilfe der Industrie- und Handelskammern und der Handwerkskammern finden (www.ihk.de; www.handwerk.de).

Erstelle alleine oder erstellt gemeinsam eine Liste von Betrieben, die infrage kommen. Stellt weitere Informationen darüber zusammen. Dabei helfen euch die Internetauftritte. Vielleicht könnt ihr euch auch vor Ort über den Betrieb informieren.

3. Schritt: Kontakt aufnehmen

Nach den Vorbereitungsarbeiten beginnt nun die konkrete Suche nach einem Praktikumsbetrieb. Der erste Kontakt geschieht meist telefonisch. Auf das Telefongespräch sollte man sich vorbereiten, weil es schon bei diesem ersten Kontakt darauf ankommt, einen möglichst guten Eindruck zu hinterlassen. Ihr könnt auch zu den ausgewählten Betrieben hingehen, aber auch dann solltet ihr euch zuvor telefonisch anmelden, euer Anliegen vortragen und um einen Termin bitten. Auf jeden Fall solltet ihr bereits über den Betrieb informiert sein, bevor ihr Kontakt aufnehmt. Um welche Art von Betrieb handelt es sich? Was geschieht dort? Wie lange gibt es ihn schon? Wie viele Menschen sind dort beschäftigt?

4. Schritt: Bewerbungsunterlagen zusammenstellen

Größere Betriebe erwarten häufig schriftliche Bewerbungen. Das ist besonders der Fall, wenn sich viele Praktikantinnen und Praktikanten bewerben und der Betrieb eine Auswahl treffen möchte. Zu eurem Bewerbungsschreiben gehören:

- ein Anschreiben; darin teilt ihr mit, warum gerade dieser Betrieb ganz oben auf eurer Wunschliste für euer Praktikum steht,
- ein tabellarischer Lebenslauf,
- ein freundliches und aktuelles Foto im Format eines Passfotos,
- eine Kopie des letzten Zeugnisses.

 Hilfen für deine schriftliche Bewerbung findest du unter www.planet-beruf.de; www.arbeitsagentur.de

5. Schritt: Der erste Tag im Praktikum

Nun stelle dir vor, die Suche war erfolgreich und der erste Tag im Praktikum steht an. Du wirst wahrscheinlich ein wenig aufgeregt sein. Das ist gar nicht schlimm, denn du zeigst damit, dass du die Sache ernst nimmst, die jetzt auf dich zukommt. Bereite dich gedanklich vor. So vermeidest du unnötige Fehler und machst schon von Beginn an einen guten Eindruck.

Die Kleidung:	Als Schülerin oder Schüler gibt es für dich keine besondere Kleiderordnung. Achte darauf, dass du gepflegt aussiehst. Versuche nicht, übertrieben cool, lässig oder schrill auszusehen.
Die Begrüßung:	Sprich deinen Vor- und Nachnamen deutlich aus, schaue deine Gesprächspartner an, gib einen festen Händedruck, versuche, deutlich zu machen, dass du dich auf das Praktikum freust.
Die Einweisung in die Arbeit:	Gehe höflich auf die Kolleginnen und Kollegen zu, höre gut zu, wenn man dir etwas erklärt, stelle Fragen, damit man sieht, dass du interessiert bist.

1. Schreibe dir aus dieser Checkliste alle Informationen heraus, die dir persönlich als wichtig erscheinen.

2. Setzt euch zu zweit oder zu dritt zusammen und recherchiert mithilfe des Internets über Betriebe vor Ort.

Was auch noch interessant sein kann:
- ausgewählte Firmen mithilfe von Plakaten vorstellen; diese sollten Angaben über die in Schritt 3 formulierten Fragen enthalten.

D Wie präsentiere ich mich angemessen am Telefon?

Wenn du dich auf der Suche nach einem Praktikumsplatz mit einer Firma in Verbindung setzt, solltest du gut vorbereitet sein und am Telefon angemessen auf alle Nachfragen reagieren können. Damit das gelingt, könnt ihr hier das richtige Telefonieren in dieser Angelegenheit üben.

Euer Auftrag:
Bildet Dreiergruppen. Abwechselnd übernehmt ihr dann die Rolle der Bewerberin bzw. des Bewerbers und die Rolle des Ansprechpartners in der Firma. Der Dritte in der Runde hört sich das Gespräch an und gibt dem Praktikumsbewerber am Ende ein Feedback zu seinem Verhalten am Telefon. Wählt einen der Betriebe aus, über den ihr euch im Vorfeld informiert habt.

---

4 Dinge, die in der Vorbereitung zu klären sind

Du solltest
1. den genauen Termin für das Praktikum im Kopf haben,
2. so gut es geht über die Firma informiert sein,
3. Gründe angeben können, warum du dich bei dieser Firma um ein Praktikum bewirbst,
4. sagen können, für welchen späteren Ausbildungsberuf du dich interessierst.
Unbedingt beachten: Blatt und Stift zurechtlegen!

---

8 Fragen, mit denen du im Verlauf des Gesprächs rechnen musst

1. Wie kommst du ausgerechnet auf unsere Firma?
2. Was weißt du denn schon über uns?
3. Was möchtest du später einmal werden?
4. Mit den letzten Praktikanten haben wir leider keine guten Erfahrungen gemacht. Deshalb möchten wir eigentlich keine Praktikanten mehr einstellen.
5. Wer betreut dich während der Praktikumszeit?
6. Der Name deiner Schule sagt mir nichts. Warum heißt die Schule so?
7. Bei uns wollen immer viele Leute ein Praktikum machen. Warum sollten wir dich nehmen?
8. Was möchtest du noch über unsere Firma wissen?

Wie sollte man das Telefongespräch beginnen?

Guten Tag, mein Name ist ... Ich bin Schülerin/Schüler der Pestalozzi-Realschule. Ich möchte mich gerne über die Möglichkeiten eines zweiwöchigen Praktikums in Ihrer Firma informieren. Können Sie mich mit jemandem verbinden, der dafür zuständig ist? (Wenn du mit der zuständigen Person verbunden wirst, musst du vielleicht deine Anfangssätze noch einmal wiederholen.)

Eine Berufswahlmappe im PC anlegen

Berufswahlmappe: wozu?

In NRW und in allen anderen Bundesländern gibt es den Berufswahlpass, der dir eine wichtige Hilfe bei der Planung deiner beruflichen Zukunft sein wird. Du erhältst darin eine Fülle von Planungshilfen und Informationen über alle Bereiche, die für die Berufswegplanung von Bedeutung sind.

Darüber hinaus wird es sinnvoll sein, wenn du deine ganz persönlichen Überlegungen zur Berufswahl in einer eigenen Mappe festhältst, die du nach deinen eigenen Wünschen und Vorstellungen gestaltest. Darin kannst du zum Beispiel Ideen und Beobachtungen zur Berufswahl sammeln, damit du sie nicht mehr vergisst, und vieles andere, was dich beim Nachdenken über die Zeit nach der Schule beschäftigt. Grundlage deiner Mappe kann ein Ordner sein, den du im PC anlegst. Dieser wird dir helfen, bei deinen Überlegungen und Aktivitäten planvoll und gut strukturiert vorzugehen. Die einzelnen Seiten kannst du am PC anschaulich und übersichtlich gestalten, bevor du sie ausdruckst und in eine Mappe einordnest. In deinen PC-Ordner kannst du auch Downloads einfügen oder gescannte Materialien, die du aufbewahren möchtest.

Bei der Sammlung von Materialien über den Betrieb, in dem du ein Praktikum absolviert hast, musst du darauf achten, nur solche Informationen zu verwenden, die keine Betriebsinterna preisgeben und nicht dem Datenschutz unterliegen.

Thema: Meine persönliche Berufswegplanung

PC-Dateien als Basis für meine persönliche Berufswahlmappe

Die folgenden Gliederungspunkte kannst du als Dateien unter dem Oberbegriff Berufswahlmappe im PC anlegen. Fertig bearbeitete Seiten druckst du dann für deine Mappe aus.

- **Interessen, Fähigkeiten, Talente:**
  Was ich gut kann, gerne mache und was mich nicht interessiert

- **Zielvorstellungen und Wünsche:**
  Wie ich mir mein berufliches Leben in der Zukunft vorstelle

- **Die Liste von Berufen, die für mich infrage kommen:**
  Berufe, über die ich mich informiert habe, Hitliste meiner Favoriten

- **Bisherige Aktivitäten:**
  Was ich bis jetzt unternommen habe

- **To-do-Liste:**
  Was ich in nächster Zukunft unternehmen werde

- **Praktika:**
  Alle meine Praktikumsberichte und Erfahrungen

- **Materialpool:**
  Interessantes, Hilfreiches, Downloads, die ich weiter benutzen werde

2 Schule … und was dann?
Ausbildungswege beschreiben, Schulabschlüsse persönlich bewerten

Eine Einstiegsübung für alle

Eine Zeichnerin hat sich vom Stichwort Berufswegplanung zu dem Bild auf dieser Seite anregen lassen.

● Welche Gedanken zu deiner eigenen Berufswahl löst das Bild in dir aus?

A So früh wie möglich planen

Mechthild Oechsle, Soziologieprofessorin an der Universität Bielefeld, hat für eine Studie Schülerinnen und Schüler im Prozess der Berufsfindung begleitet. Sie rät allen, die Entscheidung frühzeitig vorzubereiten. In dem folgenden Text gibt es weitere Ratschläge und Tipps.

Oechsle rät Schülern dazu, sich so früh wie möglich mit dem Thema Zukunftsplanung auseinanderzusetzen. „Bereits zwei Jahre vor dem Schulabschluss sollte man sich die entscheidenden Fragen stellen: Wer bin ich? Was kann ich? Was will ich werden?" Am Anfang sollte eine Selbsterforschung stehen. Die eigenen Stärken, Schwächen und Interessen könne man beim Ausfüllen eines Tests beantworten. Wer gut rechnen kann, am Umgang mit Menschen und einer planbaren Karriere interessiert ist, für den könnte eine Banklehre infrage kommen. Allerdings nur mit dem entsprechenden Schulabschluss. „Man sollte die Perspektiven realistisch sehen", warnt Oechsle.

„Mit einem Hauptschulabschluss wird man kaum eine Banklehre finden, mit schlechten Mathenoten auch nicht." Gespräche mit Eltern, Lehrern und Freunden helfen bei der Selbsteinschätzung. Ältere Bekannte zu befragen lohne sich besonders, so Oechsle. [...] Das Thema Berufswahl sollte man angehen wie ein Projekt, „etappenweise und mit Geduld", sagt Jan Bohiken. Der Gründer des privaten Profiling Instituts in Düsseldorf berät Jugendliche bei der Suche nach ihrem Traumberuf – und setzt dabei auf das Lustprinzip: „Nur wenn man etwas gerne tut, ist man gut. Und wer gut ist, kommt auch voran." Durch Praktika während der Schulzeit oder einen Schnuppertag im Büro der Eltern können Schüler erste Praxisluft schnuppern.

(Aus: Berufswahl so früh wie möglich planen, Autorenkürzel dpa/tmn, Bielefeld 24.11.2010, in: www.news.de; Zugriff: 10.06.2016)

1. Was sind die grundlegenden Fragen, die du dir frühzeitig stellen solltest? Notiere sie, damit du sie bei deiner Berufswegplanung im Auge behalten kannst.

2. Welche der im Text genannten Tipps hältst du für wichtig und hilfreich? Nenne sie und erkläre, warum.

B Welche Ausbildungswege führen zum Beruf?

Wie die meisten Schülerinnen und Schüler hast du dich wahrscheinlich auch schon gefragt, wie es nach dem mittleren Schulabschluss oder dem Hauptschulabschluss mit dir weitergehen soll. Über die vier grundsätzlich unterschiedlichen Wege in deine berufliche Zukunft kannst du dich auf den folgenden Seiten informieren.

Weg 1: Praktische Berufsausbildung im „dualen System"

Sechzig Prozent eines Jahrgangs machen eine duale Ausbildung – das heißt, sie lernen zwei bis dreieinhalb Jahre an zwei verschiedenen Orten: die Praxis im Betrieb, die Theorie an der Berufsschule. Verbreitet ist die duale Form der Ausbildung in zahlreichen Branchen, etwa dem Handwerk, dem öffentlichen Dienst, im Dienstleistungsbereich oder auch in Industrie und Handel. Wer einen Ausbildungsplatz gefunden und sich erfolgreich beworben hat, unterschreibt einen Ausbildungsvertrag mit dem jeweiligen Betrieb. Dort wird dem Azubi vermittelt, was er im gewählten Beruf können und wissen muss. Ziel ist das Erreichen der sogenannten „beruflichen Handlungsfähigkeit". Der Lehrling sammelt in seinem Betrieb an drei bis vier Tagen in der Woche auch Berufserfahrung.

Das Gelernte hält er in seinem Berichtsheft fest, das später zur Abschlussprüfung vorgelegt werden muss. An den übrigen Tagen gehen die Azubis für acht bis zwölf Stunden pro Woche in eine Berufsschule in der Nähe des Betriebes. [...] An der Berufsschule wird nicht nur Fachwissen für die jeweiligen Berufsgruppen vermittelt, sondern auch Allgemeinbildung, etwa in den Fächern Deutsch und Politik oder Sozialkunde, Religion und Sport. [...] Gemein ist den meisten Ausbildungsberufen, dass nach etwa der Hälfte der Zeit eine Zwischenprüfung abzulegen ist. Hier sollen die Azubis ihre Fortschritte unter Beweis stellen. Am Ende der Ausbildung steht eine Abschlussprüfung, auf die der Betrieb seine Lehrlinge vorbereiten muss.

Weg 2: Ausbildung in einer Berufsfachschule

Etwa 20 Prozent der Jugendlichen mit Haupt- oder Realschulabschluss machen der Bundesagentur für Arbeit zufolge danach keine duale Ausbildung, sondern eine schulische. Die gut 130 schulischen Ausbildungen sind den betrieblichen gleichgestellt und vor allem in Gesundheits- und sozialen Berufen, in der IT, der Wirtschaft oder gestalterischen Berufen verbreitet. Solche ein- bis dreijährigen Ausbildungen bieten private, kostenpflichtige und staatliche, kostenfreie Berufsfachschulen an. An Privatschulen werden monatliche Schulgelder von mehreren Hundert Euro fällig. Wichtig ist, vorher zu klären, dass die Schule mit einem staatlich anerkannten Abschluss endet. [...] Anders als bei der betrieblichen Ausbildung, wo zumindest formal kein bestimmter Schulabschluss vorgeschrieben ist, ist bei vielen Ausbildungsgängen an Berufsfachschulen ein mittlerer, also ein Real- oder Sekundarschulabschluss Voraussetzung. Teilweise müssen die Bewerber ein bestimmtes Alter haben und auch Praktika müssen manchmal nachgewiesen werden. In einigen Ausbildungsgängen werden die Nachwuchskräfte bezahlt, etwa bei den Krankenpflegern. In den meisten allerdings gibt es keine Vergütung.

(Beide Texte aus: Sabrina Ebitsch: Wie läuft es (1) die duale Ausbildung, (2) die Ausbildung an Berufsfachschulen ab?, Artikel vom 05.04.2013, in: www.sueddeutsche.de/karriere, Zugriff: 10.10.2016)

Weg 3: Akademische Ausbildung

Eine akademische Ausbildung führt über ein Studium an einer Universität oder einer Fachhochschule. Man benötigt dazu das Abitur (= allgemeine Hochschulreife) oder die Fachhochschulreife. Der kürzeste Studiengang ist das sogenannte Bachelorstudium. Es dauert sechs bis acht Semester und endet mit einem berufsqualifizierenden Abschluss. Ein Bachelorabschluss ist die Voraussetzung für ein anschließendes Masterstudium. Es dauert noch einmal zwei bis vier Semester. Für mehrere Fächer gibt es Zulassungsbeschränkungen (Numerus clausus). Der NC berechnet sich aus der Anzahl der vorhandenen Studienplätze im Verhältnis zur Zahl der Bewerberinnen und Bewerber, und zwar auf Grundlage der Abiturnote. Für die frei zugänglichen Fächer muss man lediglich die für die Einschreibung vorgesehenen Fristen einhalten. Universitäten stehen mittlerweile zunehmend Leuten offen, die über qualifizierte Berufsabschlüsse ohne Abitur verfügen.

Weg 4: duales Studium

Das duale Studium ist eine Kombination aus einem akademischen Studium und einer praktischen Berufsausbildung. Man lernt die praktische Ausbildung in einem Betrieb oder einer Behörde und studiert zugleich an einer Fachhochschule oder Universität. Die Studierenden benötigen zusätzlich zum Studienplatz auch einen betrieblichen Ausbildungsplatz und müssen sich um beides frühzeitig bemühen. Am Ende verfügt man über eine doppelte Qualifikation, nämlich einen Berufs- und Studienabschluss. Vorteilhaft ist, dass man bereits während der Ausbildung etwas verdient und in der Regel gute Chancen hat, später von der ausbildenden Firma oder Behörde übernommen zu werden. So wird dieser Weg in den Beruf bei Abiturienten immer beliebter. Andererseits werden bei dieser Ausbildungsform vergleichsweise hohe Anforderungen bezüglich Fleiß und Ausdauer gestellt.

Neben den vier hier vorgestellten Wegen gibt es weitere, die zum Teil von Bundesland zu Bundesland verschiedene Bezeichnungen haben. In NRW zum Beispiel kann man nach dem mittleren Schulabschluss die zweijährige Fachoberschule (FOS) besuchen und mit dem Fachabitur abschließen (= fachgebundene Hochschulreife). Nach einer abgeschlossenen Berufsausbildung lässt sich an der FOS sowohl das Fachabitur als auch das Abitur erwerben.

1. Was sind die besonderen Merkmale der unterschiedlichen Ausbildungswege? Beschreibe sie.

2. Lege eine Tabelle oder eine Mindmap an, mit der du die Ausbildungswege in Stichworten zusammenfasst und übersichtlich visualisierst.

Detaillierte Angaben über die unterschiedlichen Ausbildungsmöglichkeiten findest du unter:
www.planet-beruf.de, www.berufswahl pass.de, www.ausbildung.de, www.bildungsxperten.net, www.wissenschaft.nrw.de.

C Was spricht für eine Ausbildung nach dem mittleren Schulabschluss, was für das Abitur?

1 Gute Verbindung von Theorie und Praxis: Du lernst Dinge, die du sofort umsetzen kannst, und trägst unmittelbar zum Erfolg deines Unternehmens bei. Was du lernst, kannst du konkret für deinen Beruf gebrauchen.

2 Günstigere Beschäftigungsaussichten: Akademiker sind insgesamt weniger von Arbeitslosigkeit betroffen als Menschen mit geringerer Qualifikation. Für die Zukunft wird sogar ein zunehmender Bedarf an Akademikern vorausgesagt.

3 Chance für forschende Lerner: Wer bereits in der Schule festgestellt hat, dass es ihm große Freude bereitet, ein bestimmtes Themengebiet zu durchleuchten, und wem es nichts ausmacht, sich dabei stundenlang in Büchern zu „vergraben", ist für ein Studium geradezu prädestiniert.

4 Höherer Verdienst: Zwar ist auch das Einkommen vieler Akademiker in den vergangenen Jahren gesunken, dennoch verdienen sie im Durchschnitt noch immer mehr als Beschäftigte, die kein Studium absolviert haben.

5 Absehbarer Zeitaufwand: Bei den meisten Ausbildungen hast du nach drei Jahren den Abschluss in der Tasche. Als Abiturient kannst du häufig deine Ausbildung um ein Jahr verkürzen und hast dann bereits nach zwei Jahren deinen Abschluss.

6 Eintrittskarte für besondere Berufe: Für viele Berufe ist das Abitur eine unabdingbare Voraussetzung, z. B. für Ärzte, Juristen, Lehrer, Sozialpädagogen. Aber auch, wenn man nicht studieren will, verbessert das Abitur die Berufschancen.

7 Aufstiegschancen: Wenn du gute Leistungen bringst, bietet dir der Betrieb mit etwas Glück einen festen Arbeitsplatz an, da du ja bereits gut eingearbeitet bist. Für ehemalige Azubis gibt es zahlreiche Weiterbildungsmöglichkeiten, z. B. zum Betriebswirt, Meister, Techniker oder Fachwirt.

8 Sofortiger Verdienst: Wenn du eine betriebliche Ausbildung machst, bekommst du eine Ausbildungsvergütung. Je nach Ausbildungsberuf schwankt diese zwischen etwa 250 und 750 Euro im ersten Lehrjahr.

Die Seite wurde zusammengestellt nach Informationen der Bundesagentur für Arbeit.

Euer Auftrag:

1. Erstellt mithilfe der Texte in den Kästen eine Tabelle:

Was spricht für eine Ausbildung nach dem mittleren Schulabschluss?	Was spricht für das Abitur?

2. Sucht nach weiteren Gründen, die entweder für eine Ausbildung oder für das Abitur sprechen.

3. Formuliert eure eigene individuelle Stellungnahme: Was wird für mich der bessere Weg sein?

3 Was wird von Schulabgängern erwartet?
Anforderungen sammeln, visualisieren und bewerten

Hier könnt ihr prüfen, welche Erwartungen in der Arbeitswelt an Auszubildende gestellt werden. Stellenanzeigen geben dazu oft auf interessante Weise Auskunft. Ihr findet hier eine kleine Auswahl. Von den Originalanzeigen haben wir nur die Namen der Firmen verändert.

A Angebote für Ausbildungsplätze

ZBA Zentrale Berufsakademie

Du interessierst dich für Medizin? Du gehst gerne mit Menschen um? Du übernimmst gerne Verantwortung? Dann ist ein Pflegeberuf genau das Richtige für dich.

Lerne Pflege bei uns!

● Wenn du einen Mittleren Schulabschluss hast: Ausbildung zum Gesundheits- und Krankenpfleger

Wir sind eine gemeinnützige Bildungseinrichtung …

Concept GmbH   Der Mediengestalter

**Ausbildungsplätze zur
Industriekauffrau/zum Industriekaufmann**
Fachrichtung Druck und Papier

Wenn Sie engagiert, motiviert und teamfähig sind sowie Spaß am Umgang mit Menschen haben, Rechtschreibung für Sie kein Fremdwort ist, sind Sie bei uns richtig. Sie sind interessiert? Wenn ja, freuen wir uns auf Ihre Bewerbung.

Dein Berufsstart bei der AK – eine echte Chance

Du bist kreativ engagiert und zielstrebig? Du arbeitest gerne im Team und hast Spaß im Umgang mit Menschen? Service heißt für dich, deine Kunden auch zu Hause oder im Betrieb zu betreuen?

Wir bieten ab 1. September interessante Ausbildungsplätze zur/zum

Sozialversicherungs-fachangestellten.

Bei der AK – einer der größten Krankenversicherungen – bekommst du eine fundierte Fachausbildung.
Interesse? Dann bewirb dich mit den üblichen Unterlagen. Voraussetzung ist ein Mittlerer Schulabschluss.

Kiefer Kältetechnik

Als europäischer Marktführer liefert die Kiefer Kältetechnik GmbH Kühl- und Tiefkühlmöbel für alle Bereiche des Lebensmittelhandels – weltweit. Wir bieten Schulabgängern an verschiedenen Standorten in Deutschland wieder eine fundierte

Ausbildung zum Kälteanlagenbauer (m/w) an.

Die Ausbildung dauert 3,5 Jahre.

Ihr Profil: Idealerweise verfügen Sie über einen Mittleren Schulabschluss (oder Abitur). Gute Kenntnisse in Mathematik, Physik und Elektrotechnik sind von Vorteil. Handwerkliches Talent, räumliches Vorstellungsvermögen, Selbstständigkeit und Teamfähigkeit sowie freundliche Umgangsformen und Freude an der Arbeit machen Sie für uns wertvoll.

 Sammle die Erwartungen, die in den Anzeigen zum Ausdruck kommen.

Was auch noch interessant sein kann:
● Anzeigen ausschneiden: Arbeitet die Stellenangebote in der Wochenendausgabe eurer örtlichen Tageszeitung durch. Schneidet Ausbildungsplatzangebote aus und dokumentiert sie in eurer Berufswahlmappe.
● Stellenanzeigen entwerfen: Es kann Spaß machen, eine eigene Anzeige zu entwerfen, für die man sich einen Beruf aus „Beruf aktuell" aussucht und einen Text gestaltet mit den dazu passenden Fähigkeiten und Persönlichkeitsmerkmalen.

 **Fall** Christofs Erfahrungen im Assessment-Center

Christof hatte sich dafür entschieden, nach dem Sekundarabschluss I eine Ausbildung zu beginnen. Er bewarb sich um einen Ausbildungsplatz bei einer Versicherungsgesellschaft und wurde eingeladen, an einem eintägigen Auswahlverfahren in einem Assessment-Center (Assessment = Bewertung, Einschätzung) teilzunehmen. Für TEAM hat er seine Erfahrungen im Auswahlverfahren aufgeschrieben.

Mithilfe eines Assessment-Centers ermitteln Unternehmen die Fähigkeiten von Bewerberinnen und Bewerbern. Sie nennen das Potenzialermittlung. Die Barmer Ersatzkasse, bei der ich mich um einen Ausbildungsplatz beworben hatte, setzte zur Zeit meiner Bewerbung Assessment-Center (AC) bei der Einstellung von Auszubildenden ein. Im Einladungsschreiben wurde ich darüber informiert, dass es vor allem auf meine Sprachkompetenz, mein Einfühlungsvermögen und mein Auftreten ankommen würde. Das AC dauerte einen Tag.

So verlief der Tag

In der ersten Übung ging es um eine Partnervorstellung. Jeder der acht Teilnehmer bekam die Aufgabe, einen Teilnehmer 15 Minuten lang zu interviewen, um ihn dann in einem etwa fünfminütigen Vortrag der übrigen Gruppe vorzustellen. Als Nächstes war ein Kurzvortrag gefordert. Im Einladungsschreiben hatte man mich aufgefordert, ein Thema vorzubereiten. Ich entschied mich für das Thema: Vorteile des Nichtrauchens. Der Vortrag wurde vor der Gruppe gehalten und durfte die Zeit von fünf Minuten nicht überschreiten. Im Verlauf der nächsten Übung musste ich ein Gespräch mit einem Mitschüler führen, bei dem es Ziel war, ihn zur Unterstützung beim nächsten Schulfest zu gewinnen. Die Vorbereitungszeit betrug zehn Minuten. Es folgte ein Rollenspiel. Die Aufgabe der Teilnehmer bestand darin, eine Haushaltsverhandlung zu führen. Ein Betrag von 1050 Euro aus dem Schuletat sollte auf verschiedene AGs aufgeteilt werden. Ich hatte die Computer-AG zu vertreten und musste mir Argumente dafür ausdenken, warum ich Geld für einen zweiten Farbdrucker haben wollte. Für die Vorbereitung standen uns zehn Minuten zur Verfügung, für das Spiel der Haushaltsverhandlung 35 Minuten.

Meine Meinung

Es war ein anstrengender, aber sehr interessanter Tag. Die Partnervorstellung zu Beginn fand ich sehr gut. Man lernte sich gegenseitig kennen und baute Nervosität ab. In meinem Vortrag konnte ich zeigen, dass ich vor Publikum frei sprechen kann. Beim Rollenspiel habe ich mich nicht wohlgefühlt. Die schwierigste Übung war die Gruppendiskussion während der Haushaltsverhandlung. Trotzdem fand ich diese Übung positiv für uns, weil in diesem Berufsfeld öfter mal solche Situationen auftreten können.

---

1. Welche der Übungen wären dir leicht-, welche schwergefallen? Überlege alleine und tausche dich mit einer Partnerin, einem Partner darüber aus.

2. Stellt euch vor, ihr hättet Christofs Auftreten und das der anderen Teilnehmer im Assessment-Center zu bewerten. Worauf würdet ihr beim Partnerinterview achten:
- beim Vortrag,
- beim Gespräch über das Schulfest mit einem Mitschüler,
- während des Rollenspiels?

3. Benutzt Christofs Bericht zum Nachdenken über euch selbst und notiert: „Ich glaube, dass ich die folgenden der genannten Anforderungen schon gut erfüllen kann ..."

C Erwartungen der Wirtschaft: Was Schulabgänger mitbringen sollten

Die Materialien auf dieser Doppelseite verdeutlichen die Erwartungen, die im Wirtschaftsleben als sogenannte Basiskompetenzen an alle Auszubildenden gestellt werden, egal, für welche Art von Berufsausbildung man sich entscheidet. Du kannst sie sammeln, bewerten und überlegen, was du von nun an tun kannst, um zukünftigen Anforderungen gerecht zu werden.

 **Fall** Die Sicht der Unternehmen

Bei dem folgenden Text handelt es sich um die gekürzte Fassung eines 19 Punkte umfassenden Flyers, der 2011 von der Industrie- und Handelskammer in Nordrhein-Westfalen veröffentlicht wurde.

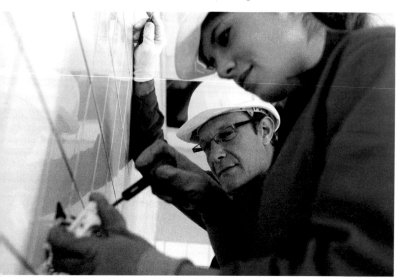

Azubis im Hotelfach bei einer Zwischenprüfung

Auszubildende zur Elektroanlagenmonteurin und Meister

Unternehmen erwarten, dass einfache Sachverhalte mündlich und schriftlich klar formuliert und aufgenommen werden können. Im Geschäftsleben muss man sich gut ausdrücken können und den richtigen Ton treffen. Das gilt für den persönlichen Umgang ebenso wie für Telefonate und für jede Art von Korrespondenz. Um diesen Anforderungen gerecht zu werden, sind ausreichende Kenntnisse der Rechtschreibung und der Grammatik erforderlich.

In allen Berufen ist präzises Rechnen und die richtige Anwendung mathematischer Formeln Grundvoraussetzung. Egal ob im Verkauf, der Buchhaltung, im IT-Bereich oder bei der Programmierung einer Maschine: Die Beherrschung der Grundrechenarten, das Rechnen mit Dezimalzahlen und Brüchen, der Umgang mit Maßeinheiten, Dreisatz und Prozentrechnen sowie Grundlagen der Geometrie sind notwendig, um den Anforderungen im Unternehmen gerecht zu werden. [...]

Englisch ist Weltsprache. Grundkenntnisse helfen in vielen Situationen weiter im Berufs- wie im Privatleben. Einfache Sachverhalte sollten daher auf Englisch verstanden und ausgedrückt werden können. Die Fähigkeit zu alltäglicher Konversation auf Englisch wird insbesondere in international tätigen Unternehmen erwartet. Informations- und Kommunikationstechnologien sind allgegenwärtig in der Lebens- und Arbeitswelt. Grundkenntnisse in der Nutzung von Rechner- und internetgestützten Anwendungen sind unverzichtbar. [...]

Am Arbeitsplatz ist Teamwork gefragt, dazu gehören Offenheit und Toleranz. Kenntnisse der eigenen Kultur und der Kultur des anderen fördern gegenseitiges Verständnis. Man sollte daher in Grundzügen vertraut sein mit den wichtigen Etappen der Geschichte Europas und der Welt, relevanten sozialen und politischen Konzepten wie Demokratie, Gerechtigkeit, Gleichberechtigung, Staatsbürgerschaft und Bürgerrechten, aber auch den großen Religionen. Die Arbeitswelt befindet sich in ständigem Wandel. Lern- und Leistungsbereitschaft sind Grundbedingung für Erfolg in Ausbildung und Berufsleben. [...]

Wer freundlich ist, hat schneller und leichter Erfolg. Dies gilt für die Beziehungen des Unternehmens nach außen – natürlich genauso wie für ein gutes Betriebsklima im Inneren.

(Aus: Was erwartet die Wirtschaft von den Schulabgängerinnen und Schulabgängern, IHK NRW – Die Industrie- und Handelskammern in Nordrhein-Westfalen e. V. Berliner Allee 12, 40212 Düsseldorf, im Internet unter http://www.ihk-nordwestfalen.de/wirtschaft/aus-und-weiterbildung/ausbildung, Zugriff: 10.10.2016)

Stimmen Auszubildender

„Freundlichkeit und grundsätzliche Offenheit sind die wichtigsten Eigenschaften, über die man verfügen sollte, um mit Freude im Handel zu arbeiten. Kunden und Kollegen schätzen Höflichkeit und Entgegenkommen. Wer lächelt, verkauft auch meist gut!"

Guido Prompler, Auszubildender zum Kaufmann im Einzelhandel, Karstadt Warenhaus AG, Essen

„In meinem Beruf wird eigenständiges Telefonieren von mir erwartet. Dabei muss ich unterscheiden, ob ich mit Kollegen, Vorgesetzten oder Kunden spreche. Es ist für mich selbstverständlich, dass ich Sachverhalte aus meinem Aufgabengebiet in Gesprächen, Texten und Briefen fehlerfrei und kundenorientiert formulieren kann."

Ute Kragack, Auszubildende zur Kauffrau für Bürokommunikation, West LB. Münster

„Fast täglich erfahre ich, wie wichtig die Mathematik und der Umgang mit Zahlen ist: Ohne Winkelfunktionen kann man keine Fertigungsmaßnahmen errechnen."

Alice Boerger, Auszubildende zur Industriemechanikerin, LEWA GmbH, Attendorn

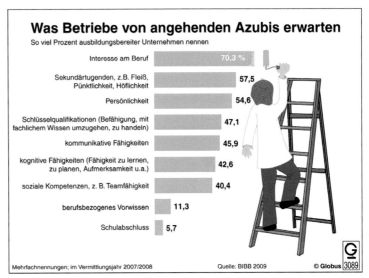

Was Betriebe von angehenden Azubis erwarten
So viel Prozent ausbildungsbereiter Unternehmen nennen

Interesse am Beruf	70,3 %
Sekundärtugenden, z.B. Fleiß, Pünktlichkeit, Höflichkeit	57,5
Persönlichkeit	54,6
Schlüsselqualifikationen (Befähigung, mit fachlichem Wissen umzugehen, zu handeln)	47,1
kommunikative Fähigkeiten	45,9
kognitive Fähigkeiten (Fähigkeit zu lernen, zu planen, Aufmerksamkeit u.a.)	42,6
soziale Kompetenzen, z. B. Teamfähigkeit	40,4
berufsbezogenes Vorwissen	11,3
Schulabschluss	5,7

Mehrfachnennungen; im Vermittlungsjahr 2007/2008   Quelle: BIBB 2009   © Globus 3089

Bei dieser Umfrage in ausbildungsbereiten Unternehmen handelte es sich um eine einmalige Aktion. Sie wurde seit der Veröffentlichung noch nicht wiederholt.

1. Was erfährst du in den Textauszügen über die Bedeutung der Rechtschreibung, des Rechnens und der Computerkenntnisse? Fasse die Aussagen dazu zusammen.

2. Betrachte die beiden Fotos. Welche Erwartungen an die Azubis werden darin deutlich? (Tauscht eure Eindrücke zu zweit aus.)

3. Visualisiere die im Text genannten Erwartungen in einer Tabelle oder einer Mindmap anhand der Oberbegriffe: sprachliche Fähigkeiten, Rechnen, Medien, Allgemeinbildung, persönliche Kompetenzen (Tipp: den Text mit der Pick-up-Methode bearbeiten, siehe Methodenkarte 2).

4. Erläutere anhand des Schaubildes, wie Unternehmen die Rangfolge der Kompetenzen sehen.

5. Betrachte einzelne persönliche Kompetenzen genauer, z. B. Freundlichkeit, Fleiß, Sorgfalt, Gewissenhaftigkeit und andere. Überlegt gemeinsam: Was erleichtert uns die Entwicklung dieser Kompetenzen, was hindert uns daran (Tipp: Gruppenarbeit)?

Was auch noch interessant sein kann:
● eigene Interviews führen: Befragt berufstätige Erwachsene, was diese von Azubis erwarten.

4 Wie können wir planvoll vorgehen?
Eine Strategie zur Berufswegplanung entwickeln

In diesem Unterkapitel geht es darum, dass ihr über euch selbst nachdenkt – über eure Interessen, Fähigkeiten und Vorstellungen von der beruflichen Zukunft. Zum Einstieg schlagen wir die Durchführung von Partnerinterviews vor.

A Partnerinterview über Hobbys, Interessen, Wünsche, Ziele

Bei dieser Übung übernimmt jeder von euch einmal die Rolle des Fragestellers und einmal die Rolle des Befragten. Im Anschluss daran können Gruppen gebildet werden, in denen der Reihe nach die Interviewer die interviewte Person vorstellen. Interviews werden gemacht, um nachher darüber berichten zu können. Das bedeutet, dass man einige Regeln einhalten muss.
● Fragt nichts Privates, was andere Leute nichts angeht.

Mögliche Interviewfragen – 5 aus 10

Damit nicht alle Interviews gleich ablaufen, solltet ihr aus dem Fragenkatalog die fünf aussuchen, die euch besonders interessieren, und sie eurem Partner stellen:

1. Was sind deine Lieblingsfächer?
2. Was sind deine Hobbys?
3. Was unternimmst du gerne in deiner Freizeit?
4. Weißt du schon, was du nach der Schulzeit machen wirst?
5. Welche Ziele möchtest du innerhalb der kommenden fünf Jahre erreichen?
6. Wie möchtest du später einmal leben?
7. Wie wichtig ist es für dich, den passenden Beruf zu finden?
8. Welche Traumberufe gibt es für dich?
9. Was ist für dich wichtiger: viel Geld zu verdienen oder lieber weniger und dafür eine Arbeit zu haben, die nicht anstrengend ist?
10. Wie wichtig ist für dich, in deinem Beruf Karriere zu machen?

 Bearbeite den Fragebogen in Einzelarbeit.

 Notiere die wichtigen Nummern aller Aussagen, die du als wichtig empfindest.

 Suche dir einen Partner, mit dem du dich über die Ergebnisse austauschen kannst.

4. Verfasse zum Ergebnis deiner Checkliste einen Text, den du in deinem persönlichen Berufswahlordner im PC dokumentierst.

Was auch noch interessant sein kann:
● Mit Eltern, Freunden oder anderen Personen deines Vertrauens über deine Selbsteinschätzung reden und Rückmeldungen erbitten.

Was will ich, was kann ich, was muss ich noch lernen?

Alle Expertinnen und Experten raten dazu, die Berufswegplanung mit dem Nachdenken über die persönlichen Erwartungen, Stärken und Schwächen zu beginnen. Man nennt das Potenzialanalyse. Möglichkeiten dazu sind Fragebogen und Berufseignungstests, von denen du eine ganze Reihe im Internet finden wirst. Eine erste Checkliste folgt auf der folgenden Seite.

B Checkliste zur Berufswahl
Meine Erwartungen, Interessen, Fähigkeiten und Wünsche

Meine allgemeinen Erwartungen	Ich möchte in meinem zukünftigen Beruf … 1. mit Kindern und Jugendlichen zu tun haben, 2. mit Kollegen in Teams zusammenarbeiten, 3. in einem großen Unternehmen arbeiten, 4. Arbeiten ausführen, die man alleine machen kann, 5. eine fest geregelte Arbeitszeit haben, 6. später einmal in Teilzeit übergehen können, 7. einen zukunftssicheren Arbeitsplatz haben, 8. gute Karrieremöglichkeiten haben, 9. die Chance haben, ins Ausland zu gehen.	Das ist für mich **wichtig** / **nicht wichtig** Zusammenfassung: 1. Meine wichtigsten allgemeinen Erwartungen sind:
Meine besonderen Interessen	Ich mache gerne Tätigkeiten, … 10. die handwerkliches Geschick erfordern, 11. die man an einem Schreibtisch erledigen kann, 12. bei denen man sich im Freien aufhält, 13. bei denen man mit anderen Leuten spricht, sie berät und ihnen hilft, 14. die besondere Computerkenntnisse erfordern, 15. bei denen man Maschinen benutzen, reparieren und kontrollieren kann, 16. bei denen man sich auch körperlich anstrengen muss, 17. die etwas mit Kreativität und Kunst zu tun haben, 18. die sich nur mit zuvor erarbeitetem Spezialwissen bewältigen lassen.	Das trifft auf mich **eher zu** / **eher nicht zu** Zusammenfassung: 2. Meine wichtigsten Interessen sind:
Meine Fähigkeiten	Ich kann … 19. ein Möbelstück oder ein Modell nach einer Gebrauchsanweisung gut zusammenbauen, 20. selbstständig und mit Ausdauer an einer Aufgabe arbeiten, 21. sprachlich gut ausdrücken, was ich sagen möchte, 22. leicht Kontakt zu anderen Menschen herstellen, 23. mich in eine Gruppe gut einordnen, 24. einfache Rechenaufgaben leicht im Kopf ausrechnen, 25. mich längere Zeit mit Sachtexten und mit Theorie beschäftigen.	Zurzeit denke ich, **ja, das stimmt** / **nein, das stimmt nicht** Zusammenfassung: 3. Meine aktuellen Fähigkeiten sind:
Was mir besonders wichtig sein wird	In meinem Berufsleben wird es mir wichtig sein, … 26. viel Geld zu verdienen, 27. neben dem Beruf genügend Freizeit zu haben, 28. Spaß zu haben an dem, was ich tue, 29. eigenverantwortlich entscheiden zu können, 30. mit netten Kolleginnen und Kollegen zusammenzuarbeiten.	Ja, das ist **wichtig** / Nein, das ist **nicht so wichtig** Zusammenfassung: 4. Was mir im Berufsleben wichtig sein wird:

Tipp: Solltest du in diesem Fragebogen Dinge erkennen, die dir wichtig erscheinen, über die du aber noch nicht verfügst, ist das kein Grund, sich damit abzufinden. Was du jetzt noch nicht kannst, lässt sich ja noch lernen.

C „Wer hilft mir bei der Berufswahl?"

C 1 Hilfen der Berufsberatung

TEAM führte ein Interview mit einer Berufsberaterin.

Für die meisten Schülerinnen und Schüler ist die Entscheidung über die Berufswahl sehr schwierig. Wie sollen sie das Problem angehen?

Wichtig ist, dass man sich einen persönlichen Plan erarbeitet, nach dem man vorgehen will. Planvolles Vorgehen gibt ein Gefühl der Sicherheit. Falsch ist, wenn man die Sache einfach vor sich herschiebt und erst kurz vor dem Ende der Schulzeit überlegt, was man machen kann.

Es heißt immer, dass man sich am Anfang über seine beruflichen Ziele Klarheit verschaffen soll. Die Frage ist nur: Wie macht man das?

Zur Ermittlung der eigene Interessen, Stärken und Schwächen steht allen Jugendlichen ein großes Angebot an Tests kostenlos zur Verfügung. Das sollte man auf jeden Fall nutzen. Der Internetauftritt der Agentur für Arbeit bietet für eine erste Orientierung alles, was man zur Ermittlung seines persönlichen Profils braucht.

Wie hilft die Berufsberatung der Arbeitsagentur den Jugendlichen?

Zu unseren wichtigsten Serviceeinrichtungen gehören die Berufsinformationszentren, die jeder unter dem Namen BIZ kennt. Hier finden die Jugendlichen zu Berufen und Ausbildungswegen Bücher, Kataloge, Filme und vieles mehr. Mit dem BIZ-Computer hat man die Möglichkeit, sich selbst zu erkunden. Oft gehen ja die Schulklassen geschlossen ins BIZ. Darüber hinaus rate ich jedem Jugendlichen, das kostenlose Angebot im BIZ so oft zu nutzen, wie er kann. Alle Schüler erhalten kostenlos die neueste Ausgabe von „Beruf aktuell". Das Buch enthält Kurzbeschreibungen aller anerkannten Ausbildungsberufe. Man kann eine Vorauswahl treffen und sich dann genauer über einzelne Berufe informieren.

Wann soll man das persönliche Gespräch mit dem Berufsberater suchen?

Spätestens ein Jahr vor dem Schulabschluss, noch besser früher. Vorher gibt es ja einen ersten Kontaktbesuch der Berufsberatung in der Schule und wir kommen auch zu Einzel- und Gruppenberatungen.

Müssen sich die Schülerinnen und Schüler auf den Besuch beim Berufsberater vorbereiten?

Sie sollten es tun, denn wenn mir jemand gegenübersitzt, der überhaupt nicht weiß, was er will, dann kann das Gespräch unbefriedigend verlaufen. Wenn aber jemand bereits ungefähr weiß, in welche Richtung seine Berufswahl gehen soll, dann können wir ganz konkrete Hilfen anbieten.

Was können Schülerinnen und Schüler noch tun, um sich beruflich zu orientieren?

Neben den Pflichtpraktika unter schulischer Leitung können freiwillige Praktika in den Ferien eine wertvolle Hilfe sein. So kann man am besten herausfinden, welche beruflichen Tätigkeiten einem Freude machen und welche nicht.

1. Welche Antworten der Berufsberaterin empfindest du als besonders hilfreich? Nenne sie und notiere sie in deiner Berufswahlmappe.

2. Freiwillige Praktika in den Ferien werden als wertvolle Hilfen empfohlen. Vielen ist die Ferienzeit aber zu schade, um sie mit dieser Art von Arbeit zu verbringen. Wie denkst du darüber? Begründe dein Urteil.

C 2 Lektüre hilft weiter

Im Buchhandel werden zahlreiche Ratgeber für die Berufswahl angeboten. Es kann durchaus lohnender sein, eines dieser Taschenbücher systematisch durchzuarbeiten, statt vergleichsweise planlos im Internet zu surfen. Es lohnt also ein Informationsbesuch in einer örtlichen Buchhandlung.

Nicht vergessen: die Tageszeitung. In den Wochenendausgaben solltet ihr euch von nun an über Ausbildungsangebote informieren.

Umfangreiche Informationen und Arbeitsmaterialien bietet der Berufswahlpass, der euch über den gesamten Prozess der Berufsplanung begleiten kann. www.berufswahlpass.de

In der jeweils neuesten Ausgabe von „Beruf aktuell" könnt ihr stöbern und aus dem vielfältigen Angebot die Top Ten eurer Favoriten erstellen.

C 3 Jobmessen

Jobmessen sind eine ideale Gelegenheit, sich über das Ausbildungsangebot in deiner Umgebung zu informieren, Kontakte zu knüpfen und sich nach Praktikumsplätzen zu erkundigen. Unter www.berufsstart.de kannst du dich über Termine und Veranstaltungsorte erkundigen.

D WebQuest Berufsorientierung

Unter WebQuest versteht man eine gezielte Internetrecherche, bei der man sich verpflichtet, nur anhand vorgegebener Adressen zu recherchieren.

www.planet-beruf.de

Hilfreich wird es sein, wenn ihr euch zu Beginn auf das Angebot der Bundesagentur für Arbeit für Schülerinnen und Schüler konzentriert. Diese Adresse wird ständig aktualisiert und bietet vielfältige Information von der ersten Orientierung bis zur Entscheidung. Für eine grundlegende Information reicht diese Adresse völlig aus.

www.beroobi.de

Das Portal des Instituts der deutschen Wirtschaft Köln JUNIOR gGmbH informiert hier über zahlreiche Ausbildungsberufe. Ihr könnt Videos anschauen und Interviews mit Berufstätigen lesen. In Quiz-Spielen könnt ihr euer Wissen über die Arbeitswelt testen.

www.schule-beruf.de

Die Seite wird von dem eingetragenen Verein schule-beruf e.V. betrieben mit umfangreichen Informationsangeboten. Unter anderem berichten hier Azubis von ihren Erfahrungen.

berufenet.arbeitsagentur.de

In dieser Datenbank der Bundesanstalt für Arbeit werden alle Ausbildungsberufe von A bis Z beschrieben.

Tipp: Weil die angegebenen Internetadressen sehr umfangreiche Materialsammlungen anbieten, kann zur Durchführung der WebQuest eine arbeitsteilige Vorgehensweise hilfreich sein. Teilt dazu die Adressen auf Lernpartner auf. Jeweils zwei Leute untersuchen dann einen Internetauftritt und berichten der Klasse darüber.

E Planung konkret: Was will ich erreicht haben am Ende von Klasse 9?

Mit den folgenden vier Schritten kannst du festlegen, was du ab jetzt bis zum Ende des Schuljahres unternehmen wirst.

1. Schritt: Das Ziel klären

Kläre, wie es nach der neunten oder zehnten Klasse weitergehen soll. Hast du das Ziel, Abitur zu machen, musst du beachten, dass ein guter Notendurchschnitt im Abschlusszeugnis der Klasse 10 die Voraussetzung zum Besuch der gymnasialen Oberstufe ist. Das Versetzungszeugnis von der neunten in die zehnte Klasse ist in der Regel das Zeugnis, das du bei der Bewerbung um einen Ausbildungsplatz vorlegen wirst. Manche Schüler beklagen, dass sie sich zu spät um bessere Noten gekümmert haben. Das muss dir nicht passieren.

- Notiere in deiner Berufswahlmappe: Welche Noten will ich am Ende der Klasse 9 erreichen? Was werde ich dafür tun?

2. Schritt: Die Suche eingrenzen

Du wirst dich nicht über alle anerkannten, Ausbildungsberufe ausführlich informieren können, bevor du eine Entscheidung triffst. Grenze deine Suche auf etwa zehn Topfavoriten ein. (Expertinnen und Experten sind der Ansicht, dass es für jeden Schulabgänger mindestens 20 geeignete Berufe gibt.) Fasse auch Berufe ins Auge, die nicht zu den allseits bekannten gehören. Notiere deine Favoriten in deinem Berufswahlordner. Überarbeite die Liste regelmäßig. Finde heraus, wie es um das Ausbildungsplatzangebot in deiner Region steht.

- Notiere: Meine Topfavoriten und was ich bis jetzt darüber weiß.

4. Schritt: Loslegen

Bei Banken, Versicherungen, großen Unternehmen, bei der Polizei und anderen Ausbildungsgängen im öffentlichen Dienst beginnen die Bewerbungsfristen mindestens ein Jahr vor dem Ausbildungsbeginn. Planst du den Besuch einer Berufsfachschule, wirst du dich in den Sommerferien zwischen dem neunten und zehnten Schuljahr anmelden müssen. Lege also im zweiten Halbjahr des neunten Schuljahres mit deinen Bewerbungen los. Das Internet ist der Markt für das Stellenangebot in deiner Region. Studiere aber auch die Angebote in der Zeitung. Während der Vorbereitung solltest du den Kontakt mit der Berufsberatung suchen.

- Notiere: Was ich bisher unternommen habe und als Nächstes tun werde.

3. Schritt: Bewerbungsanforderungen trainieren

Für das Bewerbungsverfahren wirst du lernen, einen formgerechten Lebenslauf und ein aussagekräftiges Bewerbungsschreiben zu verfassen. Auch solltest du dich darauf einstellen, dass ein Berufseignungstest auf dich zukommen wird, in dem auch Fragen zu deiner Allgemeinbildung gestellt werden. Du kannst dich darauf gut vorbereiten, z.B. indem du regelmäßig Nachrichtensendungen anschaust und die Tageszeitung liest. Für alle Anforderungen vom Bewerbungsschreiben bis zum erfolgreichen Vorstellungsgespräch gibt es zahlreiche Hilfen. Auch dein Deutsch-Lesebuch wird dazu ein Angebot enthalten.

- Notiere: Worauf ich bei meiner schriftlichen und mündlichen Bewerbung achten werde.

F Welche interessanten Berufe gibt es außer denen, die wir alle kennen?

Industriekauffrau/-mann, Kfz-Mecha-troniker/in, Köchin/Koch usw. – diese Berufe kennen alle. Es gibt aber viele andere, die oft deshalb selten in die engere Wahl kommen, weil sie kaum bekannt sind. Sich weniger bekannte Berufe anzuschauen kann doppelt lohnend sein. Vielleicht findest du so ein berufliches Ziel, an das du bisher noch nicht gedacht hast. Vielleicht entdeckt ihr gemeinsam in den Nischenberufen etwas, was besonders gut zu euren individuellen Wünschen und Talenten passt.

Euer Auftrag:

1. Gehe die Liste durch. Notiere die Nummern der Berufe, die dir bereits jetzt bekannt sind.

2. Vergleicht eure Listen zu zweit.

3. Sucht einen, zwei oder mehrere der noch unbekannten Berufe aus, über die ihr gerne mehr erfahren würdet.

4. Recherchiert unter berufenet.arbeitsagentur.de. Gebt dort die Berufsbezeichnung in die Suchmaschine ein.

5. Stellt einen oder mehrere der ausgewählten Berufe anhand der Kriterien Zugangsvoraussetzungen und Tätigkeitsinhalte in Gruppen oder in der Klasse vor.

A
1. Agraringenieurin/Agraringenieur
2. Anlagenmechanikerin/-mechaniker für Sanitär-, Heizungs- und Klimatechnik
3. Aufbereitungsmechanikerin/mechaniker
4. Automatenfachfrau/mann
B
5. Baustoffprüferin/-prüfer
6. Behindertenpädagogin/-pädagoge
7. Biologielaborantin/-laborant
8. Brauerin und Mälzerin/Brauer und Mälzer
C
9. Chemikantin/Chemikant
10. Chirurgiemechanikerin/-mechaniker
11. Computeranimationsdesignerin/-designer
D
12. Datenbankentwicklerin/-entwickler
13. Dekorvorlagenherstellerin/-hersteller
14. Drechslerin/Drechsler
15. Drogistin/Drogist
E
16. Edelsteinfasserin/Edelsteinfasser
17. Elektroanlagenmonteurin/-monteur
18. Elektronikerin/Elektroniker für luftfahrttechnische Systeme
19. Ergotherapeutin/-therapeut
F
20. Fachangestellte/-angestellter für Medien und Informationsdienste
21. Fachfrau/Fachmann für Systemgastronomie
22. Fachkraft für Abwassertechnik
23. Fahrzeuginnenausstatterin/-innenausstatter
24. Finanzdienstleistungskauffrau/kaufmann

G
25. Gebärdensprachdolmetscherin/dolmetscher
26. Gestalterin/-gestalter für visuelles Marketing
27. Glasapparatebauerin/-bauer
28. Goldschmiedin/Goldschmied
H
29. Hauswirtschaftlerin/Hauswirtschaftler
30. Holzbearbeitungsmechaniker/-in
31. Hörgeräteakustikerin/-akustiker
I
32. Informations- und Telekommunikationselektronikerin/-elektroniker
33. IT-System-Kauffrau/-Kaufmann
J
34. Journalistin/Journalist
35. Justizfachangestellte/-angestellter
K
36. Kauffrau/Kaufmann für Dialogmarketing
37. Klavierbauerin/Klavierbauer
38. Kommunikationstechnikerin/-techniker
L
39. Landschaftsgärtnerin/-gärtner
40. Lebensmitteltechnikerin/-techniker
41. Logopädin/Logopäde
42. Luftverkehrskauffrau/-kaufmann
M
43. Maskenbildnerin/Maskenbildner
44. Mediengestalter/-in Digital und Print
45. Medizinproduktekauffrau/-kaufmann
N
46. Nahrungsmittelanalytikerin/-analytiker
47. Naturwerksteinchemiker/-in
48. Naturwerksteinmechanikerin/-mechaniker

O
49. Orthopädiemechanikerin/-mechaniker
50. Orthopädieschuhmacherin/-schuhmacher
51. Osteopathin/Osteopath
P
52. Papiertechnologin/-technologe
53. Pferdewirtin/Pferdewirt
54. Physiklaborantin/Physiklaborant
Q
55. Qualitätssicherungstechniker/-in
R
56. Raumausstatterin/Raumausstatter
57. Rechtspflegerin/Rechtspfleger
S
58. Sattlerin/Sattler
59. Sport- und Fitnesskauffrau/-kaufmann
60. Systeminformatikerin/-informatiker
T
61. Technische Produktionsdesignerin/-designer
62. Tontechnikerin/Tontechniker
63. Trockenbaumonteurin/-monteur
U
64. Uhrmacher/-in
V
65. Veranstaltungskauffrau/-kaufmann
66. Vermessungstechnikerin/-techniker
67. Verwaltungsfachangestellte/-angestellter
W
68. Wasserbauerin/Wasserbauer
69. Werbegestalterin/Werbegestalter
70. Werkstoffprüferin/Werkstoffprüfer
71. Wirtschaftsinformatikerin/-informatiker
Z
72. Zahntechnikerin/Zahntechniker
73. Zoologin/Zoologe
74. Zweiradmechanikerin/-mechaniker

Eine Liste aller Ausbildungsberufe findest du auch in www.planet-beruf.de und in „Beruf aktuell".

5 Wie macht ihr euch fit für den Einstellungstest?
Schritte zur Vorbereitung trainieren

A Unternehmen erwarten interessierte Bewerber

Wer sich um einen anspruchsvollen Ausbildungsplatz bewirbt, muss davon ausgehen, dass ein Eignungstest auf sie oder auf ihn zukommt. Zum einen kann es sich dabei um mündliche Textverfahren handeln, zum anderen gehören schriftliche Einstellungstests dazu.

Schriftliche Einstellungstests können unterschiedlich aufgebaut sein, je nachdem, um welchen Ausbildungsplatz man sich bewirbt. Ein Test für kaufmännische Berufe wird Fragen über Wirtschaftskenntnisse enthalten – eben deshalb, weil Fähigkeiten in diesen Bereichen im angestrebten Beruf besondere Bedeutung haben. Bei Berufen in den Bereichen Elektronik und Mechatronik muss man vermehrt mit Aufgaben aus dem Bereich Physik rechnen. Neben den spezielleren Kenntnissen werden in fast allen schriftlichen Tests auch Fragen zur Allgemeinbildung gestellt. Viele Unternehmen erwarten heute von ihren Mitarbeiterinnen und Mitarbeitern, dass sie über das aktuelle Geschehen informiert sind.

Es lohnt sich in vieler Hinsicht, ein Taschenbuch zum Testtraining systematisch durchzuarbeiten.

besetzungen sind für ein Unternehmen teuer. Daher dürfen sich nur die vielversprechendsten Kandidaten Chancen ausrechnen, den angestrebten Ausbildungsplatz zu bekommen.

Grundsätzlich lässt sich der Einstellungstest zur Ausbildung als zweite Etappe eines mehrstufigen Auswahlverfahrens verstehen. Wer mit seinen Bewerbungsunterlagen überzeugt hat, darf im Eignungstest sein Wissen sowie seine ausbildungsrelevanten Fähigkeiten unter Beweis stellen. Hat man auch den Einstellungstest erfolgreich gemeistert, winkt meist die Einladung zu einem persönlichen Vorstellungsgespräch.

(Aus: Einstellungstest und Eignungstest kostenlos üben, in: www. ausbildungspark.com; Zugriff: 10.10.2016)

B Warum gibt es Einstellungstests?

Warum veranstalten Betriebe Einstellungstests? Die Antwort liegt auf der Hand: Sie wollen möglichst zuverlässige Kompetenzprofile der Ausbildungsbewerber gewinnen, um die Ausbildungseignung der Kandidaten objektiv vergleichen zu können. Denn Fehl-

Gute Vorbereitung zählt

Keine Angst, es ist ganz normal, dass ihr zum jetzigen Zeitpunkt nicht alle Fragen beantworten könnt, die in Eignungstests gestellt werden. Ihr solltet aber ab jetzt darauf achten, dass ihr euer Wissen erweitert. Die Testfragen für Azubis orientieren sich in der Regel an den Inhalten der Schulfächer. Wer in der Schule aufpasst, wird den größten Teil der Fragen beantworten können.

Es gibt Bücher zum Thema Testtraining, mit denen ihr euch vorbereiten könnt, und auch im Internet gibt es zahlreiche Tests. Wenn ihr so nach und nach eure Allgemeinbildung erweitert, profitiert ihr natürlich nicht nur in einem schriftlichen Eignungstest davon.

1. Welche Funktion haben Eignungstests aus der Sicht von Unternehmen? Nenne mehrere.

2. Überlegt gemeinsam, was man tun kann, um sich gezielt auf die schriftlichen Tests zur Allgemeinbildung vorzubereiten. Erstellt dazu eine Liste mit Tipps.

Tipp: Vereinbart eine Zeit, die euch zur Beantwortung der folgenden Fragen zur Verfügung steht. So ist es auch in einer echten Testsituation.

Testfragen zur Allgemeinbildung in Politik und Wirtschaft

1 Von wem werden in Deutschland die Gesetze verabschiedet?
a) vom Bundespräsidenten
b) vom Bundestag
c) vom Bundesrat
d) vom Bundeskanzler

2 Wo befindet sich der Sitz des Bundesverfassungsgerichts?
a) Bonn
b) Karlsruhe
c) Heidelberg
d) Berlin

3 Wie viele Bundesländer hat die Bundesrepublik Deutschland?
a) 10
b) 12
c) 16
d) 18

4 Bei welchem Amt wird ein neugeborenes Kind angemeldet?
a) Standesamt
b) Ordnungsamt
c) Einwohnermeldeamt
d) Regierungspräsidium

5 Wer wählt den Bundespräsidenten?
a) Bundesrat
b) Bundesversammlung
c) Bundestag
d) Bundesverfassungsgericht

6 Wie bezeichnet man das Bündnis mehrerer Parteien zur Regierungsbildung?
a) Koalition
b) Fraktion
c) Lobby
d) Sektion

7 Die von einem Kreditnehmer zu zahlenden Kosten für einen Kredit nennt man …
a) Dividende
b) Zinsen
c) Hypothek
d) Prämie

8 In der Hochkonjunktur
a) steigen die Preise in der Regel kräftig an
b) bleiben die Preise konstant
c) sinken die Preise
d) werden die Preise vom Staat festgelegt

9 Welche Kosten existieren eigentlich nicht (außer umgangssprachlich)
a) Fixkosten
b) Nebenkosten
c) Unkosten
d) Stückkosten

(Die Fragen wurden entnommen aus Jürgen Hesse, Hans Christian Schrade: Testtraining Allgemeinwissen – Eignungs- und Einstellungstests sicher bestehen, Stark Verlag München 2016, S. 10 ff.)

Mit den folgenden Fragen testete eine Bank das Allgemeinwissen der Bewerber

Staat/Politik, Wirtschaft, Geschichte, Erdkunde

1. Welche Regierungsform hat die Bundesrepublik Deutschland?
2. Wer ernennt in der Bundesrepublik die Bundesminister?
3. Was versteht man unter dem sogenannten passiven Wahlrecht?
4. Welches deutsche Bundesland hat die höchste Bevölkerungszahl?
5. Wo hat das Europäische Parlament seinen Sitz?
6. Wie nennt man den Preis für ver- und entliehenes Geld?
7. Was ist eine „Inflation"?
8. Was versteht man unter einer „Hausse"?
9. In welchem Jahr war die „Machtergreifung" Hitlers?
10. Wann begann und wann endete der Zweite Weltkrieg?
11. In welchem Jahr begann die Französische Revolution?
12. Welches Meer liegt zwischen Europa und Afrika?
13. In welches Meer mündet der Rhein?

6 Typische Frauen- und Männerberufe: Höchste Zeit zum Umdenken?

Veränderungen beschreiben und diskutieren

A Fall — Julia ist Zerspannungsmechanikerin

Die 20-Jährige hat vor Kurzem ihre Ausbildung zur Zerspannungsmechanikerin bei einer großen Automobilzulieferer-Firma in Lennestadt erfolgreich abgeschlossen und berichtet uns von ihren Erfahrungen als Frau in einem traditionell typischen Männerberuf.

Hallo Julia, wie kam es dazu, dass du dich für eine Ausbildung zur Zerspannungsmechanikerin entschlossen hast?

Während der Schulzeit habe ich aufgrund von verschiedenen Praktika Einblicke in unterschiedliche Berufe bekommen. Mein erstes Praktikum habe ich in einem Kindergarten gemacht, da ich mir anfänglich auch vorstellen konnte, in diesem Bereich zu arbeiten. Während dieser Zeit habe ich dann aber schnell festgestellt, dass mir diese Arbeit langfristig keinen Spaß machen wird. Deswegen habe ich ein weiteres Praktikum in einer ganz anderen Richtung absolviert, nämlich im Werkzeugbau.

Und dieses hat dir dann so gut gefallen, dass du dich direkt auf eine Ausbildungsstelle beworben hast?

Vor dem Praktikum hätte ich nicht gedacht, dass ich mich so sehr für technische Prozesse begeistern kann. [...]

Bist du also der Meinung, dass viel mehr Mädchen technische Ausbildungsberufe in Erwägung ziehen würden, wenn sie sich vorab intensiver mit deren Berufsbildern auseinandersetzen würden?

Das kann schon gut sein. Viele Mädchen haben vielleicht eine falsche oder auch gar keine Vorstellung von Berufen wie Werkzeugmechaniker, Mechatroniker oder Zerspannungsmechaniker und schließen diese deshalb kategorisch bei der Berufswahl aus. Aufgrund der hohen körperlichen Belastung und dem vielen Schmutz am Arbeitsplatz meinen viele Menschen, dass der Beruf des Zerspannungsmechanikers eher etwas für Jungen ist. Teilst du diese Meinung?

Dies spricht wieder für die falschen Vorstellungen, die viele Leute von meinem Beruf haben. Eine Krankenschwester, Altenpflegerin oder Physiotherapeutin arbeitet körperlich deutlich härter als ich und in diesen Berufen trifft man ja überwiegend Frauen an. Gerade durch die vielen technischen Hilfsmittel muss man kaum noch schwer heben und ich gehe nach der Arbeit auch nicht komplett ölverschmiert nach Hause. Sicherlich kann die Arbeit, auch wegen der Wechselschicht, anstrengend sein und ab und an muss man sich auch mal die Hände schmutzig machen, aber wenn man hiermit als Mädchen kein Problem hat, weiß ich nicht, warum der Beruf ausschließlich von Männern ausgeübt werden sollte.

Mädchen im Handwerk: „Kein Grund, sich nicht zu trauen ..."

(Aus: Frauen in technischen Berufen: gefragt und erfolgreich, in: Karriere in Südwestfalen, Interviews aus der Praxis 2016, in: www.karriere-suedwestfalen.de; Zugriff: 10.09.2016)

1. Was meint Julia, wenn sie im Interview von „falschen Vorstellungen" spricht? Fasse ihre Aussagen dazu zusammen.

B Raus aus der Berufswahlfalle

2001 war der erste Girls' Day, zehn Jahre später gab es parallel den ersten Boys' Day. Über 1,6 Millionen Jugendliche haben in dieser Zeit an den Veranstaltungen teilgenommen, haben in Berufe geschnuppert, die für ihr Geschlecht eher untypisch sind. Ganz allmählich zeigt das Engagement Wirkung – gerade im Handwerk. Eine Untersuchung des Bundesinstituts für Berufsbildung (BIBB) beweist, dass sich in Handwerksberufen immer mehr Frauen in die Männerdomäne wagen. [...] Für BIBB-Präsident Friedrich Hubert Esser zeigen die Ergebnisse, dass Initiativen wie der „Girls'- und Boys'- Day" Zeit benötigen: „Zwar stellen wir nach wie vor fest, dass viele Ausbildungsberufe einseitig von nur jeweils einem Geschlecht nachgefragt werden. Solchen Einseitigkeiten entgegenzuwirken braucht offenbar viel Geduld und Zeit." [...]

Mehr als die Hälfte der Mädchen wählt aus nur zehn verschiedenen Ausbildungsberufen im dualen System. Darunter ist kein einziger naturwissenschaftlich-technischer. Die Mädchen schöpfen damit ihre Berufsmöglichkeiten nicht aus und den Betrieben fehlt gerade in technischen und techniknahen Bereichen qualifizierter Nachwuchs. Für junge Männer gilt Ähnliches, nur dass sie genau die typischen Frauenberufe meiden. [...] Die Folgen einer geschlechtertypischen Berufswahl bekommen die Jugendlichen selbst, aber auch die Arbeitgeber zu spüren. Frauen verdienen in Deutschland rund ein Fünftel weniger als Männer, errechnet das Institut für Wirtschaftsforschung in Köln. Das habe mehr Ursachen als nur Babypausen und Teilzeitarbeit, so die Forscher. Es liege auch an der Berufswahl. In Gesundheits- und Sozialberufen liegen die Löhne im Schnitt deutlich niedriger als zum Beispiel in Metall- oder Elektroberufen. Während ein Bauarbeiter im Jahresschnitt von 2013 rund 2650 Euro verdiente, gingen Verkäuferinnen in Vollzeit im selben Jahr mit nur 1900 Euro nach Hause. Schon in der Ausbildung sind die Unterschiede enorm: Eine Auszubildende im Fri-

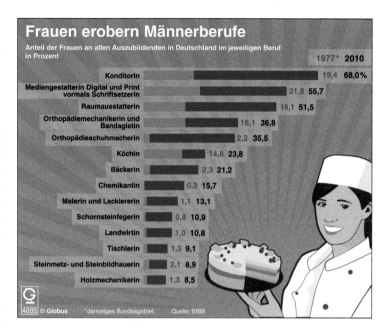

Frauen erobern Männerberufe
Anteil der Frauen an allen Auszubildenden in Deutschland im jeweiligen Beruf in Prozent

	1977*	2010
Konditorin	19,4	68,0%
Mediengestalterin Digital und Print vormals Schriftsetzerin	21,8	55,7
Raumausstatterin	16,1	51,5
Orthopädiemechanikerin und Bandagistin	16,1	36,8
Orthopädieschuhmacherin	2,2	35,5
Köchin	14,8	23,8
Bäckerin	2,3	21,2
Chemikantin	0,3	15,7
Malerin und Lackiererin	1,1	13,1
Schornsteinfegerin	0,8	10,9
Landwirtin	1,0	10,8
Tischlerin	1,3	9,1
Steinmetz- und Steinbildhauerin	2,1	8,9
Holzmechanikerin	1,3	8,5

© Globus   *damaliges Bundesgebiet   Quelle: BIBB
4888

seurhandwerk bekommt im ersten Ausbildungsjahr zwischen 214 und 394 Euro, abhängig von ihrem Wohnort. Elektroniker starten mit 550 bis 590 Euro monatlich in die Ausbildung. Für die Betriebe spielte es lange keine Rolle, dass sich nur ein Geschlecht für ihren Beruf interessierte. Es gab immer genügend Bewerber. Doch heute, in Zeiten des Fachkräftemangels, wäre mancher Elektrohandwerker glücklich über eine weibliche Auszubildende und Fleischereien hätten gerne Männer im Verkauf.

(Aus: Barbara Oberst, Girls' und Boys' Day: Raus aus der Berufwahlfalle, in: http://www.deutsche-handwerks-zeitung.de, Zugriff: 10.01.2017)

---

1. Welche Nachteile nehmen Mädchen in Kauf, wenn sie sich bei der Berufswahl auf typische Frauenberufe konzentrieren? Nenne die im Text genannten.

2. Welche Trends in der Berufswahl kannst du dem Schaubild entnehmen? Beschreibe sie.

3. Kannst du dir als Mädchen vorstellen, einen eher technischen Beruf zu wählen, und als Junge einen eher sozialen Beruf? Sprecht darüber in der Klasse.

Was auch noch interessant sein kann:
- Zukunftsvision schreiben: „So stelle ich mir die Arbeitswelt von Frauen und Männern in 30 Jahren vor!"

7 Rollenspiel: Welche Azubis würdet ihr einstellen?
Spiel eines Auswahlverfahrens in der Personalabteilung eines Unternehmens

Bei der internationalen Speditionsfirma *Interfracht* sind zum nächsten Einstellungstermin zwei Ausbildungsplätze als **Kauffrau/Kaufmann für Spedition und Logistikdienstleistung** frei. Aufgrund der Bewerbungsunterlagen, Testergebnisse und Vorstellungsgespräche kamen vier Jugendliche in die engere Wahl. Die bekannten Daten findet ihr auf den Karteikarten.

- Wer soll die beiden Ausbildungsplätze bekommen?

Das wird vom Kaufmann/von der Kauffrau für Spedition und Logistikdienstleistung erwartet:

Sie organisieren den Transport von Waren per Lastwagen, Eisenbahn, Schiff, Flugzeug und Container weltweit. Sie steuern und überwachen das Zusammenwirken der Personen und Einrichtungen, die an einem Transport von Gütern beteiligt sind. Sie erarbeiten Terminpläne und betreuen Kunden. Sie arbeiten Angebote aus, bereiten Kaufverträge vor und kümmern sich um den Versicherungsschutz. Sie kalkulieren Preise und beschaffen Informationen. Sie korrespondieren mit ausländischen Geschäftspartnern. Sie bearbeiten englischsprachige Dokumente, z.B. über Zölle und internationale Handelsbedingungen. Sie müssen unter Termindruck konzentriert arbei-

---

Julia Kress, 16 Jahre

Schulabschluss
Hauptschulabschluss nach Klasse 10 (Fachhochschulreife)
Zeugnisnoten
Mathematik: 2; Deutsch: 1; Englisch: 2; Durchschnittsnote der anderen Fächer: 1,8; Informatik-AG wurde mit Erfolg besucht.
Bewerbungsunterlagen
Sehr ordentlich und übersichtlich; gut aufgebautes Bewerbungsschreiben
Testergebnis
Rechnerisches Denken: 2; Allgemeinbildung: 2; Rechtschreibung: 1,8; Konzentrationstest: 1,8
Vorstellungsgespräch
Julia war ziemlich zurückhaltend und phasenweise etwas unsicher, ansonsten aber freundlich und gut vorbereitet.
Praktika
zweiwöchiges Praktikum in einer Spedition plus zwei freiwillige Praktika in den Schulferien
Gesundheitszeugnis
Julia ist für alle Berufe geeignet.

Arif Nabil, 16 Jahre

Schulabschluss
Realschulabschluss an einer Gesamtschule
Zeugnisnoten
Mathematik: 2; Deutsch: 2; Englisch: 2; Durchschnittsnote der anderen Fächer: 2,5; Informatik-AG wurde nicht besucht.
Bewerbungsunterlagen
Sehr schöne formale Gestaltung (hat Arif das alleine gemacht?), mehrere Rechtschreibfehler.
Testergebnis
Rechnerisches Denken: 2,5; Allgemeinbildung: 2; Rechtschreibung: 3; Konzentrationstest: 2
Vorstellungsgespräch
Arif zeigte sich aufgeschlossen und redegewandt; stellte gute Fragen; wirkte teilweise schon übereifrig.
Praktika
zweiwöchiges Praktikum in einem kaufmännischen Betrieb
Gesundheitszeugnis
sportlich, für alle Berufe geeignet

ten können und dabei stets die Übersicht behalten. Freundlichkeit und gutes Verhandlungsgeschick sind unverzichtbar (weitere Angaben in „Beruf aktuell".)

So könnt ihr vorgehen:

Die Methode für dieses Lernspiel ist ein Gruppenmixverfahren. Dabei werden innerhalb der Unterrichtsstunde die Arbeitsgruppen zweimal neu gebildet.

Jeder trifft seine Vorentscheidung
Vergleicht die Anforderungen an Speditionskaufleute mit dem, was die Jugendlichen anzubieten haben. Trefft eure persönliche Vorentscheidung und fertigt Stichworte für die Begründung an.

Beratung in der ersten Arbeitsgruppe
Bildet Gruppen, wobei jede Gruppe aus Mitarbeiterinnen und Mitarbeitern der Firma *Interfracht* besteht. Stellt der Reihe nach eure Vorentscheidungen vor. Diskutiert eure Auswahl und trefft nach einer zuvor vereinbarten Zeit eine Entscheidung nach dem Mehrheitsprinzip. Jedes Gruppenmitglied erhält nun einen farbigen Punkt oder eine Zahl.

Beratung in der zweiten Arbeitsgruppe
Gruppenmitglieder mit dem gleichen farbigen Punkt (oder mit gleicher Zahl) setzen sich nun in neuen Gruppen zusammen. Sie bilden jetzt die nächsthöhere Ebene in der Personalabteilung des Unternehmens. Zunächst stellen alle Teilnehmer vor, wofür sich die erste Gruppe entschieden hat. Anschließend wird erneut diskutiert und abgestimmt.

Entscheidung
Sprecherinnen und Sprecher aus den zweiten Arbeitsgruppen stellen die letzte Mehrheitsentscheidung vor. Eingestellt werden die Bewerberinnen und Bewerber, welche die meisten Gruppenentscheidungen in den Zweitgruppen erhalten haben.

Auswertung
Sprecht nach dem Spiel gemeinsam darüber, welche Erkenntnisse ihr daraus für eure eigene Berufswegplanung ableiten könnt.

Kerstin Markowitz, 19 Jahre

Schulabschluss
Abitur am Heinrich-Heine-Gymnasium
Zeugnisnoten (Punkte)
Mathematik: 8; Deutsch: 10; Englisch: 11; Durchschnittspunktzahl der anderen Fächer: 10 von 15; Informatik-AG wurde nicht besucht.
Bewerbungsunterlagen
Sehr ordentlich, Anschreiben etwas zu ausführlich.
Testergebnis
Rechnerisches Denken: 2; Allgemeinbildung: 2,5; Rechtschreibung: 2; Konzentrationstest: 1,8
Vorstellungsgespräch
Kerstin hinterließ einen ausgezeichneten Eindruck, selbstsicher, flexibel, redegewandt und sehr interessiert.
Praktika
Kein Berufspraktikum; Kerstin leitet eine Jugendgruppe in einer kirchlichen Organisation.
Gesundheitszeugnis
für alle Berufe geeignet

Georg Karschuba, 18 Jahre

Schulabschluss
Abschluss der Realschule in Bergedorf
Zeugnisnoten
Mathematik: 1; Deutsch: 3; Englisch: 2; Durchschnittsnote der anderen Fächer: 2,3; Informatik-AG wurde mit Erfolg besucht; Georg war Klassensprecher in Klasse 10.
Bewerbungsunterlagen
Das Bewerbungsschreiben ist wenig aussagekräftig; Passfoto fehlt.
Testergebnis
Rechnerisches Denken: 1,2; Allgemeinbildung: 3; Rechtschreibung: 2,5; Konzentrationstest: 1,5
Vorstellungsgespräch
Georg zeigte sich gut vorbereitet, war interessiert; drückt sich aber undeutlich aus und „nuschelt".
Praktika
zweiwöchiges Praktikum in einem Autohaus.
Gesundheitszeugnis
Kurzsichtigkeit, Brillenträger

Auf dem Weg zur Berufswahl

Station 1

Worauf kommt es in einem Betriebspraktikum an?

Suche fünf Begriffe aus der Liste aus und verwende sie als Schlüsselwörter für deinen Text über die Bedeutung des Betriebspraktikums.

P Praxis erfahren, Persönlichkeitsentwicklung
R reinschnuppern, raus aus der Schule
A Arbeitswelt, Ausdauer
K Kompetenzentwicklung
T Teamfähigkeit, Telefonkontakt
I Interesse, Innenansicht von Betrieben
K Kritikfähigkeit
U umdenken, untersuchen
M mitmachen, Mut machen

Station 3

Wie können wir planvoll vorgehen?

Interview verkehrt!
Stelle dir vor, du arbeitest als Berufsberaterin oder als Berufsberater beim Arbeitsamt und wirst von Schülern besucht und interviewt. Wie fallen deine Antworten aus:

1. Können Sie uns zwei Möglichkeiten nennen, wie die Arbeitsagentur bei der Suche nach einem Ausbildungsplatz helfen kann?
2. Was sollen Schülerinnen und Schüler als Erstes tun, wenn sie anfangen, über ihren Berufswunsch nachzudenken?
3. Halten Sie freiwillige Ferienpraktika für sinnvoll oder nicht?

Station 2

Schule und was dann? 3+3+3

Übernimm die folgende Übersicht in deine Arbeitsmappe und vervollständige sie.

Was tun nach dem mittleren Schulabschluss?

→ 3 Gründe für eine anschließende Berufsausbildung

→ 3 Gründe für das Abitur

→ 3 mögliche Ausbildungswege

Station 4

Erwartungen an die Schulabgänger

Jens möchte sich demnächst um einen Ausbildungsplatz bewerben. Was die Erwartungen von Ausbildungsbetrieben an die Qualifikationen von Azubis angeht, da hat Jens so seine ganz eigenen Vorstellungen. Überlege dir, wie du ihn überzeugen kannst, dass seine Denkweise falsch ist.

	Wie überzeugst du Jens vom Gegenteil
1. *„Englisch muss man können, wenn man in England arbeiten will. Ich will hierbleiben und hier arbeiten, da braucht man keine Fremdsprachenkenntnisse im Berufsleben."*	**?**
2. *„Locker bleiben bei der Arbeit, das ist heutzutage besonders wichtig. Die Betriebe wollen mittlerweile coole junge Leute haben. Da kann man auch mal einen Tag fehlen oder zu spät kommen."*	**?**

Station 5

Fit für den Einstellungstest

Du in der Rolle der Berufsberatung

Stell dir vor: Du bist als Berufsberater in deine Schule eingeladen. Am Ende deiner Beratung forderst du die Schülerinnen und Schüler dazu auf, Fragen zu stellen. Mehrere der Fragen beziehen sich auf schriftliche Einstellungstests. Welche Antworten gibst du den Fragenden?

Fragen der Schüler:

1. Warum werden schriftliche Einstellungstests gemacht?
2. Wie können wir uns darauf vorbereiten?
3. Warum gibt es dabei immer auch Fragen zur Allgemeinbildung?

Station 6

Frauenberufe — Männerberufe

Schreiben Sie:
Die Leistung der Frau ist von ihrer KONSTITUTION her begrenzt, was in geringerer Lohnzahlung seine Entsprechung finden muss ...

Marie Marcks

Beschreibe: Wie ist die Rolle der Frau und die Rolle des Mannes in dieser Karikatur dargestellt?

Analysiere: Welches Problem der Berufswahl von Mädchen und Jungen wird hier deutlich?

Bewerte: Soll im Berufswahlverhalten von Mädchen und Jungen alles so bleiben, wie es ist, oder soll sich etwas ändern?

Station 7

Rollentausch: Welchen Azubi würdest du einstellen?

Bei der Speditionsfirma *Interfracht,* bei der du Personalchef bist, ist eine weitere Bewerbung um einen Ausbildungsplatz zum/zur Kaufmann/Kauffrau für Spedition- und Logistikdienstleistung eingegangen. Notiere: Welche Informationen in den Bewerbungsunterlagen sprechen für eine Einstellung von Vincenzo? Welche eher dagegen?

Vincenzo Satchero
Schulabschluss:
Realschulabschluss
Zeugnis:
Leistungsbereitschaft: 3; Zuverlässigkeit/ Sorgfalt: 3; Sozialverhalten: 1; Mathematik: 4; Deutsch: 4; Englisch: 2; Politik u. Wirtschaft: 2; Durchschnittsnote der übrigen Fächer: 2,4. Regelmäßiger Besuch der Informatik-AG; Fehltage: 12 Tage entschuldigt.
Bewerbungsunterlagen:
ordentlich, aber mehrere Rechtschreibfehler
Testergebnis:
Rechnerisches Denken: 3,4; Allgemeinbildung: 1,5; Rechtschreibung: 4; Konzentrationstest: 1,5
Vorstellungsgespräch:
Vincenzo hatte sich mithilfe des Internets gut über die Firma informiert; kam im Freizeitlook.
Praktika:
Zusätzlich zum Schulpraktikum wurden zwei weitere freiwillige Praktika in den Ferien absolviert.
Gesundheitszeugnis:
sportlich, für alle Berufe geeignet

3 Demokratie in der Bundesrepublik Deutschland

Vor dem Reichstagsgebäude in Berlin protestieren mehrere Tausend Menschen gegen ein im Bundestag eingebrachtes Gesetz, das die Speicherung personenbezogener Daten vorsieht, während gleichzeitig im Parlament die gewählten Abgeordneten über diesen Gesetzesentwurf beraten.

DEM DEUTSCHEN VOLKE

Freiheit statt Angst

Wie kann Demokratie lebendig gestaltet werden?

1. Allein nachdenken

Welche Gedanken zum Thema *Politik und Demokratie in Deutschland* lösen das Foto und der Text dazu in dir aus?

3. In der Klasse sammeln

Worauf sollte man achten, wenn man eine kluge politische Entscheidung treffen will, von der möglichst viele Menschen profitieren?

2. Zu zweit beraten

Was wisst ihr bereits über politische Einrichtungen und deren Aufgaben auf Bundesebene?

Im Verlauf dieses Kapitels könnt ihr ...

- untersuchen, was Menschen unternehmen, um ihre politischen Interessen zu vertreten,
- Aufgaben der Parteien beschreiben und überlegen, um welche politischen Probleme die Parteien sich kümmern sollen,
- Vorzüge und Nachteile verschiedener Wahlsysteme beurteilen,
- euren Mitschülern die Aufgaben der fünf wichtigsten Verfassungsorgane erläutern,
- am Beispiel des Tierschutzes darstellen, wie ein Gesetz entsteht,
- darüber diskutieren, ob Rechtsextremismus und Fremdenfeindlichkeit die Demokratie bedrohen, und dabei eure Urteilskompetenz trainieren.

Eigene Schwerpunkte könnt ihr setzen, indem ihr ...

- über einen Gesetzesvorschlag zum Thema Tierversuche in der Klasse abstimmt,
- andere Schülerinnen und Schüler befragt, was sie von den Parteien halten,
- eine Debatte über das Wahlrecht ab 16 bei Bundestagswahlen durchführt,
- ein Quiz über die fünf wichtigsten Verfassungsorgane erstellt.

1 Politische Mitwirkung – unverzichtbar für die Demokratie?

Beteiligungsmöglichkeiten beschreiben und bewerten

Eine Einstiegsübung für alle:

Welche Möglichkeiten politischer Mitwirkung kannst du in den Fotos entdecken?

Beschreibe sie und sammelt gemeinsam.

A Fotos erzählen

Die Fotos entstanden bei folgenden Anlässen: genehmigte Demonstration, Abstimmung im Bundestag, Erstwähler bei einer Kommunalwahl, Jugendlandtag in NRW.

B Beispiele: Wie können Menschen mitgestalten?

Zur Veranschaulichung von politischer Mitwirkung werden auf den folgenden beiden Seiten vier Beispiele vorgestellt. Zur Bearbeitung könnt ihr Gruppen bilden und die Beispiele innerhalb der Gruppen aufteilen.

Jedes Gruppenmitglied bearbeitet ein Beispiel und stellt es in der Gruppe vor. Zur Klärung der Begriffe Bürgerbegehren, Bürgerentscheid und Bürgerinitiative könnt ihr auch das Glossar heranziehen.

Beispiel 1: Schülerinnen und Schüler entwickeln neue Form politischer Beteiligung

Die Klasse 9c der Realschule Kerpen hat schon viele politische Aktionen für Kinder in anderen Ländern gestartet. So reichten sie eine Petition gegen Kinderarbeit auf den Plantagen der Tabakindustrie ein, sammelten Unterschriften für „Kinder ohne Aids" und waren im Januar bereits im Landtag mit ihrer Aktion „Rote Hand", mit der sie auf das Schicksal von Kindersoldaten aufmerksam machen möchten.

Jetzt hatten sie Carina Gödecke (Präsidentin des Landtages in NRW) in ihre Schule eingeladen, um ihr ein besonderes Projekt vorzustellen. Nachdem sie etwas über den Landtag, seine Zusammensetzung und Arbeitsweise erfahren hatten, berichteten sie von ihrer Idee für eine neue Internetseite. Auf der Internetseite sollten einzelne Gesetzesvorhaben in NRW vorgestellt und diskutiert werden. Das damit verbundene Thema soll dann im Unterricht verhandelt werden. [...] Ziel, so die Klasse, sei die Beteiligung von Jugendlichen an politischen Prozessen: „Es ist blöd, wenn wir nicht mitreden können, denn es betrifft ja unsere Zukunft."

(Aus: Eine neue Möglichkeit, sich an politischen Prozessen zu beteiligen, von Doro Dietsch/Landtag NRW. Artikel vom 13. März 2015, in: www.landtag.nrw.de; Zugriff: 10.06.2016)

Die Idee der Schülerinnen und Schüler entwickelte sich sehr rasch zu einem Erfolg. Eine Internetseite mit Informationen zu aktuellen Gesetzgebungsvorhaben des Landtags in Nordrhein-Westfalen ist für alle Interessierten einsehbar.

Die Liste der Gesetzesvorhaben findet ihr im Internet unter www.landtag.nrw.de, Suchbegriff: aktuelle Gesetzgebung.

Beispiel 2: Mitglieder des Oberhausener Jugendparlaments ziehen positive Bilanz

Nach zweijähriger Amtszeit fand am 11. Mai [2016] die letzte Sitzung des zweiten Oberhausener Jugendparlaments im Ratssaal des Rathauses statt. Insgesamt 20 Sitzungen mit vielen Gästen, Beteiligungen und Diskussionen liegen hinter den jungen Parlamentariern.

In der letzten Sitzung zogen sie nun mit Oberbürgermeister Daniel Schranz und einigen Gästen eine Bilanz ihrer Amtszeit. Oberbürgermeister Schranz bedankte sich bei den Jugendlichen für ihre geleistete Arbeit und verlieh jedem einen Engagementnachweis der Stadt Oberhausen. [...]

Die vielen eigenen Projekte des zweiten Jugendparlaments wurden noch einmal vorgestellt: Die Taschengeldbörse*, die Aktionen zum Weltkindertag, die Beteiligung und Partnerschaft bei „Super Sauber Oberhausen", die sozialen Spendenaktionen an Weihnachten oder das Videoprojekt zur Oberbürgermeisterwahl. Die großen Projekte des zweiten Jugendparlaments wie das Speed-Debating oder die Schülerbefragung zum Mensaessen wurden ebenfalls ausführlich beleuchtet. „Es war eine großartige Zeit, in der wir viel erreicht haben und uns weiterentwickelt haben. Vielen Dank für alles", resümierte die Vorsitzende des Jugendparlaments am Ende der Sitzung.

(Aus: Jugendparlament zieht Bilanz, in: http://www.lokalkompass.de (offene Bürgerplattform), Artikel vom 08.05.2016; Zugriff: 10.10.2016)

*Unter Taschengeldbörse versteht man die Vermittlung kleiner Jobs, bei denen Schüler sich etwas nebenbei verdienen können.

Beispiel 3: Bürgerentscheid stoppt Neubau teurer Messehallen

Die Stadt Essen wollte ihr Messegelände modernisieren. 14 veraltete Ausstellungshallen sollten abgerissen und durch moderne Neubauten ersetzt werden. Geschätzte Kosten: 123 Millionen Euro. So hatte es die Mehrheit im Stadtrat, bestehend aus CDU, SPD, FDP und dem Essener Bürgerbündnis, im Juli 2013 beschlossen.

Doch kaum war die Entscheidung verkündet, regte sich Widerstand in der Essener Bevölkerung. Eine Bürgerinitiative „Kein Messeumbau um jeden Preis" formierte sich mit dem Ziel, den kostenintensiven Neubau zu stoppen. Die Gegner stellten sich nicht grundsätzlich gegen eine Modernisierung. Sie wollten aber verhindern, dass die Stadt noch mehr Schulden anhäuft und sich so mit der Neubaumaßnahme finanziell übernimmt. Auf Initiative der Grünen und der Linkspartei wurde kurz darauf ein Bürgerbegehren gestartet. Darin wurde der Stadtrat aufgefordert, den zuvor gefassten Beschluss aufzuheben. Von August bis Oktober 2013 setzten mehr als 16000 Essener Bürgerinnen und Bürger ihre Unterschrift darunter.

Wenige Wochen später, am 8. November 2013, lehnte der Rat das Begehren ab. Wird ein Bürgerbegehren vom Rat der Stadt abgelehnt, muss zwangsläufig ein Bürgerentscheid folgen. Damit liegt die Entscheidung in der Hand der Bürger der Stadt. Und so waren am 19. Januar 2014 die Essener Bürgerinnen und Bürger dazu aufgerufen, für oder gegen den Neubau der Messehallen zu stimmen. Denkbar knapp fiel das Ergebnis aus. 66066 stimmten im Sinne des Begehrens mit Nein, 65104 mit Ja (für den Neubau). Damit war der Stadtrat überstimmt und der Neubau gekippt.

Am 29. Oktober beschloss der Stadtrat von Essen eine billigere Modernisierungslösung. Der Oberbürgermeister der Stadt lobte bei diesem Anlass das Engagement der Bürgerinnen und Bürger für die Demokratie.

(Die Ereignisse wurden vom Autor anhand mehrerer Presseberichte zusammengefasst.)

Beispiel 4: Bürgerinitiativen fordern Berücksichtigung des Bürgerwillens beim Bau von Windkraftanlagen

Über 20 Bürgerinitiativen mit weit mehr als 20000 Mitgliedern aus Nordrhein-Westfalen haben sich Ende März 2014 zu einem landesweiten Bündnis von Bürgerinitiativen gegen den massiven Ausbau von Windkraftanlagen zusammengeschlossen. Unter dem Namen „VernunftWende Bündnis NRW" setzt sich der Verband dafür ein, dass der Wille der Bürger beim Thema Windkraftausbau berücksichtigt wird. Das Interesse an einem landesweiten Zusammenschluss sei enorm, teilte VernunftWende der Presse am 31. März 2014 mit. „Täglich stoßen weitere Bürgerinitiativen dazu", sagt Katharina Völlmecke aus Esshoff, eine der fünf Sprecher/innen des neuen Bündnisses. Gefordert wird eine „vernünftige Energiewende", die folgende aktuelle Kernpunkte enthält:

- Abstand von Windkraftanlagen zur Wohnbebauung mindestens 10 x Gesamthöhe der Windräder. [...]
- Ausbau nur unter Berücksichtigung der Gesundheit der Menschen, in Bezug auf Lärm, Infraschall und optischer Bedrängung.
- Strikte Einhaltung von Arten-, Natur-, Landschafts- und Umweltschutz. „VernunftWende" will sich gemeinsam mit den bundesweiten Initiativen für eine „vernünftige Energiewende" einsetzen und „gemeinsam auf Bundesebene die Politiker über die Sorgen der Bürger informieren und zur Rückkehr zur Vernunft bewegen."

(Aus: Bürgerinitiativen gegen Windkraft, in: www.ruhrkultour.de, Blog; verantwortlich für den Inhalt Edith Winkelmann; Zugriff: 10.06.2016)

1. Wähle eines der Beispiele aus und beschreibe, was die Leute unternommen haben. (Das geht alleine.)

2. Erläutert die Ziele, welche die beteiligten Personen erreichen wollten und erreicht haben. (Das geht gemeinsam.)

3. Welche Lehren über politische Mitwirkung in der Demokratie lassen sich diesem Beispiel entnehmen? Nehmt Stellung dazu.

 Welche Möglichkeiten politischer Beteiligung kommen für uns infrage?

In diesem Fragebogen findet ihr zehn unterschiedliche Mitmachmöglichkeiten in der Demokratie. In Gruppenarbeit sollt ihr darüber diskutieren, welche Möglichkeiten für euch infrage kommen und welche nicht.

Euer Auftrag:

1. Entscheidet euch zunächst einzeln bei jedem Vorschlag für die Möglichkeit A, B oder C. Stellt eure Entscheidungen der Reihe nach in der Gruppe vor.

2. Ermittelt in der Gruppe die drei, vier, fünf oder mehr Mitmachmöglichkeiten, die für euch am ehesten infrage kommen, und stellt sie in der Klasse vor.

3. In der Klasse könnt ihr sammeln, auf welche Mitmachmöglichkeiten die größte Zahl der A- und B-Antworten entfällt. Beantwortet zum Schluss folgende Frage:

- Wie sieht es insgesamt mit der Mitwirkungsbereitschaft in unserer Klasse aus?

Ich bin dazu bereit, ...	A Dazu bin ich sofort bereit.	B Jetzt noch nicht, aber in ein paar Jahren.	C Das kommt für mich nicht infrage.
1. mich für die Interessen meiner übrigen Klassenkameraden einzusetzen.			
2. in einem Schulprojekt mitzuarbeiten, bei dem es um Hilfsmaßnahmen für andere Menschen geht.			
3. mich über aktuelle Themen aus den Bereichen Politik und Demokratie regelmäßig zu informieren.			
4. aktiv in der SV unserer Schule mitzuarbeiten.			
5. mit anderen Nutzern in sozialen Netzwerken Diskussionen über politische Themen zu führen.			
6. an einer zeitlich begrenzten Aktion für eine Verbesserung des Umweltschutzes oder des Tierschutzes aktiv mitzuarbeiten.			
7. mich als Kandidatin oder als Kandidat für die Mitarbeit im städtischen Jugendparlament aufstellen zu lassen.			
8. an einer friedlichen Demonstration teilzunehmen, wenn ich den Grund dafür für vernünftig halte.			
9. beim Bund für Umwelt und Naturschutz, bei Greenpeace, Amnesty International oder einer kirchlichen Hilfsorganisation Mitglied zu werden.			
10. der Jugendorganisation einer politischen Partei beizutreten.			

D Möglichkeiten politischer Beteiligung

1. Sammle im Verlauf des Lesens von Teil 1 des Textes die genannten Beteiligungsmöglichkeiten und die Besonderheiten, die das Internet bietet.

2. Fasse zusammen, was in Teil 2 über Bürgerinitiativen, Bürgerbegehren und Bürgerentscheide als Mitmachmöglichkeiten ausgesagt wird.

3. Erstelle eine Mindmap, mit der du die unterschiedlichen Formen politischer Beteiligung visualisieren und erläutern kannst. (Das geht auch zu zweit.)

4. Wie bewertest du die Chancen und die Gefahren, welche das Internet an neuen Formen des Mitmachens bietet? Begründe deine Ansicht und stelle sie zur Diskussion.

5. Wie wichtig ist politische Bildung als Voraussetzung zur aktiven politischen Beteiligung? Schreibe dazu deine persönliche Stellungnahme.

Teil 1: Formen der Einflussnahme

Unter politischer Beteiligung versteht man alles Handeln von Personen oder Gruppen, das zum Ziel hat, die politischen Verhältnisse zu beeinflussen. Das aktive Mitmachen in der Politik beginnt damit, dass man seine politische Bildung verbessert.

- Man informiert sich über das politische Tagesgeschehen,

Demonstrationen sind erlaubt, wenn sie angemeldet und gewaltfrei sind.

- verfolgt die Berichterstattung in Rundfunk, Fernsehen und im Internet,
- führt Gespräche über politische Themen im Familien- und Freundeskreis,
- bildet sich ein eigenes Urteil zu umstrittenen Themen.

Die grundlegende Form aktiver Beteiligung ist die Teilnahme an Wahlen. Diese Form des Mitmachens wird bereits in der Schule praktiziert, indem man von seinem Wahlrecht bei Klassen- und Schülersprecherwahlen Gebrauch macht oder sich selbst als Kandidat zur Verfügung stellt.

Für Kinder und Jugendliche sind Wahl und Mitarbeit in einem örtlichen Kinder- und Jugendparlament eine besonders geeignete Formen, eigene politische Interessen zu vertreten.

Weitere Formen sind die Mitwirkung bei Unterschriftenaktionen, das Mitmachen in Umwelt- oder Hilfsprojekten, die Teilnahme an Versammlungen und Demonstrationen und anderes mehr.

Man kann auch in einer Bürgerinitiative mitarbeiten und Mitglied in einer politischen Partei werden. In der Demokratie können sich alle Menschen im Rahmen der gesetzlichen Vorschriften als Kandidatinnen und Kandidaten für ein politisches Amt bewerben.

Neue Möglichkeiten durch das Internet

Das Internet hat zu völlig neuen Formen politischer Beteiligung geführt. Menschen tauschen politische Ansichten in sozialen Netzwerken aus, verabreden sich zu gemeinsamen Aktionen und kommunizieren direkt mit den verantwortlichen Politikerinnen und Politikern. Nahezu alle Landtags- und Bundestagsabgeordneten haben mittlerweile eine eigene Homepage und bieten so den Bürgerinnen und Bürgern an, direkt mit ihnen in Kontakt zu treten. Die erweiterten Mitwirkungsmöglichkeiten durch das Internet haben auch zu negativen Auswirkungen geführt. Die Zahl übler Beschimpfungen und Beleidigungen bis hin zu

Drohungen gegenüber Andersdenkenden oder auch nur anders Aussehenden nehmen in einem geradezu erschreckenden Maße zu. Ein Grund dafür kann die Anonymität sein, hinter der sich die Verursacher verstecken können. Beleidigungen und Drohungen sind strafbare Handlungen und haben nichts mit demokratischer Mitwirkung zu tun.

Teil 2: Bürgerinitiativen und direkte Demokratie

In Bürgerinitiativen schließen sich Leute zusammen, um die Lösung eines Problems selbst in die Hand zu nehmen. Das geschieht oft, weil sie sich von den Behörden und Parlamenten nicht hinreichend beachtet fühlen. In Deutschland gibt es mehrere Hundert Bürgerinitiativen. Besonders häufig setzen sie sich für Verbesserungen im Umweltschutz, für Kinderrechte, für Verkehrsberuhigung und für ein besseres Bildungssystem ein. In vielen Fällen haben sie ihre Ziele verwirklichen können. Manche Bürgerinitiativen lösen sich wieder auf, wenn sie ihr Ziel ganz oder teilweise erreicht haben. Bürgerinitiativen werden vielfach als belebendes Element in der Demokratie angesehen. Kritik an Bürgerinitiativen wird laut, wenn sie jede Art von Veränderung blockieren oder wenn Minderheiten ihre Interessen gegen die Interessen der Mehrheit durchsetzen wollen. Das kann zum Beispiel der Fall sein, wenn sie den Bau eines Behindertenheimes oder eines Spielplatzes in einem Wohngebiet verhindern wollen.

Bürgerbegehren und Bürgerentscheide

Direkte Demokratie bedeutet, dass die Bürgerinnen und Bürger direkt, also nicht über ihre gewählten Vertreterinnen und Vertreter, an den politischen Entscheidungen beteiligt sind. Solche Möglichkeiten gibt es in fast allen Bundesländern auf der Ebene der Gemeindepolitik in der Form eines *Bürgerbegehrens* und des *Bürgerentscheids*. Wollen die Bürgerinnen und Bürger in einer Stadt z. B. lieber den Bau einer städtischen Kindertagesstätte haben als den vom Rat geplanten Erweiterungsbau des Stadttheaters, so können sie das mit einem

Hier protestieren die Mitglieder einer Bürgerinitiative gegen den Bau einer Industrieanlage.

schriftlich eingereichten Bürgerbegehren beim Stadtrat beantragen. Dieser Antrag muss mit einer bestimmten Mindestzahl von Unterschriften versehen sein. Nimmt der Rat dieses Bürgerbegehren nicht an, so muss innerhalb einer bestimmten Frist ein *Bürgerentscheid** über die Sache durchgeführt werden. Das heißt, die Bürgerinnen und Bürger entscheiden nun per Abstimmung direkt über Theaterausbau oder Kindertagesstätte. Die Abstimmung ist gültig, wenn sich ein bestimmter Anteil der wahlberechtigten Bürgerinnen und Bürger daran beteiligt hat. Bei den politischen Entscheidungen auf der Ebene der Landespolitik gibt es die Möglichkeit direkter politischer Mitwirkung durch das *Volksbegehren* und den *Volksentscheid.**

* Weitere Informationen zu den hier genannten Formen direkter Demokratie findest du im Glossar.

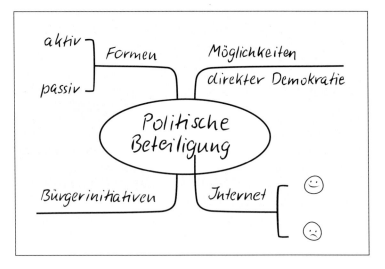

2 Wie wichtig sind die Parteien?
Aufgaben beschreiben, Bedeutung der Parteien bewerten

Hier könnt ihr zusammentragen, was ihr bereits über die Parteien wisst. Als Methode für das gemeinsame Sammeln wird ein **Brainstorming** empfohlen. Schaut euch die Stichworte zu den Parteien an und beginnt dann mit der empfohlenen Übung.

Tipp: Mithilfe der angegebenen Internetadressen könnt ihr euch genauer über die Programme und Ziele der Parteien informieren

A Parteien in Stichworten

Christlich Demokratische Union

gegründet 1945, Volkspartei, will viele Wählerschichten ansprechen, Orientierung an christlichen Wertvorstellungen, seit 1949 im Bundestag und in allen Landtagen vertreten (außer in Bayern), Mitglieder*: 468000.
www.cdu.de

Christlich Soziale Union

gegründet 1945, nur in Bayern wählbar, im Bundestag mit der CDU in Bündnispartnerschaft, legt besonderen Wert auf die Interessenlage in Bayern, Mitglieder: 148000.
www.csu.de

Sozialdemokratische Partei Deutschlands

älteste Partei Deutschlands, gegründet 1875 als Arbeiterpartei, versteht sich als Volkspartei und Partei der „kleinen Leute", ist im Bundestag und in allen Landtagen vertreten, Mitglieder: 470000.
www.spd.de

Bündnis 90/Die Grünen

Gründung in der heutigen Form 1993 durch Zusammenschluss der West-Grünen mit „Bündnis 90" aus der ehemaligen DDR, im Bundestag und in allen Landtagen vertreten, steht für Ökologie und Gleichberechtigung, Mitglieder: 61000.
www.gruene.de

Die Linke

gegründet 2007 (als Nachfolgeorganisation der ehemaligen PDS), steht für Sozialismus und Überwindung des Kapitalismus, im Bundestag seit 1998 (zunächst als PDS), ist nicht in allen Landtagen vertreten, Mitglieder: 63000.
www.die-linke.de

Freie Demokratische Partei

gegründet 1945, liberale Partei für Freiheit und Eigenverantwortlichkeit, im Bundestag seit 1949, scheiterte 2013 an der Fünfprozenthürde, ist nicht in allen Landtagen vertreten, Mitglieder: 57000.
www.fdp.de

Viele kleine Parteien

Neben den hier genannten existieren zahlreiche Kleinparteien, die oft nur wenigen Wählerinnen und Wählern bekannt sind. Den meisten dieser Kleinparteien gelingt es nicht, den bei Wahlen erforderlichen Stimmenanteil von fünf Prozent zu erreichen.

Alternative für Deutschland

gegründet 2013, zunächst als Anti-Euro-Partei, erstes Parteiprogramm ab 2016 mit den Schwerpunkten für innere Sicherheit, gegen die Aufnahme von Flüchtlingen, gegen den Islam als gleichberechtigte Religion, Mitglieder: 17000.
www.alternativefuer.de

*Die Angaben zu den Mitgliederzahlen aller Parteien beziehen sich auf das Jahr 2015.

Brainstorming

Worum geht es?

Über die Parteien in Deutschland habt ihr sicherlich schon vieles gelesen, gehört und gesehen. Vielleicht habt ihr euch auch schon mit deren programmatischen Aussagen beschäftigt und habt eigene Ansichten dazu.

Einige grundlegende Informationen über die größeren Parteien in Deutschland konntet ihr auch der Übersicht auf der linken Seite entnehmen. Hier könnt ihr nun alles einbringen, was ihr bereits über die Parteien wisst, und auch, wie ihr über sie denkt.

Die geeignete Methode dazu ist das *Brainstorming*. Übersetzt heißt das „Gedankenwirbel". Alles, was einem an Wissen und Gedanken zu einem gestellten Thema in den Sinn kommt, kann man mit dieser Methode sammeln.

Man erfährt dabei auch, was einem noch an Informationen zur eigenen Urteilsbildung fehlt und was man noch in Erfahrung bringen möchte.

Thema: „Was mir zum Stichwort Parteien einfällt, was ich schon über sie weiß: ..."

Wie macht man das?

Damit sich möglichst alle beteiligen können, solltet ihr einige Regeln beachten:

- Lasst euch das Thema des Brainstormings eine Weile durch den Kopf gehen.
- Notiert dann in ein, zwei Stichworten eure Gedanken dazu.
- Nehmt euch fest vor, mindestens einen Beitrag zum Brainstorming einzubringen.

Für die Durchführung des Brainstormings sollte eine Zeit vereinbart werden (fünf bis zu zehn Minuten). Zwei oder mehrere Schüler notieren sichtbar für alle Stichworte zu den Beiträgen der Teilnehmer.

Regeln:

- In dieser Zeit wird nur gesammelt.
- Die Äußerungen werden nicht kritisiert und es wird auch nicht darüber diskutiert.

Über die besonders wichtigen und die weniger wichtigen Beiträge kann man sich hinterher verständigen. Wenn ein Mitschüler bereits etwas sagt, was man selbst auch sagen wollte, meldet man sich trotzdem. In einem Brainstorming kann es ruhig Wiederholungen geben. Formuliert eure Beiträge immer ganz persönlich:

Ich weiß ... Ich denke ... Mir fällt dazu ein ...

B Standpunkte zum Thema: Brauchen wir die Parteien?

Parteien und Parteipolitiker haben bei mir kein hohes Ansehen. Es geht ihnen immer nur um die eigenen Interessen und die eigene Macht.

Gerhard Mester

Erster Standpunkt: Es geht nicht ohne

Demokratie, die Herrschaft des Volkes, braucht Mitbürger, die auch Verantwortung übernehmen wollen. Niemand muss, aber ohne geht es nicht. Jeder darf. Und allein richtet man in einem Volk von 80 000 000 Menschen wenig aus. „Streiten" kann man auch „Diskutieren" nennen. Genau dafür sind Parteien da: für die ständige Diskussion, jeden Tag, zu jedem Thema, das einem wichtig erscheint. Jeder kann eintreten, jeder kann mitreden, Vorsitzende wählen und Kandidaten aufstellen, selbst eine Aufgabe übernehmen oder für ein Parlament kandidieren.

Den sogenannten „Parteienstreit" zwischen den Parteien, das böse „Parteiengezänk" – das kann nur schlimm finden, wer selbst immer recht haben will und meint, es solle besser nur eine einzige Partei geben, seine! Parteien müssen sich über die unterschiedlichen Meinungen in aller Öffentlichkeit auseinandersetzen. [...]

(Aus Hans-Peter Bartels: Wozu Parteien gut sind, in: DIE ZEIT – Das Junior-Lexikon in 6 Bänden, Zeit-Verlag Hamburg 2007, Bd. 4, S. 222 f.)

Zweiter Standpunkt: Pauschalurteile sind gefährlich

Manche Medien und Bürger gefallen sich ja darin, pauschal über die Parteien und „die Politiker" herzuziehen. Das finde ich billig und ungerecht. Natürlich machen Parteien und Politiker auch Fehler. Natürlich darf und soll man das kritisieren. Aber man darf und soll es nicht verallgemeinern. Wo wären wir ohne diese Frauen und Männer, die sich in Parteien engagieren und bereit sind, politische Verantwortung zu übernehmen, sei es als Ehrenamtliche im Gemeinderat, sei es als Minister in der Bundesregierung? Wer eine ehrliche Antwort auf diese Frage sucht, der kann sich an undifferenzierter Parteien- und Politikerschelte nicht beteiligen.

Ex-Bundespräsident Joachim Gauck in einem Interview mit der Sonntagszeitung „Welt am Sonntag" vom 11.11.2012, S. 3 (Interview Christian Malzahn, Daniel Sturm)

1. Welche Standpunkte zur Bedeutung der Parteien werden in den Stellungnahmen der Autoren vertreten? Nenne die wichtigsten Punkte.

2. Welche Ansichten werden kritisiert? Mit welchen Worten?

3. Welche Position zum Thema Parteien kannst du in der Karikatur entdecken? Erläutere, was der große Lautsprecher und das Zuhalten der Ohren bedeuten können.

4. Brauchen wir die Parteien? Formuliere dazu deinen eigenen Standpunkt. Orientieren kannst du dich an den folgenden Stichworten: Verantwortungsübernahme, Diskussion, Kritik, Bedeutung für die Demokratie.

Was auch noch interessant sein kann:

- andere Schüler befragen zum Thema: Wie denkst du über die Parteien?

C Welche Aufgaben haben Parteien in der Demokratie?

Die Doppelseite enthält vielfältige Informationen zum Thema Parteien. Als Merk- und Visualisierungshilfe wird die Erstellung einer Mindmap empfohlen. Das geht auch in Partnerarbeit.

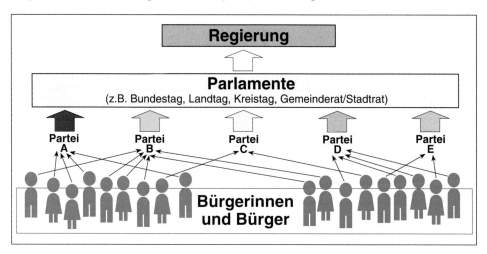

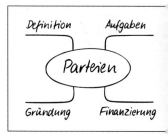

Parteiendemokratie Deutschland

> **Artikel 21 des Grundgesetzes**
>
> **Parteien**
> (1) Die Parteien wirken bei der politischen Willensbildung des Volkes mit. Ihre Gründung ist frei. Ihre innere Ordnung muss demokratischen Grundsätzen entsprechen.

Parteien sind Vereinigungen von Bürgerinnen und Bürgern, die gemeinsame Interessen und gemeinsame politische Vorstellungen haben. Parteien wollen in Wahlen politische Macht in Parlamenten und Regierungen gewinnen, um ihre politischen Ziele zu verwirklichen.

Die Demokratie in Deutschland ist eine Parteiendemokratie. Wer sich aktiv politisch beteiligen und nicht nur alle vier Jahre bei der Wahl über Programme und Kandidaten abstimmen will, die andere beschlossen und aufgestellt haben, der kann dies nur über die Mitarbeit in einer Partei tun. Eine realistische Chance, nach Bundes- oder Landtagswahlen in ein Parlament einzuziehen, haben heute ebenfalls nur noch Kandidatinnen und Kandidaten, die von einer Partei aufgestellt worden sind. Auch im Bundestag und in den Landta-

gen bestimmen die Fraktionen der Parteien das Geschehen. Trotz dieser herausragenden Bedeutung für das politische Leben in Deutschland sind noch nicht einmal ganz zwei Prozent der Wahlberechtigten Mitglieder einer politischen Partei – Tendenz fallend.

Parteigründung

Nach dem Grundgesetz steht es allen Bürgerinnen und Bürgern frei, eine Partei zu gründen [Art. 21 GG]. Ihr Aufbau muss allerdings demokratischen Grundsätzen entsprechen, und sie muss öffentlich Rechenschaft geben, woher ihre Geldmittel kommen. Parteien, die die freiheitliche demokratische Grundordnung beseitigen wollen, sind verboten. Über den Antrag für ein solches Verbot, den nur die Bundesregierung, der Bundestag oder der Bundesrat stellen können, entscheidet das Bundesverfassungsgericht. [...]

Aufgaben

Für das Funktionieren der Demokratie in Deutschland sind die Parteien unentbehrlich. Sie sammeln politisch Gleichgesinnte, legen ausformulierte politische Programme vor, die jeweils bestimmte Vorstellungen und Interessen in der Gesellschaft bündeln

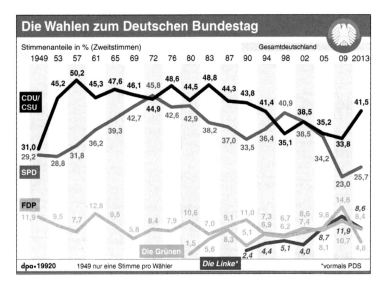

Die Wahlen zum Deutschen Bundestag

Stimmenanteile in % (Zweitstimmen)

Gesamtdeutschland

1949 53 57 61 65 69 72 76 80 83 87 90 94 98 02 05 09 2013

CDU/CSU: 45,2 50,2 45,3 47,6 46,1 45,8 48,6 44,5 48,8 44,3 43,8 41,4 40,9 38,5 35,2 33,8 41,5

SPD: 31,0 29,2 28,8 31,8 36,2 39,3 42,7 44,9 42,6 42,9 38,2 37,0 33,5 36,4 35,1 38,5 34,2 23,0 25,7

FDP: 11,9 9,5 7,7 12,8 9,5 8,4 7,9 5,8 7,0 10,6 9,1 11,0 7,3 6,9 6,7 6,2 7,4 8,6 9,8 14,6 10,7 8,7 11,9 4,8 8,6 8,4

Die Grünen: 1,5 5,6 8,3 5,1 8,1

Die Linke*: 2,4 4,4 5,1 4,0 8,7 11,9

dpa•19920   1949 nur eine Stimme pro Wähler   *vormals PDS

---

eine Auswahl möglich. Sie können sich zwischen unterschiedlichen Politik-Angeboten und zwischen verschiedenen Personen entscheiden. Ferner transportieren die Parteien unablässig politische Meinungen aus der Bevölkerung in die Parlamente und Regierungen, sodass der Kontakt zur Basis für „die da oben" nicht verloren geht. Die Rechte und Pflichten regelt ein spezielles Parteiengesetz.

(Aus: Eckart Turich: Pocket-Politik, Demokratie in Deutschland, Stichwort Parteien, Bundeszentrale für politische Bildung, Auflage 2011, S. 94 f.)

Die Finanzen der Parteien

Parteien brauchen zur Erfüllung ihrer Aufgaben erhebliche Finanzmittel. Sie müssen eine weitverzweigte Organisation von der Gemeinde bis zum Bund mit zahlreichen hauptamtlichen Mitarbeitern unterhalten, Veranstaltungen durchführen, Informations- und Werbematerial herstellen und verteilen sowie Wahlkämpfe bestreiten.

Die Einnahmen der Parteien setzen sich im Wesentlichen aus Mitgliedsbeiträgen, Spenden und Steuermitteln zusammen. Mit den Mitgliedsbeiträgen können die Kosten, vor allem bei den kleineren Parteien mit verhältnismäßig wenigen Mitgliedern, nicht bestritten werden. Spenden sollen möglichst begrenzt bleiben, um die Einflussnahme von Interessengruppen auf die Parteien zu verhindern.

(Aus: Horst Pötzsch: Die deutsche Demokratie, hrsg. von der Bundeszentrale für politische Bildung, Bonn 2009, S. 45 f.)

Die Finanzierung der Parteien aus Steuermitteln hängt von der Anzahl der Wählerstimmen bei Landtags-, Bundestags- und Europawahlen ab. Es gilt der Grundsatz: Je mehr Stimmen, desto mehr Geld. Für jede Zweitstimme gibt es einen jährlichen Zuschuss aus der Staatskasse von 85 Cent für die ersten vier Millionen Stimmen und 70 Cent für jede Stimme darüber. Geld bekommen allerdings nur die Parteien, die bei Landtagswahlen mindestens 1,0 Prozent der abgegebenen Stimmen erhielten und bei Bundestags- und Europawahlen mindestens 0,5 Prozent.

(Anmerkung des Autors, Stand 2016)

---

und Lösungswege für politische Probleme vorschlagen (Programmfunktion). Außerdem bieten sie ein politisch ausgebildetes Führungspersonal an (Rekrutierungsfunktion). Erst dies macht Wählerinnen und Wählern bei Bundes- und Landtagswahlen

---

Aus dem Parteiengesetz

in der Fassung vom 23. August 2011

§ 25 Spenden

(1) Parteien sind berechtigt, Spenden anzunehmen. Bis zu einem Betrag von 1000 Euro kann eine Spende mittels Bargeld erfolgen. Parteimitglieder, die Empfänger von Spenden an die Partei sind, haben diese unverzüglich an ein für Finanzangelegenheiten von der Partei satzungsmäßig bestimmtes Vorstandsmitglied weiterzuleiten.

---

1. Was ist eine Partei? Definiere den Begriff.

2. Erkläre, warum die Bundesrepublik Deutschland oft als Parteiendemokratie bezeichnet wird.

3. Was sollte man über die Gründung, die Aufgaben und die Finanzierung von Parteien wissen? Stelle Informationen dazu in einer Mindmap zusammen und erläutere diese mit eigenen Worten. (Das geht auch zu zweit.)

4. Fasse zusammen, was das Schaubild über die Anzahl und Stimmenanteile der Parteien im Deutschen Bundestag aussagt.

D Welchen politischen Problemen sollen sich die Parteien vorrangig zuwenden?

☐ Schaffung neuer Arbeitsplätze

☐ Verstärkung der Hilfen für
die Entwicklungsländer

☐ Verbesserung der Maß-
nahmen für Asylsuchende
und Flüchtlinge

☐ Bekämpfung der Armut
im eigenen Land

☐ Bekämpfung der Klima-
erwärmung

☐ Förderung der friedlichen
Vereinigung Europas

☐ Sicherung der Altersvorsorge

☐ Verbesserung der
Bildungschancen für alle

☐ Förderung der Bürgerbe-
teiligung in der Demokra-
tie

☐ Verstärkung des Kampfes
gegen die Kriminalität

☐ Förderung echter Gleichberechtigung

☐ Bekämpfung von Rechts-
radikalismus und Frem-
denfeindlichkeit

☐ staatliche Finanzierung
von Wohnungen, Kinder-
gärten, Kitas

☐ Schutz der Bevölkerung
vor internationalem
Terrorismus

Euer Auftrag:

Ihr überlegt in Gruppen, welchen Problemen
sich die Parteien vorrangig zuwenden sollen,
und erstellt dazu eine Rangliste.

1. Beratet in der Gruppe, welches Ziel ihr für
das wichtigste, das zweitwichtigste usw.
haltet.

2. Erstellt dann gemeinsam eine Rangliste mit
den fünf bis acht wichtigsten Themen.

3. Sucht euch ein Ziel heraus, zu dem ihr in der
Gruppe Vorschläge sammelt, wie es
verwirklicht werden kann.

4. Stellt die Ranglisten und die Vorschläge in
der Klasse vor.

Unser Parteiprogramm
-
-
-
-
-
-
-

Fallen euch weitere Themen ein, um die sich die
Parteien kümmern sollen?

3 Das Wahlsystem zum Deutschen Bundestag: klug oder zu kompliziert?
Unterschiedliche Wahlsysteme erläutern

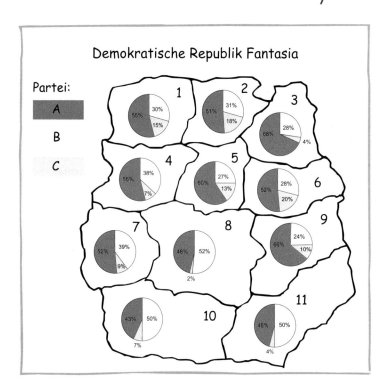

Demokratische Republik Fantasia

Demokratische Republik Fantasia

Wahlen sind die wichtigste Form politischer Beteiligung und zugleich das wirksamste Mittel zur Kontrolle der Regierenden. Mithilfe des Beispiels auf dieser Doppelseite könnt ihr herausfinden, wie sich Wahlen auf unterschiedliche Art und Weise auszählen und organisieren lassen. Vor diesem Hintergrund könnt ihr dann beurteilen, ob das Wahlrecht zum Deutschen Bundestag klug gestaltet wurde oder ob es zu kompliziert ist.

A 📖☑ Fall Parlamentswahlen in „Fantasia": Gleiches Wahlergebnis führt zu unterschiedlicher Sitzverteilung im Parlament

In der neu gegründeten demokratischen Republik „Fantasia" finden zum ersten Mal Parlamentswahlen statt. Zu diesem Zweck hat man das Land in elf Wahlkreise eingeteilt. Pro Wahlkreis wird es einen Sitz im Parlament geben. Zur Wahl stellen sich drei Parteien mit ihren jeweiligen Kandidatinnen und Kandidaten (Partei A, B und C). Unter diesen Parteien werden die elf Parlamentssitze aufgeteilt werden. Man hat beschlossen, zwei unabhängige Kommissionen mit der Auszählung der Stimmen und der Verteilung der Sitze im Parlament zu beauftragen. Dies soll garantieren, dass keine Fehler vorkommen. Am Abend nach der Wahl verkünden die Vorsitzenden der Auszählkommissionen der gespannt wartenden Öffentlichkeit das Ergebnis.

Politiker, Presse und Bevölkerung sind verwirrt. Welcher der beiden Sprecher hat recht? Wie kann es zu solch unterschiedlichen Auswirkungen kommen?

„Die Kandidaten von Partei A haben in 8 Wahlkreisen die Mehrheit der Stimmen erhalten, die von Partei B in 3. Demnach erhält Partei A 8 Sitze im Parlament und Partei B 3. Partei C geht leer aus, weil sie keinen Wahlkreis gewinnen konnte. Insgesamt erhielt Partei A 54 Prozent der gültigen Stimmen, Partei B 36 Prozent und Partei C 10 Prozent."

„Die errechneten Prozentzahlen stimmen. Doch in der Sitzverteilung irrt der Kollege. Partei A wird 6 Parlamentssitze erhalten, Partei B 4 Sitze und Partei C wird mit einem Sitz in das Parlament einziehen."

Die beiden Kommissionssprecher treffen sich zu einem Gespräch

Frau Verhält: Welches Wahlsystem haben Sie bei der Auszählung der Stimmen verwendet?

Herr Mehrheit: Wir haben das Mehrheitswahlsystem angewendet.

Frau Verhält: Was bedeutet das?

Herr Mehrheit: Beim Mehrheitswahlsystem wird das Land in so viele Wahlkreise eingeteilt, wie das Parlament Sitze hat. Da Fantasia ein Parlament mit 11 Sitzen hat, haben wir 11 Wahlkreise eingeteilt. Sie können das auf der Karte sehen. In jedem Wahlkreis wählen die Bürgerinnen und Bürger einen der Kandidaten, die sich zur Wahl stellen. Es zieht jeweils der Kandidat ins Parlament ein, der die meisten Stimmen in seinem Wahlkreis erhält. Partei A hat in 8 von 11 Wahlkreisen die Mehrheit der Stimmen erhalten, Partei B in 3 der 11 Wahlkreise. Also erhalten Partei A 8 und Partei B 3 Sitze. Da Partei C in keinem Wahlkreis die Mehrheit der Stimmen erzielen konnte, erhält sie auch keinen Parlamentssitz.

Wie kommt Ihre Sitzverteilung zustande, liebe Kollegin?

Frau Verhält: Wir haben das Verhältniswahlsystem angewendet.

Herr Mehrheit: Was bedeutet das?

Frau Verhält: Beim Verhältniswahlsystem braucht man eigentlich keine Wahlkreiseinteilung. Man zählt alle abgegebenen Stimmen landesweit aus. Die Sitze im Parlament werden dann nach dem Anteil der Wählerstimmen verteilt. Bekommt eine Partei 54 Prozent der Stimmen, so stehen ihr auch 54 Prozent der Sitze im Parlament zu. Dadurch ist auch Partei C – ihrem Anteil von 10 Prozent der Stimmen entsprechend – in unserem Parlament vertreten.

Herr Mehrheit: Ehrlich gesagt, finde ich es besser, wenn wir das Mehrheitswahlsystem zur Sitzverteilung verwenden. Es sorgt für klare Mehrheiten im Parlament. Kleine radikale Parteien haben keine Chance, ins Parlament einzuziehen, weil diese Kandidaten niemals die Mehrheit in einem Wahlkreis erreichen können. So fällt das Regieren leichter. Außerdem wählt man hier eine Person. Man kennt Kandidatinnen und Kandidaten.

Beim Verhältniswahlrecht gibt es oft keine eindeutigen Mehrheitsverhältnisse, sodass das Land schwer zu regieren ist.

Frau Verhält: Dafür ist das Verhältniswahlsystem viel gerechter. Man wählt eine Partei und keine bestimmte Person. Da die Parteien so viele Sitze bekommen, wie ihnen nach der prozentualen Stimmenverteilung zustehen, finden alle Stimmen Berücksichtigung. Beim Mehrheitswahlrecht bleiben viele Stimmen völlig unberücksichtigt. Kleine Parteien haben beim Verhältniswahlsystem viel eher eine Chance, den Sprung in das Parlament zu schaffen.

Herr Mehrheit: Das Mehrheitswahlsystem haben wir uns bei Großbritannien, dem Mutterland der parlamentarischen Demokratie, abgeguckt.

Frau Verhält: Das von mir vertretene Verhältniswahlrecht wird bei Parlamentswahlen in Frankreich und in vielen anderen parlamentarischen Demokratien angewendet.

Beide: Wir müssen für unser Land eine Entscheidung treffen.

 Was erfährst du im Schaubild „Demokratische Republik Fantasia" über die Vorbereitungen zur ersten Parlamentswahl? Beschreibe, was das Bild zeigt.

 Wie ist es möglich, dass man bei gleichem Wahlergebnis zu einer unterschiedlichen Sitzverteilung im Parlament kommt? Erkläre es.

3. Ihr könnt nun erläutern, wie die beiden unterschiedlichen Wahlsysteme – Mehrheitswahl und Verhältniswahl – funktionieren und welche Vor- und Nachteile sie haben. Fertigt auf einem Blatt eine Übersicht an.

	Mehrheitswahl	Verhältniswahl
Funktionsweise Vorteile Nachteile		

 Wie würdest du entscheiden? (Für welches System man sich bei den Bundestagswahlen in Deutschland entschieden hat, erfährst du auf der folgenden Seite.)

B Die Bundestagswahl: Wie funktioniert sie?

Partnerinterview

Stelle dir vor, du sollst nach der Bearbeitung dieser Doppelseite als Interviewpartnerin bzw. -partner über das Wahlsystem für die Bundestagswahlen zur Verfügung stehen. Als Expertin bzw. Experte erwartet man von dir zutreffende Antworten auf folgende Fragen:

- Können Sie uns erklären, was man unter dem personalisierten Verhältniswahlrecht versteht?
- Wozu ist die Erststimme und wozu die Zweitstimme da?
- Was bedeutet „Fünfprozentsperrklausel"?
- Wie kann es zu den sogenannten „Überhangmandaten" kommen?
- Würden Sie uns bitte zusammenfassend sagen, was alle Wahlberechtigten mindestens über die Wahlen zum Bundestag wissen sollten.

1. Bildet Partnerschaften und lest euch den Text gegenseitig vor.

2. Führt das Interview durch. Dabei könnt ihr die Rolle des Fragestellers und des Antwortgebers in einem zweiten Durchgang tauschen.

3. Erläutert zu zweit den Ablauf der Bundestagswahl anhand des Schaubildes.

Das Wahlsystem der personalisierten Verhältniswahl

Die erste deutsche Demokratie hatte nur wenige Jahre Bestand. Sie dauerte von 1918 bis zur „Machtergreifung" Hitlers 1933. Im Parlament dieser sogenannten „Weimarer Republik" gab es für die Parlamentswahlen ein reines Verhältniswahlrecht ohne Zulassungsbeschränkungen. Das hatte zur Folge, dass es viele Parteien im Parlament gab, die sich nicht auf gemeinsame Beschlüsse einigen konnten. So hatten Hitler und die Nationalsozialisten leichtes Spiel, die Demokratie zu zerstören. Nach der Katastrophe des „Dritten Reiches" haben die Verfassungsväter Deutschland ein Wahlsystem gegeben, das die Fehler der Weimarer Republik vermeiden sollte. Der Parlamentarische Rat, der das Grundgesetz erarbeitete, einigte sich auf ein Mischmodell aus Verhältniswahl und Mehrheitswahl. Dieses Wahlsystem wird als *personalisiertes Verhältniswahlrecht* bezeichnet. Es soll die Vorteile des Mehrheits- und Verhältniswahlrechts miteinander verbinden. Die Wähler haben dabei zwei Stimmen. Maßgeblich für die Sitzanteile im Bundestag ist das Zweitstimmenergebnis.

Die Erststimme

Mit der Erststimme wählt man einen Abgeordneten seines Wahlkreises. Damit ist sichergestellt, dass jede Region im Bundestag vertreten ist, jeder Wahlkreis Gesicht und Gewicht hat. [...] Der Kandidat, der im Wahlkreis die meisten Stimmen bekommt, hat damit das Direktmandat gewonnen und ist zum Bundestagsabgeordneten gewählt – unabhängig davon, wie seine Partei ansonsten bei den Wahlen abschneidet. Sein Mandat kann ihm niemand mehr nehmen.

Die Zweitstimme

Mit der Zweitstimme bestimmt der Wähler grundsätzlich, in welchem Kräfteverhältnis die Parteien im Bundestag vertreten sind. Sie ist entscheidend für die Mehrheitsverhältnisse im Parlament und daher die wichtigere der beiden Stimmen. Der Stimmzettel, den die Wähler im Wahllokal ausgehändigt bekommen, ist nach dem Prinzip der personalisierten Verhältniswahl konzipiert und weist deshalb deutlich zwei Stimmen aus. Da in der personalisierten Verhältniswahl jeder Wähler zwei Stimmen hat, ermöglicht ihm dieses System das sogenannte Stimmensplitting – das Aufteilen seiner beiden Stimmen auf unterschiedliche Parteien.

Die Fünfprozentsperrklausel

Zu den Grundlagen des Wahlsystems in Deutschland gehört, dass es eine Hürde gibt, die die Parteien überspringen müssen, um in den Bundestag einziehen zu können. Eine Partei muss mindestens fünf Prozent aller Zweitstimmen erreichen, um im Bundestag vertreten zu sein. Wählerstimmen für eine „Unterfünfprozentpartei" werden bei der Sitzverteilung nicht berücksichtigt. Eine Ausnahme gibt es, wenn es einer kleinen Partei gelingt, in mindestens drei Wahlkreisen die Direktmandate zu gewinnen.

Überhangmandate

Es kommt auch vor, dass eine Partei mehr Sitze im Parlament erhält, als ihr nach den Prozenten der Zweitstimme zustehen. Man bezeichnet diese Sitze als Überhangmandate. Sie entstehen, wenn eine Partei in einem Bundesland mehr Direktmandate gewinnt, als ihr dort nach dem Zweitstimmenanteil eigentlich zustünden. Ein Beispiel: Partei X erringt nach ihrem Zweitstimmenanteil 20 Sitze. In 22 Wahlkreisen siegen ihre Kandidaten, die sich direkt um ein Mandat beworben haben. Folge: Partei X erhält 20 Sitze plus zwei weitere als Überhangmandate.

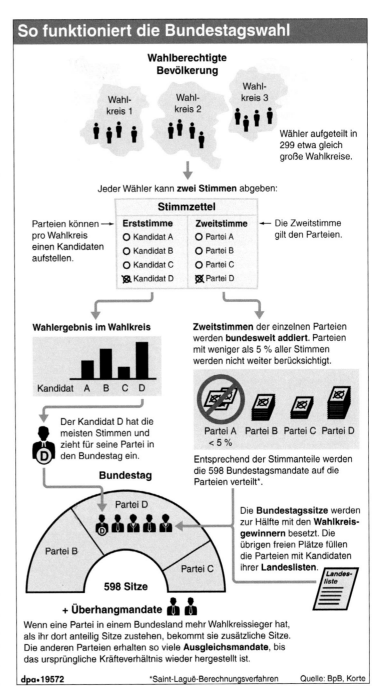

Das Parlament wird um zwei Sitze vergrößert. Zum Ausgleich müssen dann die anderen Parteien ebenfalls mehr Sitze bekommen.

(Zusammengestellt nach: Sönke Petersen: Stichwort Wahlen – Grundpfeiler der Demokratie, hrsg. von Deutscher Bundestag, Juli 2013, S. 8 ff. – vom Autor bearbeitet)

C Welche Abgeordneten ziehen nach einer Wahl in den Bundestag ein?

Welche Kandidatinnen und Kandidaten ziehen nach einer Wahl in das Parlament ein, wenn das Wahlsystem ein personalisiertes Verhältniswahlrecht ist, bei dem die Wählerinnen und Wähler eine Erst- und eine Zweitstimme haben? Mit den Vorgaben auf dieser Seite könnt ihr das entscheiden. Der Einfachheit halber wählen wir ein Parlament, das insgesamt aus 12 Sitzen besteht. Die Parlamentswahl hat folgendes Ergebnis gebracht:

Partei A erhielt 51, Partei B 34 und Partei C 15 Prozent.

Nach dem Umrechnungsschlüssel ergibt sich daraus folgende Sitzverteilung:

Partei A = 6 Sitze, Partei B = 4 Sitze,
Partei C = 2 Sitze.

1. Wer nimmt für die Parteien A, B und C Platz im Parlament?
2. Zeichnet die Umrisse dieses zwölfköpfigen Parlaments in euer Heft.

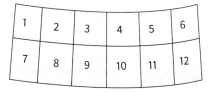

3. Schraffiert dann in verschiedenen Farben die Zahl der Sitze, die jeder Partei zustehen.
4. Verteilt dann die Sitze an die Personen. Zuerst kommen diejenigen ins Parlament, die aus den sechs Wahlkreisen als Sieger hervorgegangen sind.
5. Die sechs weiteren freien Plätze füllt ihr dann aus den Landeslisten auf.
6. Stellt das Parlament namentlich in der Klasse vor.

Amtliches Endergebnis nach Auszählung der Zweitstimmen:

Partei A = 51 % = 6 Sitze   Partei B = 34 % = 4 Sitze
Partei C = 15 % = 2 Sitze

Einzelergebnisse aus den Wahlkreisen nach Auszählung aller Erststimmen:

1	Ceylin Hiob	A	51 %	2	Herrmann Pit	A	45 %
	Marion Jung	B	30 %		Nesrin Kua	B	40 %
	Paul Klein	C	19 %		Dirk Fuchs	C	15 %
3	Brigitte Mohn	A	40 %	4	Volker Maus	A	60 %
	Sven Holz	B	51 %		Sandra Blume	B	30 %
	Harald Fips	C	9 %		Hassan Stark	C	10 %
5	Friedel Wald	A	40 %	6	Anna Sachs	A	48 %
	Hanna Rosch	B	45 %		Kurt Hamm	B	37 %
	Simone Daum	C	15 %		Gerd Stein	C	15 %

Landesliste der Partei A
Listenplatz:
1. Ceylin Hiob
2. Raul Engan
3. Petra Kuhn
4. Volker Maus
5. Theo Scholtes
6. Gudrun Land
7. Yasin Schrader
8. Anna Sachs
...

Landesliste der Partei B
Listenplatz:
1. Holger Boor
2. Margot Taucher
3. Hermann Herz
4. Nicole Schön
5. Sven Holz
6. Hanna Rosch
...

Landesliste der Partei C
Listenplatz:
1. Simone Daum
2. Gerd Stein
3. Hassan Stark
4. Petra Butter
5. Dirk Fuchs
6. Paul Klein
...

Zu Beginn dieser Einheit über das Wahlrecht zum Deutschen Bundestag stand die Frage, ob es zu kompliziert sei. Was meint ihr: Ist es das oder ist es ein klug gewähltes Wahlrecht?

D Die Wahlrechtsgrundsätze für die Wahl zum Deutschen Bundestag

Hier könnt ihr die Merkmale zusammenstellen, die zu einer demokratischen Wahl gehören, und mithilfe einer Mindmap erläutern.

Die Abgeordneten des Deutschen Bundestages werden alle vier Jahre neu gewählt. Bei der Wahl müssen fünf Bedingungen erfüllt sein. Diese sind im Artikel 38 des Grundgesetzes festgelegt. Man nennt sie Wahlrechtsgrundsätze, weil sie garantieren, dass die Wahlentscheidung auf demokratische Art und Weise zustande kommt. Sie gelten im Übrigen für alle Wahlen, an denen wahlberechtigte Bürgerinnen und Bürger teilnehmen können: also auch für die Kommunal- und Landtagswahlen und für die Wahlen zum Europäischen Parlament.

Artikel 38 Grundgesetz

(1) Die Abgeordneten des Deutschen Bundestages werden in allgemeiner, unmittelbarer, freier, gleicher und geheimer Wahl gewählt.

Was passt wo?

Die Wahlen sind **?** , wenn jede Wählerin und jeder Wähler ohne Druck und Bedrohung zur Wahl gehen kann, wenn sie oder er eine Auswahl unter verschiedenen Möglichkeiten hat und wenn die Wähler nicht zur Stimmabgabe gezwungen werden.

Die Wahlen sind **?** , wenn im Wahllokal dafür gesorgt wird, dass jeder Wähler seine Stimme unbeobachtet abgeben kann und wenn niemand dazu gezwungen wird, seine Wahlentscheidung zu verraten.

Die Wahlen sind **?** , wenn kein Unterschied in der Bewertung verschiedener Stimmen gemacht wird. Früher war es so, dass die Wahlstimme eines Adeligen viel höheres Gewicht hatte als die Stimme einer Arbeiterin oder eines Arbeiters.

Die Wahlen sind **?** , wenn jeder das Wahlrecht hat, unabhängig vom Geschlecht, vom Einkommen, von der Religion usw. Ein-

schränkungen bestehen nur bezüglich des Wahlalters und der Staatsangehörigkeit. Man darf auch nicht entmündigt sein oder wegen einer Verurteilung in einem schweren Fall sein Wahlrecht verloren haben.

Die Wahlen sind **?** , wenn die Wahlberechtigten ihre Kandidatinnen und Kandidaten direkt in den Bundestag wählen. Sie geben in ihrem Wahlkreis ihre Stimme der Person, die nach ihrem Willen in den Bundestag einziehen und sie dort vertreten soll.

1. Entwickelt zu den Wahlrechtsgrundsätzen in Artikel 38 des Grundgesetzes eine Mindmap. Fasst dazu die Erklärungen kurz und verständlich zusammen. (Das geht auch zu zweit.)

2. Übt euch darin, die Bedingungen einer demokratischen Wahl mithilfe eurer Mindmap mündlich zu erklären.

Was noch interessant sein kann:
- ein Rollenspiel in Form einer Diskussion vorbereiten: **A** Ein Professor meint, seine Stimme müsste mehr zählen als die anderer Leute, weil er gebildeter sei. **B** Die Chefin eines Betriebes will in Vorstellungsgesprächen wissen, welche Partei die Bewerberinnen und Bewerber wählen.

4 Wählen ab 16 – auch bei den Bundestagswahlen?
Pro und Kontra diskutieren

Eine Einstiegsübung für alle:
Wie fällt eure spontane Antwort auf diese Frage aus? Führt eine Probeabstimmung in der Klasse durch (ohne Diskussion). Notiert das Ergebnis.

A Debatte im Bundestag

Auf kommunaler Ebene haben bereits zehn Bundesländer und Stadtstaaten das Mindestwahlalter auf 16 Jahre gesenkt: Baden-Württemberg, Berlin, Brandenburg, Bremen, Hamburg, Mecklenburg-Vorpommern, Niedersachsen, Nordrhein-Westfalen, Sachsen-Anhalt und Schleswig-Holstein. Darüber hinaus haben Jugendliche ab 16 in Brandenburg, Bremen, Hamburg und Schleswig-Hostein auch das Wahlrecht bei den Landtagswahlen (Stand 2016).

Bei den Wahlen zum Bundestag liegt das Mindestalter nach wie vor bei 18 Jahren. So bestimmt es das Grundgesetz.

> ### Artikel 38, Abs. 2 GG
>
> Wahlberechtigt ist, wer das achtzehnte Lebensjahr vollendet hat [...]

Projektbanner www.machs-ab-16.de

Über eine Herabsetzung der Wahlberechtigung auf 16 Jahre wurde bereits mehrfach im Bundestag diskutiert. Es gibt viele Stimmen dafür und viele dagegen. Das Grundgesetz kann nur geändert werden, wenn mindestens zwei Drittel der Abgeordneten sich für eine Änderung entscheiden.

Im Juni 2013 stimmte der Bundestag über einen Gesetzesentwurf der Fraktion der Grünen ab, das Wahlalter bei Bundestagswahlen auf 16 Jahre zu senken. Für den Gesetzesentwurf stimmten die Abgeordneten der SPD, der Grünen und der Partei DIE LINKE, dagegen die Parlamentsmehrheit aus CDU, CSU und FDP.

Die erforderliche Zweidrittelmehrheit wurde so verfehlt. Die Frage ist weiter umstritten und führt immer wieder zu Debatten im Parlament.

Stellvertretend für die Pro- und Kontra-Stimmen befragte die Süddeutsche Zeitung die Bundestagsabgeordnete Ingrid Hönlinger, Bündnis 90/Die Grünen, und die CDU-Landtagsabgeordnete in Hessen, Astrid Wallmann.

Ingrid Hönlinger (Bündnis 90/Die Grünen): Junge Leute sind heute früher bereit, politische Verantwortung zu übernehmen und zu wählen. Sie machen mit 17 ihr Abitur oder starten nach der zehnten Klasse ins Berufsleben, da sollen sie auch wählen dürfen.

Astrid Wallmann (CDU): Eine Wahl setzt einen bestimmten Reifegrad voraus, den ein 16-Jähriger nicht unbedingt erfüllt. [...] Die Altersgrenze von 18 Jahren hat sich in vielen Bereichen bewährt.

(Aus: kathrin-hollmer: Wählen mit 16 – ja oder nein?, in: jetzt.de; Jugendmagazin der Süddeutschen Zeitung, Juni 2013; Zugriff: 05.10.2016)

1. Warum reicht zur Herabsetzung des Wahlalters bei Bundestagswahlen die einfache Mehrheit nicht aus? Nenne den Grund dafür.

2. Wie war die Situation zum Wahlrecht ab 16 im Deutschen Bundestag im Sommer 2013? Beschreibe sie mit eigenen Worten.

3. Die Abgeordneten Hönlinger und Wallmann werden jeweils mit ihrem wichtigsten Argument zum Thema Wählen ab 16 zitiert. Wie lauten diese?

B TEAM kontrovers: Stimmen Jugendlicher pro und kontra

Tipps zur Vorgehensweise:

1. Lege eine Tabelle an mit Pro und Kontra.
2. Fasse die Stimmen der Jugendlichen auf dieser Seite stichwortartig zusammen und trage sie ein.
3. Formuliere dein Urteil mit deiner eigenen Begründung. (Beachte dazu auch die Methodenkarte 5 „Urteilsbildung" auf Seite 93.)
4. Diskutiert miteinander.

„Die 16-Jährigen haben meiner Meinung nach kaum Ahnung von Politik. Sie kennen die Unterschiede zwischen den Parteien nicht und wählen daher entweder wie ihre Eltern oder nur radikale linke oder rechte Protestparteien. Sie lassen sich zu sehr beeinflussen."
Mezud H. (18 Jahre)

„Bei den Kommunalwahlen darf ich ab 16 wählen, bei den Bundestagswahlen erst mit 18. Das ist unlogisch. Wer reif genug ist, in der Gemeindepolitik mitzubestimmen, kann das auch bei den anderen Wahlen. Ich jedenfalls traue mir das zu."
Fee M. (17 Jahre)

„Ehrlich gesagt, ist mir die Verantwortung zu groß, im Alter von 16 schon an einer politischen Wahl teilzunehmen. Man entscheidet ja nicht über irgendwas, sondern über die Zukunft der Gesellschaft. Mit 18 wird man volljährig und das ist dann auch genau der richtige Zeitpunkt, diese Verantwortung zu übernehmen."
Matheo C. (15 Jahre)

„Ich glaube nicht, dass ich wählen gehen würde. Was die Politik betrifft, da habe ich noch keinen Durchblick und ich interessiere mich auch nicht dafür. Vielleicht später einmal, aber jetzt habe ich ganz andere Sachen im Kopf."
Pia S. (15 Jahre)

„Ja, auf jeden Fall würde ich wählen gehen, weil ich es toll finde, wenn ich mitbestimmen kann. Außerdem brauche ich mich dann nicht mehr über die Politik aufzuregen, weil ich mein Bestes getan habe, um sie zu verändern."
Julia S. (15 Jahre)

„Ich habe manchmal das Gefühl, besser über die Politik Bescheid zu wissen als manche Erwachsene, die ich kenne. Die dürfen aber wählen und ich nicht. Das ist nicht ok. Die meisten Jugendlichen sind reif genug, sich zu informieren und sich ihre eigene Meinung zu bilden."
Samira A. (16 Jahre)

Debattieren wie im Bundestag

„Und so komme ich nach Abwägung aller Argumente zu dem Ergebnis, dass man uns Jugendlichen mit dem Wahlrecht ab 16 bei den Bundestagswahlen keinen Gefallen tut."

„Weil die Argumente für eine Herabsetzung des Wahlalters bei den Bundestagswahlen viel überzeugender sind als die dagegen, fordere ich euch dazu auf: Stimmt für das Wählen ab 16!"

5 Welche Aufgaben haben die fünf wichtigsten Verfassungsorgane?

Kurzvorträge in Gruppen vorbereiten

Eine Einstiegsübung für alle:
Die fünf wichtigsten Einrichtungen in der Bundesrepublik Deutschland werden in den Fotos gezeigt. Sammelt gemeinsam, was ihr bereits darüber wisst.
Tipp: Brainstorming

Bundesregierung

Bundespräsident

Bundesverfassungsgericht

Bundestag

Bundesrat

A Was sind Verfassungsorgane?

In jeder Demokratie ist die staatliche Macht auf verschiedene Einrichtungen verteilt (= Institutionen). Mit diesen verhält es sich so ähnlich wie mit den Organen in einem Körper: Herz, Gehirn, Leber, Lunge, Nieren. Alle sind unverzichtbar, haben aber unterschiedliche Aufgaben. Alle haben ihre eigenständige Bedeutung, aber alle arbeiten auch zusammen und kontrollieren sich gegenseitig. Bei den politischen Einrichtungen in einem Staat spricht man daher auch von Organen. Sie werden als **Verfassungsorgane** bezeichnet, weil ihre Rechte und Pflichten in der Verfassung, also im Grundgesetz für die Bundesrepublik Deutschland, aufgeschrieben sind.

Die wichtigsten Verfassungsorgane in der Bundesrepublik Deutschland sind:

- **der Bundestag,**
- **die Bundesregierung,**
- **der Bundesrat,**
- **der Bundespräsident,**
- **das Bundesverfassungsgericht.**

In dieser Einheit kann jede und jeder von euch zur Expertin oder zum Experten für eines der Verfassungsorgane werden. Ihr informiert die anderen über die Ergebnisse eurer Arbeit und werdet von anderen informiert.

> Überlege, welche weiteren Informationsquellen du als Expertin oder Experte für eines der Verfassungsorgane heranziehen kannst. In einem Schulbuch ist der Platz für die Darstellung begrenzt. Achte bei Informationen aus dem Internet darauf, dass diese aus einer verlässlichen Quelle stammen. Auch Wikipedia kannst du benutzen, solltest dabei aber daran denken, dass diese Informationen möglicherweise nicht immer fehlerfrei sind.

> ### Wir machen uns zu Expertinnen und Experten für eines von fünf Verfassungsorganen
>
> Auf den folgenden Seiten werden fünf Verfassungsorgane in Text und Bild vorgestellt. Ihr könnt die Bearbeitung aufteilen. Eine Möglichkeit dazu ist, dass ihr Gruppen zu fünft bildet und in einem ersten Schritt die Erarbeitung der Materialien auf die fünf Mitglieder aufteilt. Anschließend ziehen sich alle zurück und bearbeiten ihren Teil in Einzelarbeit. In der zweiten Gruppenarbeitsphase stellt ihr euch gegenseitig die Ergebnisse eurer Bearbeitungen vor. Gemeinsam bearbeitet die Gruppe dann das Schaubild über den staatlichen Aufbau der Bundesrepublik Deutschland (Material C) und bereitet damit eine Präsentation in Form von Kurzvorträgen eures Teams vor. Mit dem Quiz im Element *Aktiv lernen* (Material D) könnt ihr testen, ob die grundlegenden Informationen über die fünf Verfassungsorgane bei allen angekommen und richtig verstanden worden sind. Die folgenden Fragen sollte am Ende der Einzelarbeit jede und jeder von euch für eines der Verfassungsorgane beantworten können:
> - Was ist dieses Organ?
> - Wie wird es gebildet?
> - Wie setzt es sich zusammen?
> - Was sind seine wichtigsten Aufgaben?
> - Was sollte man noch darüber wissen?

Tipp: die angegebenen Artikel im Grundgesetz nachschlagen

1. Bundestag

Grundgesetz Artikel 38 bis 48, www.bundestag.de

Der BUNDESTAG ist das Parlament, das heißt die Volksvertretung, der Bundesrepublik Deutschland. Er setzt sich zusammen aus den Vertretern des Volkes der Bundesrepublik. Sie heißen Bundestagsabgeordnete und werden alle vier Jahre von den Bürgern der Bundesrepublik in den Bundestagswahlen gewählt.

Tritt nach einer Wahl ein Bundestag zusammen, wählt er seinen Präsidenten, das heißt seinen Vorsitzenden, und mehrere Stellvertreter. Sie bilden das Präsidium, den Vorstand des Bundestages.

Der Bundestagspräsident leitet die Sitzungen des Bundestages. Er kann den Bundestag jederzeit zu einer Sitzung einberufen. Er muss ihn einberufen, wenn ein Drittel der Abgeordneten oder der Bundespräsident oder der Bundeskanzler es verlangen.

Der Bundestag verhandelt grundsätzlich öffentlich, das bedeutet, jeder Bürger kann den Beratungen zuhören. Die Hauptaufgaben des Bundestages sind:

* Gesetze zu beschließen, die vorher in den Ausschüssen eingehend beraten worden sind;
* den Bundeskanzler zu wählen;
* die Arbeit der Bundesregierung zu kontrollieren, das heißt zu beaufsichtigen und zu überwachen. [...]

Der Bundestag bewilligt den Haushaltsplan, den ihm die Bundesregierung vorlegt. In einem Haushaltsplan sind alle Einnahmen und Ausgaben eines Staates aufgestellt, soweit man sie für ein Jahr voraussehen kann. [...]

Zu den Abgeordneten des Bundestages kann jeder Bürger gewählt werden, der selbst wählen kann. [...]

2. Bundesregierung

Grundgesetz Artikel 62 bis 69, www.bundesregierung.de

BUNDESREGIERUNG heißt die Regierung eines Bundesstaates. Die Bundesrepublik Deutschland ist ein Bundesstaat. Ihre Bundesregierung besteht aus dem Bundeskanzler und den Bundesministern. Der Bundeskanzler ist der Chef der Bundesregierung. Die Bundesregierung regiert die Bundesrepublik. Sie ist die oberste ausführende, man sagt auch vollziehende Gewalt: Sie hat die Verantwortung, dass die vom Bundestag beschlossenen Gesetze ausgeführt werden. [...] Die Bundesregierung bringt Gesetze ein, das bedeutet, sie schlägt Gesetze vor, wie auch Bundesrat und Bundestag. Sie regelt außerdem die Beziehungen der Bundesrepublik zu anderen Staaten. Die Bundesregierung wird entweder von einer Partei gebildet oder es schließen sich mehrere Parteien zu einer Koalition, das heißt zu einem Bündnis, zusammen. Man spricht in diesem Fall von einer Koalitionsregierung. [...]

In der Bundesrepublik bestimmen drei Prinzipien, das heißt drei Grundsätze, die Zusammenarbeit zwischen dem Bundeskanzler und den Bundesministern:

Das Kanzlerprinzip: Der Bundeskanzler bestimmt die Richtlinien der Politik und ist dadurch den Ministern übergeordnet.

Das Ressortprinzip: Jeder Bundesminister leitet seinen Aufgabenbereich – das ist ein Ressort – in eigener Verantwortung. [...]

Das Kollegialprinzip: Meinungsverschiedenheiten zwischen den Bundesministern werden von der Bundesregierung per Mehrheitsbeschluss entschieden. [...]

Die Tätigkeit der Bundesregierung wird vom Bundestag beaufsichtigt und überwacht.

3. Bundesrat

Grundgesetz Artikel 50 bis 53, www.bundesrat.de

Die Bundesrepublik Deutschland ist ein Bundesstaat; sie besteht aus 16 Bundesländern. Die Interessen der Bundesländer vertritt der BUNDESRAT. Durch ihn wirken die Bundesländer bei der Gesetzgebung und bei der Verwaltung des Bundes mit.

Der Zustimmung des Bundesrates bedürfen alle Gesetze, die die Verwaltung der Bundesländer betreffen, außerdem Gesetze, die das Grundgesetz ändern, und Gesetze, die Verträge mit anderen Staaten enthalten. Diese Gesetze werden als Zustimmungsgesetze bezeichnet. Gegen alle anderen Gesetze kann der Bundesrat Einspruch erheben, der aber vom Bundestag zurückgewiesen werden kann. Die vom Bundesrat abgelehnten Gesetze müssen im Bundestag erneut beraten werden. Eine Aufgabe hat der Bundesrat also bei der Gesetzgebung, die zweite Aufgabe ist seine Mitwirkung bei der Verwaltung. [...]

Jedes Bundesland schickt mindestens drei Vertreter in den Bundesrat. Länder mit über zwei Millionen Einwohnern schicken vier, mit über sechs Millionen schicken fünf, mit über sieben Millionen sechs Vertreter. Die Vertreter der Bundesländer sind Mitglieder der jeweiligen Landesregierungen. Sie werden nicht gewählt, sondern von ihren Regierungen in den Bundesrat entsandt. Sie müssen die Anweisungen ihrer Regierungen befolgen. [...] Mitglieder des Bundesrates haben Zutritt zu den Sitzungen des Bundestages und können dort sprechen. [...] Die Bundesregierung muss den Bundesrat über ihre Pläne unterrichten.

Der Präsident, der Vorsitzende des Bundesrates, wird auf ein Jahr gewählt.

4. Bundespräsident

Grundgesetz Artikel 54 bis 51, www.bundespraesident.de

An der Spitze der Bundesrepublik Deutschland steht als Staatsoberhaupt der BUNDESPRÄSIDENT. [...] Der Bundespräsident wird für die Dauer von fünf Jahren von der Bundesversammlung gewählt. Er kann für fünf Jahre wiedergewählt werden, das jedoch nur ein Mal. Die Bundesversammlung setzt sich zur Hälfte aus allen Mitgliedern des Bundestages zusammen, zur anderen Hälfte aus Mitgliedern, die die Landtage der Bundesländer gewählt haben. Zum Bundespräsidenten kann jeder Deutsche gewählt werden, der über 40 Jahre alt ist und das Recht hat, zu wählen und gewählt zu werden.

Der Bundespräsident ist nicht für die Politik der Bundesregierung verantwortlich. [...] Die Aufgaben des Bundespräsidenten ergeben sich aus seiner Aufgabe als Staatsoberhaupt: Er repräsentiert, das heißt, er vertritt die Bundesrepublik nach außen und nach innen. Es stehen ihm dafür unter anderem die folgenden Rechte zu:

- Er empfängt und beglaubigt Botschafter fremder Staaten,
- er unterzeichnet Verträge mit anderen Staaten, die durch seine Unterschrift in Kraft treten,
- er unterzeichnet nach eigener Entscheidung die vom Bundestag beschlossenen Gesetze und verkündet sie im Bundesgesetzblatt,
- er ernennt den vom Bundestag gewählten Bundeskanzler,
- er kann begnadigen, das bedeutet, er kann die Strafe eines Verurteilten mildern oder aufheben,
- er verleiht das Bundesverdienstkreuz.

(Alle Textauszüge auf den Seiten 86–87 aus: Hilde Kammer und Elisabet Bartsch: Jugendlexikon Politik, Rowohlt Taschenbuch Verlag, überarbeitete Ausgabe Juni 2011)

5. Bundesverfassungsgericht

Grundgesetz Artikel 92 bis 94, www.bundesverfassungsgericht.de

Das BUNDESVERFASSUNGSGERICHT mit Sitz in Karlsruhe wird als „Hüter der Verfassung" bezeichnet. Es hat darüber zu wachen, ob die vom Bundestag und Bundesrat verabschiedeten Gesetze mit dem Grundgesetz vereinbar sind. Es achtet darauf, dass die Regierung sich bei der Ausübung der Macht an die geltenden Gesetze hält. Das Bundesverfassungsgericht wird nicht von sich aus, sondern nur auf Antrag tätig. Auch einzelne Bürger können in Karlsruhe Verfassungsbeschwerde einlegen, wenn sie sich in ihren Grundrechten verletzt fühlen. Dies geht allerdings erst, wenn der vorherige Rechtsweg ausgeschöpft ist. In der Organisation der staatlichen Ordnung in der Bundesrepublik nimmt das Bundesverfassungsgericht eine herausragende Stellung ein, weil es Regierung und Parlament kontrolliert und die Unabhängigkeit der Gerichte garantiert. Das Bundesverfassungsgericht besteht aus zwei Senaten mit je acht Bundesrichtern. Je zur Hälfte werden die Richter vom Bundestag und vom Bundesrat gewählt. Immer wieder beschäftigt sich das Bundesverfassungsgericht mit Fällen, die in der Öffentlichkeit mit großer Aufmerksamkeit verfolgt werden. Dazu gehört zum Beispiel die Frage, ob der Einsatz deutscher Soldaten bei UN-Einsätzen im Ausland mit dem Grundgesetz vereinbar ist oder nicht, ob eine rechtsradikale Partei wie die NPD verboten werden soll, und vieles andere mehr. Manchmal werfen Kritiker dem Bundesverfassungsgericht vor, dass es sich zu sehr in die Politik einmischt und Entscheidungen trifft, die eigentlich nur dem Bundestag, Bundesrat und der Bundesregierung zustehen.

C Staatlicher Aufbau in der Bundesrepublik Deutschland

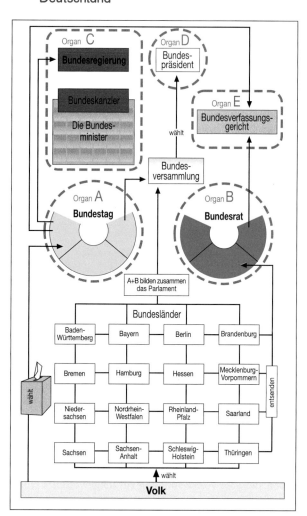

1. In diesem Schaubild sind die wichtigsten Verfassungsorgane von A bis E durchnummeriert. Wähle das von dir bearbeitete Organ daraus aus und informiere die Klasse bzw. die Mitglieder deiner Arbeitsgruppe darüber, (a) was das von dir bearbeitete Verfassungsorgan ist, (b) wie es gebildet wird, (c) wie es sich zusammensetzt und (d) was seine Aufgaben sind.

2. Gemeinsam in Teams, zu zweit und auch alleine könnt ihr mithilfe dieses Schaubildes Kurzvorträge vorbereiten. Thema: Die Rolle der Verfassungsorgane im Staatsaufbau der Bundesrepublik Deutschland.

AKTIV LERNEN

 D Quiz – 5 in 15
Welches Verfassungsorgan hat welche Aufgabe?

| Der Bundestag | Der Bundespräsident | Der Bundesrat |

| Das Bundesverfassungsgericht | Die Bundesregierung |

1. beschließt nach eingehender Beratung nach dem Mehrheitsprinzip die Bundesgesetze.

2. führt für die Zeit zwischen zwei Bundestagswahlen die Regierungsgeschäfte.

3. Durch ihn wirken die Bundesländer bei der Gesetzgebung und Verwaltung des Bundes mit.

4. vertritt als Staatsoberhaupt die Bundesrepublik Deutschland im In- und Ausland.

5. wird als „Hüter der Verfassung" bezeichnet.

6. unterzeichnet die Verträge mit anderen Staaten und die vom Parlament beschlossenen Gesetze.

7. Jedes der 16 Bundesländer entsendet in ihn mindestens drei, höchstens sechs Vertreter.

8. besteht aus dem Bundeskanzler/der Bundeskanzlerin und den Bundesministern/Bundesministerinnen.

9. wählt den Bundeskanzler/die Bundeskanzlerin.

10. wacht darüber, ob die Gesetze mit der Verfassung übereinstimmen.

11. kann vom Bundestag beschlossene Gesetze ablehnen und dafür sorgen, dass sie erneut beraten werden.

12. wird vom Bundeskanzler geleitet, der die Richtlinien der Politik bestimmt.

13. kontrolliert (beaufsichtigt und überwacht) die Arbeit der Bundesregierung.

14. wird im Abstand von 5 Jahren von der Bundesversammlung gewählt.

15. kontrolliert, ob Entscheidungen anderer Gerichte mit den Grundsätzen der Rechtsprechung übereinstimmen.

Alles verstanden? Mit diesem Quiz könnt ihr testen, ob ihr die wichtigsten Aufgaben und Merkmale der fünf Verfassungsorgane kennt.

Euer Auftrag:

1. Alle Gruppenmitglieder legen eine Mindmap mit fünf Hauptsträngen zu den fünf Verfassungsorganen an.

2. Zu jedem Organ fügt ihr dann jeweils drei zutreffende Informationen aus der Auflistung auf dieser Seite hinzu.

3. Im Team eurer Stammgruppe solltet ihr jetzt in der Lage sein, die Verfassungsorgane und deren Verhältnis zueinander kurz und verständlich vorzustellen.

Was auch noch interessant sein kann:

● ein eigenes Quiz über die Verfassungsorgane erstellen.

6 Wie wird aus einem Problem ein Gesetz?
Den Prozess der Gesetzgebung erläutern, ein eigenes Gesetz vorschlagen

Eine Einstiegsübung für alle:

Hältst du den Tierschutz für ein wichtiges Thema der Politik oder für eher weniger bedeutsam?

Notiere deine Ansicht dazu und tausche dich mit deinen Tischnachbarn darüber aus.

A Der Weg zum neuen Tierschutzgesetz

Ein Problem entsteht

Alle gesetzlichen Tierschutzmaßnahmen haben zum Ziel, Tiere vor menschlichen Handlungen zu schützen, wenn diese ihnen auf vermeidbare Art Leid, Schmerzen und Schädigungen zufügen. Tierschutz umfasst den Umgang, die Haltung und den Transport von Tieren. Ein Tierschutzgesetz gab es in Deutschland schon vor der Gründung der Bundesrepublik 1949. Im Laufe der Jahre ist diese Gesetzgebung mehrfach neu gefasst und erweitert worden. 2002 wurde der Tierschutz als Staatsziel in das Grundgesetz aufgenommen.

Grundgesetz, Artikel 20a

Der Staat schützt auch in Verantwortung für die künftigen Generationen die natürlichen Lebensgrundlagen und die Tiere im Rahmen der verfassungsmäßigen Ordnung [...]

Das Tierschutzgesetz in der Fassung von 2006 enthielt eine Fülle von Regelungen. Unter anderem stellte es Tierquälerei unter Strafe, enthielt Vorschriften für den Umgang mit Tieren bei Transporten und neue Vorschriften zur Verwendung von Tieren bei Tierversuchen.

Immer wieder wurden in der Öffentlichkeit neue Probleme im Tierschutz diskutiert für

Vor dem Kanzleramt in Berlin. Protest für besseren Tierschutz

die das bestehende Gesetz keine Lösung vorsah. So wurde schon bald der Ruf nach einem neuen Tierschutzgesetz laut, welches die bereits bestehenden Vorschriften erweitern sollte.

Der Gesetzgeber wird aktiv

Die Initiative zum neuesten Tierschutzgesetz ging von der **Europäischen Union** aus. Diese verabschiedete im November 2010 eine Richtlinie, die vorschrieb, dass in der Landwirtschaft, in der Pferdezucht und in Zirkusdarbietungen die Tiere besser vor Schmerzen geschützt und artgerecht gehalten werden müssen.

Wenn die Europäische Union eine Richtlinie verabschiedet, müssen die nationalen Parlamente in den Mitgliedstaaten ein Gesetz schaffen, das zu den Zielen der Richtlinie passt.

In Deutschland wurde der Vorschlag für eine Neufassung von der **Bundesregierung** eingebracht. Das Ministerium für Ernährung, Landwirtschaft und Verbraucherschutz arbeitete einen 70 Seiten umfassenden Entwurf aus und informierte den **Bundesrat** über die Pläne der Regierung. Die Gesetzesvorlage wurde am 29. August 2012 dem Präsidium des Deutschen Bundestages zugeleitet.

Der Bundestag behandelt die Vorlage in drei Lesungen

Vorschläge für neue Bundesgesetze können (1.) von der Bundesregierung, (2.) dem Bundesrat und (3.) von Abgeordnetengruppen des Bundestages eingebracht werden, wenn diese Gruppe aus mindestens fünf Prozent aller Parlamentsabgeordneten besteht. So schreibt es das Grundgesetz im Artikel 76 vor. Das Recht, Gesetze einzubringen, wird als *Initiativrecht* bezeichnet. Jede neue Gesetzesvorlage muss im Bundestag mindestens dreimal beraten werden. Die Beratungen werden als erste, zweite und dritte Lesung bezeichnet.

Die Gesetzesinitiative zum neuen Tierschutzgesetz sah unter anderem Folgendes vor:

- einen besseren Schutz von Zirkustieren,
- ein Verbot der Markierung von Pferden mit Brandzeichen,
- ein Verbot des Kastrierens von Zuchtschweinen ohne Betäubung.

Bis dahin wurden in Deutschland jährlich 20 Millionen Ferkel dieser schmerzhaften Prozedur unterworfen, um die Fleischqualität zu steigern. Um den Landwirtschaftsbetrieben und den Pferdezuchten Zeit zur Umstellung zu geben, hatte sich die Regierungskoalition aus CDU/CSU und FDP dazu entschieden, die strengeren Regeln erst ab 2019 einzuführen. Diese Verschiebung wurde von den Oppositionsparteien im Bundestag – bestehend aus SPD, Linkspartei und Grünen – in den Debatten heftig kritisiert. Man warf der Regierung vor, sie habe sich zu sehr von den Interessen großer Landwirtschaftsbetriebe beeinflussen lassen.

In der Zeit zwischen den Beratungen im Parlament werden die Gesetzesvorlagen an die zuständigen Fachausschüsse überwiesen. Das sind kleine Runden von Abgeordneten im Bundestag, die sich auf bestimmte Themen spezialisiert haben. Das Tierschutzgesetz wurde im Ausschuss für Ernährung, Landwirtschaft und Verbraucherschutz beraten.

Bundestag und Bundesrat verabschieden das Gesetz

Im Dezember 2012 wurde das neue Tierschutzgesetz gegen die Stimmen der Opposition vom Bundestag verabschiedet. Das Kastrieren neu geborener Schweine und die Brandzeichnung von Pferden dürfen demnach ab 2019 nur noch mit Betäubung erfolgen. Zirkusse müssen strengere Auflagen beim Zurschaustellen von Wildtieren erfüllen. Nach reiflicher Überlegung stimmte der Bundesrat als Vertretung der Länder dem Gesetz im Februar 2013 zu.

Jedes neue Bundesgesetz muss vom **Bundespräsidenten** unterzeichnet werden.

Nachdem das geschehen war, wurde das neue Tierschutzgesetz (wie alle anderen Gesetze auch) im Bundesgesetzblatt veröffentlicht. Es trat 2013 in Kraft.

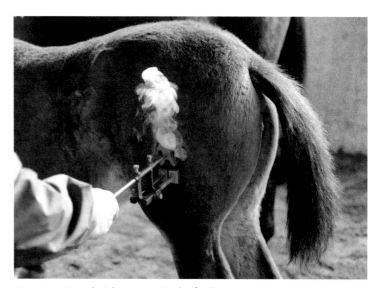

Umstritten: Brandzeichnung von Zuchtpferden

---

1. Was ist Ziel aller gesetzlichen Tierschutzmaßnahmen? Beschreibe es.

2. Wer darf Vorschläge für neue Bundesgesetze im Bundestag einbringen? Nenne die Gruppen.

3. Was geschah in der Zeit zwischen dem Ruf nach einem verbesserten Tierschutz und dem Inkrafttreten des neuen Gesetzes? Notiere die einzelnen Schritte. (Das geht auch zu zweit.)

4. Hältst du die neu aufgenommen Vorschriften im Tierschutzgesetz für wichtig und richtig oder eher nicht? Bewerte das Ergebnis.

B Welchem Gesetzesvorschlag zum besseren Tierschutz stimmt ihr zu?

Euer Auftrag:

1. Legt eine Tabelle mit dem Titel *Pro und kontra Tierversuche* an. Ordnet die Entscheidungshilfen und weitere Argumente darin ein.

2. Diskutiert in der Gruppe und bildet euch ein Urteil. Lest dazu auch die Methodenkarte.

3. Stellt euren Gesetzesvorschlag in der Klasse vor und begründet ihn.

4. Stellt euch vor, eure Klasse wäre der gewählte Bundestag in Berlin. Führt eine Parlamentsabstimmung durch.

Hier könnt ihr euch in die Rolle von Politikern versetzen und selbst ein Gesetz verabschieden. Angenommen, im Deutschen Bundestag stünden drei Gesetzesvorschläge für eine Neufassung eines Paragrafen des Tierschutzgesetzes auf der Tagesordnung.

Welchem der drei Vorschläge würdet ihr eure Zustimmung erteilen?

Tipp: Gruppenarbeit

Arbeitet die Methodenkarte auf der folgenden Seite durch, bevor ihr euch ein abschließendes Urteil bildet.

Vorschlag 1

Versuche an lebenden Tieren, die dazu führen, dass Tiere Krankheit, Schmerz oder gar den Tod erleiden, sind generell verboten. Verstöße gegen dieses Gesetz werden mit Geldstrafen oder Gefängnis bestraft.

Vorschlag 2

Tierversuche sind in Ausnahmefällen erlaubt. Ausnahmefälle liegen vor bei Versuchen, die zu medizinischen Zwecken zum Schutz des menschlichen Lebens vor Krankheit durchgeführt werden.

Vorschlag 3

Bei Tierversuchen ist zu unterscheiden zwischen Tieren, die dem Menschen nahestehen und solchen, die sich auf einer dem Menschen entfernten Entwicklungsstufe befinden. Zu den Tieren, die Menschen nahestehen, gehören Pferde, Affen, Hunde, Katzen. Zur zweiten Gruppe gehören Insekten, Amphibien, Fische und in Ausnahmefällen auch Mäuse und Ratten. Bei der ersten Gruppe sind Tierversuche verboten, bei der zweiten erlaubt.

Entscheidungshilfen:

1. Der Mensch hat kein Recht, Tiere zu quälen. Daher kann es gar keinen Grund geben, Tierversuche zu rechtfertigen.

2. Versuche an Tieren sind manchmal notwendig, um Erkenntnisse über die Wirkung von Impfstoffen oder die Auswirkungen von neu entwickelten Medikamenten auf die Organe des Körpers zu gewinnen.

3. Heute sind die Menschen mehr als je zuvor vor gefährlichen Krankheiten geschützt. Diese Entwicklung haben wir auch den Tierversuchen zu verdanken, die in der Vergangenheit durchgeführt wurden.

4. Tierversuche sind sinnlos, weil sich die Ergebnisse oft gar nicht auf den Menschen übertragen lassen.

5. Tierversuche zu wissenschaftlichen Zwecken haben in der Regel nichts mit Quälerei zu tun. Die Tiere werden zwar getötet, sie erleiden dabei aber nur das gleiche Schicksal wie andere Schlachttiere auch.

6. Für den Schutz der Tiere wird in Deutschland schon genug getan.

Urteilskompetenz trainieren

Worum geht es?

Das Recht, sich ein eigenes Urteil bilden zu können, ist von grundlegender Bedeutung in der Demokratie. Dieser Wert leitet sich aus der im Grundrecht garantierten Meinungsfreiheit ab. Darin heißt es:

> **Artikel 5, Abs. 1 GG**
> Jeder hat das Recht, seine Meinung in Wort, Schrift und Bild frei zu äußern und zu verbreiten und sich aus allgemein zugänglichen Quellen ungehindert zu unterrichten.

Manch einer denkt, eine eigene Meinung zu haben, sei gar nicht schwierig. Man kann zum Beispiel alles für unsinnig halten, was eine Regierung plant. Wer so denkt, macht es sich allerdings sehr einfach. Klüger ist es, wenn man sich die Mühe macht, sich zu informieren und verschiedene Ansichten zur Kenntnis zu nehmen, bevor man über etwas urteilt. Auch sollte man daran arbeiten, das eigene Urteil möglichst überzeugend begründen zu können. Die Summe der genannten Fähigkeiten bezeichnet man als Urteilskompetenz.

Thema: Pro und kontra Tierversuche

Vier Schritte auf dem Weg zur eigenen Urteilsbildung

1. Du musst wissen, worum es geht.
Ein Urteil kann man sich nur bilden, wenn man das Problem kennt, um das es geht. Ein gewisses Maß an Basisinformationen sollte man sich erarbeiten, bevor man sich eine Meinung bildet.

2. Du urteilst spontan und denkst darüber nach.
Wenn wir gefragt werden, ob wir für ein gesetzliches Verbot von Tierversuchen sind, antworten wir meist spontan mit Ja oder Nein. Spontanurteile werden oft aus dem Bauch heraus gefällt. Wichtig ist, dass man es nicht dabei belässt, sondern prüft, ob diese erste Reaktion wirklich klug ist.

3. Du ermittelst unterschiedliche Ansichten und Interessen.
Unterschiedliche Ansichten entstehen aus unterschiedlichen Interessen, Werten und Erfahrungen. Ein Forscher auf der Suche nach einem neuen Medikament für eine menschliche Erkrankung wird die Frage der Tierversuche zu medizinischen Zwecken wahrscheinlich anders bewerten als jemand, der sich in besonderer Weise für den Schutz aller Tiere engagiert. Finde heraus, welche Gruppen welche Interessen vertreten.

4. Du entscheidest dich und beziehst Position.
Zu deinem abschließenden Urteil gelangst du, wenn du verschiedene Ansichten zur Kenntnis genommen hast, die Gründe pro und kontra gegeneinander abgewogen und dein erstes Spontanurteil überprüft hast. Position beziehen heißt, dass man einen klaren Standpunkt einnimmt und bereit ist, ihn zu vertreten. Es muss nicht bedeuten, dass man für alle Zeit auf dieser Position beharrt.

Sachlich und wertgebunden urteilen

Wichtig ist, das man zwischen Sach- und Werturteilen unterscheiden kann. In der Sache begründet ist ein Urteil, wenn es auf Fakten und überprüfbaren Informationen beruht. Zum Beispiel: *„Versuche, die Tieren vermeidbare Schmerzen zufügen, müssen verboten sein, weil das Tierschutzgesetz es so bestimmt."*
Werturteile werden mit persönlichen Einstellungen und Überzeugungen begründet. Zum Beispiel: *„Der Schutz vor Leid und Schmerz darf nicht nur für uns Menschen gelten. Er muss die Tiere als Teil der Schöpfung in gleicher Weise mit einbeziehen."*
Besonders überzeugend können Urteile ausfallen, wenn sie aus einer Kombination von Sach- und Werturteilen bestehen. Du zeigst so, dass du dich in der Sache auskennst und in der Lage bist, dein Urteil mit deinen persönlichen Überzeugungen und Werten zu stützen.
Wichtige demokratische Werte sind zum Beispiel die Freiheit, die Gleichberechtigung, die Gerechtigkeit, der Schutz allen Lebens, die Sicherheit und die Toleranz*.

*Zu Toleranz findest du eine Erklärung im Glossar.

C Warum kommt es immer wieder zu Auseinandersetzungen über das Tierschutzgesetz?

2013 trat in Deutschland ein neues Tierschutzgesetz in Kraft (siehe dazu Material A dieses Unterkapitels). Nur kurze Zeit später meldeten sich Kritiker zu Wort und forderten eine Neufassung des Gesetzes. „Hört das denn nie auf?", wirst du vielleicht fragen. Die Antwort ist: Nein, politische Auseinandersetzungen hören nie auf.

Da die Zeiten sich ändern, ändern sich auch die Probleme der Menschen. Und weil die Politik die Aufgabe hat, Probleme im Zusammenleben der Menschen zu lösen, kommen immer wieder neue Aufgaben auf sie zu.

Dieser Prozess kann modellhaft als Kreislauf dargestellt werden. Ein sich ständig wiederholender Kreislauf wird als *Zyklus* bezeichnet. Man spricht daher vom **Politikzyklus**.

Beim Tierschutz handelt es sich um einen Themenkreis, bei dem es Problemlösungen gibt und immer wieder Anlässe für neue Probleme.

Der Politikzyklus am Beispiel Tierversuche

---

1 Deutschland um das Jahr 2010 – Das Problem entsteht

Zu medizinischen Zwecken werden immer häufiger Versuche an lebenden Tieren durchgeführt. Auch die Kosmetikindustrie testet ihre neuen Produkte zunächst an lebenden Tieren. Für die Versuchstiere bedeuten diese Versuche Schmerzen und Tod. Viele Menschen empfinden die Qualen der Tiere als unerträglich. Das Problem entsteht, weil viele Menschen den aktuellen Zustand als Problem erkennen.

Deutschland 2016. Diesem Rhesus-Affen wurde ein Implantat in das Gehirn eingesetzt. In seinem Käfig wird er von einem Tierpfleger gefüttert.

---

5 2016: Die Politik steht vor einem neuen Problem

Tierschützer fordern ein weitergehendes Verbot von Tierversuchen. Ihrer Ansicht nach muss das Gesetz von 2013 überarbeitet werden. Tierversuche sollen nur noch mit ganz wenigen Ausnahmen erlaubt sein und diese müssten im Gesetz präzise genannt werden. Auch ein Auftrittsverbot von Tieren im Zirkus wird gefordert. Die deutsche Politik soll sich die Tierschutzpolitik der Niederlande zum Vorbild nehmen. Dort wurde 2015 ein sehr strenges Tierschutzgesetz in Kraft gesetzt. Andere Gruppen vertreten ganz andere Positionen. Sie halten die Tierversuche in der medizinischen Forschung für unverzichtbar. Viele wollen auch die Zirkuswelt erhalten. Gegner und Befürworter fordern die Politik zu neuen Entscheidungen auf. So entsteht ein neues Problem.

---

1. Was ist seit der Verabschiedung des Tierschutzgesetzes 2013 in der Öffentlichkeit passiert? Fasse die Entwicklung mit eigenen Worten zusammen.

2. Warum sind nicht alle Gruppen in der Gesellschaft mit dem Paragrafen 7 des Tierschutzgesetzes einverstanden? Erkläre es.

3. Am Beispiel des Themas Tierversuche könnt ihr erklären, was man unter dem Politikzyklus versteht. Fertigt dazu einen Stichwortzettel an. Schließt dann das Buch und versucht, den Begriff mit euren eigenen Worten zu definieren.

4. Angenommen, es behauptet jemand: „Von der Politik und den Politikern erwarte ich perfekte Lösungen für die großen Probleme in dieser Zeit." Wie überzeugst du diese Person davon, dass das schwierig ist?

2 Die Politik gerät unter Druck

Es kommt zu Auseinandersetzungen zwischen Tierschützern, Grundlagenforschern und Vertretern der Kosmetikindustrie. Auch die Kirchen und andere Verbände melden sich zu Wort. Die Politik wird aufgefordert, ein strengeres Gesetz zur Verhinderung qualvoller Tierversuche zu verabschieden. Die politischen Parteien nehmen sich des Themas an. Im Deutschen Bundestag und auch im Europaparlament werden Vorschläge zur Neufassung des bereits bestehenden Tierschutzgesetzes eingebracht.

Aus dem Tierschutzgesetz von 2013

§ 7
Tierversuche im Hinblick auf
a) die den Tieren zuzufügenden Schmerzen, Leiden und Schäden,
b) die Zahl der verwendeten Tiere [...] [sind] auf das unerlässliche Maß zu beschränken [...].

3 2013 Die Politik entscheidet

Nach heftigen Debatten in den Parlamenten und in der Öffentlichkeit kommt es zu einer politischen Entscheidung. Der Deutsche Bundestag beschließt ein neues Tierschutzgesetz. Tierversuche zu kosmetischen Zwecken werden verboten und sind zu medizinischen Zwecken nur unter strengsten Auflagen erlaubt (siehe § 7).

4 Die Entscheidung wird bewertet

Einige Medien loben das überarbeitete Tierschutzgesetz als klug und zukunftsweisend. Tierschützer und Tierärzte kritisieren es heftig. Ihrer Ansicht nach ist die Formulierung, dass Tierversuche auf das unerlässliche Maß zu beschränken sind, zu ungenau und lasse zu viele Ausnahmen zu. Besonders häufig ist der Vorwurf zu hören, die Politik habe sich bei der Neufassung des Tierschutzgesetzes von 2013 zu sehr von den Befürwortern der pharmazeutischen Industrie beeinflussen lassen. Im Tierschutzbericht der Bundesregierung ist zu lesen, dass in Deutschland jährlich noch immer an etwa 2,5 Millionen Tieren Versuche durchgeführt werden.

7 Warum ist Gewaltenteilung unverzichtbar?
Die Bedeutung begründen, Beispiele präsentieren

Eine Einstiegsübung für alle:
Was hat diese Nachricht mit Gewaltenteilung zu tun?

Ein Ladendieb wird erwischt und von zwei Polizisten festgenommen. Die Beamten handeln als Gesetzeshüter im Auftrag des Staates. Bei der Festnahme und dem Umgang mit dem Dieb wenden sie Gesetze an, die von der gesetzgebenden Versammlung, dem Parlament, verabschiedet wurden. Das Gericht, das den Dieb verurteilen wird, entscheidet unabhängig im Rahmen der Gesetze und lässt sich in seiner Urteilsfindung weder von der Regierung noch vom Parlament bevormunden.

A Wer sind die drei Wächter?

Die Teilung der Staatsgewalt* – sie ist ein wesentliches Prinzip unserer Demokratie. [...]
Die **Legislative**, die gesetzgebende Gewalt, ist in Deutschland der Deutsche Bundestag in Verbindung mit dem Bundesrat und den Landesparlamenten – und damit im Grunde wir alle, denn die Abgeordneten wählt das Volk. Wer sich nicht an die Gesetze hält, bekommt es mit der **Exekutive** zu tun, der ausführenden Gewalt. Auf der obersten Ebene hat diese Exekutive die Bundesregierung. Sie darf bestimmte Mittel, z.B. Militär, Bundespolizei, Geheimdienste, einsetzen, um Ruhe und Ordnung zu schaffen und um den Staat gegen Bedrohungen von innen und außen zu schützen. Auch die Länderregierungen und die Verwaltungen in den Städten haben dafür zu sorgen, dass alles gesetzmäßig abläuft, denn: Der erste Wächter (die Gesetze) kontrolliert den zweiten Wächter (die Ausführenden). Das gilt auch umgekehrt, denn die Exekutive, also zum Beispiel die Bundesregierung, schlägt der Legislative Gesetze vor.

Die dritte Staatsgewalt, die Recht sprechende Gewalt (**Judikative**), sorgt mit Richtern und Staatsanwälten dafür, dass Gesetzesverstöße nach festen Regeln verhandelt und die Täter bestraft werden. Dabei dürfen die Strafen nicht willkürlich sein, auch sie müssen den Gesetzen entsprechen (die Legislative hat wiederum hier eine Kontrollfunktion!). Die Gerichte sind unabhängig und keine Macht des Staates darf sie zwingen, ein bestimmtes Urteil zu fällen, mit dem sie nicht einverstanden sind. Die Judikative ist sozusagen als dritte Staatsgewalt der dritte Wächter.
Alle drei Wächter kontrollieren sich gegenseitig.

(Aus: Gerd Schneider: Politik, Arena Verlag, Würzburg 2008, S. 36 ff.)

* Zum Begriff Gewaltenteilung findest du weitere Informationen im Glossar.

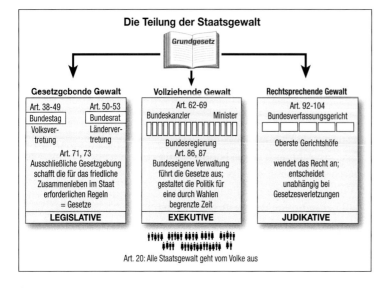

Die Teilung der Staatsgewalt

Grundgesetz

Gesetzgebende Gewalt

Art. 38-49	Art. 50-53
Bundestag	Bundesrat
Volksvertretung	Ländervertretung

Art. 71, 73
Ausschließliche Gesetzgebung schafft die für das friedliche Zusammenleben im Staat erforderlichen Regeln = Gesetze

LEGISLATIVE

Vollziehende Gewalt

Art. 62-69
Bundeskanzler   Minister

Bundesregierung
Art. 86, 87
Bundeseigene Verwaltung
führt die Gesetze aus;
gestaltet die Politik für
eine durch Wahlen
begrenzte Zeit

EXEKUTIVE

Rechtsprechende Gewalt

Art. 92-104
Bundesverfassungsgericht

Oberste Gerichtshöfe

wendet das Recht an; entscheidet unabhängig bei Gesetzesverletzungen

JUDIKATIVE

Art. 20: Alle Staatsgewalt geht vom Volke aus

B Hintergrund: Nie mehr Diktatur in Deutschland

Den schlimmsten Missbrauch staatlicher Macht erlebte Deutschland in der Zeit von 1933 bis 1945. Vom Tag ihrer „Machtergreifung" im Jahr 1933 an verwandelten Hitler und die Nationalsozialisten Deutschland in eine verbrecherische Diktatur:

- Sie schalteten das Parlament aus.
- Sie verboten Parteien und Gewerkschaften.
- Sie duldeten keine freie Presse.
- Sie ließen das Volk durch ihre geheime Staatspolizei bespitzeln und Andersdenkende in Folterkellern und Konzentrationslagern verschwinden.
- Sie beugten das Recht im Namen des Führers.
- Sie führten Deutschland in einen rassistisch begründeten Vernichtungskrieg.
- Sie ermordeten im Wahn rassischer Überlegenheit nahezu das gesamte Volk der in ihrem Herrschaftsgebiet lebenden Juden.

Vor dem Hintergrund dieser leidvollen Erfahrung muss man die verfassungsmäßige Ordnung in der Bundesrepublik Deutschland sehen. Es gehört zu den wichtigsten Zielen der freiheitlich demokratischen Grundordnung, die im Grundgesetz festgelegt ist, jegliche Gewalt- und Willkürherrschaft für alle Zeiten auszuschließen.

Hitler hatte die Macht in seiner Person konzentriert und missbraucht. Eine staatliche Ordnung, die Konzentration und Missbrauch von Macht verhindern will, muss die Macht auf verschiedene Personen und Institutionen verteilen und ihre demokratische Kontrolle garantieren. Die Kontrolle staatlicher Macht gilt als eines der wesentlichen Elemente, ohne die eine Demokratie keinen dauerhaften Bestand haben kann.

 1. Wer sind die Wächter, die im Text A genannt sind? Nenne sie.

2. Erläutere mithilfe von Text A und dem Schaubild, wie die Teilung der Staatsgewalt in der Bundesrepublik Deutschland funktioniert.

3. Wie lässt sich die Bedeutung der Gewaltenteilung mithilfe der historischen Erfahrungen aus der Zeit des Nationalsozialismus begründen? Verdeutliche den Zusammenhang.

C Wer kontrolliert Regierung und Parlament?

Für die Bearbeitung dieser Doppelseite bietet sich die Methode *Partnerbriefing* an. Siehe dazu die Methodenkarte 6 in diesem Unterkapitel.

Beispiel 1: Machtkontrolle durch Opposition

Opposition heißt Gegensatz, Widerspruch und Widerstand. [...] Alle Parteien (im Parlament), die nicht an der Regierung beteiligt sind, bilden „die Opposition". Sie sind Oppositionsparteien.

In einer Demokratie hat die Opposition zwei entscheidende Aufgaben: Sie soll die Regierung ständig überwachen und sie kritisieren, wenn sie ihre Pläne für falsch hält; sie soll eigene Pläne entwickeln und vortragen. Erfüllt eine Opposition diese Aufgaben, kann sie die Politik der Regierung beeinflussen. Gleichzeitig nimmt sie Einfluss auf die Bürger: Sie unterstützt sie, sich eine Meinung zu bilden und ihren Willen zu äußern. Überzeugen die Vorschläge der Opposition die Mehrheit der Wähler, kann sie bei einer nächsten Wahl die meisten Stimmen gewinnen: Sie bildet dann die Regierung und versucht, die Interessen und den Willen ihrer Wähler durchzusetzen. Die bisherige Regierungspartei geht dann in die Opposition.

Eine Opposition, die ihre Aufgaben wahrnimmt, schützt die Demokratie. Sie kann verhindern, dass die Gruppen in der Bevölkerung, die mit der Regierung unzufrieden sind, den Staat mit Gewalt verändern. Sie kann verhindern, dass die Regierung diktatorische, das heißt uneingeschränkte Macht ausübt.

(Aus: Hilde Kammer und Elisabet Bartsch: Jugendlexikon Politik, Rowohlt Taschenbuch Verlag, überarbeitete Ausgabe Juni 2011)

Um die Regierungsarbeit zu kontrollieren, kann die Opposition schriftliche Anfragen zu bestimmten Themen stellen, die dann von der Regierung öffentlich beantwortet werden müssen. Wenn Missstände in der parlamentarischen Arbeit bekannt werden, kann sie die Einsetzung eines Untersuchungsausschusses verlangen, der die Vorgänge aufklärt.

Stichwortzettel Opposition
- Definition
- Aufgaben
- Handlungsmöglichkeiten
- Bedeutung

Interessiert verfolgen junge Leute eine Debatte im Bundestag, bei der die Opposition die Regierung kritisiert.

> „Die Politik ist wie ein Fußballspiel. Es ist ein Wettbewerb. Die Opposition muss die Macht der Regierung begrenzen, sie muss die Regierung nicht loben, sondern kritisieren. Wir beschweren uns natürlich auch, dass die Opposition nur kritisiert, aber nur solange wir an der Regierung sind. Wenn eine Mannschaft gegen Bayern München spielt und versucht, die Bayern möglichst früh beim Spielaufbau zu stören, dann kann man natürlich meckern: Herrschaftszeiten, lasst den Arjen Robben doch mal laufen, der spielt so schön. Aber Aufgabe des Gegners ist es nun mal, die Bayern zu stören. Und das macht die Opposition auch mit der Regierung."

(Der Politiker Wolfgang Schäuble (CDU) in einer Sonderausgabe der Wochenzeitung Welt am Sonntag vom Februar 2012, S. 8; zur Zeit des Interviews in der Funktion des Bundesfinanzministers; Interviewmoderation: Jan Dams u. a.)

Beispiel 2: Machtkontrolle durch das Bundesverfassungsgericht

Eine eigene Institution, das Bundesverfassungsgericht, wacht darüber, dass Parlament, Regierung und Rechtsprechung die Verfassung einhalten. Als Hüter der Verfassung kann es jeden Akt der gesetzgebenden Gewalt, der Regierung und Verwaltung und jede Entscheidung der Gerichte auf ihre Verfassungsmäßigkeit prüfen. Dabei schützt es besonders die Grundrechte der Bürger. [...]

Es ist das höchste Gericht des Bundes, die letzte Instanz für die Kontrolle der Verfassungsmäßigkeit des politischen Lebens. Es kann die Entscheidungen aller anderen Gerichte aufheben, wenn sie der Prüfung der Verfassungsmäßigkeit nicht standhalten. [...]

(Aus: Horst Pötzsch: Die deutsche Demokratie, hrsg. von der Bundeszentrale für politische Bildung, Auflage 5, Bonn 2009, S. 144)

Das Bundesverfassungsgericht
Sitz: Karlsruhe

Präsident/in
zugleich Vorsitzende/r eines Senats

Vizepräsident/in
zugleich Vorsitzende/r eines Senats

Erster Senat   **Zweiter Senat**

Kammern   Kammern

wählt die Hälfte der Richter jedes Senats

Wahlausschuss des Deutschen Bundestages

Das Bundesverfassungsgericht entscheidet unter anderem
- über Verfassungsbeschwerden
- über Streitigkeiten zwischen Bundesorganen oder zwischen Bund und Ländern
- über die Vereinbarkeit von Bundes- oder Landesrecht mit dem Grundgesetz
- über die Verfassungswidrigkeit von Parteien

wählt die Hälfte der Richter jedes Senats

Bundesrat

ZAHLENBILDER

© Bergmoser + Höller Verlag AG   129 015

Mischt sich das Bundesverfassungsgericht zu sehr in die Politik ein?

Zwei Urteile:

- Im Februar 2006 setzte das Bundesverfassungsgericht das kurz zuvor vom Bundestag beschlossene Luftsicherheitsgesetz außer Kraft. Die Richter erklärten, dass die darin beschlossene Befugnis der Bundeswehr, entführte Passagierflugzeuge im äußersten Notfall abzuschießen, mit der im Grundgesetz garantierten Würde des Menschen nicht vereinbar sei.

- 2010 erklärte das Bundesverfassungsgericht die in einem Bundesgesetz festgelegte Höhe des Sozialgeldes für Erwachsene und Kinder (= Regelsätze für Hartz-IV-Empfänger) für verfassungswidrig. Nach Ansicht des Gerichtes waren die finanziellen Zuwendungen bis dahin zu niedrig, um den Betroffenen ein menschenwürdiges Existenzminimum zu sichern, wie es Artikel 1 des Grundgesetzes vorschreibt. Das Gericht legte eine Frist fest, innerhalb der das betreffende Gesetz geändert werden musste.

Kritiker behaupten, die Richter am Bundesverfassungsgericht mischten sich mit diesen und mit anderen Urteilen zu sehr in die Politik ein. Sie bestimmten mehr und mehr, was in der Politik gemacht werden dürfe und was nicht. Die Richter weisen darauf hin, dass sie niemals von sich aus in die Politik eingreifen, sondern immer nur dann, wenn auf Antrag eine Entscheidung von ihnen verlangt wird. Sie beanspruchen für sich das „Prinzip der richterlichen Selbstbeschränkung". Demnach sehen sie ihre Aufgabe nicht darin, zu überprüfen, ob ein Gesetz gut oder schlecht, klug oder unvernünftig ist, sondern einzig und allein, ob es mit den Grundsätzen der Verfassung vereinbar ist oder nicht.

Stichwortzettel Bundesverfassungsgericht
- Aufgaben
- Beispiele
- Bedeutung
- Kritik

1. Bereite in Einzelarbeit einen Stichwortzettel zu dem von dir gelesenen Text (inklusive Schaubild) vor.

2. Fasse nun für deine Partnerin/deinen Partner den von dir bearbeiteten Text mit deinen eigenen Worten zusammen. Anschließend wiederholt diese(r) den Inhalt. Prüft gemeinsam, ob alle Unklarheiten beseitigt sind.

3. Verfahrt nun genauso mit dem zweiten Text.

4. Fasst gemeinsam zusammen, wie die Kontrolle staatlicher Macht funktionieren kann.

5. Stellt euer Ergebnis gemeinsam vor.

Sachtexte bearbeiten im Partnerbriefing

Thema: Machtkontrolle durch Opposition und Bundesverfassungsgericht

2. Textbearbeitung in Einzelarbeit

Du liest deinen Text zweimal. Beim zweiten Durchlesen fertigst du einen Stichwortzettel als Merkhilfe an. Dieser Zettel soll dir helfen, dem Partner gegenüber den Inhalt deines Textes mit deinen eigenen Worten mündlich zu berichten.

3. Briefing mit festen Regeln

Runde 1: Ihr müsst euch so einander gegenübersetzen, dass ihr euch anschauen könnt. Auf das Startzeichen hin fasst Partner A für Partner B den Inhalt seines Textes zusammen. Achtet dabei auf eine deutliche Aussprache! Anschließend hat Partner B die Gelegenheit, Fragen zu stellen (z. B. über Unverstandenes). Partner B fasst dann den Bericht von Partner A zusammen.

Runde 2: Mit umgekehrter Rollenverteilung und mit dem Bericht über den zweiten Text wird nun genauso verfahren wie in Runde 1.

4. Planung eines Ergebnisvortrags

Gemeinsam sprecht ihr in Partnerarbeit über das, was ihr erarbeitet habt. Ihr überlegt zum Beispiel, welche Zusammenhänge zwischen den beiden Materialien bestehen, was davon besonders wichtig ist, was ihr euch unbedingt merken wollt usw. Dann bereitet ihr einen Ergebnisvortrag vor.

5. Vortrag vor der Klasse

Dazu gibt es eine leichte und eine schwierige Variante. In der leichten Form stellt jeder von euch das Material vor, das er selbst bearbeitet hat. In der schwierigen Form stellen die Partner vor, was der Partner ihnen berichtet hat. Zu den Vorträgen gibt es Rückmeldungen aus der Klasse:

- Waren die wichtigsten Informationen aus den Texten im Vortrag enthalten?
- Haben die Vortragenden gut präsentiert?

Worum geht es?

Partnerbriefing ist eine spezielle Form der Partnerarbeit. Ihr arbeitet dabei zunächst einzeln und informiert euch dann gegenseitig über das, was ihr erarbeitet hat.

Der englische Ausdruck *Briefing* bedeutet, einen Partner mit Informationen zu versorgen. Die Aufgabe des Briefings übernehmt ihr in Partnerarbeit abwechselnd.

Mit dieser Methode kannst du dich darin üben, den Inhalt von Texten, die du erarbeitet hast, in einem mündlichen Vortrag wiederzugeben. Außerdem kannst du damit das konzentrierte Zuhören trainieren. Ein weiterer großer Vorteil der Methode ist, dass ihr die Arbeit aufteilen könnt. Ihr braucht nur ein Material zu erarbeiten und lernt zwei.

Wie macht man das?

1. Aufteilung der Arbeitsmaterialien

Die beiden Texte auf der vorherigen Doppelseite werden auf Partner A und Partner B aufgeteilt. Sollte die Schülerzahl ungerade sein, wird eine Dreiergruppe gebildet.

3 Wie sehr schaden Extremismus und Rassismus der Demokratie?

Die Problematik extremistischer Aktivitäten bewerten

 A Drei Alltagsbeispiele

Rechtsextremisten setzen Flüchtlingsunterkunft in Brand

Tröglitz im April 2015: Der kleine Ort im Süden Sachsen-Anhalts ist bundesweit in den Schlagzeilen, seit der ehrenamtliche Bürgermeister Markus Nierth Anfang März wegen rechtsextremer Anfeindungen seinen Rücktritt erklärte. Er hatte keinen anderen Ausweg mehr gesehen, als eine asylfeindliche Demonstration direkt vor seinem Haus genehmigt wurde. Der Protest gegen die geplante Unterbringung von 40 Flüchtlingen wird von der rechtsextremen Partei NPD angeführt.

(Aus: Brandanschlag auf geplante Flüchtlingsunterkunft, Meldung dpa und AFP, in: Rheinische Post vom 04.04.2015, im Internet unter www.rp-online.de; Zugriff: 03.09.2015)

Journalist in Dortmund angegriffen

10. März 2015: Der Journalist Marcus A. wurde am späten Montagabend in der Dortmunder Innenstadt von zwei Unbekannten mit dunklen Kapuzenpullovern und Sturmmasken mit Steinen beworfen. Die Angreifer bedrohten den Mann dabei nach Polizeiangaben mit dem Tode. Als A. eine Schreckschusswaffe zog, flohen die Täter. [...] Die Polizei gehe davon aus, dass der Vorfall im Zusammenhang der fortgesetzten Einschüchterungen und Bedrohungen von Journalisten, politisch Aktiven und anderen Dortmundern durch Rechtsextremisten in den letzten Monaten zu sehen sei.

(Nachricht in der Frankfurter Allgemeinen Zeitung, www.faz.net vom 10.03.2015, Zugriff: 10.09.2015, © Evangelischer Pressedienst)

Dunkelhäutiger Mann bei antirassistischer Demo bedroht

Ein 24-jähriger Mann ist am Donnerstagabend in Weißensee (Berlin) von zwei Männern wegen seiner Hautfarbe rassistisch beleidigt und mit einem Baseballschläger bedroht worden. Der dunkelhäutige Mann hatte nach Angaben der Polizei an einer Demonstration mit dem Titel „Das Problem heißt Rassismus" teilgenommen, als sich der Übergriff ereignete. Gegen 20.10 Uhr zogen die Teilnehmer der Demonstration durch die Buschallee. Die Tatverdächtigen beobachteten den Protestzug von einem Balkon aus. Als der 24-Jährige an ihrem Balkon vorbeikam, wurde er von den beiden Männern rassistisch beleidigt und aufgefordert, Deutschland zu verlassen. Der 24-Jährige ignorierte die Beleidigungen und lief zunächst weiter. Daraufhin verließen die Männer den Balkon – und kamen kurz darauf mit einem Baseballschläger bewaffnet auf die Straße.

(Aus: Timo Kather: Dunkelhäutiger bei antirassistischer Demo bedroht, Nachricht vom 24.07.2015 in www.tagesspiegel.de; Zugriff: 03.09.2015)

1. Welche Gefühle und Gedanken lösen die drei Beispiele in euch aus: Haltet ihr sie für erschreckend, harmlos, gefährlich? Tauscht euch darüber aus.

2. Bei einem Fußballspiel Bochum gegen Leipzig im April 2015 demonstrieren Mitglieder eines Leipziger Fanclubs gegen Rassismus und Extremismus. Was haltet ihr von einer solchen Aktion? Nehmt Stellung dazu.

B TEAM kontrovers: Sind Rechtsextremismus und Rassismus eine Bedrohung für die Demokratie?

Die Frage, inwieweit Rechtsradikalismus eine Bedrohung für die Demokratie ist, wird in der Gesellschaft immer wieder kontrovers diskutiert. Viele beunruhigt zutiefst, dass Auftritte rechtsradikaler und anderer extremistischer Gruppen zunehmend zum Alltag gehören.

● Welcher Meinung seid ihr?
● Welche Erfahrungen habt ihr bisher mit diesem Thema gemacht?

Um diese Fragen soll es in der folgenden Diskussionsübung gehen. Ihr könnt die Diskussion mit einer Punktabfrage beginnen. Schreibt dazu die folgenden Ansichten an die Tafel oder auf ein Plakat. Jede Schülerin und jeder Schüler macht ein Kreuz mit Kreide oder klebt einen farbigen Punkt auf das Plakat an der Stelle, die seine Meinung verdeutlicht.

Am Ende einer solchen Punktabfrage sieht man sofort, wo es Meinungsunterschiede in der Klasse gibt.

Lest die beiden Stellungnahmen und eröffnet die Diskussion mit vielen persönlichen Beiträgen zum Diskussionsthema.

Dieser Meinung stimme ich	voll	teilweise	gar nicht zu.
1. Die Demokratie ist stark genug, um sich vor Extremisten und Rassisten zu schützen.	●● ● ●	●● ●● ●	● ●
2. Die große Mehrheit der Jugendlichen bekennt sich zur Demokratie.	●●●	● ● ●	●

Ja, die Demokratie ist bedroht!

Zweifellos stellen Neonazis und ihre Sympathisanten eine Bedrohung für die Demokratie dar. Sie zerstören all das, was in einer demokratischen Gesellschaft von Wert ist: die Freiheit, die Achtung vor dem Glauben und der Überzeugung anderer Menschen und das Gefühl, in Sicherheit leben zu können. Beinahe täglich kann man in den Zeitungen von rassistischen Gewaltverbrechen lesen. Jüdische Friedhöfe werden geschändet. Menschen werden verfolgt, verletzt und sogar getötet, bloß weil sie Ausländer sind. Leider finden auch Jugendliche Gefallen am rassistischen Weltbild der Neonazis und beteiligen sich an Verbrechen, die ausländerfeindlich motiviert sind.

Nicht nur Ausländer, auch Inländer können sich in einem Land nicht wohlfühlen, in dem Hass und Gewalt um sich greifen. Rassismus und Rechtsradikalismus sind sowohl eine Bedrohung für die Demokratie als auch eine Bedrohung für jeden Einzelnen.

Nein, von einer Bedrohung kann keine Rede sein!

Ganz klar. Es gibt unverbesserliche Nazis, es gibt auch Rassismus und Fremdenfeindlichkeit. Aber das sind eher Randerscheinungen. Bei Jugendlichen sind diese extremistischen Einstellungen insgesamt wenig verbreitet. Die große Mehrheit der Schülerinnen und Schüler bekennt sich zur Demokratie. In den Schulen wird täglich Toleranz praktiziert. Kinder und Jugendliche mit unterschiedlicher Religionszugehörigkeit und verschiedenartigster Herkunft leben und arbeiten hier friedlich miteinander. Wenn man sich mal ein wenig neckt, weil der eine Türke ist, der andere Pole und wieder ein anderer Deutscher, ist das eher harmlos. Außerdem machen junge Leute manchmal so eine radikale Phase durch. Das legt sich dann wieder, wenn sie älter werden. Einige Nazis und Rassisten hat es in den Demokratien immer gegeben und so wird es auch bleiben. Insgesamt ist die Demokratie aber stark genug, solche Minderheiten zu ertragen.

C Hintergrund: 3-mal Extremismus

Stichwort Extremismus

Ein Mensch kann extrem groß oder extrem klug sein. Das ist nichts Schlechtes. Es bedeutet nur, dass dieser Mensch sehr stark von der Norm abweicht. Zum Extremisten wird ein Mensch, wenn er keine andere Ansicht als seine eigene gelten lässt, wenn er die Regeln und Gesetze ablehnt, nach denen die freiheitliche Demokratie funktioniert, und auch, wenn er seine Religion als die einzige ansieht, die eine Existenzberechtigung hat. Extremisten kennen keine Toleranz und Offenheit gegenüber Andersdenkenden, im Gegenteil: Sie sind bereit, jeden, der nicht ihren Vorstellungen entspricht, zu unterdrücken – auch mit Gewalt.

Die folgenden Kurzbeschreibungen der drei bekanntesten Ausprägungen von Extremismus stammen aus den Charakterisierungen des Bundesamtes für Verfassungsschutz.

Was ist Rechtsextremismus?

Der Rechtsextremismus stellt in Deutschland kein ideologisch einheitliches Gefüge dar, sondern tritt in verschiedenen Ausprägungen nationalistischer, rassistischer und antisemitischer Ideologieelemente und mit unterschiedlichen, sich daraus herleitenden Zielsetzungen auf. Dabei herrscht die Auffassung vor, die Zugehörigkeit zu einer Ethnie, Nation oder Rasse entscheide über den Wert eines Menschen. Dieses rechtsextremistische Werteverständnis steht in einem fundamentalen Widerspruch zum Grundgesetz, welches die Würde des Menschen in den Mittelpunkt stellt. In einem rechtsextremistisch geprägten Staat würden somit wesentliche Kontrollelemente der freiheitlichen demokratischen Grundordnung, wie das Recht des Volkes, die Staatsgewalt in Wahlen auszuüben, oder das Recht auf Bildung und Ausübung einer parlamentarischen Opposition, fehlen.

Was ist Linksextremismus?

Linksextremisten richten ihr politisches Handeln an revolutionär-marxistischen oder anarchistischen Vorstellungen aus und streben anstelle der bestehenden Staats- und Gesellschaftsordnung ein sozialistisches bzw. kommunistisches System oder eine „herrschaftsfreie" anarchistische (= gesetzlose) Gesellschaft an. Hierzu bringen sie sich in gesellschaftliche Proteste ein und versuchen, diese in ihrem Sinne zu instrumentalisieren. Die Aktionsformen reichen von offener Agitation (= Hetze) bis hin zu verdeckt begangenen, teilweise auch schweren Gewalttaten, wobei einzelne auch die Verletzung von Personen in Kauf nehmen.

Was ist Islamismus?

Der Islamismus in Deutschland ist kein einheitliches Phänomen. Allen Ausprägungen gemeinsam ist der Missbrauch der Religion des Islam für die politischen Ziele und Zwecke der Islamisten.

Islamistische Ideologie geht von einer göttlichen Ordnung aus, der sich Gesellschaft und Staat unterzuordnen haben. Dieses „Islam"-Verständnis steht im Widerspruch zur freiheitlichen demokratischen Grundordnung. Verletzt werden dabei vor allem die demokratischen Grundsätze der Trennung von Staat und Religion, der Volkssouveränität, der Gleichstellung der Geschlechter sowie der religiösen und der sexuellen Selbstbestimmung.

(Aus: www.verfassungsschutz.de, Zugriff: 01.06.2016 (bearbeitet), unter dieser Adresse findet ihr weitere Charakterisierungen dieser extremistischen Positionen)

 1. Was bedeuten die Begriffe extrem und Extremismus? Erkläre sie.

 2. Was charakterisiert einen Menschen, der eine demokratiefeindliche, extremistische Position vertritt? Notiere Eigenschaften.

 3. Warum verstoßen die drei beschriebenen Formen von Extremismus gegen die freiheitlich demokratische Grundordnung, die das Grundgesetz beschreibt? Erkläre die Widersprüche.

Demokratie in der Bundesrepublik Deutschland

Station 1
S M U H

Bürgerbeteiligung in der Demokratie

Mitbestimmung erklären

In der Stadt Schönstadt legt die größte Partei im Stadtrat den Plan zum Neubau eines Parkhauses in der Innenstadt vor. Eine Gruppe von Bürgerinnen und Bürgern ist mit diesem Vorhaben nicht einverstanden.

1. Sie gründen eine **Bürgerinitiative**. Was ist das?

2. Sie streben ein **Bürgerbegehren** an. Wie geht das?

3. Es kommt zu einem **Bürgerentscheid.** Wie kommt er zustande?

Station 2
S M U H

Rolle der Parteien

Eine Definition – drei Aufgaben

Mithilfe des Schaubildes könnt ihr die Rolle der Parteien in der Demokratie erklären. Dabei solltet ihr auch grundlegende Aufgaben der Parteien benennen.

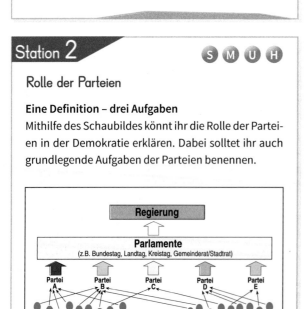

Station 3
S M U H

Wahlen zum Deutschen Bundestag

Stelle dir folgende Situation vor: Eine Wählerin oder ein Wähler nimmt zum ersten Mal an einer Bundestagswahl teil. Sie oder er betritt die Wahlkabine. Beim Auseinanderfalten des Wahlzettels entsteht Ratlosigkeit. Du bist die helfende Stimme, welche die richtigen Antworten einflüstert.

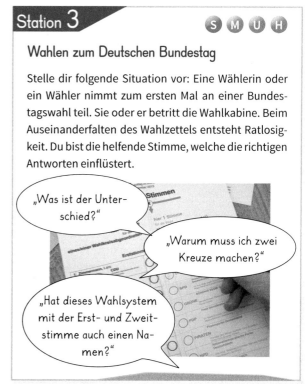

„Was ist der Unterschied?"

„Warum muss ich zwei Kreuze machen?"

„Hat dieses Wahlsystem mit der Erst- und Zweitstimme auch einen Namen?"

Station 4
S M U H

Wählen ab 16 – auch bei Bundestagswahlen?

Verfasse zu diesem Thema einen kurzen Text entlang der vorgegebenen Gliederung.

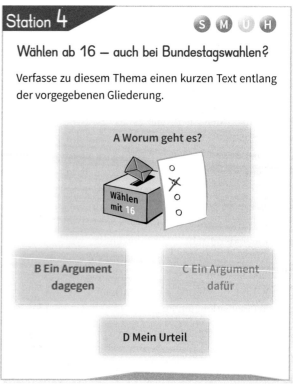

A Worum geht es?

B Ein Argument dagegen

C Ein Argument dafür

D Mein Urteil

Station 5

Aufgaben der Verfassungsorgane

Bei diesem Test sind alle Antworten richtig, aber die Fragen fehlen. Kannst du die passenden Fragen in dein Heft notieren?

1. Sie oder er wird nicht vom Volk, sondern vom Bundestag gewählt. Sie oder er ist Chef der Regierung.

2. Sie besteht aus dem Bundeskanzler und den Bundesministern.

3. Nein, seine Mitglieder werden nicht gewählt, sondern von den 16 Landesregierungen entsendet.

4. Es hat die Aufgabe, darüber zu wachen, dass die vom Bundestag und vom Bundesrat verabschiedeten Gesetze mit der Verfassung übereinstimmen.

Station 7

Warum ist Gewaltenteilung wichtig?

So steht es in einem Text über die Gewaltenteilung:

„Die Kontrolle staatlicher Macht gilt als eines der wesentlichen Elemente, ohne die eine Demokratie keinen dauerhaften Bestand haben kann."

Kannst du begründen, warum das so ist (und dabei mithilfe der Zeichnung erklären, wie die Staatsgewalt in Deutschland aufgeteilt ist)?

Station 6

Problemlösung durch Bundesgesetze

„Tierschutz ist in Deutschland reine Privatsache. Staat und Gesetzgebung kümmern sich um die Menschen, nicht um die Tiere!"

Wie überzeugst du diesen Herrn davon, dass er nicht recht hat?

Verwende in deiner Antwort die Begriffe „Staatsziel Tierschutz" – „Grundgesetz" – „Debatte und Abstimmung im Bundestag".

Station 8

Extremismus und Rassismus als Gefahr

Grundlegende und durch das Grundgesetz garantierte Wertprinzipien in der Demokratie sind:
- das Recht auf freie Entfaltung der Persönlichkeit,
- die Gleichheit aller Menschen vor dem Gesetz,
- das Recht, seine Meinung frei zu äußern,
- die Freiheit des Glaubens und des Gewissens.

Begründe, warum Rechtsextremismus und Rassismus mit diesen Grundwerten unvereinbar sind.

4 Medien und Politik

Fotografen, Journalisten und Politiker auf der Bundespresse-konferenz in Berlin

Wie wichtig sind sie für uns und die Demokratie?

1. Allein nachdenken

Was sagt das Foto deiner Ansicht nach aus über die Beziehung zwischen Medien und Politik?

3. In der Klasse sammeln

Was sind Themen, bei denen in der Bevölkerung ein großes Interesse nach Information durch die Medien besteht?

2. Zu zweit beraten

An welche Neuigkeiten, die ihr in den vergangenen Wochen aus den Medien erfahren habt, könnt ihr euch noch gut erinnern?

Bei der Arbeit an diesem Kapitel könnt ihr ...

- euch gegenseitig über euren Umgang mit Medien interviewen,
- die Aufgaben der Medien in der Demokratie beschreiben,
- Chancen, Grenzen und Gefahren für die Pressefreiheit ermitteln,
- über den Einfluss der Medien auf die Meinungsbildung diskutieren.

Eigene Schwerpunkte könnt ihr setzen, indem ihr ...

- an konkreten Fällen darüber entscheidet, ob die Medien darüber berichten sollen oder nicht,
- Regeln für einen verantwortungsvollen Umgang mit Meinungsäußerungen im Internet formuliert,
- am PC auf der Basis eigener Recherchen eine Präsentation zur weltweiten Situation der Pressefreiheit erstellt.

1 Welchen Einfluss haben die Medien auf unsere Meinungsbildung?
Einflussfaktoren bewerten, Macht der Medien diskutieren

Ist die aktuelle Politik der Bundesregierung sozial gerecht? Sorgt der Staat hinreichend für die Sicherheit seiner Bürger? Sind die geplanten Maßnahmen für den Klimaschutz sinnvoll? Über solche und über viele andere Fragen aus dem Bereich der Politik möchten sich die meisten Menschen ihre eigene Meinung bilden.

Welche Rolle spielen die Medien dabei? Wie sehr sind unsere Meinungen und Einstellungen über Probleme in der Politik durch die Medien gelenkt? Um diesen und weiteren Fragen auf die Spur zu kommen, schlagen wir vor, dass ihr euch gegenseitig interviewt und dann gemeinsam über die Bedeutung der Medien für die Informationsvermittlung und Meinungsbildung sprecht.

So könnt ihr beim Partnerinterview vorgehen:

1. Wählt aus den Fragen bis zu fünf aus, die ihr eurem Interviewpartner stellen werdet.
2. Überlegt euch die eine oder andere Frage, die euch zusätzlich interessiert.
3. Teilt die Klasse auf in Interviewer und Interviewte.
4. Stellt die Fragen und macht euch Notizen über die Antworten.
5. Tauscht dann die Rollen.
6. Besprecht eure Antworten in den Partnerschaften, bevor ihr in einem Klassengespräch darüber berichtet.

A Partnerinterview

Ein Interview ist ein Gespräch, das zur Veröffentlichung gedacht ist. Als Interviewer muss man darauf achten, nur Fragen zu stellen, welche die Privatsphäre des Interviewten nicht verletzen. Als Befragte(r) sollte man die Antworten so formulieren, dass man mit deren Vorstellung in der Klasse einverstanden sein kann.

1. Wie oft am Tag oder in der Woche nutzt du die Medien, um dich über das aktuelle Tagesgeschehen zu informieren?

2. Welche Arten von Neuigkeiten, die man aus den Medien erfährt, interessieren dich besonders?

3. Wie sehr sind deiner Ansicht nach Jugendliche an politischer Information interessiert?

4. Glaubst du, dass Smartphones oder Tablets genügend Angebote enthalten, um sich über das Weltgeschehen auf dem Laufenden zu halten, oder braucht man dazu weitere Medien?

5. Wie viel Einfluss auf deine Meinungsbildung über aktuelle Themen haben Videos bei YouTube oder anderen digitalen Anbietern?

6. In welchem der folgenden Medien erhält man deiner Ansicht nach die glaubwürdigsten Informationen über das, was in der Welt geschieht: im Fernsehen, Internet, Radio oder in der Zeitung?

7. Wer hat den höchsten Einfluss auf deine Meinungsbildung über die aktuellen Probleme in der Welt? Deine Eltern, Freunde und Bekannte, die Schule, die Medien?

8. Manche Leute werfen den Reportern und Journalisten vor, sie würden allesamt nur Lügen verbreiten. Was hältst du von diesem Vorwurf?

B Medien und Meinungsbildung: Einfluss umstritten

Hoffnungen

Nach der Schule sind Medien die wichtigste Quelle für lebenslanges Lernen und für politische Bildung. [...] Welche Befugnisse der Bundespräsident laut Grundgesetz hat, lernt man in der Schule. Welche Rolle er tatsächlich spielt, versteht man erst durch die Beobachtung des „täglichen Geschehens", also durch Mediennutzung.

Besonders das Internet gilt als großer Hoffnungsträger. Man müsse nur dafür sorgen, so die Annahme, dass alle Menschen Anschluss ans Internet haben. Dann führt die allgegenwärtige Verfügbarkeit von Informationen zu einem Wissens- und Bildungsschub, der die Leistungsfähigkeit unserer Volkswirtschaft erhöht und die Demokratie fördert.

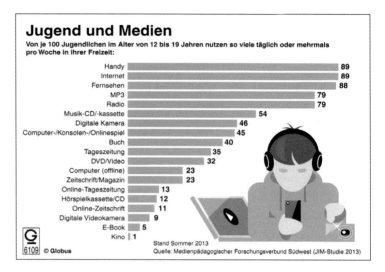

Jugend und Medien

Von je 100 Jugendlichen im Alter von 12 bis 19 Jahren nutzen so viele täglich oder mehrmals pro Woche in ihrer Freizeit:

Handy	89
Internet	89
Fernsehen	88
MP3	79
Radio	79
Musik-CD/-kassette	54
Digitale Kamera	46
Computer-/Konsolen-/Onlinespiel	45
Buch	40
Tageszeitung	35
DVD/Video	32
Computer (offline)	23
Zeitschrift/Magazin	23
Online-Tageszeitung	13
Hörspielkassette/CD	12
Online-Zeitschrift	11
Digitale Videokamera	9
E-Book	5
Kino	1

6109 © Globus

Stand Sommer 2013
Quelle: Medienpädagogischer Forschungsverbund Südwest (JIM-Studie 2013)

Bedingungen

Diese Hoffnungen erfüllen sich unter zwei Bedingungen: Die Bürger brauchen die nötige Medienkompetenz, sie müssen also wissen, in welchen Medien sie welche Informationen finden, und sie müssen sich zumindest ansatzweise für politische und gesellschaftliche Themen interessieren.

Durch ihre Berichterstattung vermitteln die Medien einen Eindruck davon, welche politischen und gesellschaftlichen Themen aktuell von Bedeutung sind. Damit beeinflussen sie, welche Themen die Menschen wichtig finden [...].

Das Wissen der Bevölkerung um relevante Themen ist für die Demokratie unverzichtbar. Denn nur wenn die Bürger die aktuellen Problemlagen kennen, können sie auch diejenigen Parteien wählen, denen sie die Lösung dieser Probleme am ehesten zutrauen.

Probleme

Die Liste der öffentlich diskutierten negativen Medienwirkungen ist lang: Die Rede ist von übergewichtigen und sozial isolierten Kindern und Jugendlichen, die den ganzen Tag vor dem Fernseher, Computer oder der Spielkonsole sitzen. Manche werfen den Medien vor, zur Desinformation oder Verdummung der Gesellschaft beizutragen. Dieser Vorwurf ist wissenschaftlich nicht haltbar. Zu unterschiedlich gehen einzelne Menschen mit Medien um.

(Aus: Wolfgang Schweiger: Wie Medien genutzt werden und was sie bewirken, in: Massenmedien, Informationen zur politischen Bildung, hg. von der Bundeszentrale für politische Bildung, Heft 309/2010, S. 60 f.)

Sind wir kritisch genug?

Kritiker sprechen von der „Allmacht der Medien" über unsere Meinungsbildung. Politiker können die Bereitschaft der Menschen, alles für wahr zu halten, was sie sehen, hören, lesen, ausnutzen, um Wählerstimmen zu bekommen. Dazu gehört natürlich, dass versucht wird, die Journalisten zu positiven Berichten zu bewegen.

Unsinn, widersprechen andere. Die Leute sind kritisch genug. Sie wissen genau, was wahr und was unwahr ist. Sie erkennen Lügen, falsche Aussagen und leere Versprechen der Politik.

(Aus: Gerd Schneider: Politik, Arena Verlag Würzburg 2008, S. 73 f.)

 Im ersten Textabschnitt ist von Hoffnungen, im zweiten von Medienkompetenz die Rede. Erkläre, was damit gemeint ist.

 Der Text enthält mehrere Meinungsäußerungen zur Bedeutung der Medien. Finde und nenne mindestens drei.

 Worin siehst du die Bedeutung der Medien für dein Wissen über Politik und für deine persönliche Meinungsbildung? Verfasse dazu eine Stellungnahme.

C Haben die Medien zu viel Macht?

 Fall Hat die Macht der Medien zu seinem Rücktritt geführt?

Der Politiker Christian Wulff musste im Februar 2012 vom Amt des Bundespräsidenten zurücktreten, nachdem in der Presse von immer wieder neuen Affären berichtet wurde. Unter anderem habe er sich besondere Vorteile bei der Finanzierung seines privaten Wohnhauses verschafft und sich von Wirtschaftsvertretern Hotelrechnungen bezahlen lassen. Wochenlang beherrschten immer wieder neue Vorwürfe die Berichterstattung in den Medien. Wulff trat zurück, obwohl ihm zur Zeit des Rücktritts kein strafwürdiges Vergehen nachgewiesen worden war. Im Februar 2014 sprach ein Gericht ihn von allen Vorwürfen frei.

Aus einem Interview mit dem Medienforscher Lutz Hachmeister:

Frage: Haben die Medien in Deutschland überhaupt die Macht, einen Politiker zu Fall zu bringen?

Hachmeister: Ja, sicher. [...] Wenn man einen Politiker zu Fall bringen will, muss er allerdings bestimmte strategische Schwächen zeigen und sich zu Fall bringen lassen. Außerdem muss der Affärencharak-

ter für die Bevölkerung so eindeutig sein, also Normen und Regeln müssen so stark verletzt werden, dass ein Meinungsklima entsteht, in dem sich am Schluss alle einig sind: Dieser Mann oder diese Frau muss gehen. Im Fall von Christian Wulff war das so. Interessant war, dass die meisten Deutschen die Vorwürfe gegen ihn anfangs läppisch fanden und dafür waren, dass er im Amt bleibt. [...] Das hat sich komplett gedreht. *Bild* hat dabei eine große Rolle gespielt, aber auch andere Medien wie die *Frankfurter Allgemeine Zeitung* und *Spiegel Online*. Das ist übrigens ein dritter Faktor: Allein schafft es ein Blatt nicht. Auch nicht *Bild*. Um eine hochrangige Person der Öffentlichkeit zu stürzen, müssen sich führende Medien einig sein.

(Aus: Katja Hanke: Die Macht der Medien, Interview im Auftrag des Goethe-Instituts im Mai 2012, im Internet unter www.goethe.de; Zugriff: 01.09.2015)

Schon mehrfach mussten Politiker ihren Rücktritt erklären, nachdem die Medien über sie berichtet hatten, so auch der ehemalige Verteidigungsminister zu Guttenberg. Die Medien hatten Verfehlungen in seiner Doktorarbeit aufgedeckt.

Die Medien und ihre große Verantwortung

Die Medien selbst sehen sich gerne als die Garanten der Demokratie, da sie gegenüber Staat und Gesellschaft eine wichtige Kritik- und Kontrollfunktion ausüben. Sie sind in der Lage, Hintergründe aufzuklären und Skandale aufzudecken, sie kritisieren die Machenschaften von Politikern und Wirtschaftsbossen, aber auch von Institutionen wie Schule und Kirche und sogar die des „kleinen Mannes", wenn es etwa um Schwarzarbeit oder Sozialbetrug geht. Man spricht den Medien daher zu, die vierte Gewalt im Staate zu verkörpern, neben der gesetzgebenden, vollziehenden und Recht sprechenden Gewalt. [...] Der Begriff „Mediendemokratie" spiegelt die Tatsache wider, dass es allgemein immer mehr Medien gibt, aus denen die Bürger und Bürgerinnen praktisch alle Informationen zum politischen Geschehen beziehen. [...]

Bestimmte Medien – überregionale Zeitungen, Fernsehen, Internet – erreichen ein großes Publikum. Je mehr wir uns über sie informieren und uns von ihnen unterhalten lassen, desto mehr lassen wir uns von ihnen leiten.

Eine medienunabhängige Meinungsbildung erscheint heute unrealistisch. Damit haben die Massenmedien eine große Verantwortung – und eine große Macht. Sie können eine Person oder einen Sachverhalt besonders positiv oder eben negativ erscheinen lassen, sie können aus dem Nichts heraus plötzlich eine große Aufmerksamkeit erzielen.

(Aus: Kerstin Stoll: Medien und Politik, in: www.planet-schule.de; Zugriff: 10.01.2016, © SWF)

 TEAM kontrovers: Beherrschen die Medien die Meinungsbildung der Menschen?

Über diese Frage wird immer wieder in der Öffentlichkeit diskutiert. Dabei stehen sich oft gegensätzliche Positionen gegenüber.

Nein, der Einfluss der Medien ist gering!

Ob man einen Star oder eine Band gut findet, ob einem eine Politikerin oder ein Politiker sympathisch ist oder nicht, ob man für oder gegen Atomkraft, für oder gegen die Aufnahme von Flüchtlingen ist, über alle diese Fragen bilden sich die meisten Menschen ihr eigenes Urteil, und das geschieht unabhängig von den Medien. Wenn ein Politiker oder ein Wirtschaftsboss von seinem Amt zurücktreten muss, so tut er das nicht wegen der Berichterstattung in den Medien, sondern wegen seiner Handlungen. Würden die Medien über unsere Meinungen bestimmen, würden wir alle mit der gleichen Meinung herumlaufen. Das ist aber nicht der Fall. Medien liefern uns wichtige Informationen. Auf unsere Ansichten und unsere Urteilsbildung haben sie nur geringen Einfluss.

Ja, sie lenken unser Denken total!

Landen Sängerinnen, Sänger oder Bands ihren ersten großen Hit, werden sie von den Medien bejubelt, sind sie bekannt, werden sie zunehmend kritisiert. Das Schlimme daran: Das Publikum macht mit. Die Medien brauchen nur lange genug schlecht über eine Person des öffentlichen Lebens zu berichten, dann glaubt die Mehrheit der Medienmeinung und die Karriere der Person ist beendet. In den Zeitungs- und Fernsehredaktionen bestimmen die Redakteure darüber, welche Nachrichten wir zu lesen, zu hören und zu sehen bekommen und wie wir darüber zu denken haben. Medien können Politiker sympathisch präsentieren oder unsympathisch. Die Öffentlichkeit merkt oft gar nicht, wie sehr dadurch ihre Meinungsbildung gelenkt wird und wie sehr der Einfluss der Medien das Denken beherrscht.

 In einem der Texte auf dieser Doppelseite ist von den Medien als „Garanten der Demokratie" die Rede. Fasse zusammen, wie das begründet wird.

 Alleine nachdenken: Wie stark ist deine persönliche Meinungsbildung über das Ansehen von Politikern oder anderen prominenten Personen von dem bestimmt, was die Medien berichten: ziemlich stark, ein wenig, eher gar nicht?

 Welche der beiden Positionen zum Thema Meinungsbildung durch Medien überzeugt dich mehr? Formuliere dazu deine Stellungnahme und bringe sie in eine Diskussion ein.

Was auch noch interessant sein kann:

● Regeln für einen verantwortlichen Umgang der Medien mit Informationen und Meinungen formulieren; das kann alleine und in Teams geschehen.

2 Wie wichtig ist die Pressefreiheit?
Bedeutung begründen, Chancen und Grenzen beurteilen

Eine Einstiegsübung für alle:

Was würde es für dich bedeuten, unter den Bedingungen zu leben, die im folgenden Fall beschrieben werden?

A 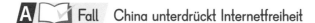 Fall China unterdrückt Internetfreiheit

Gerhard Mester

*Freedom House ist eine internationale Nichtregierungsorganisation (NGO) mit Hauptsitz in Washington, D.C., deren Ziel es ist, Demokratie und Pressefreiheit weltweit zu fördern.

Die Unterdrückung der Internetfreiheit ist in keinem Land der Erde so schlimm wie in China. Noch vor Syrien und Iran führt die Volksrepublik die Liste der Länder an, die Nutzer wegen kritischer Kommentare verfolgen und Inhalte zensieren, berichtet die amerikanische Organisation Freedom House.* [...]

Internetnutzer in China leiden dem Bericht zufolge unter der Verfolgung von „Gerüchten" sowie Regeln zur Identifikation von Nutzern. Auch die VPN-Verbindungen, mit denen sich Internetsperren umgehen lassen, werden technisch zunehmend gestört. Diese Probleme sind nicht neu. Sie hätten sich allerdings verschärft, schreibt Freedom House.

So sind etwa Google und seine Dienste in China weitgehend blockiert. Auch viele Webseiten westlicher Medien sind gesperrt, etwa die der „New York Times". Anfang Oktober machte Apple Schlagzeilen, weil sich die für die USA konzipierte Nachrichten-App „News" nicht mehr aktualisiert, sobald man damit auf dem chinesischen Festland online geht.

Zuletzt wurden in China außerdem Menschenrechtsverteidiger wegen Äußerungen im Internet inhaftiert. Als prominentes Beispiel führt Freedom House den Bürgerrechtsanwalt Pu Zhiqiang an, der sich in Verbindung mit 28 Beiträgen in sozialen Medien wegen „Streitsucht" vor Gericht verantworten muss. [...]

Im Juli erließ der Volkskongress ein neues Sicherheitsgesetz, das viele Bereiche des Lebens als Angelegenheiten der nationalen Sicherheit definiert – von der Getreideversorgung bis zur Verbreitung „schädlicher" Inhalte im Netz.

(Aus: China ist Weltmeister – bei der Internetzensur, Artikel vom 28.10.2015 in www.spiegel.de; nach Deutsche Presse-Agentur, Kürzel: fab/dpa, Zugriff: 10.07.2016)

1. Wie funktioniert die Internetzensur in China? Beschreibe die Maßnahmen.

2. Wie stark sind deiner Ansicht nach die Auswirkungen dieser Maßnahmen auf das Leben der Menschen im Land: sehr stark, ein wenig oder kaum im Alltag spürbar?

3. Regierungen, die das Internet zensieren, betonen oft, damit verhindern zu wollen, dass die Jugend verdorben wird. Hast du Verständnis für diese Begründung?

4. Welche Lehren kannst du diesem Fall entnehmen über die Bedeutung der Pressefreiheit für die Demokratie? Formuliere dazu deine Stellungnahme.

B Aufgaben der Medien in der Demokratie

Den Kern der öffentlichen Aufgabe bildet die Mitwirkung der Medien an der politischen Meinungsbildung. Um dieser Aufgabe willen stellen freie Medien einen unverzichtbaren Bestandteil jeder freiheitlichen Demokratie dar. Das Funktionieren einer Demokratie, in der alle Staatsgewalt vom Volke ausgeht (Art. 20 Abs. 2 GG), setzt voraus, dass dessen Mitglieder über die Informationen verfügen, die sie benötigen, um sich auf rationale Weise eine eigene Meinung zu allen politischen Fragen bilden zu können. Diese Informationen können sie zum größten Teil nur aus den Medien beziehen. Deren Aufgabe besteht deshalb vor allem darin, die erforderlichen Informationen zu beschaffen, auszuwählen und so zusammenzustellen und ggf. kritisch zu kommentieren, dass ihr Publikum sie versteht und sich seine eigene Meinung bilden kann.

Damit stellen die Medien zugleich eine Verbindung zwischen dem Volk und seinen gewählten Vertretern her: Parlamentarier und Regierung erfahren nicht zuletzt aus den Medien, was im Volk gedacht und gewollt wird, und das Volk erfährt, was Parlament und Regierung vorhaben und tun. Schließlich üben die Medien gegenüber den Machthabern eine Kontrollfunktion aus, indem sie auch solche Informationen verarbeiten, die jene gern geheim gehalten hätten, und zu diesen Informationen kritisch Stellung nehmen. Aufgrund dieser Kontrollfunktion werden die Medien auch als „Wachhunde der Demokratie" (watchdogs) oder als „vierte Gewalt" bezeichnet.

(Aus: Udo Branahl: Wozu benötigen wir die Medien?, in: Massenmedien. Informationen zur politischen Bildung, Hg. von der Bundeszentrale für politische Bildung, Heft Nr. 309, 2010, S. 6)

Kein Mitmachen ohne Information

Politische Beteiligung in einer Massendemokratie wird durch Presse, Funk und Fernsehen, aber auch durch das Internet erst möglich. Der Einzelne kann politische Entscheidungen nur treffen, wenn er umfassend informiert ist, unterschiedliche Meinungen kennenlernen und gegeneinander abwägen kann. Die Massenmedien stellen Öffentlichkeit her, in der ein Austausch der verschiedenen politischen Meinungen von gesellschaftlichen Gruppen und Organisationen, Parteien und politischen Institutionen stattfindet. Nur solche Meinungen, die in den Massenmedien zu Diskussionsthemen werden, haben die Chance, öffentlich wirksam zu werden. Öffentliche Meinung wird somit weitgehend durch die veröffentlichte Meinung bestimmt. Daraus ergibt sich eine besondere Verantwortung der Massenmedien. [...]

Das Grundgesetz schützt die Meinungs-, Informations- und Pressefreiheit. Damit wird in erster Linie der Schutz vor staatlichen Eingriffen gewährleistet, zum Beispiel: Meinungsäußerungen sind nicht strafbar, staatliche Überwachung und Unterdrückung von Veröffentlichungen sind unzulässig; Behörden müssen Publikationsorganen Auskunft geben.

(Aus: Horst Pötzsch: Massenmedien, in: Deutsche Demokratie, hg. von der Bundeszentrale für politische Bildung, Bonn 2009, S. 56 f.)

Zeitunglesen: Eine Möglichkeit, sich politisch zu informieren

1. Medien als „Wachhunde der Demokratie" und „vierte Gewalt"? Erkläre, was das bedeutet.

2. Welche Aussagen zur Rolle der Medien findest du in den Textauszügen zu den folgenden Stichworten: Meinungsbildung, Information, Verbindung, Kontrolle, Verantwortung? Erläutere sie.

3. Angenommen, dass ... Eine Regierungskommission aus China ist zu Besuch in Deutschland. Wie begründest du diesen Leuten gegenüber, dass in Deutschland der Staat die Medien nicht zensiert – und warum das auch nicht wünschenswert ist?

Was auch noch interessant sein kann:

- Dialog als Rollenspiel vorbereiten: Vertreter aus China begründet, warum Zensur als wichtig angesehen wird, Gesprächspartner versucht, vom Gegenteil zu überzeugen.

113

C Pressefreiheit

1. Warum ist die Pressefreiheit ein unverzichtbares Merkmal der Demokratie? Erläutere die Zusammenhänge.

2. Wie bei allen Freiheiten sind auch der Pressefreiheit Grenzen gesetzt. Worin bestehen diese?

3. Angenommen, du hast vor, einen Artikel über ein Ereignis aus deinem Heimatort für die Schülerzeitung zu schreiben: Welche Freiheiten darfst du dir herausnehmen und an welche Regeln musst du dich halten? Stelle beides zusammen.

> ### Artikel 5 des Grundgesetzes:
>
> (1) Jeder hat das Recht, seine Meinung in Wort, Schrift und Bild frei zu äußern und zu verbreiten und sich aus allgemein zugänglichen Quellen ungehindert zu unterrichten. Die Pressefreiheit und die Freiheit der Berichterstattung durch Rundfunk und Film werden gewährleistet. Eine Zensur findet nicht statt.
>
> (2) Diese Rechte finden ihre Schranken in den Vorschriften der allgemeinen Gesetze, den gesetzlichen Bestimmungen zum Schutze der Jugend und in dem Recht der persönlichen Ehre.

Pressefreiheit bedeutet, dass die Presse über alle Ereignisse, die von öffentlichem Interesse sind, uneingeschränkt berichten kann. Pressefreiheit und Meinungsfreiheit gehören zusammen. Jeder, der etwas veröffentlicht, hat auch das Recht, seine persönliche Meinung zu äußern.

Die große Bedeutung der Presse- und Meinungsfreiheit hat das Bundesverfassungsgericht in einem seiner Urteile so beschrieben: *Das Grundrecht der freien Meinungsäußerung ist als unmittelbarster Ausdruck der menschlichen Persönlichkeit eines der vornehmsten Menschenrechte überhaupt* (Urteil zur Pressefreiheit von 1958). Nach der Auffassung des höchsten deutschen Gerichtes kann es in einem Staat ohne Meinungs- und Pressefreiheit überhaupt keine Freiheit geben.

Grenzen

Die Pressefreiheit darf nicht missbraucht werden, um Leser, Hörer und Zuschauer bewusst falsch zu informieren und um Menschen zu beleidigen, zu verleumden oder gar zu bedrohen. An diese Grenzen muss jeder sich halten, der seine Meinung veröffentlicht. Dazu zählen auch alle diejenigen, die als Privatpersonen im Internet ihre Meinungen veröffentlichen. Beleidigungen, Verleumdungen und Drohungen sind strafbare Handlungen. Veröffentlichte Meinungen dürfen nicht ehrverletzend sein und müssen die Bestimmungen zum Schutz der Jugend berücksichtigen. Betroffene können dagegen klagen.

Wahrheit und Lüge

Journalisten haben die Pflicht, alle angebotenen Informationen vor der Veröffentlichung auf ihren Wahrheitsgehalt zu überprüfen. Die Verpflichtung zur sorgfältigen Recherche ist besonders wichtig, weil die Leser, Hörer oder Zuschauer in der Regel diese Überprüfung nicht selbst vornehmen können. Nach Ansicht von Journalisten kommt die dreiste Lüge in den Massenmedien eher selten vor. Es gibt sie, aber sie wird auch oft – und dann zum Schaden des Senders oder der Zeitung – als Falschmeldung entlarvt. Viel häufiger ist die Übertreibung. Ein normales Unwetter kann schon mal zum zerstörerischen Orkan werden. Unter dem Konkurrenzdruck und dem Erfolgszwang neigen die Medien dazu, sensationeller und publikumswirksamer zu berichten als die Konkurrenz.

D Worüber sollen die Medien berichten, worüber nicht?

Wenn die Redakteure einer Schülerzeitung von massiver Kritik an einem Lehrer erfahren und diese in der Schülerzeitung veröffentlichen wollen, geraten sie in einen Konflikt: Sollen sie darüber berichten oder muss das Recht des betroffenen Lehrers auf Schutz seiner Person, seiner Ehre und Würde Vorrang haben? Zwischen den Chancen und den Grenzen der Pressefreiheit kann es immer wieder zu Konflikten kommen. Es geht dabei darum, ob die Pressefreiheit und das Recht der Öffentlichkeit auf Information Vorrang haben sollen oder ob der Schutz der Persönlichkeitsrechte wichtiger ist als die Pressefreiheit. Oft muss über solche Konflikte im Einzelfall entschieden werden.

Solche Entscheidungen könnt ihr hier treffen.

Euer Auftrag:

- Einzelarbeit: Entscheide für jeden der Fälle: Soll die Zeitung berichten: ja oder nein?
- Gruppenarbeit: Stellt eure Überlegungen der Reihe nach in der Gruppe vor. Sucht gemeinsam nach Antworten auf die folgenden Fragen:
  - Muss in diesem Fall das Grundrecht auf Meinungs- und Pressefreiheit ungehindert gewährleistet werden?
  - Werden hier die Grenzen der Meinungs- und Pressefreiheit unzulässig überschritten?

Stellt eure Antworten dazu in der Klasse vor.

Angenommen, dass ...

Fall 1 Redakteure einer Tageszeitung befragen Passanten in einer Fußgängerzone über das „Ansehen des Lehrers" in der Öffentlichkeit. Der Schüler Pascal äußert, dass einige viel zu streng und ungerecht seien, Namen wolle er nicht nennen. Am nächsten Tag erscheint Pascals Stellungnahme mit einem Foto von ihm in der örtlichen Tageszeitung. Mehrere Leute in der Schule machen Pascal den Vorwurf, er habe die Lehrerschaft beleidigt. Einige meinen, die Zeitung hätte diese Äußerung nicht drucken dürfen. Haben die Kritiker recht?

Fall 2 In einer von der Polizei durchgeführten Verkehrskontrolle wurde zwei Personen die Fahrerlaubnis entzogen, da sie zu viel Alkohol getrunken hatten. Die Lokalzeitung berichtet am folgenden Tag: „Eine Fahrzeugkontrolle am gestrigen Nachmittag hat gezeigt, dass es immer noch unverbesserliche Verkehrssünder gibt, die eine Gefahr für die Bevölkerung darstellen. So konnte gestern die Polizei Anton Müller und Manfred Klein den Führerschein vorläufig wegen Trunkenheit am Steuer entziehen." Wurden die Grenzen der Pressefreiheit überschritten?

Fall 3 In einer überregionalen Tageszeitung, die überwiegend an Kiosken verkauft wird, erschien vor Jahren ein Bericht über den Star einer zu dieser Zeit sehr populären deutschen Mädchenband. Darin hieß es, die Sängerin sei seit ihrer frühen Jugend mit der Immunschwäche AIDS infiziert. Der Bericht wurde mit einem großen Foto von einem Auftritt der Band versehen und enthielt neben dem Künstlernamen der Sängerin auch deren vollständigen Geburtsnamen. Die Zeitung gab an, sie habe diese Information aus dem näheren Bekanntenkreis des Stars erhalten. War dieser Medienbericht rechtlich und moralisch vertretbar?

Fall 4 Redakteure einer Tageszeitung erhalten Unterlagen von einem Mitarbeiter eines ortsansässigen Unternehmens, aus denen eindeutig hervorgeht, dass die Unternehmensleitung die Umweltgesetze massiv missachtet und Schadstoffe immer wieder heimlich in den Bach leitet, der durch die kleine Stadt fließt. Der Mitarbeiter möchte nicht genannt werden. Das Unternehmen hat bisher immer große Anzeigen in der Zeitung in Auftrag gegeben und damit deren Einnahmen erhöht. Verlagsleitung und Redakteure überlegen, ob sie den Skandal öffentlich machen sollen. Sollen sie?

3 Wie ist es weltweit um die Pressefreiheit bestellt?
Internetrecherche und Erstellung einer Präsentation

Zum Thema dieser Doppelseite könnt ihr mithilfe des Computers eine Präsentation erstellen. Dazu wird es notwendig sein, zunächst im Internet nach der WebQuest-Methode zu recherchieren. Das bedeutet, dass man nur die zur Methode empfohlenen Adressen für die Recherche benutzt. So spart man Zeit und verhindert planloses Surfen im Netz.

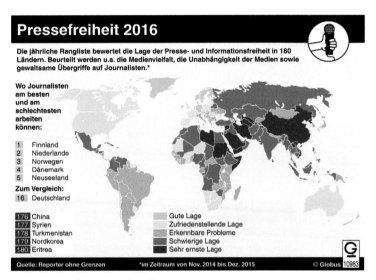

Diese Karte in der jeweils aktuellsten Fassung findet ihr als interaktive Version auf der Homepage von Reporter ohne Grenzen. Durch Anklicken erhält man Informationen über den Stand der Pressefreiheit in allen Ländern.

Adressen für die Internetrecherche (WebQuest)

reporter-ohne-grenzen.de   Der von Reportern gegründete Verein dokumentiert weltweit Verstöße gegen die Pressefreiheit. Ihr findet hier umfangreiches Material zum Thema.

freedomhouse.org   Die Informationsangebote zur Situation der Pressefreiheit werden hier in englischer Sprache angeboten. Alternativ dazu könnt ihr das Informationsangebot der Bundeszentrale für politische Bildung nutzen, das über die Arbeit von Freedom House informiert. Auch Wikipedia hilft in diesem Fall weiter. **www.bpb.de**

---

1. Fasse zusammen, was du auf dieser Seite über die aktuelle Situation der Pressefreiheit erfährst.

2. Welche Gefühle löst es in dir aus, dass es auch in Deutschland zu Anfeindungen und Drohungen gegenüber Journalisten kommt? Tauscht euch darüber aus.

Reporter ohne Grenzen: Pressefreiheit verschlechtert sich weltweit

Berlin. Journalisten und unabhängige Medien stehen nach Angaben der Reporter ohne Grenzen (ROG) weltweit unter zunehmendem Druck. [...] In allen Weltregionen sei ein Rückgang der Freiräume für Medien zu beobachten. „Zunehmend autokratische Tendenzen (= antidemokratisch, Anmerkung des Autors) in Ländern wie Ägypten, Russland und der Türkei tragen zu diesem Trend ebenso bei wie die bewaffneten Konflikte in Libyen, Burundi und dem Jemen", heißt es. [...] In Deutschland hätten 2015 Gewalt und Anfeindungen bis hin zu Todesdrohungen gegen Journalisten „massiv zugenommen". Es gab demnach mindestens 39 gewaltsame Übergriffe gegen Journalisten, etwa bei Demonstrationen der Islam- und fremdenfeindlichen Pegida-Bewegung.

(Aus: Meldung der Deutschen Presse-Agentur (dpa) vom 20.04.2016)

Freedom House: Pressefreiheit weiter rückläufig

Auch die Organisation Freedom House mit Sitz in den USA veröffentlicht regelmäßig Erhebungen zum Stand der Pressefreiheit weltweit. Ihrer Untersuchung „Freedom of the Press 2015" zufolge erreichte die Pressefreiheit im Jahr 2014 ihren tiefsten Stand seit mehr als zehn Jahren. Die Zahl der Weltbevölkerung, die in den Genuss einer freien Presse kommt, beziffert die Organisation mit 14 Prozent. Als Ursachen nennt Freedom House die Zunahme restriktiver Gesetze etwa in Russland und der Türkei sowie die Zunahme der für Journalistinnen und Journalisten unzugänglichen Regionen wie den vom IS kontrollierten Gebieten in Syrien und dem Irak.

(Aus: 3. Mai 2016: Welttag der Pressefreiheit, Artikel vom 2.5.2016, hg. von der Bundeszentrale für politische Bildung; www.bpb.de/ politik/hintergrund-aktuell/226843/welttag-der-pressefreiheit; Zugriff: 10.07.2016)

Computergestützt präsentieren

Worum geht es bei einer computergestützten Präsentation?

Von einer guten Präsentation erwartet das Publikum mittlerweile in der Regel, dass sie computergestützt gestaltet wird. PowerPoint hat sich dabei als das Programm zur Herstellung von Folien etabliert, das weltweit am häufigsten zum Einsatz kommt.

Schlecht gemachte PowerPoint-Präsentationen können jeden Vortrag ruinieren. Gut gemachte Präsentationen hingegen helfen dem Publikum, dem Vortrag zu folgen, und führen dazu, dass die Kompetenz der Vortragenden hoch bewertet wird.

Wie macht man das?

Eine Präsentation beginnt immer mit der inhaltlichen Vorbereitung. Aus diesem Grund kann die Gestaltung von Folien nicht am Anfang stehen.

Bei diesem Thema solltet ihr zunächst mithilfe der vorgeschlagenen Adressen im Internet recherchieren.

In Gruppen könnt ihr euch darüber austauschen, welche Informationen ihr in eurem Vortrag verwenden werdet. Dann plant ihr den Vortrag inhaltlich und legt fest, wer welche Aufgabe übernimmt.

1. Planung des Vortrags
1.1 Was wollen wir sagen?
1.2 Wie gliedern wir unsere Präsentation?

Thema: Die weltweite Situation der Pressefreiheit

2. Gestaltung der Folien
2.1 Welche Informationen auf den Folien können unseren Vortrag inhaltlich unterstützen?
2.2 Welche formale Gestaltung der Folien fordert die Aufmerksamkeit des Publikums?

Regeln zur wirkungsvollen Foliengestaltung

- sauberes, einfaches Folienlayout
- gut lesbare Schrift
- maximal zwei Bildelemente pro Folie
- kurze, leicht verständliche Informationen
- ähnliche Gestaltungsmittel für alle Folien
- auf Spielereien und mögliche Effekte weitestgehend verzichten

Worauf ihr bei der Verwendung von Fotos aus dem Internet achten solltet:

Fotos im Internet sind urheberrechtlich geschützt und dürfen daher nicht beliebig durch andere Nutzer verwendet werden. Das Urheberrecht ist der gesetzliche Schutz für jede Art von geistigem Eigentum. Für den Unterricht gilt: Wenn die Präsentation innerhalb der Klasse gezeigt wird, gilt das nicht als Veröffentlichung.

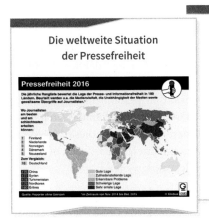

Die weltweite Situation der Pressefreiheit

Gliederung:

1. Das Beispiel China
2. Die Arbeit von Reporter ohne Grenzen
3. Freedom House
4. Die Situation in ausgewählten Ländern
5. Gefahren für die Pressefreiheit in Deutschland
6. Pressefreiheit und Demokratie

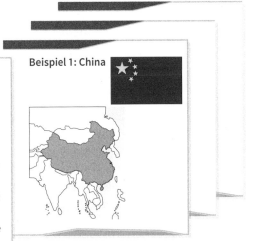

Beispiel 1: China

4 Führt die neue Medienwelt zu mehr Demokratie?
Über Internetaktivitäten diskutieren

Das Internet hat nicht nur den Alltag vieler Menschen verändert, es verändert auch die Formen der politischen Beteiligung. Auf den folgenden Seiten könnt ihr an ausgewählten Themen darüber diskutieren, ob diese Veränderungen gut oder schlecht für die Demokratie sind.

A Fall   ZDF-Reporterin wird in einem „Shitstorm" beschimpft

Harm Bengen

Bei der Fußball-Europameisterschaft im Sommer 2016 kommentierte ZDF-Reporterin Claudia Neumann das Spiel Italien gegen Frankreich. Anschließend wurde sie im Internet mit vielen Männerkommentaren beschimpft und beleidigt. Der Senderchef des ZDF Dieter Gruschwitz wird dazu in der Zeitung „Die Welt" zitiert: „Ich bin doch erschüttert". Nicht über Claudia Neumanns Leistung, wohlgemerkt, denn: „Sie hat das Spiel kompetent kommentiert." Was Gruschwitz aufwühlt, ist die „asoziale Kritik in den sozialen Netzwerken". Claudia Neumann hatte bereits am 11. Juni das Spiel zwischen Wales und der Slowakei live kommentiert. Vor, während und nach beiden Begegnungen

stand sie im Mittelpunkt eines sogenannten Shitstorms. Sie wurde beschimpft und attackiert, mit übelsten sexistischen Sprüchen. [...] Die Beschwerden und Beleidigungen erreichten das ZDF via Facebook, über das Profil seiner „Heute"-Sendung reagierte der Sender „fassungslos" [...] Frauen und Fußball? Für manche Männer ist das scheinbar zu viel – auch im Jahr 2016." [...]

(Aus: Facebook-User beleidigen ZDF-Reporterin aufs Übelste, Artikel vom 18.06.2016, Autorenkürzel sid/cc, in: www.welt.de; Zugriff: 25.11.2016)

Frau Neumann reagierte gelassen auf den Shitstorm. Das ZDF erklärte, sie werde selbstverständlich weiterhin Fußballspiele kommentieren.

Machtausübung ohne nachzudenken?

Blogger sprechen von einem „Shitstorm", wenn sich Menschen massenhaft im Internet und sozialen Medien wie Facebook und Twitter entrüsten, und dabei auch die Grenzen des guten Geschmacks ignorieren.
Der Medienexperte Thomas Zorbach beschäftigt sich mit der Wirkung von Shitstorms. Der Zeitschrift *Focus* gab er dazu ein Interview.
Focus Online: Sogar die Kanzlerin hat schon einmal Angst vor Shitstorms geäußert. Treten diese Empörungswellen seit dem Anstieg der Facebook- und Twitter-Nutzer häufiger auf?
Zorbach: Ja. Es vergeht kaum ein Tag, an dem nicht ein neuer Fall geschildert wird.

Die kritische Masse an Nutzern der sozialen Medien ist erreicht. Die Menschen haben entdeckt, welche Macht sie gemeinsam ausüben können und dass diese Macht auch wahrgenommen wird.
Focus Online: Findet dabei noch eine inhaltliche Auseinandersetzung statt oder springt die Masse blind auf einen fahrenden Zug auf?
Zorbach: Die Menschen neigen dazu, die Meinungen ihres sozialen Netzwerks in vielen Situationen fast unreflektiert zu übernehmen, auch weil schnelles Handeln erwartet wird. Und wenn mehrere Mitglieder eines Netzwerks einer Meinung sind, dann übernehmen Menschen diese Meinung nicht nur, sondern leiten sie auch oft an ihr eigenes Netzwerk weiter. [...]

(Interview: Focus-Korrespondent Dr. Holger Schmidt, in: Focus Online vom 07.08.2012, www.focus.de; Zugriff: 01.09.2015)

 Was sagt der Shitstorm gegenüber der ZDF-Reporterin über den Stand der Gleichberechtigung im Land aus? Tauscht dazu eure Ansichten aus.

B Weitere Mitmachmöglichkeiten via Internet

Das weltweite Netz hat zu einer Fülle neuer Möglichkeiten der Teilnahme an der Politik geführt – und das über nationale Grenzen hinaus.

Alle Berufspolitikerinnen und -politiker verfügen über eine eigene Homepage. Man kann mit ihnen Kontakt aufnehmen und sie so z. B. an die Erfüllung ihrer Wahlversprechen erinnern. Stadträte laden die Einwohnerinnen und Einwohner online dazu ein, über Pläne und Aufgaben der Gemeinde mitzuberaten und ihre Vorschläge einzubringen.

Politische Beteiligung mithilfe des Internets findet aber auch in kleinerem Maßstab statt. Da ist zunächst einmal das riesige Informationsangebot, das jedem Nutzer kostenlos zur Verfügung steht. Man kann seine Meinung zu politischen Ereignissen in Foren einstellen und sich so mit anderen Nutzern darüber austauschen. Mit einem *Thread* (= Faden) lässt sich ein Thema via Twitter oder Facebook zur Diskussion anbieten und man kann andere Nutzer dazu einladen, Stellung zu beziehen. Jugendliche machen zunehmend davon Gebrauch, eigene Beiträge mit politischen Inhalten über YouTube im Netz zu platzieren. Demonstrationen und andere politische Veranstaltungen werden über das Internet organisiert.

Ob alle diese Beteiligungsmöglichkeiten so genutzt werden, dass sie die Demokratie verbessern, ist nach wie vor umstritten. Unstrittig ist allerdings, dass die Möglichkeiten des Internets die Demokratie verändern.

C TEAM kontrovers: Sind Shitstorms ein zerstörerisches oder ein belebendes Element der Demokratie?

Ja, sie erhöhen die Lust am Mitmachen in der Politik!

In Shitstorms können Menschen spontan auf Ereignisse von öffentlichem Interesse reagieren. Solche Aktionen haben zur Folge, dass Politikerinnen und Politiker nicht mehr über die Köpfe der Menschen hinweg handeln können und dass die Politik sich wieder mehr nach den Bedürfnissen der Menschen richtet. Der etwas unschöne Ausdruck mag den Gegnern in die Hände spielen. In Wahrheit sind solche Aktionen eine Form direkter Demokratie, die das Mitmachen fördert und der Politikverdrossenheit entgegenwirkt.

Nein, sie zerstören die demokratische Kultur!

Schon die Bezeichnung aus der Fäkalsprache drückt es aus: Shitstorms sind eine primitive Form übelster Beschimpfung im Netz. Kaum sagen Politikerinnen oder Politiker etwas, woran man Anstoß nehmen kann, schon fällt man im Internet über sie her. Dabei geht es nicht um den Austausch von Argumenten, sondern um das Entladen von Wut und Aggression in primitivster Form. Meist lösen einzelne Meinungsführer solche Wutstürme aus und die Netzgemeinschaft folgt wie die Schafe dem Leithammel. Solche Auswüchse schwächen die Demokratie!

 1. Welche politischen Mitmachmöglichkeiten werden im Text (B) genannt? Nenne sie. (Das geht alleine.)

2. Was kann positiv, was negativ an den sogenannten Shitstorms bewertet werden. Sammle die unterschiedlichen Argumente in Stichworten. (Das geht auch zu zweit.)

3. Formuliere deine Position zum Diskussionsthema. Suche nach weiteren Argumenten, mit denen du dein Urteil stützen kannst. Diskutiert dann gemeinsam.

4. Welche politischen Mitmachmöglichkeiten werden eurer Ansicht nach von Jugendlichen am bereitwilligsten genutzt? Tauscht darüber eure Ansichten aus.

Was auch noch interessant sein kann:

● Regeln für einen fairen Umgang mit Meinungsäußerungen im Netz erarbeiten und visualisieren.

D Online wählen – ist das die Zukunft?

Bevor du mit anderen über diese Frage diskutierst, solltest du zwischen Gründen pro und kontra Online-Wahlen unterscheiden und die Argumente ordnen. Das geht am schnellsten zu zweit.

Von Estland lernen

Parlamentswahlen in Estland: Ein Fünftel aller Wahlberechtigten wählte per Mausklick.

In Estland haben die Bürger bereits zum dritten Mal die Möglichkeit genutzt, via Internet die Parlamentswahlen zu entscheiden. [...] Estland ist das erste Land der Welt, das landesweite Parlamentswahlen digital anbietet, nunmehr seit zehn Jahren. Dafür wurde der Staat heftig kritisiert, insbesondere wegen der technischen Anfälligkeit des Online-Voting-Systems, das Experten für noch nicht ausgereift halten. [...] Allerdings halten die Befürworter des Systems entgegen, dass die Alternative der Briefwahl potenziell genauso manipulationsanfällig sei. Papierstimmen könnten ebenso verschwinden oder gefälscht werden.

Um das System sicherer zu machen, hat Estland eigens eine digitale Staatsbürgerschaft eingeführt. Damit hat jeder Bürger die Möglichkeit, einen elektronischen Pass mit biometrischen Daten zu beantragen und sich damit online zu identifizieren, zu wählen und Verträge zu unterschreiben. Ziel bei der Einführung war demnach, die allgemeine Wahlbeteiligung zu erhöhen, durch die zusätzliche Wahlmöglichkeit bequem von zu Hause. Dies ist nur in geringem Maße gelungen: Die Wahlbeteiligung lag 2015 bei 64 Prozent. [...] Vor der Einführung der Online-Wahlen 2003 lag die Beteiligung noch bei 58,2. [...]

Was die Ergebnisse bisher gezeigt haben ist, dass die meisten Online-Wähler in den Städten zu finden sind, während ländliche Regionen mit weniger Internetzugang die niedrigsten Online-Wähler-Quoten aufweisen, so Statistiken vom estnischen Rundfunk EPB.

(Aus: Deutsche Wirtschaftsnachrichten, Publikation der Verlagsgruppe Bonnier, veröffentlicht am 03.03.2015 in http://deutsche-wirtschafts-nachrichten.de; Zugriff: 02.07.2016)

    Diskussion: Argumente pro und kontra Online-Wahlen

1. Wer keinen PC hat, ist von vorneherein von dieser Möglichkeit ausgeschlossen.

2. Durch den Gang zur Wahl wird deutlich, dass die Macht im Staat vom Volk ausgeht.

3. Das Wahlergebnis steht früher fest, weil die Stimmen schneller ausgezählt werden.

4. Seit Einführung der Online-Wahl ist in Estland die Wahlbeteiligung höher als zuvor.

5. Zur Wahl in ein Wahllokal zu gehen muss ein besonderes Erlebnis bleiben.

6. Alle können von da aus wählen, wo sie sich gerade befinden.

7. Menschen, die nicht gut zu Fuß sind oder gar blind, haben es so viel leichter.

8. Wahlbetrug nimmt zu, weil niemand mehr weiß, wer wirklich vom PC aus wählt.

9. Ein moderner Staat muss zeigen, dass er offen für zukunftsweisende Technik ist.

10. Keine Technik ist sicher. Jeder Computer kann manipuliert werden.

E Elektronische Demokratie

E-Demokratie wird als Sammelbegriff für alle Formen der Gestaltung und der Mitwirkung in der Politik verwendet, die über das Internet möglich sind. Wichtigstes Ziel elektronischer Demokratie ist die Verbesserung der Mitwirkungsmöglichkeiten der Bürgerinnen und Bürger (= E-Partizipation).

Parlamente und Regierungen können sich vielfältiger technischer Möglichkeiten bedienen, um ihr Handeln transparent zu machen und die Menschen an ihren Plänen und Überlegungen zu beteiligen (= E-Regieren). Bürgerinnen und Bürger können ihre gewählten Abgeordneten von zu Hause aus kontaktieren, kritisieren, unterstützen. E-Wählen ist in einigen Ländern bereits ein Teilbereich elektronischer Demokratie. Die elektronische Verwaltung (E-Administration) befindet sich vielerorts im Aufbau und soll den Bürgerinnen und Bürgern die Erledigung ihrer Verwaltungspflichten erleichtern.

Chancen: Demokratiemaschine Internet

Oft wird das Internet als Maschine zur Weiterentwicklung der Demokratie bezeichnet. Die wichtigste Begründung dafür liefert das allumfassende Informationsangebot, das jedem Menschen auf der Welt zur Verfügung steht, der Zugang zum Netz hat. Sich frei und ungehindert informieren zu können gilt als einer der besonderen Grundwerte in der Demokratie. Die Freiheiten, die das Internet eröffnet, sind der wichtigste Grund dafür, dass in Diktaturen versucht wird, den freien Zugang zum Netz zu verbieten oder zumindest einzuschränken.

Beispiele aus unfreien Ländern zeigen allerdings, dass sich das auf Dauer nicht aufhalten lässt. Junge Leute in China, im Iran, in Kuba und anderswo verstehen es immer wieder, die staatlichen Kontrollen zu überwinden und sich Zugang zu Informationen zu beschaffen.

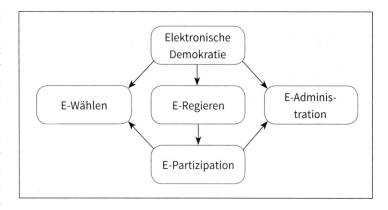

Gefahren

Weil das Internet unkontrollierbar ist und weil jeder es für seine Zwecke nutzen kann, lauern eine Menge Gefahren darin – auch für die Demokratie. Politisch radikale Gruppen nutzen es, um ihre menschenverachtenden Ideen zu verbreiten. Kinder und Jugendliche können bei unbedachtem Umgang in die Fänge gefährlicher Organisationen geraten.

Mitwirkung am politischen Geschehen mithilfe eines Computers kann auch zur Einsamkeit führen. Die Menschen treffen sich nicht mehr, um ihre Gedanken auszutauschen, sondern bleiben allein vor ihrem PC. Kritiker bemängeln darüber hinaus eine Verrohung der Sitten. Weil man nur über den Bildschirm kommuniziert, fällt es vielen leichter, andere zu beschimpfen, zu beleidigen und ihrer Wut auch in respektlosester und menschenverachtender Form freien Lauf zu lassen.

Das World Wide Web wird immer mehr zum Tummelplatz für Gewaltprediger und Ausländerhass. Zu diesem Ergebnis kam 2015 der Jahresbericht des Europarates, zu dessen Aufgaben die Sicherung der Menschenrechte gehört.

 Erläutere das Schaubild mithilfe der Informationen aus dem Text.

 Stelle die Chancen und die Gefahren der elektronischen Demokratie einander gegenüber.

 Überwiegen die Chancen oder die Gefahren? Verfasse dazu deine persönliche Stellungnahme.

Medien und Politik

Station 1

Medien und Meinungsbildung

Meinungsaussagen erläutern und bewerten

Die folgenden Zitate stammen aus den Textquellen des ersten Unterkapitels. Es handelt sich dabei um Meinungsaussagen, also um Äußerungen, die eine persönliche Bewertung wiedergeben. Bearbeite sie anhand zweier Fragen:

● Wie lässt sich diese Meinung begründen?

● Wie stehst du zu dieser Meinungsäußerung?

Tipp: Ihr könnt hier eine Auswahl treffen, indem ihr zum Beispiel eines oder zwei der Zitate zur Bearbeitung auswählt.

> „Nach der Schule sind Medien die wichtigste Quelle für lebenslanges Lernen und für politische Bildung."

> „Die Bürger brauchen die nötige Medienkompetenz …"

> „Das Wissen der Bevölkerung um relevante Themen ist für die Demokratie unverzichtbar."

Station 2

Wie wichtig ist die Pressefreiheit?

Übertrage die Mindmap in dein Heft und vervollständige sie.

2 Aussagen über die Bedeutung der Pressefreiheit

2 Aussagen zum Inhalt von Artikel 5 des Grundgesetzes

Pressefreiheit

2 Aussagen über die Grenzen der Pressefreiheit

2 Aussagen zu den Pflichten eines glaubwürdigen Journalisten

Station 3

Wie ist es weltweit um die Pressefreiheit bestellt?

Notiere die Schritte für die Erarbeitung einer computergestützten Präsentation zu diesem Thema in einer sinnvollen Reihenfolge.

A Informationen bearbeiten

B Layout für die Folien gestalten

C Informationen im Internet recherchieren

D Inhalte der Folien festlegen

E Präsentation gliedern

F Sich Klarheit verschaffen über das Ziel und den Inhalt der Präsentation

Schwarwel

Zusatzaufgabe:
Was muss man wissen, um die Aussage dieser Karikatur zu verstehen? Deute und erläutere sie.

Station 4

Führt die neue Medienwelt zu mehr Demokratie?

1 aus 2
Stellung nehmen: Wähle dein Thema

Thema 1:
These: „Shitstorms sind ein modernes und belebendes Element der Demokratie."

Thema 2:
These: „Online wählen – das soll die Zukunft bei den politischen Wahlen in Deutschland sein."

Was spricht für diese These?
•
• ?

Was spricht gegen diese These?
•
• ?

Mein persönliches Urteil:
•
• !

Was spricht für diese These?
•
• ?

Was spricht gegen diese These?
•
• ?

Mein persönliches Urteil:
•
• !

Die Bedeutung der sozialen Marktwirtschaft

Blick in eine soge-
nannte Tafel. Gratis
oder für ein geringes
Entgelt können hier
Menschen Lebens-
mittel erwerben, die
sich die normalen
Preise nicht leisten
können.

Was sind ihre Merkmale, Vorzüge und Probleme?

1. Allein nachdenken

Welche Gedanken zum Wort *sozial* löst das Foto in dir aus?

3. In der Klasse sammeln

Was muss eine Wirtschaftsord-nung leisten, damit möglichst viele Menschen mit ihr zufrie-den sein können?

2. Zu zweit beraten

Betrachtet das Foto gemeinsam und überlegt, was es mit dem Thema *Wirtschaft* zu tun hat.

Im Verlauf dieses Kapitels könnt ihr ...

- herausfinden, warum der Staat in die Wirtschaft eingreift,
- an Beispielen erläutern, wie Preise gemacht werden,
- begründen, warum es in Deutschland keine freie, sondern eine soziale Marktwirtschaft gibt,
- diskutieren, welche Art von Politik sozial gerecht ist,
- die Rolle des Staates, der Banken, der Unternehmen und des Auslands im Wirtschaftsgesche-hen am Modell erklären.

Eigene Schwerpunkte könnt ihr setzen, indem ihr ...

- Preise für Konzerttickets, Biogurken und Hotelzimmer kalkuliert,
- andere über ihre Vorstellung von sozial gerechter Politik befragt,
- ein Referat über ein Themengebiet der sozialen Marktwirtschaft vorbereitet und vortragt.

1 Marktwirtschaft – Wie funktioniert das?
Grundprinzipien der Marktwirtschaft beschreiben

Eine Einstiegsübung für alle:

Allein in Deutschland wollen über 80 Millionen Menschen essen, trinken, wohnen, einkaufen, ins Kino gehen, verreisen und mit allem versorgt sein, was der Mensch zum Leben braucht.

● Wer sorgt dafür, dass das funktioniert?

A 📖✓ Fall Hunger, Durst und kranke Füße auf einer Klassenwanderung

Stellt euch folgende Situation vor: Ihr befindet euch auf einer Klassenwanderung im Bergischen Land. Auf und ab schlängelt sich der Weg. Einige genießen begeistert die Natur und die Aussichten, die sich bieten, andere meckern, weil sie die Wanderung als anstrengend empfinden. Ihr alle schwitzt und habt Lust auf kalte Getränke, Süßigkeiten und vieles mehr. Endlich: Nach einem Abstieg erreicht ihr ein Dorf und seht auch schon das Leuchtzeichen eines Supermarktes in der Hauptstraße. „Ich hol mir 'ne Limo!", ruft Marek. „Ich brauch jetzt 'nen Schokoriegel!", seufzt Cosima. Am Supermarkt angekommen, stürmen fast alle von euch hinein. Und tatsächlich: Unter zehn anderen Schokoriegeln findet Cosima genau den mit Haselnüssen, auf den sie Lust hat. Marek greift sich seine Limo aus dem Kühlregal und Jil entdeckt das Biogetränk ihrer Lieblingsmarke.

Ben hat sich in seinen neuen Schuhen Blasen an den Fersen gelaufen. Er sieht sich nach einer Apotheke in der Hauptstraße um und findet sie unweit des Supermarktes. Dort kann er unter 15 verschiedenen Pflastersorten wählen.

Jeder von euch findet exakt zum Zeitpunkt, an dem er ein Produkt seiner Wahl kaufen möchte, genau das, was gesucht wird. Alles ist käuflich zu erwerben, vorausgesetzt, man hat das nötige Kleingeld dazu in der Tasche.

Was für ein Zufall!

„Aber das ist doch selbstverständlich", denkt womöglich manch einer. Ist es das wirklich? Über 80 Millionen Menschen leben in Deutschland. Sie alle wollen mit dem versorgt sein, was sie zum Leben brauchen. Natürlich hängt das von ihrem Geldbeutel ab. Wer aber sorgt dafür, dass die Regale im Supermarkt immer gut gefüllt sind? Wer weiß, wie groß die Menge an Schokoriegeln sein muss, die täglich verzehrt werden? Wer bietet 15 verschiedene Sorten Pflaster für geschundene Füße an? Welcher Plan steckt dahinter?

Die Antwort auf alle diese Fragen: Es gibt gar keinen Plan. Es gibt auch kein geniales Gehirn, das dies alles organisiert. Es ist der Markt, der die Wirtschaft steuert.

1. Welche Antwort auf die Frage im Titel dieser Seite entdeckst du in dieser Geschichte? Notiere sie und vergleiche mit anderen.

2. Sind die vollen Regale im Supermarkt eine Selbstverständlichkeit? Wie fällt deine Antwort auf diese Frage aus, wenn du an andere Länder in anderen Teilen der Erde denkst?

B Marktwirtschaft

Märkte

Unter einem Markt stellen wir uns gerne einen konkreten Ort vor. Man denkt dabei an den Wochenmarkt einer Stadt oder an einen Flohmarkt oder vielleicht sogar an einen orientalischen Basar. Ursprünglich waren Märkte immer konkrete Orte, an denen sich Händler einfanden, um ihre mitgebrachten Waren anzubieten, und Kunden, welche diese kaufen wollten. Im Mittelalter war mit einer Stadtgründung in der Regel das Marktrecht verbunden. Zugleich musste sich die Stadt verpflichten, einen Marktplatz einzurichten. Und so finden wir noch heute den Marktplatz im Zentrum fast jeder Stadt.

Schon im Mittelalter waren die Märkte die Zentren der Städte.

Heute muss ein Markt kein konkreter Ort mehr sein. Online-Märkte für alles und jedes sind mit der Entwicklung des Internets entstanden. Lehrstellenmärkte, Aktienmärkte, Geld- und Kapitalmärkte kann man nicht sehen und trotzdem gibt es sie, weil es ein Angebot und eine Nachfrage gibt.

Das Grundprinzip des Marktes ist immer noch das gleiche wie vor Hunderten von Jahren: Käufer und Verkäufer treffen aufeinander, um wirtschaftliche Güter gegen Geld zu tauschen. Jedes Zusammentreffen von Angebot und Nachfrage wird in der Sprache der Wirtschaft als Markt bezeichnet.

Wenn heute das Wort vom globalen Marktgeschehen fällt, so ist damit gemeint, dass Angebote weltweit zur Verfügung stehen, für die es eine weltweite Nachfrage gibt.

1. Warum waren Märkte in früheren Zeiten immer konkrete Orte und sind es heute sehr oft nicht mehr? Erkläre die Veränderungen.

2. Was versteht man in der Sprache der Wirtschaft unter *Markt* und unter *Marktwirtschaft*? Formuliere zwei kurze Definitionen.

3. Wie kommt es, dass in einem Supermarkt die Regale in der Regel mit allem gefüllt sind, was die Käufer sich wünschen? Erläutere die Zusammenhänge.

4. Nenne Gründe, warum der Staat mit gesetzlichen Regelungen in das Wirtschaftsgeschehen eingreift.

Marktwirtschaft

Unsere Wirtschaftsordnung wird als Marktwirtschaft bezeichnet, weil am Markt über den Verkauf von Waren und Dienstleistungen entschieden wird. Es gibt keine lenkende Hand, die sich zentral um die Versorgung der Bevölkerung kümmert. Der Markt ist das ausgleichende Instrument. Wird in einem Supermarkt ein bestimmtes Produkt häufig nachgefragt, ordert die Geschäftsleitung Nachschub, worauf das produzierende Unternehmen mehr produziert. Wer eine hohe Nachfrage erzeugt, hat wirtschaftlichen Erfolg. Wer mit seinem Angebot am Markt vorbei produziert, bleibt auf seiner Ware sitzen.

Die Idee der Marktwirtschaft geht auf den schottischen Ökonomen Adam Smith (1723 – 1790) zurück. Nach seiner Lehre funktioniert die Wirtschaft am besten, wenn alle Beteiligten ihren persönlichen Interessen folgen. Unternehmer handeln erfolgreich, indem sie größtmöglichen Gewinn anstreben, und Konsumenten, indem sie Produkte kostenkünftig einkaufen.

Dieses Prinzip bildet nach wie vor die Grundlage der Wirtschaftsordnung in der Bundesrepublik Deutschland. Der Staat greift aber mit einer Vielzahl von Regelungen in das Marktgeschehen ein. Er tut das vor allem, um die Menschen vor Ausbeutung und materieller Not zu schützen und um die sozialen Härten auszugleichen, die mit einer ungebremsten Marktwirtschaft verbunden sind.

2 Markt und Preise: Was hat das eine mit dem anderen zu tun?

Funktion des Marktpreises erläutern und Preise kalkulieren

Eine Einstiegsübung für alle:

Auf dem im Foto zu sehenden Wochenmarkt kommt es zu einem kurzen Gespräch zwischen der Marktfrau und einer Kundin über das Warenangebot, die Wünsche der Kundin und die Preise.

Überlege – zusammen mit deinem Tischnachbarn –, wie das Gespräch verlaufen kann.

A 📖✔ Fall Auf dem Wochenmarkt

Heute werden auf einem Wochenmarkt frische Himbeeren angeboten, abgefüllt in Schalen mit jeweils 250 Gramm. Himbeeren gibt es nicht an allen Tagen. Es ist ein saisonabhängiges und schnell verderbliches Produkt.

Vier Euro verlangt ein Händler für die Schale und er ist der Einzige, der sie heute im Angebot hat. In der Sprache der Wirtschaft ist er damit ein *Monopolist*.

Kein Kunde kauft. Der Händler läuft Gefahr, auf seinem Produkt sitzen zu bleiben. Für sein teures Angebot fehlt die Nachfrage. Die Folge: ein *Angebotsüberhang*. Nach und nach senkt der Händler seinen Preis. 3,80 Euro, 3,70. Bei 3,50 greifen die Kunden zu – erst zögerlich, dann immer stärker, weil sie sehen, dass das Angebot schrumpft. Jetzt geht die Ware weg. Der neue Preis hat dafür gesorgt, dass Angebot und Nachfrage sich in einem ausgeglichenen Verhältnis zueinander einpendeln. Man spricht hier von einem *Gleichgewichtspreis*.

Als die Menge der gefüllten Plastikschalen immer kleiner wird, bildet sich eine Kundenschlange vor dem Stand des Händlers. Der Grund dafür ist ein *Nachfrageüberhang*. Die Kunden fürchten, keine Himbeeren mehr zu bekommen. Ein knappes Angebot trifft jetzt auf hohe Nachfrage. Der Händler nimmt das alte Preisschild wieder hervor. Trotzdem kaufen die Kunden. Vier Euro sind jetzt der neue Gleichgewichtspreis. Um 10.45 Uhr ändert sich die Situation: Eine neue Händlerin baut in wenigen Metern Entfernung einen kleinen Stand auf, an dem sie frische Himbeeren anbietet – die 250-Gramm-Schale zu 2,90 Euro. Die Schlange vor dem Stand des Händlers löst sich auf. Er besitzt nun ein Überangebot wegen fehlender Nachfrage. Und so sieht er sich gezwungen, seinen Preis erneut zu ändern. Er bietet nun seine letzten 250-Gramm-Schalen zu 2,00 Euro an. Er will nach Hause und vorher sein ganzes Angebot loswerden. Die Nachfrage schnellt in die Höhe. Die Kunden können jetzt zu einem „Schnäppchenpreis" kaufen.

1. Der Himbeerpreis des Händlers schwankt im Verlauf eines Markttages zwischen 4,00 Euro und 2,00 Euro. Beschreibe, wodurch die Schwankungen ausgelöst werden.

2. Angebotsüberhänge, Gleichgewichtspreise und Nachfrageüberhänge: Erkläre, wie sie entstehen.

3. Angenommen, ihr wolltet auf einem Schulbasar eine große Menge selbst hergestellter Windlichter verkaufen und den Erlös für einen guten Zweck spenden. Wie könnt ihr herausfinden, was der Gleichgewichtspreis für euer Angebot ist? Plant eine gemeinsame Vorgehensweise.

INFO

B Märkte und Preise

Preisbildung am Markt

Preise bilden sich auf den Märkten durch das Zusammenspiel von Angebot und Nachfrage. Der Preis steigt, wenn ein mengenmäßig geringes Warenangebot auf eine hohe Nachfrage trifft. Umgekehrt sinkt er, wenn ein großes Warenangebot auf eine geringe Nachfrage stößt. So hat der Preis die Funktion, das Verhältnis zwischen Angebot und Nachfrage auszugleichen. Preise entscheiden darüber, in welcher Menge die Wirtschaftsgüter hergestellt und verkauft werden und welche Gruppen in der Bevölkerung sich den Kauf leisten können. Ein Gleichgewichtspreis ist erreicht, wenn die zum Verkauf geplante Warenmenge vollständig abgesetzt werden kann, weil sie genau der Menge der Nachfrage entspricht.

Konkurrenz und Wettbewerb

Die Preisregulierung über Angebot und Nachfrage funktioniert nur, wenn es mehrere Anbieter für gleiche und ähnliche Produkte gibt, die miteinander über die Preise um die Kunden konkurrieren. Sie befinden sich dann in einem Wettbewerb und dieser ist für das Funktionieren des Marktgeschehens elementar wichtig. Konkurrenz sorgt für sinkende Preise. Ein Unternehmen, das ein ähnliches Produkt wie ein anderes im Angebot hat, kann seine Einnahmen steigern, wenn es mit seinem Preis unterhalb der Preise der Konkurrenz bleibt. Darüber hinaus treibt Konkurrenz die Unternehmen dazu an, neue Produkte von besserer Qualität und innovativer Technik zu entwickeln. Gäbe es keine Konkurrenz und nur einen Anbieter, so hätte dieser ein Monopol (das heißt Alleinverkauf) und er könnte die Preise für eine Ware nach Belieben nach oben treiben, und das, sogar ohne sich die Mühe zu machen, das angebotene Produkt qualitativ zu verbessern.

1. Wovon hängt es ab, ob die Preise steigen oder fallen? Nenne die Einflussfaktoren. (Beachte dabei die Zeichnung.)

2. Welche Rolle spielt der Wettbewerb für das Funktionieren der Marktwirtschaft? Verwende in deiner Erklärung die Begriffe Preisregulierung, Konkurrenz, Qualitätsverbesserung.

3. Finde eine Erklärung für das folgende Rätsel: Wasser ist lebenswichtig und kostet wenig; Diamantenschmuck ist unnütz und kostet viel.

Preiskalkulation

Zur Preisgestaltung in einem Unternehmen gehört die Preiskalkulation. Dazu sind die Kosten zu errechnen, die bei der Produktion und dem Vertrieb der Produkte anfallen. Material- und Lohnkosten gehören dazu und auch die Kosten für die Maschinen und andere Produktionsmittel, die das Unternehmen zur Erzeugung der Waren einsetzen muss. Bei der Einführung neuer Produkte spielen die Kosten für Werbemaßnahmen oft eine bedeutende Rolle. Aus der Summe dieser Kosten ergibt sich umgerechnet auf das einzelne Produkt der Erzeugerpreis für eine Ware. Um einen Gewinn zu erzielen, müssen Unternehmen den Erzeugerpreis erhöhen. So entsteht dann der Marktpreis. Bei der Preiskalkulation für eine Ware oder eine Dienstleistung muss ein Unternehmen insgesamt drei Faktoren berücksichtigen, um am Markt erfolgreich zu sein: die zu erwartende Nachfrage, die Konkurrenzsituation und die Höhe des Erzeugerpreises.

C Wie hoch sollen die Preise sein?

Für diese Übung solltet ihr Teams bilden und einen, zwei oder alle drei Fälle zur Bearbeitung auswählen. Beachtet dabei, dass sich die Fälle im Schwierigkeitsgrad unterscheiden. Empfohlen werden Dreiergruppen.

Euer Auftrag:

1. Überlegt euch einen Preis für euer Produkt bzw. eure Dienstleistung, mit dem ihr eure Kosten decken könnt und einen Gewinn erzielt.

2. Überlegt auch, was ihr über den Preis hinaus unternehmen könnt, um die Nachfrage nach eurem Produkt zu steigern.

3. Ihr befindet euch mit den anderen Teams in der Klasse in einer Wettbewerbssituation. Überarbeitet euer Ergebnis eventuell noch einmal, nachdem ihr die Preise eurer Konkurrenten erfahren habt.

*GEMA-Gebühren müssen zum Schutz von Urheberrechten an die Gesellschaft für musikalische Aufführungsrechte überwiesen werden.

Fall A: Preisgestaltung für Hotelzimmer ★★★

Ihr führt gemeinsam ein Hotel mit 20 Zimmern in einer schönen Urlaubsgegend. Der Preis für ein Doppelzimmer beträgt bisher 80 Euro pro Nacht. Wenn über alle 365 Tage im Jahr verteilt 80 Prozent der Zimmer belegt sind, könnt ihr mit diesem Preis eure Kosten decken (= 360 000 Euro pro Jahr) und einen Gewinn erzielen. In den Sommermonaten Juni, Juli, August und September ist bisher die Nachfrage nach euren Zimmern zu diesem Preis immer so groß, dass euer Hotel schon Wochen vor Beginn der Hochsaison ausgebucht ist, sodass ihr viele Gäste abweisen müsst. In den Monaten April, Mai und Oktober ist euer Hotel zu etwa 80 Prozent ausgebucht. In den Monaten November, Dezember, Januar, Februar und März ist die Nachfrage allerdings so gering, dass oft nur 4 der 20 Zimmer belegt sind. In eurer Umgebung gibt es Hotels, die teurer sind, und solche, die billiger sind.

● Sucht nach einer Preisgestaltung, die es euch ermöglicht, das Hotel besser auszulasten und die Gewinnerwartung zu steigern.

● Errechnet mithilfe des erwarteten Jahresumsatzes abzüglich der festen Kosten den zu erwartenden Jahresgewinn.

Fall B: Ticketpreise ★

Ihr plant eine Konzertveranstaltung mit einer Band, die zurzeit bei den Jugendlichen in eurer Region sehr beliebt ist. Der von euch gemietete Saal fasst maximal 320 Zuschauer. Eure fixen Kosten belaufen sich auf 4 000 Euro. Darin sind enthalten: die Gage für die Band, GEMA-Gebühren*, die Saalmiete, Versicherung, Druck der Eintrittskarten, Plakate, eine Anzeige in der Lokalzeitung, Saalreinigung, Getränke für die Band und die Helfer. Ihr wollt natürlich nicht auf diesen Kosten sitzen bleiben, sondern möglichst auch einen schönen Gewinn erzielen.

● Zu welchem Preis werdet ihr die 320 Tickets anbieten?

Fall C: Preise für Biogurken ★★

Ihr seid eine Produktionsgemeinschaft biologisch produzierender Landwirte. Ihr habt 200 Salatgurken geerntet, die ihr auf dem Wochenmarkt anbieten möchtet. Eure Gurken habt ihr ohne jeden Zusatz von Chemie gezüchtet. Als ihr über den Markt schlendert, stellt ihr fest, dass mehrere Anbieter Salatgurken aus fremden Herkunftsländern für weniger als 50 Cent anbieten. 50 Cent kostet euch aber die Erzeugung einer einzigen Gurke. Mit diesem Preis könnt ihr nicht konkurrieren. Von einem anderen Biobauern erfahrt ihr, dass dieser seine Biogurken für 1,69 Euro angeboten hat und daraufhin auf seiner Ware sitzen geblieben ist. Natürlich soll euch das nicht passieren. Ihr wollt einen Gewinn erzielen und hofft, dass die Kunden vom industriellen Produkt auf eure Biogurken umsteigen.

● Mit welchem Preis werdet ihr eure Biogurken auszeichnen?

● Wie hoch soll der Gesamtgewinn sein für den Fall, dass ihr alle 200 Gurken verkaufen könnt?

Einen Kurzvortrag überzeugend halten

Die Themen in diesem Kapitel eignen sich für die Ausarbeitung und den Vortrag von Referaten. Der Vortrag wird besonders anschaulich, wenn ihr ihn mit einer Computerpräsentation unterstützt.

Themenvorschläge:

- Warum greift der Staat in die Wirtschaft ein?
- Warum haben wir statt der freien eine soziale Marktwirtschaft?

Die Interessantmacher

- Verständlichkeit
- Anschaulichkeit
- Lebendigkeit
- Kompetenz

Was ist ein Referat?

Das Wort Referat stammt aus dem Lateinischen. „Referre" heißt wörtlich übersetzt „überbringen". Referate sind schriftliche Ausarbeitungen, die vor einem Publikum mündlich vorgetragen werden. Ein Referent überbringt einem Publikum einen Fachgegenstand, mit dem er sich intensiv auseinandergesetzt hat. Ob ein Referat gut beim Publikum ankommt, hängt nicht nur davon ab, was vorgetragen wird, sondern vor allem auch davon, wie etwas vorgetragen wird.

Thema: Soziale Marktwirtschaft

Worauf kommt es beim Vortrag an?

Fünf Regeln

1. Bereite dich gut vor.
Das Publikum merkt sehr schnell, ob eine Referentin oder ein Referent gut vorbereitet ist. Dem Vortragenden selbst gibt die gute Vorbereitung die notwendige Sicherheit für ein überzeugendes Auftreten.

2. Sprich möglichst frei.
Auch ein schriftlich vorbereitetes Referat sollte nicht vom Blatt abgelesen werden. Niemand hört einer solchen Art des Vortragens gerne zu. Als Referent weißt du, was du geschrieben hast, und kannst vor Publikum frei über deine Arbeitsergebnisse berichten.
Dabei kannst du dich an deine Referatsgliederung halten. Auch stört es nicht, wenn du hin und wieder kleinere Teile aus deinen schriftlichen Ausführungen vorliest.

3. Halte Kontakt zum Publikum.
Man kann Referenten nur schlecht zuhören, wenn diese nur in ihre Unterlagen versunken sind und nicht zum Publikum hingewendet sprechen. Durch Blickkontakt zeigst du, dass das Publikum dir wichtig ist.

4. Präsentiere dich angemessen.
Die Art und Weise, wie man sich vor einem Publikum präsentiert, ist für die Wirkung des Vortrages von großer Bedeutung. Wer undeutlich spricht, die Hände in die Hosentaschen steckt, wird auch in der Sache nicht überzeugen können. Auch sollte man – so gut es einem möglich ist – auf ein gepflegtes Erscheinungsbild achten.

5. Lasse Rückfragen zu.
Ein guter Referent ermuntert seine Zuhörerinnen und Zuhörer dazu, Fragen zu stellen. Da niemand allwissend sein kann, kann man durchaus auch einmal zugeben, die Antwort auf eine Frage nicht zu wissen

3 Warum greift der Staat in die Wirtschaft ein?
Die Notwendigkeit staatlicher Eingriffe begründen

A 📖 Fall Schokokartell muss zahlen

Schokoladenhersteller haben von Kunden jahrelang überhöhte Preise verlangt. Für illegale Preisabsprachen müssen elf Hersteller nun Millionenbußen zahlen. Das Bundeskartellamt hat Bußgelder von rund 60 Millionen Euro gegen die Mitglieder eines Schokoladenkartells verhängt. Die Wettbewerbshüter beschuldigen elf Unternehmen und ihre verantwortlichen Vertriebsleiter, dass sie Verkaufspreise für Tafelschokolade und Schokoriegel untereinander abgesprochen oder sich zumindest gegenseitig über den Stand der Preisverhandlungen mit dem Einzelhandel informiert hätten.

(Aus: Helmut Bünder, Schokokartell muss zahlen, Artikel vom 31.01.2013, in Frankfurter Allgemeine Zeitung, Online-Ausgabe, www.faz.net; letzter Zugriff: 10.07.2016)

* Zum Begriff Kartell findet ihr weitere Informationen im Glossar dieses Buches.

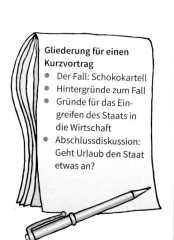

Gliederung für einen Kurzvortrag
- Der Fall: Schokokartell
- Hintergründe zum Fall
- Gründe für das Eingreifen des Staats in die Wirtschaft
- Abschlussdiskussion: Geht Urlaub den Staat etwas an?

Hintergrund

Der Schutz des Wettbewerbs ist in der Bundesrepublik eine staatliche Aufgabe. Grundlage hierfür ist das Gesetz gegen Wettbewerbsbeschränkungen (GWB). Im Paragrafen eins dieses Gesetzes steht, dass Vereinbarungen zwischen Unternehmen verboten sind, die den Wettbewerb einschränken. Solche verbotenen heimlichen Preisabsprachen werden als Kartelle bezeichnet. Deshalb wird das Gesetz oft auch „Kartellgesetz" genannt. Das Bundeskartellamt mit Sitz in Bonn hat die Aufgabe, die Unternehmen zu überwachen, um heimliche Preisabsprachen zu verhindern. Bei Verstößen gegen das Kartellgesetz kann es hohe Bußgelder verhängen.

B Staat und Wirtschaft

Das Verbot von Preisabsprachen ist nur eine von zahlreichen Maßnahmen, mit denen der Staat in die Wirtschaft eingreift. Zum Beispiel gibt es – mit wenigen Ausnahmen – ein Verbot der Kinderarbeit. Für Auszubildende gelten besondere Schutzbestimmungen. Betriebe müssen die Mitbestimmungsrechte der Beschäftigten einhalten. Für das Eingreifen gibt es mehrere Gründe.

Ordnung schaffen

Der Staat muss garantieren, dass sich das Wirtschaftsgeschehen in einem geordneten Rahmen abspielen kann. Er legt Regeln fest, an die alle Beteiligten sich halten müssen – also die Unternehmer, die Arbeitnehmer, die Verbraucher und auch der Staat selbst mit seinen Ämtern und Behörden. Die Gesamtheit all dieser Regeln in Form von Gesetzen bezeichnet man als die *Wirtschaftsordnung*. Sie ist vergleichbar mit dem Regelwerk, das in einer Schule gilt. Sie bildet einen Rahmen aus Spielregeln und Zuständigkeiten, innerhalb dessen sich die Herstel-

Zwei Meinungen:

„Ich finde es wichtig, dass der Staat in solchen Fällen eingreift und Preisabsprachen bestraft."

„Man muss Verständnis für die Preisabsprachen haben. Schließlich wollen die Leute ihre Firmen retten und Arbeitsplätze sichern."

1. Wie lautet deine Meinung zum Fall? Notiere sie, berate und stelle deine Überlegung vor.

ler und Konsumenten von Wirtschaftsgütern weitgehend frei bewegen können.

Sozialer Schutz

Der wichtigste Auftrag allen staatlichen Handelns besteht darin, den Menschen ein Leben in Würde zu garantieren. Weil er so wichtig ist, steht er im Artikel 1 des Grundgesetzes. Zur Würde des Menschen gehören der Schutz vor sozialer Not und wirtschaftlicher Ausbeutung. Der Staat greift mit Gesetzen in das Wirtschaftsleben ein, um die Schwachen zu schützen, die Macht der Mächtigen zu begrenzen und ein sozial verträgliches Maß an sozialer Gerechtigkeit herzustellen. Schwierig ist diese Aufgabe, weil die Vorstellungen von Machteinschränkungen, von sozialem Schutz und von sozialer Gerechtigkeit oft weit auseinanderliegen.

Aktive Mitgestaltung

Der Staat begnügt sich nicht nur mit ordnenden Maßnahmen. Er möchte das Wirtschaftsgeschehen mitgestalten und für eine gute Entwicklung der Wirtschaft sorgen. Dazu vergibt er z.B. Aufträge für den Bau von Straßen, fördert Unternehmensgründungen und anderes mehr. Er betreibt eine aktive Wirtschaftspolitik, die mehrere Ziele verfolgt. Die Sicherung von Arbeitsplätzen gehört dazu und Maßnahmen zur Ankurbelung des Wirtschaftsgeschehens in Krisenzeiten. Bei allen Aktivitäten muss der Staat darauf achten, dass sich die Wirtschaft nicht weiter zulasten der Umwelt entwickelt. Die Verbesserung des Umweltschutzes gilt als eine der größten Herausforderungen, wobei der Schutz des Klimas die höchste Dringlichkeit besitzt.

Sicherung des Wettbewerbs

Ein weiterer Grund für das Eingreifen des Staates in die Wirtschaft ist die Sicherung des Wettbewerbs. Mit dem Verbot von Preisabsprachen und manchmal auch von Unternehmenszusammenschlüssen will er verhindern, dass einzelne Unternehmen zu große wirtschaftliche Macht erhalten.

C Geht Urlaub den Staat etwas an?

Herrn Maier, Chef eines Schreinereibetriebes, sind die langen Urlaubszeiten seiner Angestellten seit geraumer Zeit ein Dorn im Auge. Also verkündet er seinen acht Mitarbeiterinnen und Mitarbeitern, dass er vorhat, den Jahresurlaub von bisher 24 Arbeitstagen auf 20 Werktage und für Auszubildende auf 22 zu verkürzen. Er hält das im Rahmen seiner unternehmerischen Freiheit für möglich und findet nicht, dass das den Staat etwas angeht. Hat er recht?

> ### Artikel 1 Grundgesetz
>
> Die Würde des Menschen ist unantastbar. Sie zu achten und zu schützen ist Verpflichtung aller staatlichen Gewalt.

2. Aus welchen Gründen greift der Staat in die Wirtschaft ein? Erkläre sie in jeweils einem klaren Satz.

3. Zwischen Parteien und Politikern kommt es immer wieder zu Auseinandersetzungen, wenn es um die Herstellung sozialer Gerechtigkeit und die staatliche Mitgestaltung des Wirtschaftslebens geht. Überlege, warum das so ist.

4. Zur Frage, ob Urlaub den Staat etwas angeht, kannst du die passende Antwort finden, indem du im Internet recherchierst. Gib dazu den Suchbegriff „gesetzlicher Mindesturlaub" ein, informiere dich und finde eine Erklärung, die Herrn Maier überzeugt.

4 Warum haben wir statt der freien eine soziale Marktwirtschaft?

Merkmale der sozialen Marktwirtschaft visualisieren

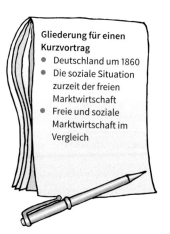

Gliederung für einen Kurzvortrag
- Deutschland um 1860
- Die soziale Situation zurzeit der freien Marktwirtschaft
- Freie und soziale Marktwirtschaft im Vergleich

„Freie Marktwirtschaft": Das hört sich positiv an. Wie es in Wirklichkeit mit dieser Freiheit aussah, wird deutlich, wenn wir einen Blick in die Vergangenheit werfen. Stellt euch einen Tag in Deutschland um 1880 vor. Wir befinden uns in der Zeit der Industrialisierung. Große Fabriken entstehen. Von England ausgehend hat die Wirtschaftsordnung der *freien Marktwirtschaft* auch Deutschland erfasst. Was bedeutete Freiheit in der Zeit dieser Wirtschaftsordnung?

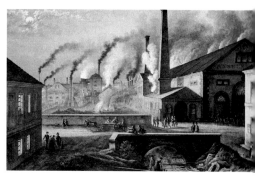

Die „Rauchplage" wird zum allgemeinen Übel der Industrielandschaft. Aus London erfahren wir, dass dort in einer Woche im Februar 1880 allein 1557 Menschen an einer Erkrankung der Atemwege starben.

A Ein Blick zurück: Deutschland um 1880 …

Zur Situation der Kinder

Eltern berichten: „Kaum sind die Kinder so weit herangewachsen, dass ihre Kräfte zur Verrichtung einer Arbeit auszureichen scheinen, so werden sie von den Eltern in die Fabriken gesandt, oder sie sitzen neben dem Webstuhl, den ganzen Tag mit Spulen beschäftigt. Die Stunden, welche die Kinder nicht dem Schulunterricht zu widmen haben, sind sie genötigt, in den Wohnungen ihrer Eltern zu verbringen; diese zwingen sie, die Zeit mit Arbeiten jeder Art, die einen Gewinn abwerfen, auszufüllen, und sind leider auch durch den Drang der Umstände darauf angewiesen, streng darauf zu halten, weil es dem Haupt der Familie höchst selten möglich ist, allein den Lebensunterhalt für die ganze Familie zu erwerben …"

(Aus: Ruth Hoppe: Dokumente zur Geschichte der Lage des arbeitenden Kindes in Deutschland von 1700 bis zur Gegenwart, Berlin 1969, S. 57 ff.)

Zur Situation der Fabrikarbeiter

Der Arbeiterführer Julius Wahlsieg berichtet über die Zeit in seinen Lebenserinnerungen:

„Es war nur ein sehr kleiner Teil der Arbeiter, welcher die allernotwendigsten Lebensbedürfnisse einigermaßen befriedigen konnte, die ungeheure Mehrzahl war tatsächlich auf das Niveau der Arbeitstiere herabgedrückt. In den Fabriken wurde in der Regel von früh sechs bis abends acht Uhr gearbeitet. Es gab eine Mittagspause von einer halben Stunde und halbstündige Pausen für Frühstück und Vesper. Der Lohn reichte für den geschicktesten, bestbezahlten Arbeiter nicht aus, um, sofern er unverheiratet war, ein eigenes Zimmer zu mieten. [...] Die Nahrung war schlecht. Der Genuss von vielem trockenem Brot verursachte außer den anderen Übelständen besonders Sodbrennen, das man durch Kreideessen bekämpfte. Zur Reinlichkeit fehlte jede Gelegenheit; es waren keine 25 Pfennig wöchentlich übrig, um regelmäßig ein Bad zu nehmen."

(Nach: Franz Josef Furtwängler: Die Gewerkschaften, Rowohlt Verlag, Reinbek 1956)

1. Beschreibe die Situation, in der sich die große Mehrheit der arbeitenden Menschen befand.

B Freie und soziale Marktwirtschaft im Vergleich

Die Situation in der Zeit der freien Marktwirtschaft

In der Zeit des Wandels von der bäuerlichen Gesellschaft zur Industriegesellschaft im 19. Jahrhundert bildete sich in Deutschland und in anderen europäischen Staaten die Wirtschaftsordnung der freien Marktwirtschaft heraus. Charakteristisches Merkmal der freien Marktwirtschaft ist der freie und nach größtmöglichem Gewinn strebende Unternehmer. Der Staat schafft günstige Bedingungen für einen uneingeschränkten Wettbewerb und garantiert mit seinen Gesetzen die unternehmerische Freiheit. Ansonsten hält er sich weitgehend aus dem Wirtschaftsgeschehen heraus.

Die Folge waren große soziale Ungerechtigkeiten. Der Staat sah es nicht als seine Aufgabe an, besondere Schutz- oder gar Mitwirkungsrechte für die lohnabhängig Beschäftigten zu schaffen. Ein Fabrikbesitzer konnte in seinem Unternehmen frei schalten und walten. Er bestimmte alleine über die Arbeitszeiten, Arbeitsbedingungen und die Höhe der Löhne. Sein Einfluss ging so weit, dass Arbeiterinnen und Arbeiter seine Erlaubnis einholen mussten, wenn sie heiraten wollten.

Entstehung der sozialen Marktwirtschaft

In der Zeit nach dem Zweiten Weltkrieg wurde in der Bundesrepublik Deutschland das System der sozialen Marktwirtschaft eingeführt. Das theoretische Konzept dazu lieferte der deutsche Wirtschaftswissenschaftler Alfred Müller-Armack. Seine Grundthese lautete: „Sinn der sozialen Marktwirtschaft ist es, das Prinzip der Freiheit des Marktes mit dem des sozialen Ausgleichs zu verbinden."

Freiheit muss mit sozialer Gerechtigkeit verbunden werden. Ludwig Erhard, der erste Wirtschaftsminister der neu gegründeten Bundesrepublik, setzte das Konzept in die Praxis um.

Merkmale

In der sozialen Marktwirtschaft bleiben die grundlegenden Elemente der freien Marktwirtschaft erhalten, so zum Beispiel, das Recht, ein privates Unternehmen zu gründen, Produkte eigener Wahl herzustellen und den Preis dafür in eigener unternehmerischer Verantwortung festzulegen. Der Staat setzt aber deutliche Grenzen. Die Preise für Trinkwasser, Gas und Strom dürfen nicht beliebig erhöht werden, damit sich möglichst alle Menschen im Land Heizung und Wasser leisten können.

Insbesondere übernimmt der Staat eine Schutzfunktion gegenüber den Bürgern und besonders gegenüber den sozial schwach gestellten Menschen. Die Verwirklichung einer umfangreichen Sozialgesetzgebung gehört untrennbar zur sozialen Marktwirtschaft. Für die Gestaltung der Arbeitswelt wurde eine Fülle gesetzlicher Regelungen geschaffen mit der Funktion, die Arbeitnehmerinnen und Arbeitnehmer zu schützen und den sozialen Frieden zu bewahren.

Wichtige Regelungen sind z.B. die gesetzlichen Sozialversicherungen, der Kündigungsschutz, die Mitbestimmung der Arbeitnehmer, Mutterschutz, Jugendarbeitsschutz, das Verbot von Kinderarbeit und die gleichberechtigte Integration von Menschen mit einer Behinderung in das Arbeitsleben.

 1. Was sind wichtige Merkmale der sozialen Marktwirtschaft von heute? Notiere sie.

 2. Worin bestehen die Unterschiede zwischen der sozialen Marktwirtschaft heute und der freien Marktwirtschaft im 19. Jahrhundert? Erläutere sie (auch mithilfe der Zeichnung).

 3. Sucht gemeinsam nach Gründen, warum die Wirtschaftsordnung des 19. Jahrhunderts kein Modell für die Gegenwart sein kann.

C Was sind die besonderen Merkmale der sozialen Marktwirtschaft?

Auf dieser Doppelseite sind grundlegende Merkmale der sozialen Marktwirtschaft mithilfe von Fotos visualisiert. Ihr könnt sie und die erläuternden Texte für eine Sammlung der Merkmale benutzen. Empfohlen wird, sie in Form eines Clusters zu notieren. Dazu gruppiert ihr Stichworte oder kurze Erklärungen um das zentrale Thema herum. Den Cluster und die Fotos könnt ihr als Grundlage für eine mündliche Erklärung benutzen.

1 Niemand schreibt einem Unternehmen vor, welche Produkte es auf dem Markt anbietet – also welche Blumen, welche Jeans, welche Smartphones. In der sozialen Marktwirtschaft gelten Angebots- und Konsumfreiheit. Diese Freiheiten sind allerdings mit erheblichen Einschränkungen verbunden. Technische Produkte müssen gesetzlich vorgeschriebene Umweltstandards erfüllen. Für den Handel mit Arzneien, Feuerwerkskörpern oder Tieren gibt es strenge Regelungen. So sind der Verbraucher- und Umweltschutz ebenfalls Bestandteile der sozialen Marktwirtschaft. Sie gehören zu den Schutzmaßnahmen, die beständig weiterentwickelt werden müssen.

2 Das Foto zeigt die Arbeitnehmerschaft in einem Großbetrieb bei der Wahl ihres Betriebsrats. Betriebliche Mitbestimmung ist ein weiteres Merkmal der sozialen Marktwirtschaft.

Gewerkschaften und die Arbeitgeberorganisationen können selbstständig Vereinbarungen über Löhne, Arbeitszeiten und Arbeitsbedingungen vertraglich vereinbaren. Dieses Recht wird auch als Tarifautonomie bezeichnet. Mitbestimmung und Tarifautonomie gehören zu den Errungenschaften der sozialen Marktwirtschaft, die besonders dem sozialen Frieden dienen.

3 Unternehmerische Freiheit, auch Gewerbefreiheit genannt, ist ein Grundmerkmal der sozialen Marktwirtschaft, ebenso wie die Tatsache, dass die meisten Unternehmen in privater Hand sind. Das gilt auch für den „rollenden Fastfoodladen" auf dem Foto. Der Betreiber des Ladens kann sich auf das im Grundgesetz garantierte Recht auf Privateigentum berufen. Allerdings schreibt Artikel 14 des Grundgesetzes auch vor, dass Privateigentum dem Wohl der Allgemeinheit zu dienen hat. Einschränkend gilt weiterhin, dass die Gründung zahlreicher gewerblicher Betriebe an bestimmte berufliche Qualifikationen gebunden ist.

4 Zu den Merkmalen der sozialen Marktwirtschaft gehören alle Maßnahmen, die einen Ausgleich schaffen zwischen der wirtschaftlichen Freiheit auf der einen Seite und dem Schutz der Menschen auf der anderen Seite. Gesetze gewähren Mutterschutz, Kinder- und Jugendschutz, Jugendarbeitsschutz, Elternzeit und Elterngeld, Kindergeld und anderes mehr.

Sozialpolitik soll sich in besonderer Weise auf Fördermaßnahmen für die sozial Schwachen konzentrieren. Dazu gehören oft Alleinerziehende, Frauen und Kinder. Über das System der gesetzlichen Sozialversicherung sind alte Menschen, Kranke, Pflegebedürftige und Arbeitslose vor allzu großer materieller Not geschützt. In der sozialen Marktwirtschaft stehen die Wirtschaftsordnung und der Sozialstaat in einer untrennbaren Verbindung zueinander.

5 Wettbewerbssicherung gehört zu den grundlegendsten Aufgaben des Staates in der sozialen Marktwirtschaft. Seine besondere Bedeutung erklärt der folgende Textauszug:

„Wenn möglichst viele verschiedene Anbieter um die niedrigsten Preise konkurrieren, um den besten Service und um die neuesten Erfindungen, so ist das schlicht unbequem. Um dem lästigen Wettbewerb zu entgehen, lassen sich die Unternehmen daher einiges einfallen. Sie kaufen Konkurrenten auf. Sie verschenken ihre Produkte, um die Konkurrenz in die Pleite zu treiben. Und wenn das nicht hilft, sprechen sie die Preise mit anderen Anbietern ab. Solche Aktionen zu verhindern ist Aufgabe des Staates. [...] Keinesfalls dürfte der Staat den Wettbewerb von den Unternehmen aushebeln lassen. Denn Konkurrenz bringt Fortschritt und Wohlstand in die Wirtschaft.

Wenn der Wettbewerb gut funktioniert, bewirkt dies, dass Autos, Ananas und anderes so billig angeboten werden, wie es nur geht – das hat der österreichische Ökonom Friedrich August von Hayek betont. Er sagt: Wie billig ein Gut sein kann, das lässt sich überhaupt erst durch Wettbewerb ermitteln. [...]

So merken auch die Verbraucher erst, wie billig sich eine Ananas produzieren und nach Deutschland schaffen lässt, wenn sich mehrere Hersteller gegenseitig um das Geschäft reißen. [...]

(Aus: Rainer Hank: Erklär' mir die Welt. Was Sie schon immer über Wirtschaft wissen wollten, Frankfurter Allgemeine Buch, Frankfurt a. M. 2008, S. 155 f.)

---

1. Wie viele Merkmale der sozialen Marktwirtschaft fandest du beim Lesen der Texte heraus: fünf, sechs oder gar sieben? Nenne sie.

2. Erläutere an Beispielen, warum die Freiheiten in der sozialen Marktwirtschaft in der Regel stets durch staatliche Eingriffe begrenzt sind.

3. Worin besteht der Zusammenhang zwischen sozialer Marktwirtschaft und Sozialstaat? Erläutere ihn mithilfe eines Beispiels.

4. Denkt einmal an die Produktion von Kleidung oder von Lebensmitteln. Für wen ist der Wettbewerb hierbei von Vorteil, für wen kann er auch zu Nachteilen führen? Tauscht dazu eure Überlegungen aus.

5 Wie sozial soll die soziale Marktwirtschaft sein?
Diskutieren über soziale Gerechtigkeit und die Höhe der Steuern

Eine Einstiegsübung für alle:
Was gehört für dich zu einem Land, in dem es sozial gerecht zugeht?
Notiere deine Gedanken dazu.

A Zweifel an der sozialen Marktwirtschaft

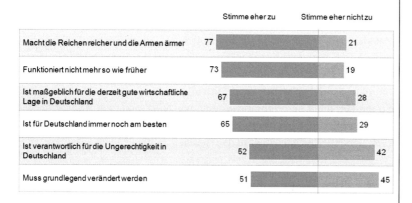

ARD-DeutschlandTREND: Februar 2012
Ansichten über die soziale Marktwirtschaft

	Stimme eher zu	Stimme eher nicht zu
Macht die Reichen reicher und die Armen ärmer	77	21
Funktioniert nicht mehr so wie früher	73	19
Ist maßgeblich für die derzeit gute wirtschaftliche Lage in Deutschland	67	28
Ist für Deutschland immer noch am besten	65	29
Ist verantwortlich für die Ungerechtigkeit in Deutschland	52	42
Muss grundlegend verändert werden	51	45

Frage: Ich nenne Ihnen einige Ansichten über die soziale Marktwirtschaft in Deutschland und Sie sagen mir bitte, ob Sie ihnen eher zustimmen oder eher nicht zustimmen. Unsere Wirtschaftsordnung…

Grundgesamtheit: Wahlberechtigte Bevölkerung in Deutschland / Angaben in Prozent
Fehlende Werte zu 100%: Weiß nicht / keine Angabe

Infratest dimap

Die soziale Marktwirtschaft soll für soziale Gerechtigkeit sorgen. Ein großer Teil der Deutschen ist einer Umfrage zufolge der Ansicht, dass sie dieses Ziel mehr und mehr verfehlt. Als Grund dafür wird oft die große Kluft zwischen Arm und Reich genannt. Kann eine Wirtschaftsordnung gerecht sein, in der Manager mehrere Millionen Euro pro Jahr verdienen, während gleichzeitig andere, die hart arbeiten, kaum von ihren Löhnen leben können? Vielfach herrscht Unzufriedenheit mit der Wirklichkeit in der sozialen Marktwirtschaft. Allerdings wollen die meisten der Befragten keine andere Wirtschaftsordnung.

Wachsende Kluft zwischen Arm und Reich

Die Kluft zwischen Arm und Reich ist in der westlichen Welt so groß wie seit 30 Jahren nicht mehr. Nach einer neuen Studie der Organisation für wirtschaftliche Zusammenarbeit und Entwicklung (OECD)* nahm die Ungleichheit in den meisten Industriestaaten zu – auch in Deutschland. Während die reichsten zehn Prozent der Gesellschaft vor 30 Jahren siebenmal so viel verdienten wie die ärmsten zehn Prozent, sind es inzwischen zehnmal so viel. 34 Staaten hat die OECD untersucht, die Bundesrepublik belegt in der Rangliste sozialer Gerechtigkeit Rang 14. Die Kluft zwischen Arm und Reich ist hierzulande größer als in Skandinavien, den Niederlanden oder Belgien. Aber auch zahlreiche ehemalige Ostblockstaaten schnitten besser ab als die Bundesrepublik. Auf den letzten Plätzen finden sich unter anderem Großbritannien und die USA.

(Aus: Alexander Hagelüken: Je ungleicher, desto ärmer, vom 21.05.2015, in: Süddeutsche Zeitung; www.sueddeutsche.de/wirtschaft; Zugriff: 10.07.2016)

*Die Organisation für wirtschaftliche Zusammenarbeit und Entwicklung (OECD) Ist eine internationale Organisation mit 34 Mitgliedstaaten, die es sich zum Ziel gesetzt hat, Demokratie und wirtschaftlichen Wohlstand zu fördern.

1. Fasse zusammen, welche Ergebnisse die Studie der OECD zum Thema soziale Gerechtigkeit hervorgebracht hat.

2. Wie fallen deine Antworten auf die Fragen in der Umfrage aus? Antworte alleine, vergleiche deine Antworten, diskutiert miteinander.

B TEAM kontrovers: Welche Politik ist sozial gerecht?

Die Gestaltung der sozialen Marktwirtschaft verpflichtet die Regierungen dazu, für soziale Gerechtigkeit zu sorgen. Gerechtigkeit* ist ein hoher Wert, aber ein schwer zu definierender Begriff. Die Erklärung hängt davon ab, was man nach seinen persönlichen Vorstellungen als gut und richtig empfindet. Zur Frage, welche Politik sozial gerecht ist, gibt es sehr unterschiedliche Auffassungen. Welcher der folgenden Positionen kannst du dich anschließen?

Position 1: Grundprinzip Solidarität

Für ein Höchstmaß an sozialer Gerechtigkeit sorgt der Staat, wenn er keine große Kluft zwischen armen und reichen Menschen im Land duldet. Ziel sozial gerechter Politik ist eine relativ gleiche Verteilung des Wohlstands. Sind die sozialen Unterschiede zu groß, muss der Staat für eine Umverteilung sorgen. Solidarität lautet hier das Grundprinzip der Politik. Das bedeutet, dass alle füreinander einstehen. Wohlhabende geben einen großen Teil ihres Reichtums in Form von Steuern und Sozialbeiträgen ab. Mit diesem Geld wird ein umfangreiches System sozialer Hilfen finanziert, das den Geringverdienern zur Verfügung steht. Diese Auffassung wird auch als *Wohlfahrtsstaat* und als *skandinavisches Modell* bezeichnet.

Position 2: Grundprinzip Eigenverantwortung

Sozial gerecht ist eine Politik, die den Bürgerinnen und Bürgern ein Höchstmaß an Freiheit lässt und ihnen möglichst wenig Steuern und Sozialabgaben abverlangt. Dazu gehört auch die Freiheit, selbst zu entscheiden, ob man sich versichert und ob man von seinem Reichtum an andere abgibt. Eigenverantwortliches Handeln ist hier das Grundprinzip von sozialer Gerechtigkeit. Wer mehr leistet als andere, soll mehr besitzen. Wer arm ist, muss alles tun, um sich selbst aus der Armut zu befreien. Den Reichen Geld abzunehmen, um es den Armen zu geben, wird als eher ungerecht empfunden. Diese Auffassung wir auch als *amerikanisches Modell* bezeichnet.

Position 3: Grundprinzipien Eigenverantwortung plus Solidarität

Sozial gerecht geht es zu, wenn Chancengleichheit besteht und wenn der Staat dafür sorgt, dass alle Menschen unabhängig von ihrer Herkunft gleiche Bildungs- und Aufstiegsmöglichkeiten haben. Staatliche Hilfen sollen vor allzu großer materieller Not schützen und den Betroffenen ein menschenwürdiges Leben ermöglichen. Sie dürfen aber nicht so hoch ausfallen, dass den Betroffenen der Anreiz genommen wird, von sich aus aktiv zu werden. Soziale Gerechtigkeit entsteht aus einer Kombination von Solidarität und Eigenverantwortung.

*Weitere Erklärungen zum Begriff Gerechtigkeit findet ihr im Glossar.

1. Ordne die folgenden drei Begriffe den Positionen 1, 2 und 3 zu: Leistungsgerechtigkeit, Chancengerechtigkeit, Verteilungsgerechtigkeit.
2. Notiere und begründe, welcher Position du dich anschließen kannst.
3. Vergleicht eure Ergebnisse. (Das kann in Kleingruppen geschehen.)
4. Stellt eure Positionen vor und diskutiert in der Klasse.

Was auch noch interessant sein kann:
- andere zu ihrer Vorstellung von sozialer Gerechtigkeit befragen und davon berichten.

C Wie kann der Staat die Einkommensunterschiede beeinflussen?

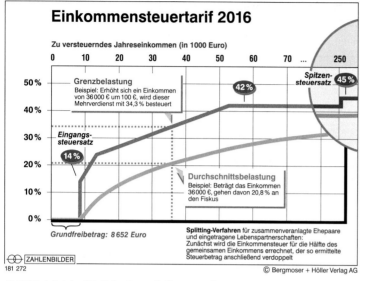

Einkommensteuertarif 2016

Zu versteuerndes Jahreseinkommen (in 1000 Euro)

0   10   20   30   40   50   60   70 ... 250

Grenzbelastung
Beispiel: Erhöht sich ein Einkommen von 36 000 € um 100 €, wird dieser Mehrverdienst mit 34,3 % besteuert

Spitzensteuersatz **45 %**

Eingangssteuersatz **14 %**

Durchschnittsbelastung
Beispiel: Beträgt das Einkommen 36 000 €, gehen davon 20,8 % an den Fiskus

42 %

Grundfreibetrag: 8 652 Euro

Splitting-Verfahren für zusammenveranlagte Ehepaare und eingetragene Lebenspartnerschaften: Zunächst wird die Einkommensteuer für die Hälfte des gemeinsamen Einkommens errechnet, der so ermittelte Steuerbetrag anschließend verdoppelt

ZAHLENBILDER
181 272

© Bergmoser + Höller Verlag AG

Ab 2018 steigt der jährliche Steuerfreibetrag auf 9 000 Euro.

Der **Einkommensteuertarif** ist die durch Gesetz vorgeschriebene Berechnungsgrundlage zur **Einkommensteuer**. Er gibt an, wie viel Steuern von einem Jahreseinkommen abgehen.
Beispiel: Der Durchschnittsverdienst eines Ledigen betrug 2016 36 000 Euro brutto pro Jahr. Zur Berechnung seiner Einkommensteuer wird der Grundfreibetrag von 9 000 Euro (ab 2018) von seinem Jahreseinkommen abgezogen (siehe Schaubild). Nur der darüber liegende Anteil des Einkommens wird steuerlich erfasst. Hier steigt die Steuerlast von 14 % bis zu 45 % progressiv (= nach und nach) an.

Beispiel: Steuerpolitik

Steuern sind Zwangsabgaben der Bürger an den Staat. Wer sie nicht bezahlt, macht sich strafbar. Es gibt viele unterschiedliche Steuern, die alle der Erzielung von Einnahmen zur Finanzierung der vielfältigen öffentlichen Aufgaben dienen. Von besonderer Wichtigkeit sind die Lohn- und Einkommensteuer. Zusammen bilden sie eine der größten Einnahmequellen des Staates.

Lohn- und Einkommensteuer sind im Prinzip das Gleiche. Die Lohnsteuer ist der Anteil, den der Arbeitgeber direkt vom Bruttolohn an das Finanzamt abführt. Einkommensteuer zahlen Selbstständige. Sie müssen dazu von sich aus dem Finanzamt ihre Einnahmen mitteilen.

Der Staat kann die Steuersätze für Wohlhabende erhöhen oder senken, er kann die Geringverdiener von der Lohnsteuer befreien oder auch von ihnen einen Anteil an der Finanzierung des Gemeinwesens erwarten. Wie er mit dieser Möglichkeit umgeht, hängt stets davon ab, welche Vorstellung von Steuergerechtigkeit dahintersteht. Steuerpolitik kann Wahlen entscheiden. Sie gehört daher unter Politikern, Parteien und den Bürgern im Land zu den besonders kontrovers diskutierten politischen Themen.

Grundsatz der Steuergerechtigkeit

Zum Problem der Steuergerechtigkeit hat das Bundesverfassungsgericht unter anderem folgenden Grundsatz festgelegt: Die Höhe der Lohn- und Einkommensteuer muss die Verhältnisse berücksichtigen, in denen jemand lebt. Diejenigen, die es sich leisten können, müssen bei diesen Steuern mehr bezahlen als diejenigen, die sich finanziell ohnehin schon stark einschränken müssen. Wie groß die Unterschiede sein dürfen, darüber gibt es keine Festlegung, aber sehr unterschiedliche Ansichten.

1. Steuern, Steuerpolitik, Steuergerechtigkeit: Beschreibe, was man darunter versteht.

2. Warum sind die Lohn- und Einkommensteuer besonders wichtig und besonders umstritten? Erkläre es.

3. Welche Informationen über die Höhe der jährlich zu zahlenden Einkommensteuer zwischen Menschen mit geringem, mittlerem und hohem Einkommen kannst du dem Schaubild zur Einkommensteuer entnehmen? Beschreibe den Kurvenverlauf.

4. Wie viel Einkommensteuer pro Jahr muss jemand zahlen, der 8 600, 40 000 oder gar 250 000 Euro pro Jahr verdient. Ermittle die ungefähre Höhe in Prozent und in der Summe anhand der ansteigenden Kurven im Schaubild.

D Wer soll wie viel Einkommensteuer bezahlen?

Wie lässt sich die Steuerlast von berufstätigen Menschen mit unterschiedlichem Einkommen sozial gerecht verteilen? Das ist die schwierige Frage, um die es hier geht. Stellt euch folgende Situation vor: In der Rolle des Staates habt ihr zu entscheiden, wie die benötigte Steuer möglichst gerecht auf das Einkommen der sechs ausgewählten Personen verteilt werden soll. Ihr habt die Möglichkeiten A, B oder C.

Tipp: Setzt euch in Gruppen zusammen und bearbeitet die Aufträge 1 bis 3 gemeinsam.

A Freibeträge für Geringverdiener

Wer unter der Freigrenze von gut 9 000 Euro Verdienst jährlich bleibt, zahlt überhaupt keine Steuer vom Lohn. Ab dieser Summe steigt die Steuerlast progressiv an von 14 bis 45 Prozent. Niemand zahlt mehr als die Hälfte. Das entspricht in etwa der Regel in Deutschland.

B Fester Prozentsatz für alle

Sozial gerecht ist es, wenn alle einen Prozentsatz ihres Jahreseinkommens an den Staat abführen. Alle zahlen zum Beispiel 25 Prozent. So zahlt die Studentin real wenig und das Topmodel real viel.

C Alle ein wenig, Topverdiener viel

Sozial gerecht ist es, wenn jeder den Beitrag zum Steueraufkommen leistet, den er verkraften kann. So können die Studentin und die Verkäuferin zum Beispiel 5 Prozent bezahlen, die Fabrikantin etwa 50 und das Topmodel bis zu zwei Drittel.

Hugo Ferring,
36 Jahre, verheiratet, kein Kind
Rechtsanwalt
Jahreseinkommen etwa 50 000 €

Nadja Sündchen,
25 Jahre, ledig
Topmodel
Jahreseinkommen etwa 12 Millionen €

Sigrid Jahn,
32 Jahre, ledig
Textilfabrikantin
Jahreseinkommen etwa 250 000 €

Mirco Smiatek,
24 Jahre, ledig
Profifußballer
1. Bundesliga
Jahreseinkommen (geschätzt) 2 Millionen € plus Prämien

Viktor Orlow,
46 Jahre, verheiratet, 2 Kinder
Tischlermeister
Jahreseinkommen etwa 30 000 €

Franziska Salz,
27 Jahre, ledig
Verkäuferin in einem Schuhgeschäft
Jahreseinkommen etwa 20 000 €

Sandrine Mathieu,
23 Jahre, ledig
Studentin, jobbt zur Finanzierung ihres Studiums als Kellnerin und Telefonistin
Jahreseinkommen etwa 6 500 €

So könnt ihr vorgehen:

1. Berechnet für A, B und C, was das für die einzelnen Personen bedeuten würde.

2. Diskutiert in der Gruppe und entscheidet euch für eine der Möglichkeiten.

3. Stellt eure Gruppenentscheidung samt Begründung in der Klasse vor.

Was noch interessant sein kann:

● Planung einer Diskussionsrunde in Form eines Rollenspiels mit den sieben Personen, Thema: *Welche Möglichkeit der Besteuerung halte ich für sozial gerecht?*

6 Welche Rollen spielen Banken, Unternehmen, Staat und Ausland?

Die Rolle der Akteure mithilfe eines Modells erklären

Eine Einstiegsübung für alle:

> **SINKENDES WIRTSCHAFTSWACHSTUM IN CHINA GEFÄHRDET ARBEITSPLÄTZE IN KÖLN**

So oder ähnlich finden wir häufig Schlagzeilen in der Tagespresse. Wie kann das eine mit dem anderen zusammenhängen? Suche nach einer möglichen Erklärung.

A 📖 ✓ Fall Familie Modus im Wirtschaftskreislauf

Hier sehen wir Familie Modus.

Herr Modus arbeitet bei einem großen Automobilhersteller in Köln. Von diesem **Unternehmen** bezieht die Familie ein monatliches Gehalt. Mit diesem Geld bestreitet die Familie ihren **Haushalt** und kauft bei anderen Unternehmen die Dinge des täglichen Bedarfs ein. Einen Teil ihres Einkommens zahlen die Modus in Form von Steuern an den **Staat**. Im Gegenzug erhalten sie vom Staat auch etwas zurück – z.B. das Kindergeld für die Tochter Mia und den Sohn Ben. Die Familie spart für ein neues Auto und zahlt dafür monatlich eine feste Sparsumme auf ein Konto einer örtlichen **Bank** ein. Der Automobilkonzern, bei dem Herr Modus arbeitet, exportiert Autos ins **Ausland**. Die dafür gezahlten Preise tragen zum Umsatz und zum Gewinn des Unternehmens bei. Dass die Wirtschaft in China schwächelt, bereitet Familie Modus Sorgen. Es kann dazu führen, dass weniger Autos nach China exportiert werden und dass der Arbeitsplatz von Herrn Modus dadurch gefährdet ist.

Das Modell des Wirtschaftskreislaufs

An den Lebensumständen der Familie Modus kann man erkennen, dass sich die Familie in einem Kreislaufsystem befindet. Weil dieses System in seiner grundlegenden Struktur auch auf viele Millionen andere Familien zutrifft, ist es sinnvoll, die Zusammenhänge und Abhängigkeiten in Form eines Modells darzustellen, dem Modell des Wirtschaftskreislaufs.

Zum Modell des Wirtschaftskreislaufs gehören fünf Sektoren (= Bestandteile):

- die Unternehmen,
- die privaten Haushalte,
- der Staat,
- die Banken,
- das Ausland.

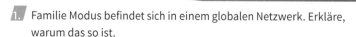

1. Familie Modus befindet sich in einem globalen Netzwerk. Erkläre, warum das so ist.

B Die Sektoren im Wirtschaftskreislauf

Sektor 1: Die Unternehmen

Sie versorgen über die Märkte die privaten Haushalte mit Waren und Dienstleistungen und bieten Arbeitsplätze an. Sie erhalten Geld für ihre Leistungen und zahlen Geld in Form von Löhnen. An den Staat zahlen sie Geld in Form von Unternehmenssteuern und Sozialabgaben. Unternehmen finanzieren ihre Investitionen oft über Bankkredite. In guten Zeiten legen sie Gewinne als Bankrücklagen an.

Sektor 2: Die Haushalte

Sie erwerben von den Unternehmen Waren und Dienstleistungen und bezahlen diese mit dem Geld, das sie in Form von Löhnen für ihre Arbeitsleistung erhalten. Sie zahlen Steuern an den Staat und erhalten im Bedarfsfall staatliche Sozialleistungen. Bei den Banken können sie ihre Ersparnisse anlegen und Kredite beantragen.

Sektor 3: Der Staat

Er beeinflusst den Wirtschaftskreislauf in mehrfacher Hinsicht. Von den Unternehmen und den privaten Haushalten kassiert er Steuern und Sozialabgaben. Diese fließen in Form von Staatsausgaben wieder in den Kreislauf zurück. Der Staat erteilt Aufträge an Unternehmen zu Forschungszwecken und zum Bau von Straßen, Schulen etc. Er unterstützt Unternehmen mit Subventionszahlungen. Den größten Anteil der Staatsausgaben machen die Kosten für Sozialausgaben aus, die an die privaten Haushalte fließen. Diese Übertragungen der staatlichen Einnahmen in Ausgaben werden als Transferleistungen bezeichnet (transferieren = übertragen). Einen großen Teil der Einnahmen muss der Staat zur Tilgung seiner Schulden verwenden.

Sektor 4: Die Banken

Eine Bank ist ein Unternehmen, das mit Geld handelt. Zu ihr fließt das Geld aus privaten Haushalten, die ihre Ersparnisse sicher anlegen wollen und von Unternehmen, die Rücklagen für spätere Geschäfte bilden. Als Gegenleistung zahlt die Bank den Geldanlegern Zinsen aus. In für die Kunden guten Zeiten können das mehrere Prozent der Anlagesumme sein. In für die Kunden schlechte Zeiten können die Zinsen bis auf null Prozent sinken. Die Bank verwendet die Einlagen, indem sie Kredite verkauft und indem sie durch andere, manchmal sehr komplizierte Geldgeschäfte versucht, das Geld zu vermehren. Ihr Gewinn entsteht aus den Zinsen, welche die Kreditnehmer zahlen und den Anteilen aus Geldgeschäften, den die Bank für sich behält.

Sektor 5: Das Ausland

Äpfel aus Neuseeland, Sportartikel aus Vietnam, Unterhaltungselektronik aus Japan – einen Großteil der Waren des täglichen Ge- und Verbrauchs beziehen wir aus dem Ausland. In umgekehrter Richtung wird der größte Teil der in Deutschland produzierten Waren als Exportware verkauft. Die internationalen Handelsbeziehungen bilden im Wirtschaftskreislauf einen wichtigen eigenen Sektor und dieser hat für Deutschland eine größere Bedeutung als für jedes andere Land in der Welt. Geldströme in kaum vorstellbarer Höhe fließen für den Import von Waren aus dem nationalen Wirtschaftskreislauf ab und im Gegenzug für Exporte wieder in den Wirtschaftskreislauf hinein.

1. Wähle eine der folgenden Aufgaben aus. Formuliere die Antworten und tausche dich darüber mit anderen Schülern aus.

Tipp: Ihr könnt auch Dreiergruppen bilden und euch so die Arbeit teilen.

- „Ich erkläre die Rolle der Unternehmen und der privaten Haushalte im Wirtschaftskreislauf und erläutere, wie diese beiden Sektoren miteinander zusammenhängen."
- „Ich erkläre die Rolle des Staates im Wirtschaftskreislauf und stelle vor, wie der Staat mit den übrigen Sektoren in Verbindung steht."
- „Ich stelle vor, wie Banken Gewinn erwirtschaften und warum sie so wichtig für die anderen Sektoren sind. Außerdem erläutere ich, warum der Sektor Ausland für die deutsche Wirtschaft besonders bedeutsam ist."

Ein Modell als Erklärungshilfe benutzen

Thema: Wirtschaftskreislauf

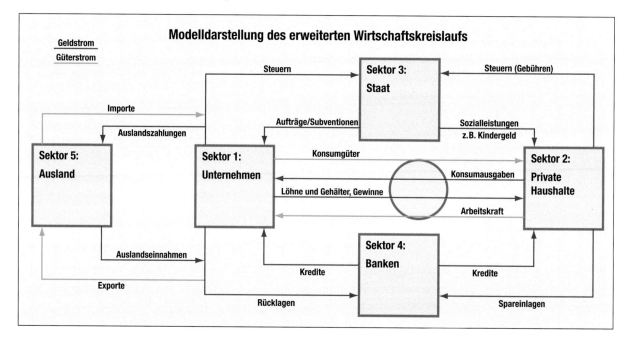

Modelldarstellung des erweiterten Wirtschaftskreislaufs

Geldstrom
Güterstrom

Steuern — Sektor 3: Staat — Steuern (Gebühren)

Importe

Auslandszahlungen

Aufträge/Subventionen

Sozialleistungen z.B. Kindergeld

Sektor 5: Ausland

Sektor 1: Unternehmen

Konsumgüter

Konsumausgaben

Sektor 2: Private Haushalte

Löhne und Gehälter, Gewinne

Arbeitskraft

Auslandseinnahmen

Sektor 4: Banken

Kredite — Kredite

Exporte

Rücklagen

Spareinlagen

Worum geht es?

Modelle müssen erklärt werden, damit man sie versteht. Sie lassen ja ganz bewusst einen Teil der notwendigen Informationen weg, die der Erklärende dann wieder hinzufügen muss. Wer z. B. in der Zeitung liest, dass die Europäische Zentralbank eine Zinssenkung beschlossen hat, um die Wirtschaft in Europa anzukurbeln, kann diese Information in sein Modell vom Wirtschaftskreislauf einordnen. So kann er viel leichter die Folgen für die Unternehmen, die Haushalte, den Staat, den Handel mit dem Ausland ableiten als jemand, der das Modell des Wirtschaftskreislaufs nicht kennt.

Wie kannst du bei der Erklärung vorgehen?

- Wähle einen Ausgangspunkt im Modell, von dem aus du mit deiner Erklärung beginnst. Willst du z. B. erklären, welche Auswirkung eine Erhöhung des Kindergeldes hat, solltest du vom Sektor Staat ausgehen. Geht es um eine Preiserhöhung für Wirtschaftsgüter, nimmst du den Sektor Unternehmen als Ausgangspunkt.

- Veranschauliche deinen Zuhörern immer, an welcher Stelle des Modells du dich gerade befindest.

- Denke daran, dass die Folgen eines Ereignisses in der Wirtschaft nicht mit hundertprozentiger Sicherheit vorausgesagt werden können. Betone bei deiner Erklärung, dass es sich bei der Darstellung der Folgen eines Ereignisses um eine Erwartung und nicht um eine sichere Feststellung handelt.

- Vergleicht mehrere Erklärungen und überlegt dann gemeinsam, welche die wahrscheinlichste ist.

C Wir erklären die Folgen wirtschaftlich bedeutsamer Ereignisse

Ereignis	1 Unternehmen	2 Haushalte	3 Staat	4 Banken	5 Ausland
	☺	☺	☹	☺	☺
Beispiel 1: Der Staat beschließt eine Steuersenkung für Löhne und Gehälter.	*profitieren, weil die privaten Haushalte mehr Geld zur Verfügung haben und daher mehr einkaufen können.*	*profitieren, weil sie weniger Steuern zahlen müssen und daher mehr Geld zur Verfügung haben.*	*verzichtet auf einen Teil seiner Staatseinnahmen und muss eventuell Leistungen kürzen oder noch mehr Schulden aufnehmen.*	*profitieren, wenn die Haushalte mehr Geld haben. Es wird mehr gespart und es werden größere Anschaffungen ins Auge gefasst.*	*profitiert, weil auch Importgüter stärker nachgefragt werden.*

Angenommen, dass...

Beispiel 1: Der Deutsche Bundestag plant eine Erhöhung der Mehrwertsteuer. Das ist die Steuer, die bei jedem Kauf von Waren und Dienstleistungen fällig wird und daher einen Teil des Preises ausmacht (19 Prozent des Kaufpreises in Deutschland 2017).

Beispiel 2: Die deutschen Autohersteller starten eine Preisoffensive. Im Durchschnitt sinken die Preise für Neuwagen je nach Hersteller um 10 bis 25 Prozent.

Beispiel 3: Deutsche Windkraftanlagen werden zu einem Verkaufsschlager. Auch im Ausland ist man sehr am Kauf deutscher Produkte interessiert.

Euer Auftrag:

Hier erhaltet ihr drei Beispiele für wirtschaftlich bedeutsame Ereignisse. Überlegt, welche Folgen diese für die fünf Sektoren im Wirtschaftskreislauf haben können. Beschreibt dazu die von euch erwarteten Folgen für jeden der Sektoren in kurzen Sätzen. Entscheidet, ob die Folge eher positiv ☺ oder eher negativ ☹ zu bewerten ist. Benutzt das ausgearbeitete Beispiel zum Ereignis Steuersenkungen als Orientierung.

So könnt ihr vorgehen:

- Einzelarbeit: Skizziert die fünf Sektoren auf einem Blatt. Wählt zwei der drei Beispiele aus. Beschreibt die möglichen Folgen.
- Gruppenarbeit: Stellt eure Überlegungen in Kleingruppen vor. Einigt euch auf gemeinsame Lösungen.
- Präsentation: Stellt eure Annahmen in der Klasse vor. Vergleicht mehrere Vorschläge.

Die Bedeutung der sozialen Marktwirtschaft

Station 1

Marktwirtschaft – Wie funktioniert das?

Zusammenhänge erklären

„Wie ist es möglich, dass bei meinen Einkäufen nahezu immer alle Waren vorhanden sind, und zwar genau dann, wenn ich sie brauche?"

- Erkläre dieser jungen Frau die Zusammenhänge so, dass sie auch versteht, was *Marktwirtschaft* bedeutet.

Station 2

Wie werden Preise gemacht?

Herr Kleinschmidt beklagt sich: „Ich will im Sommer eine Urlaubsreise machen und habe im Katalog eine schöne 14-tägige Pauschalreise nach Mallorca entdeckt. Im März kostet sie 590 Euro und im August, in dem Monat, in dem ich reisen will, 1180 Euro. Gleiches Hotel, gleiche Leistung. Diese Preisunterschiede verstehe ich nicht."

- Erkläre Herrn Kleinschmidt die Preisunterschiede. Verwende dabei die Begriffe Markt, Angebot, Nachfrage, Preisbildung so, dass Herr Kleinschmidt die Zusammenhänge versteht.

Station 3

Warum greift der Staat in die Wirtschaft ein?

2 aus 4

- Wähle zwei der folgenden Stichworte aus.
- Begründe anhand deiner Auswahl, warum der Staat in die Wirtschaft eingreift.

Ordnung schaffen

Aktive Mitgestaltung

Sozialer Schutz

Sicherung des Wettbewerbs

Station 4

Warum haben wir statt der freien eine soziale Marktwirtschaft?

„Im 19. Jahrhundert lief alles viel besser in der Wirtschaft. Da gab es die freie Marktwirtschaft und der Staat hielt sich weitgehend raus aus dem Wirtschaftsgeschehen. Da konnten die Unternehmer noch frei schalten und walten. Heute in der sozialen Marktwirtschaft mischt sich der Staat mit allen möglichen Regeln in die Wirtschaft ein. Was für ein Nachteil!"

- Erkläre diesem Herrn, dass es vielen Menschen in der Zeit der freien Marktwirtschaft keineswegs besser ging als heute. (Du kannst dazu von der Situation der Fabrikarbeiterinnen und Fabrikarbeiter um 1880 berichten.)

Station 5

Wie sozial soll die soziale Marktwirtschaft sein?

Drei Ansichten zum Thema sozial gerechte Politik

1. Sozial gerecht ist die Politik, wenn der Staat dafür sorgt, dass es keine große Kluft zwischen Arm und Reich gibt.
2. Sozial gerecht ist die Politik, wenn der Staat möglichst wenig in die sozialen Verhältnisse eingreift.
3. Sozial gerecht ist die Politik, wenn Reiche mehr Steuern zahlen als andere und wenn es staatliche Hilfen für Eltern, Kinder und Menschen in Not gibt.

- Entscheide, welcher dieser Ansichten du zustimmst.
- Begründe deine Wahl möglichst überzeugend.

Station 6

Welche Rolle spielen Banken, Unternehmen, Staat und Ausland?

Das Modell des Wirtschaftskreislaufs

1. Wähle eines der folgenden Ereignisse zur Bearbeitung aus.
2. Beschreibe dann die Auswirkungen, die dieses Ereignis aller Wahrscheinlichkeit nach auf die fünf Sektoren im Wirtschaftskreislauf haben wird.

Möglichkeit 1: Der Staat erhöht die Einkommensteuer.
Möglichkeit 2: Die Autohersteller in Japan senken die Preise aller Marken.
Möglichkeit 3: Die Banken in Deutschland senken die Kreditzinsen für ihre Kunden.

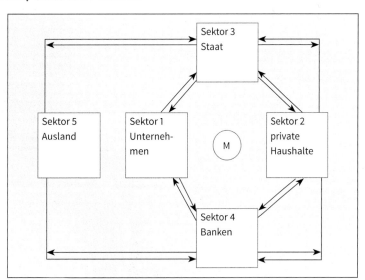

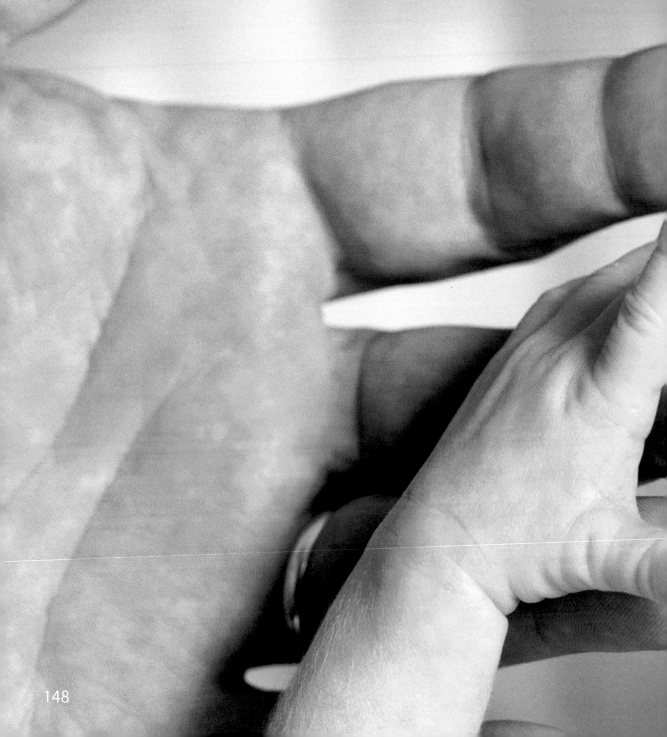

6 Soziale Sicherung heute und morgen

Wie viel Schutz kann und soll der Staat den Menschen bieten?

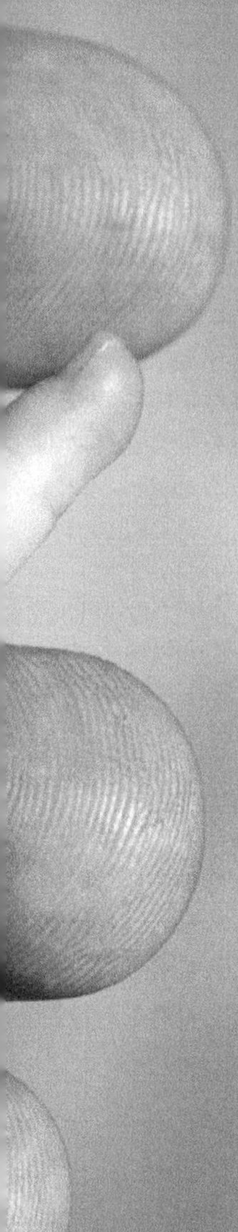

1. Allein nachdenken

Was braucht ein Mensch, um sozial sicher leben zu können?

2. Zu zweit beraten

Was für einen Staat stellt ihr euch vor, wenn ihr das Wort „Sozialstaat" hört?

3. In der Klasse sammeln

Sozialstaat Deutschland:
Was soll er bieten?
Was soll er fordern?

Im Verlauf dieses Kapitels könnt ihr ...

- erklären, was junge Leute mit dem Sozialstaat zu tun haben,
- darstellen, wie das System der sozialen Sicherung funktioniert,
- Texte mit Informationen über den Sozialstaat in Schaubilder umwandeln,
- darüber diskutieren, ob der Sozialstaat in Deutschland für soziale Gerechtigkeit sorgt.

Eigene Schwerpunkte könnt ihr setzen, indem ihr ...

- Vorstellungen von der Zukunft des Sozialstaates entwickelt und euch darüber austauscht,
- überlegt, welche staatlichen Möglichkeiten der Armutsbekämpfung sinnvoll sind.

1 Sozialstaat in Deutschland: Geht das Jugendliche etwas an?

Merkmale der sozialen Sicherung erläutern

Eine Einstiegsübung für alle:

„Soziale Sicherung, Sozialstaat – das sind Themen für Rentner, Kranke, Notleidende, Arbeitslose, aber doch nicht für Jugendliche." So oder ähnlich äußern sich manchmal junge Leute.

● Wie denkst du darüber? Tauscht dazu eure Gedanken aus.

Beispiele

Katja hatte Pech

Sie wollte doch nur diesen kleinen Felsen hinaufklettern. Ganz vorsichtig trat sie von einem Vorsprung zum anderen. Doch dann rutschte sie mit dem rechten Fuß ab. Ihre Hände verloren den Halt und Katja stürzte zwar nur zwei Meter tief, aber das reichte für eine Gehirnerschütterung und den komplizierten Bruch eines Handgelenks. Eine Woche lang musste Katja im Krankenhaus bleiben. Drei Wochen fehlte sie an ihrem Ausbildungsplatz zur Hotelkauffrau. Die ärztlichen Behandlungskosten übernahm Katjas Krankenversicherung fast vollständig, obwohl die Behandlung mehrere Tausend Euro kostete.

Karina ist happy

Sie hat es geschafft, den Ausbildungsplatz zur IT-Systemkauffrau zu bekommen, den sie sich so sehr gewünscht hat. Wenn man sie fragt, ob sie in einer guten sozialen Gemeinschaft lebt, sagt sie „Ja" und denkt dabei an ihre Familie, ihre Freunde und auch schon an ihre neuen Arbeitskolleginnen und -kollegen. Karina ist aber auch Teil eines „sozialen Netzes". Der Staat kümmert sich um sie, obwohl Karina das kaum bemerkt.

Wie alle anderen Azubis auch ist sie in der Sozialversicherung pflichtversichert. Alles, was mit der Anmeldung dazu zusammenhängt, hat ihr Arbeitgeber für sie erledigt. Vor Beginn der Ausbildung musste Karina eine ärztliche Bescheinigung vorlegen, dass sie für den Beruf geeignet ist. Die ärztliche Untersuchung dazu war kostenlos.

Joca ist stolz

Als Auszubildender zum Mechatroniker wurde er bei den Betriebsratswahlen in die Jugend- und Ausbildungsvertretung seines Betriebes gewählt. Nun hat er die Aufgabe, die Interessen aller Azubis zu vertreten. Unter anderem kümmert sich Joca darum, dass die Bestimmungen des Jugendarbeitsschutzgesetzes von den Ausbildern und der Geschäftsleitung eingehalten werden. Wenn Joca seinen Großeltern erzählt, wie weit die gesetzlichen Schutzbestimmungen für die Azubis in seinem Betrieb reichen, können die nur anerkennend staunen.

 Erläutere, was Katja, Karina und Joca mit dem Sozialstaat zu tun haben.

B Gesetzliche Regelungen zum Schutz Jugendlicher in Schule und Ausbildung

Pflichtversicherungen für Auszubildende

Als Auszubildender ist man automatisch Mitglied der Sozialversicherung und erlebt zum ersten Mal, was das konkret bedeutet. Vom ersten Tag der Ausbildung an besteht Versicherungsschutz. Der ist zwar nicht kostenlos, aber die Arbeitnehmer müssen ihre Beiträge für die Renten-, Arbeitslosen-, Kranken- und Pflegeversicherungen nicht allein finanzieren. Arbeitgeber und Arbeitnehmer teilen sich die Beiträge jeweils zur Hälfte. Eventuelle Zusatzbeiträge der Krankenkasse muss der versicherte Arbeitnehmer selbst tragen. Die Beiträge für die Unfallversicherung übernimmt allein der Arbeitgeber. Die Arbeitnehmeranteile werden direkt vom Lohn abgezogen. Der Arbeitgeber überweist das Geld zusammen mit seinem Anteil an die Sozialversicherungsträger.

Jugend- und Auszubildendenvertretung (JAV)

Auszubildende sind keine billigen Hilfskräfte, sondern haben das Recht auf eine Ausbildung unter genau festgelegten Bedingungen. Bei Schwierigkeiten sollten sie zunächst mit dem Ausbilder oder der Jugend- und Auszubildendenvertretung (JAV) sprechen. Die JAV achtet darauf, dass die für Jugendliche und Auszubildenden relevanten Gesetze, Tarifverträge und Betriebsvereinbarungen im Unternehmen eingehalten werden.

Jugendarbeitsschutzgesetz

Das Jugendarbeitsschutzgesetz bewahrt 15- bis 18-Jährige vor Arbeit, die für sie gefährlich oder ungeeignet ist. Es bestimmt z.B. die maximale Dauer der täglichen Arbeitszeit, die Anzahl der Wochenstunden und den Anspruch auf Urlaub. Jeder Jugendliche unterliegt der Schulpflicht. Die Schule hat immer Vorrang. Auszubildende müssen deshalb für ihren Berufsschulunterricht freigestellt werden.

Schutz in Kita, Schule und Universität

Kinder in Tageseinrichtungen, Schüler sowie Studierende fallen unter die Schülerunfallversicherung. [...] Neben dem Schulunterricht stehen z.B. Schulausflüge, Schulreisen, Sport und andere Veranstaltungen ebenfalls unter dem Versicherungsschutz.

Kündigungsschutz

Für Auszubildende besteht ein besonderer Kündigungsschutz.

(Alle Texte aus: Sozialpolitik – ein Heft für die Schule, hrsg. von der Arbeitsgemeinschaft Jugend und Bildung e. V. in Zusammenarbeit mit dem Bundesministerium für Arbeit und Soziales, Ausgabe 2015/2016, verf. von Christian Becker)

Ausbildungsförderung (BAföG)

Das Bundesausbildungsförderungsgesetz ist die finanzielle Hilfe, die sich hinter der Abkürzung „BAföG" verbirgt, eine Ausbildungsförderung, die jährlich von über 600 000 Studierenden und 300 000 Schülern in Anspruch genommen wird. [...] Das Ziel dieser Sozialleistung ist ein zügiger Abschluss des Studiums bzw. der schulischen Ausbildung, um schnell und effektiv ins Berufsleben einzusteigen. Der BAföG-Anspruch besteht grundsätzlich für ein Studium oder eine schulische Ausbildung. [...] Der aktuelle Höchstsatz beim BAföG beläuft sich auf 670 Euro und gilt für einen auswärtig untergebrachten Studenten.

(Aus: www.bafoeg-aktuell.de; Zugriff: 10.01.2016)

1. Stelle zusammen, welche Hilfen der Staat speziell für junge Leute anbietet. (Das geht auch zu zweit.)

2. Was entgegnet ihr Leuten, die davon überzeugt sind, sie hätten mit dem Thema „soziale Sicherung" nichts zu tun? (Übt die Beantwortung in Partnerarbeit ein.)

Was auch noch interessant sein kann:
- Jugendarbeitsschutzgesetz visualisieren: Die aktuelle Fassung des Gesetzes kannst du im Internet einsehen und daraus wichtige Bestimmungen in einer Übersicht zusammenstellen.

C Hilfen für Jugendliche mit Behinderung

📖 Fall Stefan passt ins Team

Stefan Eichenberg hat große Lernschwierigkeiten und leidet zudem seit einigen Jahren stark an Diabetes. Die Schule hat er ohne Abschluss verlassen. Da war die Ausbildung zum Gartenbauhelfer beim niedersächsischen Pflanzenschutzamt in Hannover eine große Chance für ihn. Die Ausbildung hat er erfolgreich abgeschlossen und wurde sogar vom Pflanzenschutzamt übernommen. Mittlerweile hat er seinen Arbeitsplatz gewechselt und arbeitet unbefristet für einen Gärtnerbetrieb in Niedersachsen.

Hier ist er schnell von seinen neuen Kollegen akzeptiert worden. Stefan selbst mag die abwechslungsreiche Arbeit und fühlt sich rundum wohl. Sein Chef schätzt Stefans Arbeitswillen und seine Hilfsbereitschaft. Er und seine Kollegen nehmen auf Stefans Beeinträchtigung Rücksicht. So dürfen die Aufgaben nicht zu komplex sein und aufgrund seiner Zuckerkrankheit braucht Stefan Extrapausen zum Insulinspritzen. Letztlich aber, so der Chef, muss es „wie bei jedem Arbeitnehmer einfach passen".

Berufsausbildung mit Behinderung

Nach dem Berufsbildungsgesetz haben Jugendliche mit Behinderung grundsätzlich Anspruch auf eine reguläre Berufsausbildung. Wenn sie zusammen mit Jugendlichen ohne Behinderung ausgebildet werden, haben sie bessere Chancen, vom Betrieb übernommen und auf dem allgemeinen Arbeitsmarkt beschäftigt zu werden. Nach Angaben des Bundesinstituts für Berufsbildung bewertet etwa die Hälfte der Betriebe, die Jugendliche mit Behinderung ausbilden, ihre Erfahrungen als positiv.

Bei der Ausbildung für einen anerkannten Ausbildungsberuf werden die besonderen Verhältnisse von Menschen mit Behinderung berücksichtigt. Dies gilt vor allem für Zeit und Aufbau der Ausbildung, Dauer der Prüfungszeiten, Zulassung von Hilfsmitteln und für Hilfeleistungen wie Gebärdensprachdolmetscher. Wenn eine Regelausbildung wegen einer Behinderung nicht möglich ist, kann ein sogenannter Fachpraktikerberuf erlernt werden. Dafür gibt es besondere Ausbildungsregelungen. Für Jugendliche mit Lernschwierigkeiten werden zum Beispiel praktische Ausbildungs- und Prüfungsinhalte stärker betont als theoretische. Umgekehrt können bei körperlichen Behinderungen bestimmte praktische Anteile weggelassen werden.

Gleiche Chancen

In Artikel 3 des Grundgesetzes heißt es: „Niemand darf wegen seiner Behinderung benachteiligt werden." Außerdem gibt es ein spezielles Gesetz zur Gleichstellung von Menschen mit Behinderung. Damit sollen Diskriminierungen beseitigt und ein selbstbestimmtes Leben ermöglicht werden. So müssen z. B. neue öffentliche Gebäude behindertengerecht geplant werden. Arbeitgeber mit mindestens 20 Arbeitsplätzen sind gesetzlich verpflichtet, wenigstens fünf Prozent der Arbeitsplätze mit schwerbehinderten Menschen zu besetzen. Wer diese Quote nicht erfüllt, muss eine Abgabe zahlen.

(Aus: Sozialpolitik – ein Heft für die Schule, hrsg. von der Stiftung Jugend und Bildung in Zusammenarbeit mit dem Bundesministerium für Arbeit und Soziales, Ausgabe 2015/2016, S. 22 f., verf. von Christian Becker)

1. Stefan fühlt sich „rundum wohl" an seinem Arbeitsplatz. Erläutere, welche Umstände dazu beitragen.

2. Welche gesetzlichen Regelungen zum Schutz der Menschen mit Behinderung werden in den Texten genannt? Notiere sie.

3. Ein Grundrecht lautet, dass niemand wegen einer Behinderung benachteiligt werden darf. Ist dieses Recht deiner Ansicht nach erreicht? Formuliere deine Stellungnahme und stelle sie vor.

Soziale Sicherung

> Die Bundesrepublik Deutschland ist ein demokratischer und sozialer Bundesstaat. (Artikel 20, Satz 1 des Grundgesetzes)

1. Erkläre, was man unter Sozialpolitik, den gesetzlichen Sozialversicherungen und der Sozialhilfe versteht.

2. Begründe, warum sowohl Solidarität als auch Eigenverantwortlichkeit von grundlegender Bedeutung für den Sozialstaat sind.

3. Suche Leistungen aus dem Schaubild heraus, die für Familien mit Kindern von Bedeutung sind.

Deutschland ist ein Sozialstaat. Dieses grundlegende Merkmal des Staates ist im Grundgesetz festgelegt. Die Grundidee des Sozialstaates ist, dass die Menschen füreinander einstehen. Sie bilden eine Solidargemeinschaft, in der die Gesunden Verantwortung für die Kranken übernehmen und die Starken für die Schwachen. Im Sozialstaat übernimmt der Staat die Pflicht, für den sozialen Schutz seiner Bürgerinnen und Bürger zu sorgen und ihnen ein menschenwürdiges Leben zu ermöglichen. Er strebt eine Politik an, die die Herstellung sozialer Gerechtigkeit zum Ziel hat.

Bausteine der Sozialpolitik

Unter Sozialpolitik versteht man alle Maßnahmen, die die Menschen in Risikosituationen schützen. Die Grundbausteine der Sozialpolitik bilden die gesetzlichen Sozialversicherungen. Fünf Versicherungsarten gehören dazu: die Arbeitslosenversicherung, die Krankenversicherung, die Rentenversicherung, die Pflegeversicherung und die Unfallversicherung.

Vom ersten Tag des Berufslebens an sind alle Auszubildenden in einer betrieblichen Ausbildung in diesem System pflichtversichert. Sozialpolitik umfasst mehr als den gesetzlichen Versicherungsschutz. Elterngeld, Wohngeld und anderes mehr sind weitere staatlich finanzierte Bausteine, die der sozialen Sicherung dienen.

Ein wichtiger Baustein ist auch die Sozialhilfe. Sie steht nur Menschen zu, die dem Arbeitsmarkt nicht zur Verfügung stehen und sich in einer Notlage befinden, die sie aus eigener Kraft nicht bewältigen können. Die Sozialhilfe ist das letzte Auffangnetz im System der sozialen Sicherung.

Gesetze zum Schutz der Menschen am Arbeitsplatz und zur betrieblichen Mitbestimmung sind ebenfalls ein Bestandteil von Sozialpolitik. Sie sind Bestandteil des Systems der sozialen Marktwirtschaft.

Solidarität und Eigenverantwortlichkeit

Das sind die beiden grundlegenden Prinzipien, auf denen das System der sozialen Sicherung beruht.

Solidarität bedeutet, dass Menschen zusammenhalten und sich gegenseitig beschützen und dass der Staat ihnen eine Verantwortung für alle Mitglieder der staatlichen Gemeinschaft abverlangt.

Eigenverantwortlichkeit heißt, dass man nicht untätig bleiben darf und den Staat für sich sorgen lässt. Jeder Mensch ist verpflichtet, alles zu unternehmen, um sich aus eigener Kraft aus einer sozialen Notlage zu befreien. In diesem Bemühen wird er von der Gemeinschaft unterstützt.

2 Was leistet die Sozialversicherung?
Informationen aus Texten in Schaubilder umwandeln

A 📖✓ Fall Warum ist Sandrine sauer auf den Staat?

Sandrine M. ist enttäuscht. In ihrem Ausbildungsvertrag zur Industriekauffrau steht, dass sie im ersten Lehrjahr 793,00 Euro Vergütung erhalten wird. Als dann das erste selbst verdiente Geld auf das neu eröffnete Girokonto überwiesen wird, ist die Ernüchterung groß. Gerade 631,03 Euro stehen auf dem Kontoauszug auf der Habenseite. Hat man sich in der Personalabteilung geirrt? Die Gehaltsabrechnung bringt Klarheit.

Zu Hause spricht Sandrine mit ihrem Vater

Sandrine: Warum muss ich 161,97 Euro für Versicherungen bezahlen? Ich habe doch gar nichts unterschrieben. Ich sehe auch nicht ein, dass ich mit siebzehn Jahren schon Rentenversicherung bezahlen soll. Dafür ist doch später noch Zeit genug; ich denke, ich werde das kündigen.

Vater: Du kannst keine von diesen vier Versicherungen kündigen. Du unterliegst nämlich der gesetzlichen Versicherungspflicht. Per Gesetz sind alle Arbeitnehmer dazu verpflichtet, Vorsorge zu treffen für Krankheit, Alter, Arbeitslosigkeit und für den Pflegefall.

Sandrine: Das ist ein schöner sozialer Schutz, wenn ich alles selbst bezahlen muss.

Vater: Stimmt nicht. Die Beiträge zu den Pflichtversicherungen zahlst du etwa zur Hälfte. Etwas weniger als die Hälfte legt dein Arbeitgeber drauf. Die Unfallversicherung, die dich auf dem Weg zum und am Arbeitsplatz schützt, zahlt der Arbeitgeber sogar allein. Und das alles reicht noch immer nicht aus, um die Riesensummen aufzubringen, die insgesamt in unserer Gesellschaft für die Altersversorgung, Gesundheitspflege und Arbeitslosenunterstützung aufgebracht werden müssen. Viele Milliarden müssen aus dem allgemeinen Steueraufkommen hinzugezahlt werden.

Sandrine: 74 Euro und 15 Cent muss ich in die Rentenversicherung einzahlen. Den gleichen Anteil gibt es vom Arbeitgeber dazu. Das kommt mir verdammt viel vor. Da muss doch später einmal genug Geld angespart sein, um meine Rente zu finanzieren. Und trotzdem höre ich überall, dass die Jungen sich Sorgen um ihre soziale Absicherung machen.

Vater: Die soziale Rentenabsicherung wird wohl bleiben, aber nicht in der Höhe, wie sie bisher staatlich garantiert werden konnte. Das Problem ist einerseits, dass weniger Kinder geboren werden, die später Rentenbeiträge einzahlen, andererseits hat das Problem eigentlich auch eine schöne Seite. Du und deine Generation, ihr habt eine viel höhere Lebenserwartung als die Menschen früher und heute in meinem Alter. Die Leute beziehen schon heute viele Jahre länger Rente als früher. Das verteuert natürlich die Kosten.

Sandrine: Na, dann will ich hoffen, dass ich später noch lange etwas von dem vielen Geld habe, das ich heute abgeben muss.

Vergütung brutto:	793,00 €
– Lohnsteuer:	0,00 €
– Kirchensteuer:	0,00 €
– Krankenversicherung:	66,61 €
– Rentenversicherung:	74,15 €
– Arbeitslosenversicherung:	11,90 €
– Pflegeversicherung:	9,32 €
= auszuzahlender Nettobetrag:	631,03 €

1. Warum ist Sandrines Bruttolohn nicht die Summe, die ihr tatsächlich ausgezahlt wird? Erkläre den Unterschied.

B Die fünf Säulen der gesetzlichen Sozialversicherung

1883 verabschiedete der damalige Reichstag auf Druck der Arbeiterbewegung das erste Krankenversicherungsgesetz. Das war der Einstieg in das System der gesetzlichen Sozialversicherung, der nach und nach viele Schritte folgten. Heute besteht die gesetzliche Sozialversicherung aus fünf Säulen.

Säule 1: Rentenversicherung

Der größte Posten der Renten sind die Altersrenten. Die Höhe der Renten richtet sich unter anderem danach, wie lange der Beschäftigte gearbeitet und wie viel er verdient hat. Daneben zahlt die gesetzliche Rentenversicherung auch Renten an Hinterbliebene und an kranke Menschen, die schon vor Erreichen des Rentenalters nicht mehr arbeiten können. Vorher unterstützt und zahlt die Rentenversicherung jedoch Reha-Maßnahmen, damit Kranke wieder dauerhaft in die Arbeitswelt eingegliedert werden können.

Säule 3: Arbeitslosenversicherung

Wer seinen Job verliert, bekommt Arbeitslosengeld – und zwar dann, wenn er in den beiden Jahren zuvor mindestens zwölf Monate lang versicherungspflichtig beschäftigt war. Wie lange das Arbeitslosengeld gezahlt wird, hängt vom Alter und von der Beschäftigungsdauer ab. In der Regel wird höchstens ein Jahr lang gezahlt. Wer über 50 Jahre alt ist, erhält bis zu zwei Jahren Arbeitslosengeld. Wer nach dieser Zeit keine neue Arbeit gefunden hat, bekommt Arbeitslosengeld II, auch „Hartz IV" genannt. [...]

Säule 2: Krankenversicherung

Jeder muss eine Krankenversicherung abschließen [...]. Die Leistungen der Krankenkassen sind gesetzlich festgeschrieben und für alle gleich. Neben den Kosten für Heilbehandlungen trägt die gesetzliche Krankenversicherung auch die Kosten der Vorsorgeuntersuchungen. Krankengeld wird gezahlt, wenn die Lohnfortzahlung des Arbeitgebers wegfällt – längstens für 78 Wochentage derselben Erkrankung in einem Zeitraum von drei Jahren. [...]

Säule 4: Unfallversicherung

Für die gesetzliche Unfallversicherung ihrer Arbeitnehmer müssen Arbeitgeber Beiträge an die Berufsgenossenschaften entrichten. Bei Arbeitsunfällen oder Unfällen auf dem Weg zu oder von der Arbeit zahlt die Unfallversicherung die Heilkosten und die Kosten für die Wiedereingliederung in den Beruf. [...] Bei bleibenden Schäden und auch bei Berufskrankheiten zahlt sie eine Rente an den Geschädigten oder bei dessen Tod an die Hinterbliebenen.

(Alle Texte auf dieser Seite aus: Projekt: Zukunft; Magazin für Schülerinnen und Schüler, hg. von der Stiftung Jugend und Bildung, Ausgabe 2013/2014, S. 8)

* Zum Stichwort Sozialhilfe findest du weitere Informationen im Glossar.

Säule 5: Pflegeversicherung

Die gesetzliche Pflegeversicherung unterstützt Menschen, die auf Pflege angewiesen sind, und ihre pflegenden Angehörigen. Wie viel der Einzelne bekommt, ist abhängig vom Grad der Pflegebedürftigkeit und davon, ob er zu Hause, ambulant oder im Heim gepflegt wird.

 Welche fünf Informationen über die gesetzliche Sozialversicherung möchtest du dir langfristig merken? Notiere sie und vergleiche mit einem Lernpartner.

 Wie viele andere junge Leute auch hat Sandrine keine Lust dazu, schon in jungen Jahren Rentenversicherungsbeiträge zu bezahlen. Bewertest du das als kluge oder als unkluge Einstellung?

Schaubilder erstellen

Worum geht es?

Bei allen Entwicklungen und Veränderungen im Sozialstaat spielen Zahlen eine besondere Rolle. Das gilt zum Beispiel, wenn man erklären will, wie sich die staatlichen Leistungen über die Jahre hinweg entwickelt haben, oder zur Veranschaulichung der Veränderungen beim Wohngeld, beim Kindergeld usw. Mit Zahlen gespickte Texte sind schwierig zu lesen. Deshalb stellt man Zahlen gerne in Form von Schaubildern dar. Sie haben den Vorteil, dass sie eine Fülle von Informationen auf begrenztem Raum vermitteln und die dazu notwendigen Zahlenangaben einprägsam visualisieren.

Wie macht man das?

Einfache Schaubilder könnt ihr ganz leicht selbst herstellen. Diagramme sind grafische Darstellungen von Zahlenwerten. Alle gängigen Computerprogramme bieten zu den verschiedenen Diagrammformen die technischen Hilfen an, die man zur Erstellung benötigt. Auch ohne Computer können einfache Diagramme auf kariertem Papier gezeichnet werden.

Schritte zur Vorgehensweise

1. Thema auswählen
   Worüber wollen wir informieren?
2. Informationen sammeln
   Welche Zahlen sollen verwendet werden?
3. Diagrammform wählen (Kreis-, Säulen-, Kurvendiagramm)
4. Schaubild entwerfen und überarbeiten
5. Schaubild präsentieren
Je nach Thema kommen unterschiedliche Diagrammformen infrage.

Kreisdiagramm

Man verwendet einen Kreis zur Herstellung einer Gesamtmenge = 100 Prozent. Die Teilmengen werden dann in Form von Tortenstücken eingezeichnet. Beachtet werden muss, dass die Größe der Tortenstücke dem prozentualen Anteil entspricht.

Thema: Entwicklungen im Sozialstaat

Säulen- und Balkendiagramm

Verschiedene Zahlenwerte werden mithilfe unterschiedlich großer Säulen verdeutlicht. So lässt sich die Entwicklung eines Wertes durch die Form der Säulen veranschaulichen. Ordnet man die Säulen horizontal an, spricht man von einem Balkendiagramm.

Kurvendiagramm

Hierbei verzichtet man auf Säulen und Balken und zeigt die Entwicklung mit einer Kurve an. Die Linie kann in einem Koordinatensystem verlaufen.

Worauf muss man besonders achten?

Alle Diagramme müssen mit einem Titel versehen sein und die Quelle angeben, aus der die Zahlen stammen. Bei Kurven- und Säulendiagrammen sollte man unterschiedliche Farben verwenden. Achtet bei der Zeichnung der x- und y-Achse auf die korrekte Beschriftung und die Angabe der Maßeinheiten.

Beispiele für Kurven-, Säulen- und Kreisdiagramme:

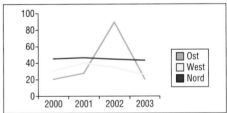

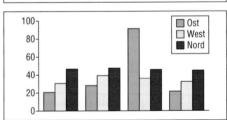

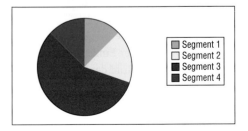

 Wie lassen sich Entwicklungen im Sozialstaat in Schaubildern visualisieren?

Hier erhaltet ihr vier Informationstexte über Entwicklungen und Veränderungen im Sozialstaat Deutschland. Die Informationen daraus sollen in Form von Schaubildern anschaulich visualisiert werden. Ihr könnt zunächst Entwürfe anfertigen, die ihr zu einem späteren Zeitpunkt mithilfe eines Computerprogramms in eine abschließende Form bringen könnt. Für die Entwürfe benötigt ihr Lineal, Zirkel, kariertes Papier und einige Farbstifte.

1 Finanzierung

Die staatlichen Ausgaben zur Finanzierung der Leistungen im Sozialstaat pro Einwohner steigen dramatisch an. 1970 gab der Staat im Durchschnitt 1 380 Euro jährlich pro Einwohner aus, 1980 3 610 Euro, 1991 – ein Jahr nach der Wiedervereinigung – stiegen die Ausgaben auf 5 290 Euro, im Jahr 2000 auf 7 830, 2010 auf 9 680. 2020 können sie nach Expertenschätzungen circa 11 500 Euro betragen.
Quelle: Bundesministerium für Arbeit und Soziales (BMAS)

2 Kostenverteilung

Die Kosten aller Sozialleistungen werden zu einem großen Teil aus Steuermitteln finanziert. 2015 trug der Bund 21,3 % der Kosten dazu bei, die Gemeinden 9,9 % und die Länder 9,0 %. Aus den Beiträgen zur gesetzlichen Sozialversicherung wurden von der Arbeitnehmerseite 30,9 % finanziert und von der Arbeitgeberseite 27,0 %.
Quelle: Bundesministerium für Arbeit und Soziales (BMAS)

3 Hartz IV

2017 stiegen die Regelsätze für erwachsene Hartz-IV-Empfänger gegenüber 2014 von 391 auf 409 Euro, für 14- bis 18-Jährige in deren Haushalt von 296 auf 311 Euro, für Kinder von 6 bis 13 von 261 auf 291 Euro und für Kinder von 0 bis 5 Jahren von 229 auf 237 Euro.
Quelle: Bundesregierung

4 EU-Vergleich

Im Durchschnitt geben die Mitgliedstaaten der EU 40,2 Prozent ihrer Gesamtausgaben für die soziale Sicherung aus. Überdurchschnittlich hoch sind zum Beispiel die Anteile der Ausgaben in Luxemburg (44,4 %), Dänemark (43,9 %), Finnland (43,1 %), Frankreich (42,9 %), Deutschland (42,6 %) und Schweden (41,9 %). Am niedrigsten in der EU sind die Anteile in Griechenland (32,4 %), Kroatien (30,1 %), der Slowakei (30,1 %) und Zypern (28,6 %).
Quelle: Eurostat 2015; Statistikamt der EU

Euer Auftrag:
- Wählt pro Team einen Text (oder zwei) zur Bearbeitung aus.
- Entscheidet euch für eine Diagrammform.
- Plant den Entwurf.
- Verseht euer Diagramm mit einer Überschrift und der Quellenangabe.
- Überlegt, mit welchen mündlichen Erklärungen ihr das Diagramm vorstellen wollt.
- Präsentiert euer Diagramm inklusive mündlicher Erklärung.

Tipp: Das geht sehr gut in Partnerarbeit.

Notiert am Ende der Übung die 3, 4 oder 5 Zahlen, die ihr euch langfristig merken wollt.

Was auch noch interessant sein kann:
- eine Abstimmung grafisch darstellen: Ermittelt in der Klasse, welche Schülerinnen und Schüler den Sozialstaat in Deutschland für (a) sehr gerecht halten, (b) für einigermaßen gerecht, (c) für eher ungerecht und (d) für völlig ungerecht. Stellt das Befragungsergebnis in einem Schaubild dar.

3 Zukunft des Sozialstaats: Sind wir Jugendlichen die Verlierer des demografischen Wandels?
Über Chancen, Risiken und Vorsorge für das Alter diskutieren

Eine Einstiegsübung für alle:

Es ist zugegeben eine schwierige Übung, sich jetzt schon vorzustellen, wie das sein wird, wenn du alt bist. Versuche es und notiere deine Antwort auf die Frage:
- Was will ich erreicht haben, wenn ich einmal alt bin und in Rente gehe?

A Sorgenkind Generationenvertrag

In Deutschland finanzieren die Arbeitnehmer und Arbeitgeber mit ihren Beiträgen, die sie in die gesetzliche Rentenversicherung einzahlen, die Renten der Rentner von heute. Man spricht daher auch vom Generationenvertrag. Er ist nirgendwo schriftlich festgehalten, sondern vielmehr ein unausgesprochenes gesellschaftliches Abkommen zwischen Jung und Alt. [...]

Das Umlageverfahren

Die gesetzliche Rentenversicherung wird seit dem Jahr 1957 über das sogenannte Umlageverfahren finanziert. Das bedeutet, dass das Geld der Beitragszahler direkt für die Zahlung der Renten des nächsten Monats verwendet wird. Ein Rentner erhält sein Altersgeld also aus den Beiträgen, welche die derzeitigen Erwerbstätigen und Arbeitgeber je zur Hälfte im Vormonat gezahlt haben. Wie hoch die Rente ausfällt, hängt davon ab, wie lange der Betreffende vorher berufstätig war und wie viel er verdient und an Beiträgen eingezahlt hat: je länger das Erwerbsleben und je höher der Verdienst, desto höher die Rente. Die Beiträge zur gesetzlichen Rentenversicherung reichen jedoch schon seit längerer Zeit nicht mehr, um alle Renten auszuzahlen. Deshalb muss der Staat zusätzlich Steuergelder als Bundeszuschuss zur Verfügung stellen.

(Aus: Sozialpolitik – ein Heft für die Schule, hrsg. von der Stiftung Jugend und Bildung in Zusammenarbeit mit dem Bundesministerium für Arbeit und Soziales, Ausgabe 2015/2016, S. 30 f., verf. von Christian Becker)

Demografischer Wandel

Nur 16 von hundert Jugendlichen zwischen 14 und 17 Jahren glauben, dass sie später einmal eine Rente erhalten werden. Das ergab eine Befragung des Emnid-Instituts. Tatsächlich ist die gesetzliche Rentenversicherung seit Langem ein Sorgenkind im System der Sozialversicherungen. Die Ursache für die Krise der Rente hat eigentlich erfreuliche Hintergründe. Die Lebenserwartung steigt und damit auch die Dauer des Rentenalters. Die Zahl der Kinder nimmt ab, weil die Geburtenrate zurückgeht. Insgesamt vollzieht sich ein Prozess der Alterung. Das hat zur Folge, dass die Zahl derjenigen, die Beiträge in die Rentenversicherung einzahlen, zurückgeht, während die Zahl derje-

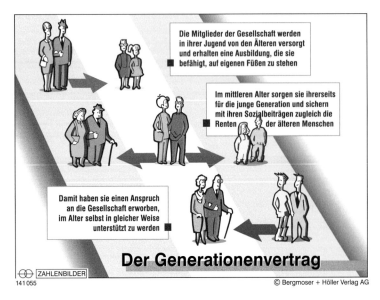

Die Mitglieder der Gesellschaft werden in ihrer Jugend von den Älteren versorgt und erhalten eine Ausbildung, die sie befähigt, auf eigenen Füßen zu stehen

Im mittleren Alter sorgen sie ihrerseits für die junge Generation und sichern mit ihren Sozialbeiträgen zugleich die Renten der älteren Menschen

Damit haben sie einen Anspruch an die Gesellschaft erworben, im Alter selbst in gleicher Weise unterstützt zu werden

Der Generationenvertrag

ZAHLENBILDER
141 055

© Bergmoser + Höller Verlag AG

nigen steigt, die Anspruch auf eine gesetzliche Rente haben. Diese Veränderung in der Altersstruktur der Bevölkerung wird als demografischer Wandel bezeichnet. Unter Demografie versteht man den Altersaufbau einer Bevölkerung. Das bedeutet für die Zukunft: Immer weniger Junge finanzieren die Rente für immer mehr Alte, die dazu noch eine immer längere Lebenserwartung haben.

B Chancen und Risiken des demografischen Wandels

Die Auswirkungen des demografischen Wandels auf die unterschiedlichen Gruppen in der Bevölkerung sind zu einem wichtigen Thema der soziologischen Forschung in Deutschland geworden. Hilmar Schneider, Arbeitsmarktexperte am Institut zur Zukunft der Arbeit in Bonn, sieht vielfältige positive Auswirkungen für die Zukunft junger Leute: „Die Chancen für junge Menschen sind definitiv so gut wie lange nicht mehr." Die Alterung der Arbeitskräfte in den Unternehmen und der drastische Anteil junger Menschen an der Gesamtbevölkerung spielen nach seiner Überzeugung der Jugend in die Hände. „Das ist eine riesige Chance für gut qualifizierte junge Arbeitnehmer. Für sie brechen goldene Zeiten an", so der Experte wörtlich in einem Vortrag vor geladenen Gästen.* Die sinkende Zahl der Bewerberinnen und Bewerber werde bei den Unternehmen zu einem Wettbewerb um gut qualifizierte Arbeitskräfte führen. Junge Leute werden demnach bessere Auswahlmöglichkeiten haben und müssten nicht mehr das erstbeste Angebot annehmen.

Als negativ werden die Folgen für unqualifizierte Arbeitskräfte bewertet. Wer in Zukunft keine Qualifikationen vorweisen könne, werde es auch bei einem großen Angebot an Arbeit schwer haben, einen Job zu finden. Weitgehende Einigkeit unter den Expertinnen und Experten besteht darin, dass, bedingt durch den demografischen Wandel, die zukünftigen Arbeitnehmerinnen und

Thomas Plaßmann

Arbeitnehmer eine immer längere Lebensarbeitszeit haben werden. Dies wird als notwendig angesehen, um die Rentenkassen zu entlasten und um den Sozialstaat zukunftsfähig zu machen.

* Die Zitate von Professor Dr. Hilmar Schneider wurden einem Vortrag aus 2011 für das Bundesinstitut für Berufsbildung (BIBB) entnommen.

---

1. Erkläre mit eigenen Worten, was man unter *Generationenvertrag*, *Umlageverfahren* und *demografischer Wandel* versteht.

2. Wer profitiert vom demografischen Wandel, wer eher nicht? Beschreibe die Folgen und wäge dabei die Chancen und die Risiken für junge Leute ab.

3. Was hat die Karikatur auf dieser Seite mit dem demografischen Wandel zu tun? Erläutere das Wissen, das zum Verständnis der Karikatur notwendig ist.

Was auch noch interessant sein kann:

- der demografische Wandel und ich: Verfasse ein Gedicht, eine Erzählung, eine Fotostory oder ein anderes Medium zu diesem Thema.

C TEAM kontrovers: Wie soll die Politik auf den demografischen Wandel reagieren?

Was für junge und alte Menschen eine Freude sein sollte, stellt die Politik vor eine große Herausforderung. Wie können zukünftige Renten noch finanziert werden, wenn die Zahl der Beitragszahler sinkt? Mehrere gesetzliche Regelungen sind dazu bereits beschlossen worden. Dazu gehört unter anderem die Kürzung der gesetzlichen Rente. Wer heute in das Berufsleben einsteigt, muss davon ausgehen, dass seine Altersrente nicht mehr ausreichen wird, den bis dahin erreichten Lebensstandard zu sichern. Wer zusätzlich zur gesetzlichen Rentenversicherung eine Privatversicherung abschließt, wird dabei vom Staat unterstützt. Die folgenden Vorschläge sind darüber hinaus Gegenstand heftiger politischer Auseinandersetzungen.

Vorschlag	Bewertung
• Weitere Verlängerung der Lebensarbeitszeit – Das Renteneintrittsalter wird per Gesetz schrittweise von 67 auf 70 Jahre und vielleicht noch darüber hinaus erhöht.	1 2 3 4 5 6
• Erhöhung der Versicherungsbeiträge – Bisher werden knapp 20 Prozent vom Bruttoarbeitslohn für die gesetzliche Rentenversicherung abgezogen. Davon zahlen Arbeitgeber und Arbeitnehmer je die Hälfte. Da es immer weniger Berufstätige gibt, die in die Rentenkassen einzahlen, muss die Beitragshöhe nach und nach erhöht werden.	1 2 3 4 5 6 **?**
• Grundrente – Der Staat garantiert nur noch eine Grundrente, die das absolute Überleben sichert. Für alles, was darüber hinausgeht, muss jeder Einzelne privat Vorsorge treffen.	1 2 3 4 5 6
• Private Vorsorge – Alle Berufseinsteiger schließen zusätzlich zu ihrer Rentenpflichtversicherung eine private Versicherung zur Altersversorgung ab. Sie bezahlen diese aus eigener Tasche und erhalten einen Teil des Geldes als Zuschuss vom Staat.	1 2 3 4 5 6 **?**
• Staatlich garantierte Mindestrenten – Wer im Berufsleben wenig verdient hat und daher nur einen geringen Rentenanspruch hat, erhält vom Staat eine Zusatzrente, die aus Steuern finanziert wird.	1 2 3 4 5 6
• Altersversorgung als Privatangelegenheit – Der Staat zieht sich völlig aus der Rentenversicherung zurück. Wer nicht spart, hat im Alter nichts und muss sehen, wie er zurechtkommt.	1 2 3 4 5 6 **?**

1. Allein nachdenken: Sieh dir jeden der Vorschläge an. Überlege, was seine Verwirklichung (a) für dein eigenes Leben und (b) für das aller jungen und alten Menschen bedeutet. Bewerte anhand dieser Kriterien jeden der Vorschläge. Dazu kannst du Noten von 1 bis 6 verteilen.

2. Gemeinsam diskutieren: Formuliere deine eigene Position zur Zukunft der staatlichen Altersvorsorge und bringe sie in die Diskussion ein.

Was auch noch interessant sein kann:

• Erwachsene zur Zukunft der Altersrente befragen: Was soll der Staat tun? Was sollte jeder Einzelne für seine Altersvorsorge tun?

D Was sind neue Herausforderungen im 21. Jahrhundert?

Der Sozialstaat steht ständig vor neuen Herausforderungen: In einer Gesellschaft, die immer älter wird, steigen die Kosten für Gesundheit und Altersvorsorge. Weil die Geburtenzahlen sinken, werden in Zukunft weniger Erwerbstätige Beiträge für Sozialleistungen einzahlen können; und die Globalisierung ermöglicht nicht nur Urlaubsreisen in alle Welt, sondern bringt auch mehr Konkurrenz um den Wirtschaftsstandorte Arbeitsplätze mit sich. In Deutschland mangelt es heute schon in vielen Branchen an Fachkräften. Die Zahl der versicherungspflichtigen Beschäftigungsverhältnisse hat zwar zugenommen, gleichzeitig steigt aber auch die Zahl derer, die in Minijobs beschäftigt sind und keine Beiträge zur Sozialversicherung zahlen. [...]

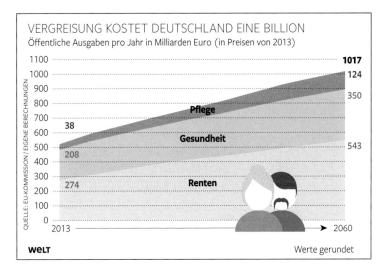

VERGREISUNG KOSTET DEUTSCHLAND EINE BILLION
Öffentliche Ausgaben pro Jahr in Milliarden Euro (in Preisen von 2013)

QUELLE: EU-KOMMISSION / EIGENE BERECHNUNGEN

Pflege · Gesundheit · Renten

2013: Renten 274, Gesundheit 208, Pflege 38
2060: 1017 gesamt, Pflege 124, Gesundheit 350, Renten 543

WELT — Werte gerundet

(Aus: Sozialpolitik – ein Heft für die Schule, hrsg. von der Stiftung Jugend und Bildung, Wiesbaden in Zusammenarbeit mit dem Bundesministerium für Gesundheit und soziale Sicherung, Ausgabe 2013/2014, S. 3, verf. von Christian Becker)

Soziale Gerechtigkeit bedeutet, dass alle Menschen annähernd gleiche Chancen haben, am gesellschaftlichen Leben teilzunehmen. Bildung ist ein wichtiges Mittel, um soziale Ausgrenzung zu verhindern. Eine gute Ausbildung legt das Fundament dafür. Arbeit, die ein ausreichendes eigenes Einkommen ermöglicht, ist die Basis, um persönliche Ziele verwirklichen zu können. Zur Chancengleichheit gehört auch, dass Menschen mit und ohne Behinderung von Anfang an gemeinsam lernen, arbeiten und leben können. Aufgabe des Sozialstaates ist es, in der Schule, am Arbeitsplatz und im Wohnumfeld die Voraussetzungen dafür zu schaffen.

Zu den großen Zukunftsaufgaben in Deutschland zählen der Abbau von Staatsschulden, die Bekämpfung von Langzeitarbeitslosigkeit und Armut, der Umgang mit den Auswirkungen der Globalisierung sowie die künftige Finanzierung der sozialen Absicherung. Die Bevölkerung wird zunehmend älter, und immer mehr Rentnern stehen weniger Berufstätige gegenüber, die in die Sozialversicherungen einzahlen. Die Zuwanderung von qualifizierten Menschen aus anderen Ländern kann die Folgen dieses demografischen Wandels mindern, aber nicht stoppen. Wichtig ist außerdem, dass die Zuwanderer sich gut in die Gesellschaft integrieren können.

Auch der Klimawandel, knappe Ressourcen und das stärkere ökologische Bewusstsein der Verbraucher verändern unsere Wirtschaft und Gesellschaft. Deshalb muss sich die soziale Marktwirtschaft immer mehr zu einer ökologisch-sozialen Marktwirtschaft entwickeln, die den Schutz der Umwelt in die Wirtschaftsabläufe einbezieht.

(Aus: Sozialpolitik – ein Heft für die Schule, Ausgabe 2015/16, S. 7, verf. von Christian Becker)

Das jeweils aktuelle Heft zur Sozialpolitik könnt ihr im Klassensatz kostenlos bestellen. Näheres dazu findet ihr im Internet unter www.sozialpolitik.com.

1. Der Text nennt Herausforderungen und Zukunftsaufgaben. Sammle sie in einer Tabelle.

2. Welche davon hältst du für die wichtigsten? Erstelle eine Rangfolge und vergleiche mit anderen.

3. Der Text nennt Bildung als „ein wichtiges Mittel, um soziale Ausgrenzung zu verhindern". Welche Schlussfolgerungen ziehst du für dich persönlich aus dieser Aussage? Verfasse dazu eine Stellungnahme.

4. Welche Problematik für die Zukunft des Sozialstaates wird im Schaubild deutlich? Formuliere sie durch den Vergleich zwischen 2013 und 2060.

4 Kinderarmut in Deutschland – eine Herausforderung für den Sozialstaat
Fördermaßnahmen diskutieren und beurteilen

Im Sozialstaat Deutschland soll Menschen in Not geholfen werden. Darüber hinaus ist es eines der reichsten Länder der Erde. Trotzdem wächst die Zahl derer, die in soziale Not geraten und auf die Hilfe des Staates angewiesen sind. Kinder sind besonders häufig die Leidtragenden dieser Entwicklung.

- Wie fühlt sich Kinderarmut an?
- Was sind Ursachen, Folgen und Fakten?
- Tut der Staat genug, um betroffenen Kindern und deren Eltern zu helfen? Das sind die Themen, um die es in diesem Unterkapitel geht.

 A Wie fühlt sich Armut an? Zwei Beispiele

Nikos, 12 Jahre

Ich habe fünf Geschwister – drei Brüder und zwei Schwestern. Die älteste ist schon 17, die jüngste erst vier Jahre alt. Wir wohnen alle in einer Wohnung in Neuperlach. Weil wir nicht so viel Geld haben, gibt es in unserer Wohnung fast keine Möbel. Eigentlich nur Tisch, Stühle und Betten. Ich teile mir mein Zimmer mit meinem Zwillingsbruder. Wir schlafen gemeinsam in einem Bett. Manchmal streiten wir dann. Deswegen haben wir zwischen uns in der Mitte vom Bett eine Art Wand gebaut.

Ich würde wahnsinnig gerne ein Einzelzimmer haben. Und am besten einen Fernseher und DVD-Player nur für mich. Wenn ich ganz viel Geld hätte, würde ich meiner Familie ein Haus mit Keller und Garten kaufen, in dem jeder ein Zimmer für sich allein hat. In meinem Zimmer würde ich dann ganz viele Poster aufhängen. Von Bushido und 50 Cent.

Dass wir nicht so viel Geld haben, ist schon oft schlimm. Mein Vater arbeitet in einer Fabrik. Von dort aus kann man die Allianz Arena sehen, das ist schön. Aber das Geld, das er verdient, reicht nicht für uns alle. Beim Wandertag in der Schule hätte ich beinahe nicht mitmachen können. [...]

Manchmal haben wir am Ende vom Monat auch nicht mehr viel zu essen übrig, dann hab ich oft Hunger. Das ist schlimm. Vor allem wenn ich Breakdance übe. Da muss man konzentriert sein und gut aufpassen, dass einem nichts passiert. Hunger lenkt da ganz schön ab.

Robbie, 8 Jahre

Ich wohne mit meiner Mama und meinen Geschwistern in dem Hochhaus gleich neben der Arche* in Moosach. Vor Kurzem hab ich das Schlafzimmer von meiner Mama bekommen, die schläft jetzt im Wohnzimmer. Das ist gut, weil davor habe ich mit meiner Schwester in einem Bett geschlafen. Das war eng und ich konnte oft nicht gut schlafen. Meine Schwester hat mich manchmal in der Nacht aus dem Bett geworfen, ich sie aber auch mal. [...]

Wenn ich einen Wunsch frei hätte, würde ich mir eine Achterbahn wünschen, die bis in den Himmel geht. Dann würde ich ganz weit hinauffahren. Ich würde mir die Wolken ansehen und sie berühren. Auf dem Rückweg würde ich eine Wolke mit zu mir nach Hause nehmen.

(Aus: Lisa Sonnabend: „Ich will eine Achterbahn, die bis zum Himmel geht", in: Süddeutsche Zeitung, vom 17.05.2010, im Internet unter www.sueddeutsche.de, Zugriff: 10.07.2016)

*„Die Arche" ist eine christliche Kinderhilfseinrichtung, die 1995 in Berlin gegründet wurde. Mittlerweile gibt es sie in mehreren Städten.

 Wie zeigt sich die Armut im Alltag von Robbie und Nikos? Beschreibe ihren Alltag und ihre Wünsche.

 Versuche einmal, dich in die Situation von Robbie zu versetzen und aus seiner Sicht zu erzählen, warum er gern im Himmel auf einer Wolke sitzen würde.

B Starke Kinder trotz Armut

Die Autorin Maria von Welser über ihre Beobachtungen von Kindern:

Die meisten Kinder, die mir im vergangenen Jahr begegnet sind, möchten sich wehren und ihre Lebensumstände verbessern. Wer wie ich von außen kommt und bei den kostenlosen Mittagstischen in einer deutschen Großstadt am Rande zusieht, wundert sich. Selbstbewusst und fröhlich kommen die meisten der täglich bis zu hundert Kinder an, die fast alle nicht gefrühstückt haben und jetzt heißhungrig zum Mittagessen anstehen. Dabei sind diese zugleich Weltmeister im Verbergen ihrer privaten Lebenssituation: Schützen ihre Väter und Mütter, wo es nur geht. Jugendämter sind erst mal Feinde. Die Mitarbeiter müssen sich ganz schön bemühen, wollen sie das Vertrauen der Kinder gewinnen. Was aber dringend erforderlich ist – sonst können sie nicht wirklich helfen.

(Aus: Maria von Welser: Leben im Teufelskreis – Kinderarmut in Deutschland, Gütersloher Verlagshaus 2009, S. 10)

Auf dem oberen Foto sind Kinder in der „Kidsküche" der Arche in Berlin-Hellersdorf zu sehen. Das untere Foto zeigt zwei ältere Kinder, die nach der Schule in einem Kinderrestaurant in der Stadt Hildesheim ein warmes Essen gereicht bekommen. Auch frühstücken können Kinder in diesem und in anderen Kinderrestaurants in Deutschland. Finanziert werden die Mahlzeiten aus Spendengeldern.

 Viele Kinder aus armen Familien versuchen, ihre Armut zu verbergen. Überlegt gemeinsam, warum sie das tun.

 Warum ist Vertrauen so wichtig im Umgang mit Menschen, die weniger haben als andere? Tauscht darüber eure Gedanken aus.

Wie stellt sich Kinderarmut in Deutschland dar?

Auf dieser Doppelseite haben wir Informationen aus mehreren Quellen für euch zusammengestellt. Auf sechs Fragen solltet ihr darin nach Antworten suchen.

Tipp: Bildet Dreiergruppen und teilt die Arbeit auf. Jedes Gruppenmitglied bearbeitet zwei Fragen in Einzelarbeit und berichtet anschließend seine Ergebnisse in der Gruppe. Gemeinsam bereitet ihr dann eine Ergebnispräsentation vor.

1 Kinder- und Familienarmut hat in Deutschland größere Ausmaße angenommen, wie eine Studie des Instituts für Arbeitsmarkt- und Berufsforschung (IAB) im Auftrag der Bertelsmann Stiftung zeigt. Jedes fünfte Kind unter 15 Jahren ist demnach armutsgefährdet, wächst also unterhalb der Armutsgrenze auf. Das sind 2,1 Millionen Jungen und Mädchen, die in Familien leben, die weniger als 60 Prozent des durchschnittlichen Nettoeinkommens zur Verfügung haben. Bei einer vierköpfigen Familie liegt die Schwelle bei 1848 Euro im Monat.

Ein Großteil dieser 2,1 Millionen Kinder lebt in Haushalten, die Hartz IV beziehen. Der Rest – das sind 1,15 Millionen arme Kinder – lebt ohne die Unterstützung, obwohl teilweise Anspruch darauf bestünde. Zudem wachsen weitere rund 480 000 Kinder nur knapp über der Armutsgrenze in Deutschland auf.

(Quelle: Zeit online, dpa, Artikel vom 10.05.2015, im Internet unter www.zeit.de, verf. von Angelika Finkenwirth; Zugriff: 09.10.2015)

3 In ihrem Armutsbericht weist die Bundesregierung darauf hin, dass die Armut einer Familie nicht in jedem Fall zum Unglück der Kinder oder zu eingeschränkten Entwicklungsmöglichkeiten führen muss. Vergleichsweise gut geht es Kindern aus armen Familien, wenn sie in einer guten Eltern-Kind-Beziehung aufwachsen, wenn die Familienverhältnisse stabil sind, wenn sie Freunde haben und wenn sie in Schule und Freizeit nicht unter Ausgrenzung leiden müssen. Für Kinder mit Migrationshintergrund sind gute Kenntnisse der deutschen Sprache ein Faktor, der zu einer gesunden Entwicklung beiträgt.

(Autorentext)

2 „Es ist enttäuschend, dass Deutschland es nicht schafft, die materiellen Lebensbedingungen für Kinder entscheidend zu verbessern", sagte Christian Schneider, Geschäftsführer von UNICEF Deutschland.

- Das Wohlergehen der Kinder muss politische Priorität bekommen. Die Kluft zwischen Kindern, die gesund, abgesichert und gefördert aufwachsen, und solchen, deren Alltag durch Hoffnungslosigkeit, Mangel und Ausgrenzung geprägt ist, darf nicht weiter wachsen.
- Bei der frühkindlichen Förderung hinkt Deutschland trotz der Investitionen der vergangenen Jahre im internationalen Vergleich noch hinterher. Immer noch besuchen Kinder aus benachteiligten Familien seltener eine gute Kita. Dabei brauchen gerade sie frühzeitige gezielte Förderung.
- Um Kinderarmut zu verringern, ist es auch wichtig, dass alleinerziehende Eltern besser unterstützt werden und auch am Arbeitsleben teilhaben können. Hierzu sind zwingend ausreichende Betreuungsplätze notwendig.

(Quelle: UNICEF-Studie „Reiche Länder – arme Kinder" vom 29.05.2012, im Internet unter www.unicef.de; Zugriff: 09.10.2015)

1. Wie viele Kinder sind von Armut betroffen?
2. Was versteht man unter Armut?
3. Was sind die Ursachen?
4. Kann es Kindern aus armen Familien auch gut gehen?
5. Was wird gegen Kinderarmut unternommen?
6. Was kann noch getan werden?

4 Manchmal sagt man: „Ach, du armes Kind!" Manchmal fühlen sich Leute als arm, obwohl sie es eigentlich gar nicht sind. Ein armes Kind in Deutschland wird vielen Kindern aus Asien oder Afrika noch als wohlhabend erscheinen. Der Begriff Armut wird im Deutschen häufig mit unterschiedlichen Bedeutungen benutzt. Wichtig ist es, zwischen absoluter und relativer Armut zu unterscheiden. Absolut arm sind Menschen, die Hunger leiden und tagtäglich um ihr Überleben kämpfen müssen. Diese Art absoluter Armut muss in Deutschland niemand ertragen. Armut ist hier relative Armut. Arme Familien und deren Kinder haben – im Vergleich zu anderen Familien – relativ wenig Geld und wenige Möglichkeiten, am gesellschaftlichen Leben teilzunehmen. Nach einer Definition der Europäischen Union gilt als arm, wer über weniger als 50 Prozent des durchschnittlichen mittleren Einkommens verfügt. Bei weniger als 60 Prozent gilt man als armutsgefährdet. Als arm gilt in Deutschland eine allein lebende Person, die weniger als 635 Euro im Monat zur Verfügung hat, als armutsgefährdet mit weniger als 952 Euro (Stand 2016).

5 Arbeitslosigkeit oder ein niedriges Einkommen sind die Hauptgründe für fehlendes Geld in den Familien und damit auch die wichtigsten Auslöser für Kinderarmut in Deutschland. Durch die Abhängigkeit von ihren Eltern steht und fällt das Wohlbefinden der Kinder immer mit dem finanziellen und gesellschaftlichen Zustand der Erziehungsberechtigten. Die Studie „Kinderarmut in Deutschland" belegt, dass Familien mit Migrationshintergrund, Alleinerziehende und Familien mit drei oder mehr Kindern besonders armutsgefährdet sind. [...] Oft ist die Armut von den Eltern nicht selbst verschuldet worden und die meisten tun alles, damit ihr Nachwuchs so wenig wie möglich von den finanziellen Sorgen spürt.

(Aus: Daniel Schneider: Kinderarmut in Deutschland, Artikel vom 21.11.2014, in: www.planet-wissen.de, Zugriff: 10.10.2015)

6 Mit Förderungen wie Kindergeld, Wohngeld, Unterhaltsvorschuss oder dem Sozialgeld für Kinder werden Familien vom Staat unterstützt. [...] Die Kinderarmut zu bekämpfen und ihr vorzubeugen ist vor allem Aufgabe der Familienpolitik. Viele Konzepte und Ideen stehen zur Diskussion: der Mindestlohn, Wohnungsbauprojekte zur Verhinderung sozialer Brennpunkte oder die Abschaffung kostenpflichtiger Mahlzeiten in Schulen und Kindergärten. Diese Maßnahmen können dazu beitragen, dass aus armen Kindern keine armen Erwachsenen werden. [...] Auch Kirchen, gemeinnützige Organisationen, Schulen und Privatpersonen helfen, die Armut zu lindern. In vielen deutschen Großstädten schießen Kinderhilfswerke und soziale Einrichtungen aus dem Boden. Das christliche Kinderhilfswerk „Die Arche" ist mittlerweile an 15 Standorten in Deutschland vertreten und erreicht 2 500 Kinder. Ein günstiger Einkauf in der Kleiderkammer, Hausaufgabenhilfe und eine Möglichkeit zum Reden vermitteln „Wohlbefinden auf Zeit". Elterninitiativen sorgen dafür, dass auch bedürftige Kinder ein Schulmittagessen bekommen.

(Aus: Daniel Schneider, ebenda)

Weitere Informationen zur Kinderarmut in Deutschland findet ihr im Internet unter folgenden Adressen: www.kinder-armut.de; www.mitmischen.de; www.bpb.de; www.planet-wissen.de.

D Was braucht ein Kind unbedingt zum Leben?

Euer Auftrag:

Stellt eine Übersicht von Leistungen zusammen, die ihr für unverzichtbar haltet.

So könnt ihr vorgehen:

1. Bearbeitet die Vorschlagsliste zunächst allein. Notiert in Stichworten, was der Staat armen Kindern (per Gesetz) als Mindestleistung garantieren muss.

2. Geht dann die Liste zu zweit oder in einer Gruppe durch. Einigt euch auf die Leistungen, die unbedingt notwendig sind. Überlegt für jede Maßnahme, ob sie den Staat und den Steuerzahler viel oder wenig kostet. Hier müsst ihr schätzen.

3. Stellt sie in der Klasse vor und begründet eure Entscheidung.

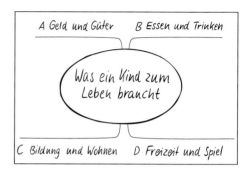

Die Arbeitsergebnisse könnt ihr gemeinsam in einer Mindmap darstellen.

Falls eine Familie aus eigener Kraft dazu nicht in der Lage ist, muss der Staat dafür sorgen, dass jedes Kind …	Ja, das muss der Staat garantieren.	Nein, das ist zu viel verlangt.
1. ausreichend mit gesunden Nahrungsmitteln versorgt ist.		
2. mehr als zwei Jeans und zwei Paar Schuhe besitzt.		**?**
3. auch Geld für Süßigkeiten zur Verfügung hat.		
4. im Vorschulalter einen garantierten Kita- oder Kindergarten-Platz hat.		
5. mindestens zweimal im Jahr ein Kino oder einen Freizeitpark besuchen kann.	**?**	
6. ein eigenes Handy besitzt.		
7. über einen eigenen Computer mit Internetanschluss verfügt.		
8. in einer Wohnung mit eigenem Zimmer lebt.		
9. mindestens einmal im Jahr mit seinen Eltern in Urlaub fahren kann.		**?**
10. beitragsfrei Mitglied in einem Sportverein sein kann.		
11. mit auf alle Klassenfahrten gehen kann.		
12. umsonst zu seiner Schule befördert wird.		
13. in der Schule – zusammen mit anderen – täglich ein warmes Mittagessen erhält.	**?**	
14. mit allen Schulbüchern und allen anderen Artikeln für die Schule kostenlos versorgt wird.		
15. ausreichend Taschengeld zur Verfügung hat.		

E TEAM kontrovers: Ist der Sozialstaat auch sozial gerecht?

Eine Studie der Bertelsmann Stiftung kam zu dem Ergebnis, dass der deutsche Sozialstaat in der Verwirklichung sozialer Gerechtigkeit* nur einen Mittelplatz einnehme. Die „Süddeutsche Zeitung" kommentierte die Forschungsergebnisse unter der Überschrift:

Schlechte Noten für den Sozialstaat

Deutschland ist eine vergleichsweise ungerechte Gesellschaft. Zu diesem Ergebnis kommt eine Studie der Bertelsmann Stiftung, die 31 Industriestaaten untersucht hat. Deutschland habe bei der sozialen Gerechtigkeit „einigen Nachholbedarf", schreiben die Autoren. Mit Rang 15 landet Deutschland in der Gesamtwertung nur im Mittelfeld. Besorgniserregend sei die hohe Kinderarmut. Außerdem hänge der Schulerfolg von Jugendlichen zu stark von der sozialen Herkunft ab.

(Autor des Artikels vom 03.01.2011: Tanjev Schultz, in: www. sueddeutsche.de; Zugriff: 10.10.2015)

Nein, es geht nicht gerecht zu im Sozialstaat Deutschland!

Wenn im reichen Land Deutschland jedes fünfte Kind unter 15 Jahren armutsgefährdet ist, kann man nicht von sozialer Gerechtigkeit sprechen. Der Staat müsste mehr  tun, um die Leistungen für Kinder und deren Eltern zu verbessern. Es ist zum Beispiel überhaupt nicht einzusehen, dass in Familien, die von „Hartz IV" leben müssen, die Regelsätze für Kinder niedriger sind als für Erwachsene. Größere Kinder brauchen häufiger neue Kleider, Schuhe, Hefte. Der Staat müsste auch alleinerziehende Eltern finanziell besser unterstützen und mehr in gute Kitas und gutes Personal investieren. Sozial gerecht wird es erst zugehen, wenn kein Kind mehr in Armut aufwachsen muss.

Ja, der Sozialstaat Deutschland sorgt für soziale Gerechtigkeit!

Jedes Kind in Deutschland kann kostenlos eine Schule besuchen und kostenlos ärztlich behandelt werden. Alle Familien und alle Menschen in einer materiellen Notlage  werden vom Staat finanziell unterstützt. Mehr als 40 Prozent seiner Einnahmen gibt der Staat für Sozialleistungen aus. Ständig wird überlegt, welche Verbesserungen noch möglich sind.
Soziale Gerechtigkeit kann nicht allein Aufgabe des Staates sein. Arbeitgeber sollten sozial gerechte Löhne zahlen. Alle sollten damit aufhören, ärmere Kinder auszugrenzen. Soziale Gerechtigkeit entsteht, wenn sich alle tagtäglich darum bemühen. Der Sozialstaat Deutschland leistet bereits seinen Anteil und verdient insgesamt eine gute Note. Noch höhere Ausgaben für Soziales würden ihn überfordern.

*Zum Begriff Gerechtigkeit findest du weitere Informationen im Glossar.

So könnt ihr vorgehen:
- Lass dir noch mal alles durch den Kopf gehen, was du in diesem Kapitel über den Sozialstaat Deutschland erfahren hast.
- Lies die beiden Stellungnahmen und entscheide, welche dich mehr überzeugt.
- Wie bewertest du nach deinen Kenntnissen das, was der Sozialstaat für die Menschen tut? Formuliere deine Stellungnahme und bringe sie in eine Klassendiskussion zum Thema dieser Seite ein.

Soziale Sicherung heute und morgen

Station 1

S M U H

Jugend und soziale Sicherung

Übertragt die Übersicht und führt die Aussagen zu Ende.

Unter
Sozialpolitik
versteht man …

Unter einem
Sozialstaat
versteht man …

Zwei Situationen, in denen Jugendliche mit dem
Sozialstaat in Berührung kommen, können sein:
1.
2.

Das Prinzip
Solidarität
bedeutet, dass …

Das Prinzip
Eigenverantwortung
bedeutet, dass …

Station 2

S M U H

Das System der sozialen Sicherung

Fertigt mithilfe der Elemente selbst ein Schaubild an. Es soll auch Antworten auf die zwei Fragen geben. Das geht auf einem Blatt Papier, aber auch mithilfe eines Computerprogramms, z. B. PowerPoint.

Sozialversicherungen in Deutschland

?   ?

?

?   ?

1. Was ist wichtigstes Ziel dieser Versicherung?
2. Wer bezahlt sie?

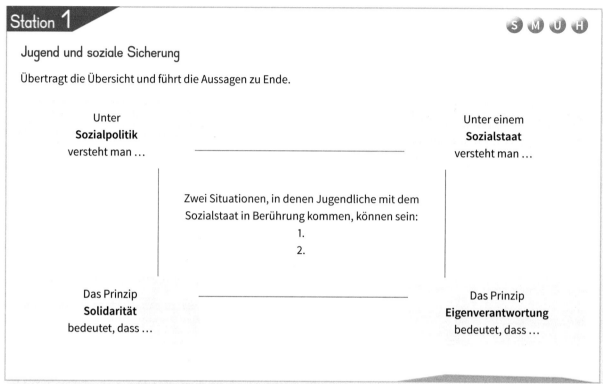

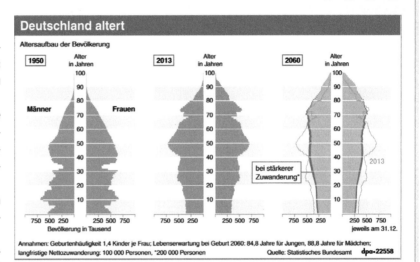

Zukunft des Sozialstaates

Eine Schaubildanalyse mit ansteigendem Schwierigkeitsgrad: Teste selbst, wie viele Stufen du schaffst.

★ Fasse die wichtigste Aussage dieses Schaubildes über den demografischen Wandel in Deutschland in maximal zwei Sätzen zusammen.

★★ Unter welchen Annahmen wird der Altersaufbau der Bevölkerung im Jahr 2060 wie aussehen?

★★★ Welches Problem für die Finanzierung der Altersrenten wird im Schaubild deutlich?

★★★★ Worin siehst du eine mögliche Lösung des Problems?

Deutschland altert

Altersaufbau der Bevölkerung

| 1950 | 2013 | 2060 |

Alter in Jahren

Männer / Frauen

bei stärkerer Zuwanderung*

2013

Bevölkerung in Tausend

750 500 250 250 500 750

jeweils am 31.12.

Annahmen: Geburtenhäufigkeit 1,4 Kinder je Frau; Lebenserwartung bei Geburt 2060: 84,8 Jahre für Jungen, 88,8 Jahre für Mädchen; langfristige Nettozuwanderung: 100 000 Personen, *200 000 Personen   Quelle: Statistisches Bundesamt   dpa-22558

Kinderarmut in Deutschland: eine Herausforderung

Hat die Politik ihre Hausaufgaben gemacht?

„Deutschland für Kinder", so hieß eine gemeinsame Veranstaltung von UNICEF, dem deutschen Kinderschutzbund und dem Bündnis für Kinder. Dabei ging es unter anderem um die Benachteiligung armer Kinder. Kinderkanal-Moderatorin Nadine überreichte dabei der Bundeskanzlerin Angela Merkel ein Hausaufgabenheft.

Was hättest du an Nadines Stelle hineingeschrieben? Verfasse einen Text über Kinderarmut in Deutschland und erkläre, was der Staat tun sollte, um zu helfen.

(Diese Aufgabe kann man auch in Teams lösen.)

Hausaufgaben für Bundeskanzlerin Angela Merkel

7 Wirtschaft und Umwelt

Gibt es Wege zur Vereinbarkeit von Ökonomie und Ökologie?

1. Allein nachdenken

Welche Gedanken zum Thema „ökologische Herausforderungen" löst das Foto in dir aus?

3. In der Klasse sammeln

Welche wirtschaftlichen Probleme und welche Umweltangelegenheiten würdet ihr möglichst schnell anpacken, wenn ihr die Regierung von Deutschland wäret?

2. Zu zweit beraten

Warum ist es in einem industrialisierten Land schwierig, Wirtschaft und Umweltschutz miteinander zu verbinden?

Bei der Arbeit an diesem Kapitel könnt ihr ...

- erläutern, was man unter dem Konzept einer nachhaltigen Entwicklung versteht,
- Ideen zur Lösung eines schwerwiegenden Umweltproblems entwickeln,
- über unterschiedliche Vorstellungen von Wohlstand miteinander diskutieren,
- euch über die Zukunft des Automobilverkehrs zwischen Wirtschaftlichkeit und Umweltschutz ein eigenes Urteil bilden,
- an Beispielen die Bedeutung wirtschafts- und umweltpolitischer Entscheidungen ermitteln und bewerten.

Eigene Schwerpunkte könnt ihr setzen, indem ihr ...

- Öko-Tipps für die Klasse entwickelt,
- in der Rolle einer Jury Unternehmen auswählt, die einen Umweltpreis verdient haben,
- durch das Spiel einer Regierungskommission einem Staat dabei helft, seine ökonomischen und ökologischen Probleme zu lösen,
- Comic, Bilder, Zeichnungen zur Zukunft des Autos entwerft.

1 Wirtschaft und Umweltschutz – unvereinbare Gegensätze?

Fallbesprechung und Diskussion von Lösungsmöglichkeiten

A 📖 Fall Sheriff und die Müllkippe

Agbogbloshie ist ein Slum am Rande der Hauptstadt Accra in Ghana. Noch vor 15 Jahren war dort eine grüne Lagune. Heute besteht dieser Ort aus Hügeln ausrangierter Computermäuse, Bildschirme, Festplatten, Fernbedienungen, Fernseher, Mikrowellen, Computer. Der Ort zählt zu den am meisten verseuchten Gebieten der Erde. Was hat das mit Wirtschaft zu tun? Der folgende Bericht gibt Antworten.

Agbogbloshie, Ghana, Endstation des weltweiten Elektroschrotts. Die Hölle, sagen diejenigen, die nicht hier leben. Der beste Ort der Welt, sagt Sheriff, 18 Jahre alt, auf einem umgedrehten Computerbildschirm sitzend. [...]

Die Wege in Agbogbloshie sind gepflastert mit Blei, Cadmium, polychloriertem Biphenyl, Antimon, Dioxinen, Furanen und vielem mehr. Bezeichnungen, die so giftig klingen, wie sie auch sind. Stoffe, die das Gehirn schädigen und das Nervensystem, die das Wachstum beeinflussen und das Verhalten.

Ein Morgen Anfang Dezember

Schon jetzt ist es heiß, der Wind weht nur leicht. In Agbogbloshie sind sie schon lange wach, früh kamen die Elektroschrottladungen aus Tema, Ghanas größtem Hafen, Lkw-Ladeflächen und Fahrradanhänger voller Altgeräte, in deren Innern Rohstoffe lagern: Aluminium und Kupfer, Silber, Gold und Palladium, Seltene Erden. Der Jugendliche, der sich Sheriff nennt, will Kupfer. Für ein Pfund wird er von einem Zwischenhändler am Ort fünf Cedis bekommen, umgerechnet rund 1,50 Euro, an einem Tag ist das zu schaffen. Sheriff kommt aus dem armen Norden Ghanas, wie so viele hier, wie lange er schon da ist, weiß er nicht. Sheriff beugt sich nach unten und hämmert weiter, stoisch, immer und immer wieder, so als wolle er das Geld aus dem Metall prügeln. [...]

Agbogbloshie ist ein Friedhof für das, was die Industrieländer nicht mehr wollen. Weil es aus der Mode ist. Weil es Besseres gibt. Weil jedes Jahr Weihnachten ist. Während Sheriff hämmert, öffnen in Deutschland gerade die Geschäfte, Saturn, MediaMarkt, Euronics, sie verkaufen die neuesten Flachbildschirme, Tablet-Computer und die neuen Spielkonsolen von Sony und Microsoft, zu null Prozent finanziert, da kann jeder zuschlagen. Könnten sich Sheriff und die anderen all die aktuellen Werbeprospekte durchsehen, sie wüssten, was in ein paar Jahren bei ihnen ankommen wird.

(Aus: Jana Gioia Baurmann: Elektroschrott – Was am Ende übrig bleibt, in: Wochenzeitung DIE ZEIT vom 19.12.2013, S. 21)

Agbogbloshie: Ein Junge verwertet alte Elektronik: „Bester Ort der Welt"?

1. Warum ist die Müllhalde für Außenstehende die Hölle, für den Jungen, der sich Sheriff nennt aber das Paradies? Erkläre die unterschiedlichen Sichtweisen.

2. Untersuche den Fall anhand folgender Fragen:
- Worin zeigt sich hier das Spannungsverhältnis zwischen Wirtschaft und Umwelt?
- Wodurch wurde das Problem verursacht?
- Wer ist Gewinner, wer Verlierer?
- Was passiert, wenn es immer so weitergeht?

Tipp: Partnerarbeit

B Ideenbörse: Was trägt zur Besserung der Umwelt, der Wirtschaft und der Zustände in Ghana bei?

Der Bericht über Agbogbloshie in Afrika wurde geschrieben, um die Menschen hierzulande zum Nachdenken anzuregen. Das könnt ihr hier gemeinsam tun – am besten, indem ihr euch in Gruppen zusammensetzt und gemeinsam beratet. Welche der folgenden Maßnahmen bringt den größten Nutzen für Mensch, Umwelt und Wirtschaft?

Euer Auftrag:

1. Geht alle Vorschläge durch und bewertet sie spontan nach: a) sehr guter Vorschlag, b) teils teils, c) wenig sinnvoll.

2. Betrachtet sie ein zweites Mal unter folgenden Kriterien: Was bringt diese Maßnahme für die Umwelt, für die Wirtschaft, für uns selbst und für den Jungen Sheriff?

3. Sucht gemeinsam nach eigenen Lösungsvorschlägen. Überlegt dabei auch, wie all denen, die auf der Müllhalde arbeiten, auf andere Art geholfen werden könnte.

1 Fachgerechte Entsorgung

Bundestag und Bundesrat verabschiedeten im August 2015 ein überarbeitetes Elektro- und Elektronikgerätegesetz. Elektrohändler mit über 400 Quadratmetern Verkaufsfläche sind seitdem verpflichtet, Elektro-Altgeräte wie Fernseher und Computer beim Neukauf eines gleichwertigen Gerätes zurückzunehmen, Kleingeräte wie Mobiltelefone und Spielekonsolen auch ohne Neukauf. Die abgegebenen Geräte sollen dann in Deutschland fachmännisch entsorgt werden.

2 Urban Mining

Darunter versteht man eine neue Art von Rohstoffgewinnung. Computer, Handys und andere Elektrogeräte werden nicht mehr als Müll, sondern als wertvolle Rohstofflager gesehen. Alle wertvollen Rohstoffe, die z. B. in alten Handys und Computern „schlummern", sollen zur Wiederverwendung in den Wirtschaftskreislauf zurückgeführt werden. Das, was zurzeit auf der Müllhalde in Afrika geschieht, wird dann hierzulande mit sauberen und umweltschonenden Verfahren geleistet.

3 Repair Cafés

Solche Cafés gibt es bereits in mehreren Städten. Hier treffen sich Leute mit ihren defekten Handys, Tablet-PCs, Druckern etc., um sie gemeinsam unter Anleitung von ehrenamtlich helfenden Fachleuten in angenehmer Atmosphäre zu reparieren. Ziel ist, die Nutzungsdauer der Geräte zu erhöhen, die Schrottmenge zu reduzieren und eine Abkehr von der Wegwerfgesellschaft zu demonstrieren.

4 Bessere Kontrollen, härtere Strafen

Der Export von Elektroschrott in ein Entwicklungsland ist schon seit vielen Jahren verboten. Dennoch geschieht er immer wieder in großem Ausmaß, weil es Exporteure gibt, die den Müll z. B. als wertvolle Hilfsgüter deklarieren. Auf Initiative der Europäischen Union soll es zukünftig bessere Kontrollen und härtere Strafen geben. Zukünftig muss der Exporteur beweisen, dass es sich um Gebrauchtgeräte und nicht um Abfall handelt.

5 Weiter so!

Es gibt auch Menschen, die so denken: „Das Beispiel des Jungen, der sich Sheriff nennt, zeigt, dass die internationale Arbeitsteilung funktioniert. Wir benutzen Elektrogeräte nur so lange, bis etwas Besseres auf den Markt kommt, und brauchen uns dann nicht mehr darum zu kümmern, was mit der ständig zunehmenden Schrottmenge geschieht. Das übernehmen die Menschen in den Entwicklungsländern. Junge Leute wie Sheriff sind zufrieden damit und verdienen so ihren Lebensunterhalt."

2 Was gehört zu einer nachhaltigen Wirtschaftsweise?
Fachbegriffe erläutern, über Wohlstand diskutieren

A Wirtschaftswachstum als Chance und Problem

Gerhard Mester

Wenn die Wirtschaft eines Landes wächst, werden mehr Güter hergestellt und verkauft. Dazu braucht man auch mehr Rohstoffe und Energie. Nahezu jeder wirtschaftliche Vorgang hat Auswirkungen auf die Umwelt. Oft sind es keine guten Auswirkungen.

Als Gradmesser für das Wirtschaftswachstum gilt das Bruttoinlandsprodukt*. Darunter versteht man den in Euro ausgedrückten Wert aller Waren und Dienstleistungen, die innerhalb eines Jahres im Land produziert wurden. In Deutschland lag das BIP im Jahr 2015 bei etwa 2,8 Billionen Euro. Die jährliche Wachstumsrate wird in einer Prozentzahl ausgedrückt. Sie sagt aus, um wie viel Prozent der BIP von Jahr zu Jahr zunimmt.

Viele Menschen wollen mehr verdienen, um sich mehr leisten zu können. Alle Unternehmen wollen wirtschaftlich erfolgreich sein und mehr verkaufen. Die Politiker streben nach einer stetig ansteigenden wirtschaftlichen Entwicklung, weil das Arbeitsplätze schafft und die Wählerinnen und Wähler zufriedenstellt. Wirtschaftswachstum gilt als Schlüssel zur Lösung vieler Probleme. Was aber bedeutet das für die Umwelt?

Nachhaltigkeit als Grundprinzip wirtschaftlichen Handelns

Der Gedanke der Nachhaltigkeit* hat eine lange Tradition. Schon im 18. Jahrhundert wurde er zu einer Leitlinie in der Forstwirtschaft. Nachhaltigkeit bedeutete damals, nur so viel Holz zu fällen, wie auch nachwachsen würde. Heute versteht man unter nachhaltiger Entwicklung Folgendes: Umweltschutz, wirtschaftliche Leistungsfähigkeit und soziale Verantwortung sind so zusammenzuführen, dass Entscheidungen unter allen drei Gesichtspunkten dauerhaft tragfähig sind. Die Erhaltung der Tragfähigkeit der Erde bildet die absolute Grenze. In diesem Sinne ist eine Wirtschaftsweise nachhaltig, die den Bedürfnissen heutiger Generationen entspricht und zugleich auch die Handlungsspielräume und Lebengrundlagen künftiger Generationen erhält. [...]

(Aus: Umweltwirtschaftsbericht 2011 – Daten und Fakten für Deutschland, hg. vom Bundesministerium für Umwelt, Naturschutz und Reaktorsicherheit, Berlin, September 2011, S. 67 f.)

*Zu den Begriffen Bruttoinlandsprodukt und Nachhaltigkeit findest du weitere Informationen im Glossar.

Darf die Wirtschaft weiter wachsen?

Das „Gesetz zur Förderung der Stabilität und des Wachstums in der Wirtschaft" verpflichtet die Bundesregierung zu einer Politik, die ein *angemessenes Wirtschaftswachstum** zum Ziel hat. Dieses Gesetz stammt aus dem Jahr 1967. Damals galt vielfach die Vorstellung, die Wirtschaft müsse quantitativ wachsen. Heute besteht weitgehend Konsens darin, dass nur ein qualitatives Wirtschaftswachstum als angemessen gelten dürfe. Doch was ist der Unterschied?

Quantitatives und qualitatives Wachstum

Wirtschaftswachstum kann unter mengenmäßigen, materiellen Gesichtspunkten betrachtet werden (quantitatives Wachstum) oder unter qualitativen Aspekten (qualitatives Wachstum). *Quantitatives Wachstum* zielt auf die rein mengenmäßige Zunahme der gesamtwirtschaftlichen Produktion im Sinne der Zunahme einer Sozialproduktgröße (z. B. BIP) ab. *Qualitatives Wachstum* beinhaltet neben der reinen Steigerung der gesamtwirtschaftlichen Produktionsmenge die Verbesserung der Lebensqualität der Menschen, die Schonung der Umwelt oder die gerechte Einkommensverteilung. Die Messung des qualitativen Wachstums und die Steigerung des Wohlstands in einer Gesellschaft ist jedoch mit erheblichen Schwierigkeiten verbunden.

(Aus: Duden Wirtschaft von A bis Z: Grundlagenwissen für Schule und Studium, Beruf und Alltag. 5. Aufl. Mannheim: Bibliographisches Institut 2013. Lizenzausgabe Bonn: Bundeszentrale für politische Bildung 2013)

* Weitere Informationen zu dem Begriff Wirtschaftswachstum findest du im Glossar dieses Buches.

Eine Produktionsfirma als Beispiel

Wenn es einer Produktionsfirma gelingt, vom gleichen Produkt in einem Jahr zehn Prozent mehr zu verkaufen als im Vorjahr, so hat sie ein quantitatives Wirtschaftswachstum von 10 Prozent erzielt. Bei diesem Wachstum geht es nur um die Zunahme der verkauften Menge und um die Steigerung des Gewinns. Keine Rolle spielt, ob die Firma zur Produktions- und Gewinnsteigerung mehr Schadstoffe in die Luft geblasen, mehr Abwässer in den Fluss geleitet und insgesamt zu mehr Umweltzerstörung beigetragen hat.

Um ein qualitatives Wirtschaftswachstum zu erreichen, müssen zwei weitere Voraussetzungen erfüllt sein: (1) Die Firma bringt ein neu entwickeltes Produkt heraus, das ein anderes, umweltschädlicheres Produkt vom Markt verdrängt. (2) Das neue Produkt wird aufgrund einer Modernisierung der Produktion umweltentlastender erzeugt, als es jemals zuvor der Fall war. Beim qualitativen Wachstum verbessern sich nicht nur die Qualität des Produkts, sondern auch die Umweltverträglichkeit und die Arbeitsbedingungen.

---

1. Welche Merkmale gehören zu einer nachhaltigen Entwicklung und Wirtschaftsweise? Nenne sie.

2. Worin besteht der Unterschied zwischen quantitativem und qualitativem Wirtschaftswachstum? Erläutere ihn. Benutze dazu auch das Beispiel einer Firma.

3. Welche Zusammenhänge entdeckst du zwischen den Aussagen der beiden Karikaturen und den Aussagen in den Texten auf dieser Seite? Stelle deine Interpretation vor.

Was auch noch interessant sein kann:
- Öko-Tipps für die Klasse zusammenstellen – Jeder von uns kann auch seinen persönlichen Beitrag zum Umweltschutz und zum nachhaltigen Wirtschaften leisten. Im Internet findet man dazu viele Vorschläge. Eine Gruppe von euch kann solche Vorschläge sichten, eine Auswahl treffen und in der Klasse zur Diskussion stellen. Geeignete Adressen sind: www.umweltbundesamt.de, www.das-macht-schule.net, www.wwf.de, www.umweltschutz-tipps. de.

B Ökonomie und Ökologie

1. Womit beschäftigen sich die Wissenschaften von der Ökologie und der Ökonomie? Erkläre es.

2. Warum galten Ökonomie und Ökologie lange Zeit als Gegensätze? Erläutere die Zusammenhänge.

3. Hast du eigene Vorschläge wie eine Aussöhnung von Ökonomie und Ökologie in der Praxis aussehen könnte? Überlege und berate mit anderen.

Versöhnung statt Gegensätzlichkeit?

Ökologie als Wissenschaft

Die Ökologie betrachtet die Erde als ein System, das einem Haushalt ähnelt. In diesem Haushalt gibt es die Umwelt, deren Bestandteile Boden, Luft und Wasser sind, und es gibt die Lebewesen: Pflanzen, Tiere und Menschen. Alle Bestandteile des Systems stehen in einer wechselseitigen Beziehung zueinander. Jede Veränderung in einem Bereich hat Auswirkungen auf alle anderen. Geht es den Pflanzen gut, profitieren davon die Menschen und die Tiere. Erkrankt ein Baustein im System, sind immer auch alle anderen betroffen. Diese vielfältigen Wechselwirkungen zwischen den Lebewesen und der Umwelt im Haushalt der Natur sind der Gegenstand der Wissenschaft Ökologie. Die wörtliche Übersetzung des aus dem Griechischen stammenden Begriffs lautet Haus bzw. Haushalt.

Das ökologische System ist gesund, solange seine verschiedenen Bestandteile sich in einem relativ stabilen Gleichgewicht zueinander befinden. Das System ist krank, wenn dieses Gleichgewicht massiv gestört wird und wenn die Natur es nicht mehr schafft, das Gleichgewicht wiederherzustellen.

Ökonomie

Ökonomisch handelt, wer sparsam wirtschaftet. Der Begriff wird auch gleichbedeutend für Wirtschaft und Wirtschaftswissenschaft verwendet. Als Wissenschaft beschäftigt sich die Ökonomie mit der Frage, wie die Produktion und Verteilung aller Wirtschaftsgüter möglichst erfolgreich gestaltet werden kann.

Das Spannungsverhältnis

Ökonomisches Handeln hat immer Auswirkungen auf das Ökosystem. Das gilt für das Kochen einer Mahlzeit ebenso wie für die Gewinnung von Rohstoffen. Ein gewisses Maß an Eingriffen verkraftet das ökologische System. Werden diese immer massiver, sind die Selbstheilungskräfte der Erde überfordert.

Es drohen irreparable Schädigungen bis zum Kollaps. Diesen kritischen Zustand hat die Erde nach Ansicht fast aller Wissenschaftler erreicht. Verantwortlich gemacht dafür wird der Lebensstil der Menschen in den Industrieländern mit dem Streben nach immer größerem materiellem Wohlstand.

Wirtschaftliches Handeln geschah lange Zeit zulasten des Umweltschutzes. Ökonomie galt als Feind der Ökologie.

Die Herausforderung

Die Menschen stehen vor der Herausforderung, den Kollaps des Systems zu vermeiden und die Umwelt so zu schützen, dass ein Leben unter natürlichen Gegebenheiten über Generationen hinweg möglich bleibt. Der Weg dazu muss in einer Versöhnung von Ökologie und Ökonomie bestehen. „Wirtschaftswachstum durch Umweltschutz" heißt das Motto, das von den meisten Parteien und Wirtschaftsverbänden vertreten wird. Dazu heißt es in einer Meldung des Bundesumweltministeriums:

> Wirtschaft und Umwelt sind zwei Seiten einer Medaille. In der Vergangenheit sind sie lange zu Unrecht als Gegensätze gedacht worden. Ökologie und Ökonomie gehören jedoch zusammen. Eine gesunde Umwelt und der schonende Umgang mit den natürlichen Ressourcen sind Voraussetzung für eine langfristig stabile wirtschaftliche und soziale Entwicklung.
>
> (Nachzulesen auf der Homepage des Bundesministeriums für Umwelt und Naturschutz, www.bmub.bund.de; Zugriff: 10.09.2016)

C TEAM kontrovers: Mehr Geld, mehr Wohlstand?

Wirtschaftswachstum soll der Steigerung des Wohlstandes dienen. So lautet vielfach die gängige Vorstellung. Doch was ist Wohlstand? Viele Menschen verbinden damit eine Verbesserung ihrer materiellen Lebensbedingungen. Andere kritisieren dieses materielle Wohlstandsdenken als zu einseitig und als gefährlich.

● Welche der Ansichten zum Thema Wohlstand überzeugen euch mehr? Darüber könnt ihr hier diskutieren.

Was ist Wohlstand?

So viel Prozent der Bundesbürger verstehen laut einer Umfrage unter Wohlstand:

Keine finanziellen Sorgen haben	77 %
Ein sicheres Einkommen haben	71
Eigentum besitzen	71
Sich materielle Wünsche erfüllen können	69
Einen gesicherten Arbeitsplatz haben	66
Für die eigene Zukunft materiell vorsorgen können	66
Sich eine gute medizinische Versorgung leisten können	59
Keine Angst vor der Zukunft haben	59
Sich gesund fühlen	57
Glücklich sein	53

Repräsentative Befragung von 2 000 Personen ab 14 Jahren, 2015

dpa•22727   Quelle: Ipsos, Opaschowski

Ja, Wohlstandsstreben ist ganz natürlich!

Wir leben in einem Wirtschaftssystem, in dem man sich nur etwas leisten kann, wenn man genügend Geld besitzt. Nur so kann man shoppen, ausgehen und am gesellschaftlichen Leben teilnehmen. Wer kein Geld hat, bleibt außen vor. Klar, dass die Menschen nach höherem materiellem Wohlstand streben. Das ist doch für viele der Anreiz, sich anzustrengen. Wenn man nur ein Fahrrad hat, wünscht man sich als Nächstes ein Motorrad und dann ein eigenes Auto, ein eigenes Haus und immer so weiter. Materielles Wohlstandsstreben steckt irgendwie in der Natur des Menschen, weil damit das gesellschaftliche Ansehen steigt und man sich materielle Ziele setzen muss, um ein glückliches Leben führen zu können.

Nein, Wohlstand muss neu definiert werden!

Das einseitige Streben nach Reichtum führt in der Regel nicht zu mehr Glück, sondern zu mehr Unzufriedenheit, weil man sich nie mit dem begnügt, was man gerade hat. Zudem ist das Streben der Menschen nach immer größerem Reichtum die Hauptursache für die Schädigung der Umwelt. Immer schneller wechselnde Moden, immer dickere Autos – all das wird mit der Ausbeutung von Rohstoffen erkauft. Man muss ja nicht ganz auf Geld verzichten, aber man sollte sich ernsthaft überlegen, ob es nicht besser ist, sich materiell mit weniger zufriedenzugeben. Es ist ganz wichtig, dass der Wohlstandsbegriff neu definiert wird: Glück, Gesundheit, gute Bildung und gute Arbeit, das sind viel wichtigere Gradmesser dafür als Reichtum, der auf Kosten der Umwelt und damit der Zukunft geht.

 Lies die beiden Stellungnahmen und entscheide spontan, welche dich mehr überzeugt.

 Was bedeutet Wohlstand für dich? Formuliere dazu deine eigenen Gedanken. Sie müssen nicht zwingend mit einer der vorgestellten Positionen übereinstimmen. Beachte dabei auch, was das Schaubild darüber aussagt.

 Vergleicht eure Stellungnahmen zu zweit oder zu dritt und diskutiert dann in der Klasse.

3 Wie können Unternehmen ökologisch verantwortungsbewusst arbeiten?
Simulation einer Preisverleihung für vorbildliche Unternehmensführung

Eine Einstiegsübung für alle:

Angenommen, du stündest vor der Wahl: Sollen für diejenigen Unternehmen härtere Strafen eingeführt werden, die die gesetzlich festgelegten Höchstwerte an Schadstoffausstößen missachten, oder sollen diejenigen Unternehmen durch Steuerentlastungen belohnt werden, die deutlich unter den gesetzlich festgelegten Höchstmengen bleiben? Welche der beiden Möglichkeiten hilft der Umwelt mehr?

Wenn man sich Fabriken oder Industrieanlagen vorstellt, denkt man vielleicht an ständig zunehmende Umweltbelastungen. Dass die Produktion von Gütern auch ganz anders aussehen kann, beweisen immer mehr Unternehmen. Einige dieser Unternehmen werden hier vorgestellt und ihr könnt selbst entscheiden, welche davon einen Preis für den besten Beitrag zum Umweltschutz erhalten sollen.

A Der Preis der Deutschen Bundesstiftung Umwelt

Die Deutsche Bundesstiftung Umwelt (DBU) vergibt jährlich Ende Oktober die höchstdotierte Umweltauszeichnung Europas. Seit 1993 ehrt die DBU mit dem Deutschen Umweltpreis ihre herausragenden Leistungen und den Einsatz im Umweltschutz, so den deutschen Mittelstand für seine innovative und kreative Umwelttechnik oder Wissenschaftler für das Weitertragen ihrer nachhaltigen Ideen und Ergebnisse in Politik und Gesellschaft. Die DBU will mit dem Deutschen Umweltpreis nicht nur ehren, sondern vor allem motivieren: Einzelpersonen genauso wie Kooperationen. Denn vielfach bieten heute nur noch branchenübergreifende Lösungsansätze Antworten auf die großen Herausforderungen: Klima- und Umweltschutz, Ressourcenschonung, Effizienzsteigerung, nachhaltige Entwicklung.

(Aus: www.dbu.de; Zugriff: 20.08.2015)

Folgende Kriterien sind maßgeblich für die Preisvergabe

1. Wie hoch ist der Beitrag des Unternehmens für einen aktiven Umweltschutz einzuschätzen?
2. Wie sehr trägt die Leistung dazu bei, Umweltprobleme zu verhindern, bevor sie entstehen?
3. Besitzt die Leistung eine Vorbildfunktion für andere Unternehmen?
4. Wie klug werden hier erfolgreiches wirtschaftliches Handeln und aktiver Umweltschutz miteinander verbunden?
5. Ist die Idee als besonders originell, kreativ und innovativ einzuschätzen?

Windkraft: sichtbares Zeichen für die Verbindung von Ökonomie und Ökologie

B Welches Wirtschaftsunternehmen bekommt von uns den Umweltpreis?

Kandidat 1 memo.de

Die memo Aktiengesellschaft ist ein Versandkaufhaus, das ausschließlich umweltverträgliche Produkte zum Kauf anbietet. Wer hier einkauft, kann unter 10 000 Produkten wählen. Es gibt umweltfreundlich hergestellte Schulartikel, Kleidung, Möbel und viele andere Dinge des täglichen Bedarfs. Alle im Sortiment aufgeführten Waren erfüllen dabei die folgenden Eigenschaften: ökologischer Herstellungsprozess, Langlebigkeit des Produkts, geringer Energieverbrauch, ökologisch sinnvolle Materialverwendung, Recyclingfähigkeit. Des Weiteren legt die memo AG größten Wert auf eine umweltgerechte Unternehmensführung.

Kandidat 2 cupcycle.de

Früher tranken die Leute Kaffee aus einer Tasse. Heute ist es schick, einen Kaffee im Wegwerfbecher mitzunehmen. „Coffee to go" – das ist praktisch, aber nach Angaben des Bundes für Umwelt und Naturschutz eine Umweltkatastrophe. Sechs Milliarden Einwegbecher landen allein in Deutschland jährlich im Müll. Dafür mussten eine halbe Million Bäume gefällt werden. Eine Gruppe von Studenten der Technischen Universität Berlin hat nun den wesentlich umweltfreundlicheren Mehrwegbecher Cupcycle entwickelt und damit ein junges Start-up-Unternehmen gegründet. Der Becher ist superleicht, mehrfach nutzbar und aus vergleichsweise umweltfreundlichem Polypropylen gefertigt. Er eignet sich für Heiß- und Kaltgetränke. Man muss ihn nach Gebrauch in einer Sammelbox entsorgen, von wo aus er gereinigt und wiederverwendet wird.

Hier werden vier Unternehmen vorgestellt, die als Preisträger für den Umweltpreis infrage kommen. Ihr könnt einen ersten, zweiten und dritten Preis vergeben. So könnt ihr bei der Preisvergabe vorgehen:

Euer Auftrag:

1. Bildet Dreier- oder Vierergruppen. Ihr seid nun Mitglieder der Jury für die Preisvergabe.

2. Jedes Jurymitglied sucht zunächst seinen Favoriten aus und stellt ihn in der Gruppe vor.

3. Gemeinsam entscheidet ihr euch für die Preisträger. Dabei orientiert ihr euch an 5 Zielkriterien.

4. Präsentiert euer Ergebnis.

Kandidat 3 kohler-naturmoebel.de

Die Firma Kohler hat sich mit ihren elf Mitarbeitern dem Vertrieb nachhaltig produzierter Möbel verpflichtet. Nicht nur die Verkaufsprodukte entsprechen höchsten Umweltstandards, auch das bereits 2008 errichtete Firmengebäude ist ein Beispiel für eine extrem emissionsarme und energieeinsparende Bauweise. Das Haus produziert mit seiner Fotovoltaikanlage mehr Energie, als es verbraucht. Der Warentransport geschieht mit Elektroautos, für die ein Solar Carport angelegt wurde. Den Kunden will man die größtmögliche Sicherheit beim Kauf umweltschonend hergestellter Möbel geben.

Kandidat 4 asgoodasnew.com

Gebrauchte Elektrogeräte in einen so gut wie neuen Zustand zu versetzen, das ist die Geschäftsidee dieses Unternehmens. Es verfügt über zwei Standorte in Deutschland und beschäftigt über hundert Mitarbeiterinnen und Mitarbeiter. Europaweit werden gebrauchte Handys, Smartphones, Drucker, Tablets etc. aufgekauft, von Spezialisten überprüft und wieder instand gesetzt. Verkauft werden sie zu einem Preis, der deutlich unter dem Neupreis liegt. Man richtet sich an Kunden, die ein gutes, aber nicht immer das neueste Gerät haben wollen und die mit ihrem Kauf einen Beitrag zum nachhaltigen Wirtschaften leisten wollen. Dafür nehmen diese kleinere Gebrauchsspuren auf den Geräten in Kauf.

4 Automobilindustrie: Feind des Umweltschutzes?
Durchführung einer Fallstudie zur Zukunft des Autos

Im September 2015 kam es in der Automobilindustrie zu einem Ereignis mit weltweiten Folgen: Volkswagen, der bis dahin weltweit erfolgreichste Automobilhersteller, hatte den tatsächlichen Schadstoffausstoß seiner Dieselfahrzeuge über Jahre hinweg bewusst verschleiert. Offensichtlich sollte der Eindruck erweckt werden, die Autos führen besonders klimaschonend. Welche Bedeutung hat dieser Fall für das Verhältnis zwischen der Wirtschaft auf der einen Seite und der Notwendigkeit des Umwelt- und Naturschutzes auf der anderen?

Dieser Frage könnt ihr hier mit der Methode Fallstudie nachgehen. Ausgehend vom konkreten Fall wird dabei untersucht, welche allgemeinen Erkenntnisse über die Zukunft des Autos sich daraus ableiten lassen.

● Lest zunächst den Fall VW und sammelt dazu euer Vorwissen und eure spontanen Bewertungen.

A **Fall** **Das Beispiel VW**

Der Abgastrick

Volkswagen hat Abgastests bei Dieselfahrzeugen in den USA manipuliert. Die amerikanische Umweltbehörde EPA* beschuldigt den Konzern, mithilfe einer Software die Resultate von Abgasuntersuchungen bei Dieselautos geschönt zu haben. Das kam heraus, weil in einer im vergangenen Jahr veröffentlichten Studie des Forschungsinstituts International Council on Clean Transportation (ICCT) und der Universität West Virginia erhöhte Emissionswerte einiger Volkswagen-Autos aufgedeckt wurden. [...]

Der Konzern hat massive Abgasmanipulationen in den USA zugegeben. [...] Ein Firmensprecher sagte: „Wir haben das gegenüber der Behörde eingeräumt. Der Sachverhalt trifft zu. Wir arbeiten aktiv mit der Behörde zusammen."

(Aus: So funktioniert der Abgastrick von VW, Artikel vom 21.09.2015, in: www.welt.de/wirtschaft; Autorenkürzel dpa/rtr/stm; WELTN24 GmbH 2016; Zugriff: 10.07.2016)

*EPA = Environmental Protection Agency; Umweltbehörde der Regierung der USA

Ein Skandal mit globalen Folgen

Weltweit enthalten etwa elf Millionen Dieselfahrzeuge des Konzerns eine Software, die die Emissionen nur auf dem Prüfstand unter den erlaubten Höchstwert drückt. Rund 8,5 Millionen davon wurden in der EU verkauft. [...]

In Deutschland sind nach neuestem Stand 2,4 Millionen Fahrzeuge betroffen. [...] Volkswagen präsentierte Ende November (2016) für den deutschen Markt als Lösung eine technische Nachrüstung und ein Software-Update. [...]

Bei internen Ermittlungen fand VW zudem heraus, dass bei rund 800 000 Fahrzeugen falsche Angaben zum CO_2-Ausstoß und Verbrauch gemacht wurden. Betroffen sind dabei auch Autos mit Benzinmotor.

Volkswagen hat eingeräumt, dass in Fahrzeuge mit Dieselmotor eine Software eingebaut wurde, die während offiziellen Emissionstests die Motorsteuerung so ändert, dass das Fahrzeug im Test weniger Abgase ausstößt als im realen Betrieb auf der Straße.

[...] Laut der EPA haben die Autos im Alltagsbetrieb die festgelegten Emissionsgrenzen um das bis zu vierzigfache überschritten.

(Aus: Saskia Gerhard, Matthias Breitinger: Volkswagen – Was wir über den Abgasskandal wissen, Artikel vom 21.09.2015, in: www.zeit.de; Zugriff: 10.07.2016)

1. Wie schätzt du die Bedeutung dieses Falles ein: Hat er eine sehr große, eine mittlere oder eher eine geringe Bedeutung? Sammelt eure Einschätzungen.

2. Warum darf es nicht geduldet werden, dass die Öffentlichkeit über den tatsächlichen Ausstoß von Autoabgasen getäuscht wird? Sammelt dazu möglichst viele Gründe.

3. Was möchtest du noch wissen, um den Fall VW-Skandal und seine Folgen genauer beurteilen zu können. Notiere mindestens zwei Fragen dazu.

METHODENKARTE 11

Fallstudie

Thema: Auto und Umwelt

Worum geht es?

Bei der Fallstudie handelt es sich um eine Methode, die dazu dient, sich besonders intensiv mit einem Ereignis auseinanderzusetzen. Man untersucht dabei einen konkreten Fall, um zu erfahren, was dieser Fall an allgemeinen Schlussfolgerungen über ein wichtiges Problem aus Wirtschaft und Politik ermöglicht.

Hier geht es um den Fall „VW-Skandal" und welche Erkenntnisse sich daraus ableiten lassen für die Zukunft der Automobilindustrie und über das Verhältnis zwischen Auto und Natur- bzw. Klimaschutz.

In der Realität werden Fallstudien meist von Forscherteams durchgeführt. Deshalb empfehlen wir auch hier, in Teams zu arbeiten.

Eine Fallstudie funktioniert nach einer klar strukturierten Vorgehensweise. Das hat den Vorteil, dass sich die Abfolge immer wieder auf weitere Fälle anwenden lässt.

Wie macht man das?

1. Schritt: Konfrontation mit dem Fall

Man liest den Fall, beschreibt das Problem, das darin sichtbar wird, und sucht nach Gründen, warum dieser Fall eingetreten ist. Man stellt Fragen:

- Warum kann es so nicht weitergehen?
- Was muss man noch herausfinden?

2. Schritt: Informationsphase

Selten enthält die Schilderung eines Falles eine ausreichende Menge an Informationen, um den Fall hinreichend analysieren (= untersu-

chen) und beurteilen zu können. Deshalb begibt man sich nun auf die Suche nach weiteren Informationen.

Hier empfehlen wir drei Schwerpunkte für die genauere Beschäftigung: (1) das Problem der Autoabgase, (2) die Bedeutung der Automobilindustrie für die Wirtschaft in Deutschland, (3) die Zukunft des Autos.

Tipp: Bildet jeweils zwei Gruppen, sodass insgesamt sechs Gruppen entstehen, die sich mit jeweils einem der drei Teilthemen beschäftigen.

3. Schritt: Anwendung der Informationen auf den Fall

In dieser Phase stellen die Gruppen vor, was sie herausgefunden haben. Sie bewerten den Fall vor dem Hintergrund ihres neuen Erkenntnisstandes.

4. Schritt: Diskussion von Lösungsmöglichkeiten

Ihr könnt nun gemeinsam überlegen, wie es eurer Ansicht nach mit den Verursachern des Problems und der Zukunft der Autoproduktion und Autobenutzung insgesamt weitergehen soll. Alle in der Klasse können sich nun dazu ihr eigenes Urteil bilden. Für die Diskussion über die Zukunft steht euch am Ende der Fallstudie ein Angebot zur Verfügung (Material C).

Tipp: Mit eigenen Internetrecherchen könnt ihr das Materialangebot auf den folgenden Seiten erweitern. Einzelne Gruppenmitglieder können sich z. B. genauer über Stickoxide, Feinstaub oder Kohlenmonoxid informieren.

Feinstaubbelastung in deutschen Städten

In diesen Städten wurden 2015 die erlaubten Werte für Feinstaub am häufigsten **überschritten** (erlaubter Tagesmittelwert 50 Mikrogramm Feinstaub pro Kubikmeter Luft und max. 35 Überschreitungstage):

Ort	Messstation	Überschreitungstage
A Stuttgart	Am Neckartor (S)	70
B Berlin	Frankfurter Allee (Friedrichshain)	36
C Reutlingen	Lederstraße Ost (S)	33
D Gelsenkirchen	Kurt-Schumacher-Straße	32
E Duisburg	Duisburg-Bruckhausen	31
F Halle (Saale)	Paracelsusstraße	30
G Berlin	Silbersteinstraße (Neukölln)	29
H Warstein	Warstein	29
I Frankfurt (Oder)	Leipziger Straße	27
J Berlin	Karl-Marx-Straße (Neukölln)	26
K Leipzig	Lützner Straße	26

Quelle: Umweltbundesamt

© Globus 10820

Stickstoffoxide sind wie Feinstaub gesundheitsschädliche Schadstoffe. Dazu zählen gasförmige Verbindungen aus Stickstoff (N) und Sauerstoff (O), vor allem Stickstoffmonoxid (NO) und Stickstoffdioxid (NO_2). Sie entsteigen den Auspuffen von Dieselautos und reizen die Schleimhäute. In höheren Konzentrationen sind sie daher für Asthmatiker ein Problem.

Generell entstehen sie durch Verbrennungsprozesse, also auch in Feuerungsanlagen für Kohle, Öl, Gas, Holz und Abfälle. Stickstoffoxide schädigen auch die Umwelt. Sie tragen zur Versauerung von Böden bei und können zum Beispiel das Wachstum von Pflanzen beeinträchtigen.

Von Feinstaub geht allerdings eine größere Gefahr aus, da er aus festen Partikeln besteht. Auch er entsteht unter anderem im Straßenverkehr und durch Verbrennungsmotoren. [...]

Nach Angaben der Umwelthilfe trägt der motorisierte Straßenverkehr in Deutschland 64 Prozent zur Belastung durch giftiges Stickstoffdioxid (NO_2) bei. Dieselfahrzeuge sind demnach für 26 Prozent der NO_2-Belastung in Städten verantwortlich. Hierzulande sind etwa 13,8 Millionen Autos mit Dieselantrieb unterwegs, damit liegt der Anteil an der gesamten Pkw-Flotte in Deutschland bei rund 31 Prozent. In den vergangenen Jahren ist der Dieselanteil an den Neuwagenverkäufen deutlich gestiegen.

(Aus: Saskia Gerhard, Matthias Breitinger: Volkswagen: was wir über den Abgasskandal wissen, Artikel vom 21.09.2015 in: www.zeit.de; Zugriff: 10.07.2016)

Studie: Verkehrsabgase gefährlicher als Unfälle

Jährlich sterben etwa 3,3 Millionen Menschen weltweit an den Folgen von Luftverschmutzung. Die meisten Opfer stammen einer Studie zufolge aus Asien. Der größte Teil der Todesfälle gehe demnach auf Emissionen zurück, die bei der Verbrennung von Kohle oder Biomasse zum Heizen und Kochen oder durch Dieselgeneratoren frei werden, berichtet ein internationales Forscherteam unter Leitung von Johannes Lelieveld vom Max-Planck-Institut für Chemie in Mainz.

Auf den Straßenverkehr gingen weltweit fünf Prozent dieser Todesfälle zurück – in Deutschland, Großbritannien und den USA sogar rund 20 Prozent. Hierzulande gibt es demnach jährlich 7000 Todesfälle durch Verkehrsabgase. Das sind doppelt so viele Menschen wie durch Verkehrsunfälle ums Leben kommen.

(Aus: Anja Garms: Verkehrsabgase gefährlicher als Unfälle, Artikel vom 19.09.2015, www.nwzonline.de; Zugriff: 10.07.2016)

Sucht in der Gruppe nach Antworten auf die folgenden Fragen.

1. Welche Gefahren gehen von Stickstoffoxiden und von Feinstaub aus?

2. Wie hoch ist der Anteil des motorisierten Straßenverkehrs und speziell der Dieselfahrzeuge an der Schadstoffbelastung in Deutschland?

3. Was sagt das Schaubild über die Umweltbelastung in unterschiedlichen Städten und Regionen aus?

4. Wie gefährlich sind Verkehrsabgase aus globaler Sicht?

5. **Rückgriff auf den Fall:**
   Wie bewertet ihr den VW-Skandal vor dem Hintergrund eurer Erkenntnisse über das Problem von Autoabgasen? Stellt eure Stellungnahme dazu in der Klasse vor.

Teams 3 und 4: Welche Bedeutung hat die Automobilindustrie für die Wirtschaft in Deutschland?

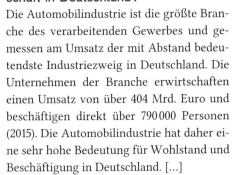

Die Automobilindustrie ist die größte Branche des verarbeitenden Gewerbes und gemessen am Umsatz der mit Abstand bedeutendste Industriezweig in Deutschland. Die Unternehmen der Branche erwirtschaften einen Umsatz von über 404 Mrd. Euro und beschäftigen direkt über 790 000 Personen (2015). Die Automobilindustrie hat daher eine sehr hohe Bedeutung für Wohlstand und Beschäftigung in Deutschland. [...]

Die Fahrzeugfertigung erfordert den Zukauf von Teilen, Komponenten und Rohstoffen, sodass auch Branchen, die vordergründig wenig mit dem Automobilbau zu tun haben, an der Herstellung von Kraftfahrzeugen beteiligt sind und davon profitieren. Dazu gehören Investitionsgüter, Material- und Teilelieferungen u. a. aus der chemischen Industrie, der Textilindustrie, dem Maschinenbau, der elektrotechnischen Industrie sowie der Stahl- und Aluminiumindustrie. Außerdem sind Ingenieurbüros, Autohändler, Werkstätten und Tankstellen, aber auch weitere Dienstleistungen rund um das Auto direkt oder indirekt von der Automobilkonjunktur abhängig. [...]

Mehr als 75 Prozent der in Deutschland produzierten Pkw werden exportiert, was Deutschland zum Exportmeister macht. Deshalb ist der Zugang zu Auslandsmärkten ein zentrales Thema für die deutsche Automobilindustrie.

(Aus: Branchenskizze zur Automobilindustrie (Stand 2016), hrsg. vom Bundesministerium für Wirtschaft und Energie, im Internet unter www.bmwi.de; Zugriff: 10.07.2016)

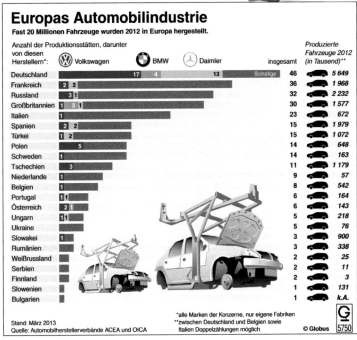

Europas Automobilindustrie

Fast 20 Millionen Fahrzeuge wurden 2012 in Europa hergestellt.

Anzahl der Produktionsstätten, darunter von diesen Herstellern*: VW Volkswagen | BMW | Daimler

	Volkswagen	BMW	Daimler	Sonstige	insgesamt	Produzierte Fahrzeuge 2012 (in Tausend)**
Deutschland	17	4	13	Sonstige	46	5 649
Frankreich	2	2			36	1 968
Russland	3	1			32	2 232
Großbritannien	1	3	1		30	1 577
Italien	1				23	672
Spanien	2	2			15	1 979
Türkei	1	2			15	1 072
Polen	5				14	648
Schweden	1				14	163
Tschechien	3				11	1 179
Niederlande	1				9	57
Belgien	1				8	542
Portugal	1	1			6	164
Österreich	2	1			6	143
Ungarn	1	1			5	218
Ukraine	1				5	76
Slowakei	1				3	900
Rumänien					3	338
Weißrussland					2	25
Serbien					2	11
Finnland					2	3
Slowenien					1	131
Bulgarien					1	k.A.

Stand: März 2013
Quelle: Automobilherstellerverbände ACEA und OICA

*alle Marken der Konzerne, nur eigene Fabriken
**zwischen Deutschland und Belgien sowie Italien Doppelzählungen möglich

© Globus 5750

worden als Griechenland", sagte Carsten Brzeski, Chefökonom der Bank ING-DiBa. Der Konzern mache inklusive abhängiger Unternehmen zwei bis drei Prozent der deutschen Wirtschaftsleistung (BIP) aus, gab Brzeski zu bedenken.

(Aus: Matthias Thieme: Abgas-Skandal macht VW zu Risiko für deutsche Wirtschaft, Artikel vom 30.09.2015, in: www.derwesten.de/wirtschaft; Zugriff: 10.07.2016)

Risiko für die deutsche Wirtschaft

Der Abgas-Skandal bei Volkswagen betrifft nicht nur den Konzern, sondern viele Bereiche der Wirtschaft. [...] Zehn Jahre lang hat der Konzern absichtlich betrogen und getäuscht. Jetzt wird ausgerechnet Volkswagen, das stolze Herzstück der deutschen Industrie, zum ernsten Problem für das Image und die Wirtschaft eines ganzen Landes. [...]
„Volkswagen ist über Nacht ein größerer Risikofaktor für die deutsche Wirtschaft ge-

Sucht in der Gruppe nach Antworten auf die folgenden Fragen:

1. Welche Bedeutung hat die Automobilindustrie in Deutschland gemessen an Umsatz, Wohlstand und Arbeitsplätzen?

2. Welche Angaben im Text machen deutlich, dass die Autoherstellung auch für andere Branchen von Bedeutung ist?

3. Was sagt das Schaubild über die Bedeutung der Autoproduktion für Deutschland aus?

4. Warum gilt der Abgas-Skandal als Risiko für die gesamte deutsche Wirtschaft?

5. **Rückgriff auf den Fall:**
   Wie bewertet ihr den VW-Skandal vor dem Hintergrund eurer Erkenntnisse über die Bedeutung der Automobilindustrie in Deutschland? Stellt eure Stellungnahme dazu in der Klasse vor.

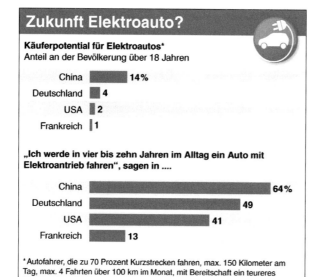

Zukunft Elektroauto?

Käuferpotential für Elektroautos*
Anteil an der Bevölkerung über 18 Jahren

China 14%
Deutschland 4
USA 2
Frankreich 1

„Ich werde in vier bis zehn Jahren im Alltag ein Auto mit Elektroantrieb fahren", sagen in ....

China 64%
Deutschland 49
USA 41
Frankreich 13

* Autofahrer, die zu 70 Prozent Kurzstrecken fahren, max. 150 Kilometer am Tag, max. 4 Fahrten über 100 km im Monat, mit Bereitschaft ein teureres Elektroauto zu kaufen

dpa•15862   Quelle: infas, Continental

Vorfahrt für Elektroautos

Am 12. Juni 2015 trat bundesweit das Elektromobilitätsgesetz in Kraft. Über seine Ziele informiert die Bundesregierung.

Elektrofahrzeuge sind eine schadstoffarme, bei Einsatz von Strom aus erneuerbaren Quellen sehr klimaschonende und insgesamt höchst energieeffiziente Alternative zum herkömmlichen Auto. Der klassische Verbrennungsmotor kann nur knapp 30 Prozent der erzeugten Energie für den Antrieb des Autos nutzen. Elektrofahrzeuge kommen auf mehr als etwa 90 Prozent. Die

Umwelt profitiert doppelt: Elektrofahrzeuge verbrauchen nicht nur weniger Energie, sie verursachen auch weniger Abgase vor Ort und vor allem innerorts, außerdem erzeugen sie wesentlich weniger Lärm. [...] Elektromobilität kann auch einen Beitrag zur Vermeidung von Verkehr leisten: Werden Pedelecs (= Pedal Electric Cycle) und E-Bikes nicht nur als Ersatz für ein konventionelles Fahrrad genutzt, kann sich das Pkw-Verkehrsaufkommen verringern.

(Aus: Sonderrechte für Elektroautos; Pressemitteilung der Bundesregierung vom 12.06.2015, im Internet unter www.bundesregierung.de; Zugriff: 10.07.2016)

Über die Umweltfreundlichkeit von Elektroautos gibt es unterschiedliche Ansichten. Entscheidend ist, woraus der Strom erzeugt wurde, mit dem das Auto betrieben wird. Wurde er aus den fossilen Rohstoffen Öl, Kohle oder Gas gewonnen, fällt die Umweltbilanz nicht besonders günstig aus. Stammt er hingegen aus Wasser-, Wind- oder Sonnenenergie, ist das Elektroauto die klimaschonendere Alternative zum Diesel- und Benzinfahrzeug. Eine Rolle spielt auch, ob Energieverbrauch und Schadstoffemissionen bei der Herstellung der aufwendigen Batterien in die Berechnungen einbezogen werden oder nicht.

(Anmerkung des Autors)

Neuausrichtung bei VW

Volkswagen will sich nach dem Abgas-Skandal grundlegend neu aufstellen. Der Konzern solle für das „neue Zeitalter der Mobilität" umgebaut werden, sagte VW-Chef Matthias Müller bei der Vorstellung der neuen Unternehmensstrategie bis zum Jahr 2025. In den Umbau will VW in den nächsten neun Jahren einen zweistelligen Milliardenbetrag investieren und die Elektromobilität massiv ausbauen. [...] Mit Blick auf den Abgas-Skandal sagte Müller, die Bereitschaft für Veränderungen im Konzern sei deutlich gewachsen.

(Aus: ZEIT ONLINE, dpa, rtr, she: Mit Elektroautos in die Zukunft; Meldung vom 16.06.2016, in: www.zeit.de; Zugriff: 10.07.2016)

Sucht in der Gruppe nach Antworten auf die folgenden Fragen:

1. Welche Vorteile des Elektroautos gegenüber herkömmlichen Autos werden in den Texten deutlich?

2. Warum ist es wichtig, woher der Strom stammt, mit dem Elektroautos betrieben werden?

3. Was sagt das Schaubild über das aktuelle und das zukünftige Käuferinteresse für Elektroautos aus?

4. Was versteht der VW-Konzern unter der Neuausrichtung des Unternehmens?

5. **Rückgriff auf den Fall:**
   Wie bewertet ihr den VW-Skandal vor dem Hintergrund eurer Erkenntnisse über Elektromobilität? Stellt eure Stellungnahme dazu in der Klasse vor.

C TEAM kontrovers: Diskussion von Lösungsmöglichkeiten
Welche Konsequenzen sollen aus dem Fall gezogen werden?

1. Soll man ein Unternehmen bestrafen, das Umweltschutz mit gefälschten Zahlen vortäuscht?

Ja!
In den USA, in denen der VW-Skandal aufgedeckt wurde, gilt der Grundsatz, dass ein Unternehmen bestraft werden kann, wenn es gegen Gesetze verstößt. Daher muss VW hier mit hohen Geldstrafen rechnen. Das ist richtig so, denn das Unternehmen hat die Autokäufer bewusst getäuscht.

Nein!
Nach der deutschen Rechtsauffassung kann ein Unternehmen keine Straftaten begehen. Nur Menschen können das. Das Unternehmen Volkswagen kann vor einem deutschen Gericht nicht verklagt werden. Das ist auch gut so! Schließlich kann die Bestrafung dessen Ruin bedeuten.

2. Soll die Automobilindustrie auf die Weiterentwicklung von Diesel- und Benzinfahrzeugen verzichten und stattdessen die Entwicklung des Elektroautos vorantreiben?

Nein!
Die große Mehrheit der autofahrenden Bevölkerung ist nicht bereit, von Diesel oder Benzin auf Elektroautos umzusteigen. Zu groß erscheinen ihnen die Nachteile. Man sollte es den Kunden überlassen, wofür sie sich entscheiden, und weiterhin mehrere Techniken anbieten.

Ja!
Jedes Diesel- und Benzinfahrzeug produziert Abgase und diese sind die Mitverursacher der Klimaerwärmung. Man sollte die Weiterentwicklung dieser veralteten Technologie aufgeben. Dem Elektroauto muss daher voll und ganz die Zukunft gehören.

3. Sollen junge Leute ganz auf den Besitz von Autos verzichten – und lieber mieten statt kaufen?

Ja!
Das wäre eine kluge Entscheidung, denn der Kauf eines eigenen Autos ist eine der teuersten und der sinnlosesten Ausgaben, ganz besonders für junge Familien. Es steht meist ungenutzt herum, verursacht aber auch dann hohe Kosten (Steuern, Versicherung, Abnutzung). Man kann jederzeit ein Auto mieten, wenn man es braucht. Das ist billiger und umweltfreundlich.

Nein!
Das eigene Auto ist nach wie vor ein Traum vieler junger Leute und so muss es auch bleiben. Es ist eben ein völlig anderes Gefühl, mit dem eigenen Auto durch die Gegend zu fahren als mit einem Mietobjekt. Das Mieten von Autos oder das Teilen mit anderen Nutzern wird noch lange die Ausnahme bleiben.

1. Beschäftige dich zunächst in Einzelarbeit mit den drei Diskussionsthemen. Bilde dir dein Urteil auf der Basis der von dir erarbeiteten Informationen. Tausche dich innerhalb deiner Arbeitsgruppe oder in Partnerarbeit mit den anderen aus.

2. Legt gemeinsam für jeden Punkt eine Diskussionsdauer fest. Diskutiert der Reihe nach und stimmt nach jedem Diskussionspunkt in der Klasse ab.

3. Am Ende dieser Fallstudie könnt ihr einzeln oder mit anderen eine Zukunftsvision entwickeln: So stelle ich/so stellen wir uns das Auto und eine umweltschonende Mobilität in der Zukunft vor.

Was auch noch interessant sein kann:
• Comics zeichnen, Bilder malen, Talkshows veranstalten und anderes zum Thema: Auto der Zukunft.

5 Was kann die Regierung in Sachen Umwelt- und Wirtschaftspolitik leisten?
Politische Entscheidungen bewerten

Mit den folgenden beiden Beispielen lernt ihr zwei konkrete bundespolitische Maßnahmen kennen. Dabei werdet ihr feststellen, dass Umwelt- und Wirtschaftspolitik in der Demokratie so gut wie nie auf ungeteilte Zustimmung stoßen.

Tipp: Arbeitsteilige Vorgehensweise

A Zwei Beispiele aus der Praxis

Beispiel 1: Die Luftverkehrssteuer

Das Problem

Flugverkehr belastet das Klima. Beim Verbrennen von Kerosin entstehen Kohlendioxid (CO_2) und weitere Stickstoffoxide. Wenn sie in großer Höhe in die Atmosphäre gelangen, ist ihre klimaschädigende Wirkung dreimal so hoch, als wenn es am Boden geschieht. Weil die Zahl der Flüge weltweit zunimmt, vergrößern sich auch die Umweltschäden, die das Fliegen verursacht. Der Gesamtanteil des Flugverkehrs an der globalen Erwärmung wird mit etwa fünf Prozent angegeben.

Maßnahmen der Politik

Auf Beschluss des Bundestages trat in Deutschland am 1. Januar 2011 das Flugsteuergesetz in Kraft. Seitdem wird auf Flüge eine besondere Steuer erhoben, die Luftverkehrssteuer. Für Kurzstreckenrouten beträgt sie acht Euro pro Flug, für Mittelstrecken 25 Euro und für Langstrecken 45 Euro. Seit der Einführung betragen so die zusätzlichen Steuereinnahmen etwa eine Milliarde Euro pro Jahr. Erreicht werden soll mit dieser Maßnahme, dass man sich aufgrund der höheren Preise weniger häufig für Flugreisen entscheidet und dass so die klimaschädigenden Auswirkungen des Flugverkehrs vermindert werden.

Zustimmung und Kritik

Unmittelbar nach der Verabschiedung der Luftverkehrsabgabe gab es daran heftige Kritik. Die deutsche Luftfahrtbranche sah sich dadurch extrem stark belastet. Flughäfen machen die Steuer für sinkende Passagierzahlen verantwortlich. Weitere Kritikpunkte lauten:

- Menschen müssen auf Urlaubsreisen verzichten,
- die Flugindustrie hat bereits hohe Summen in umweltfreundlichere Flugzeuge investiert.
- Länder, welche die Steuer nicht einfordern, erhalten einen ungerechtfertigten Wettbewerbsvorteil.

Naturschutzverbände argumentieren so:

- Die Maßnahme ist ein sinnvoller Beitrag zum Klimaschutz,
- höhere Steuereinnahmen verbessern die Möglichkeiten des Staates, in den Umweltschutz zu investieren,
- Passagiere werden zunehmend umweltschonendere Verkehrsmittel wählen.

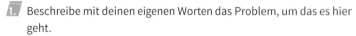 Beschreibe mit deinen eigenen Worten das Problem, um das es hier geht.

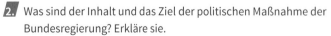 Was sind der Inhalt und das Ziel der politischen Maßnahme der Bundesregierung? Erkläre sie.

3. Wie bewertest du diese politische Entscheidung unter Abwägung der Pro- und Kontra-Argumente? Formuliere dein begründetes Urteil.

Beispiel 2: Energetische Gebäudesanierung

Das Problem

Das Foto auf dieser Seite zeigt die Fassade zweier Altbauten in Köln. Eines davon wurde renoviert und dabei auch energetisch saniert. Es bekam eine besondere Wärmedämmung an der Außenfassade, neue Fenster, die mehrfach verglast sind und eine neue Heizungsanlage. Unter energetischer Gebäudesanierung versteht man alle Maßnahmen der Modernisierung von Häusern, die den Energieverbrauch senken und die Umwelt weniger belasten.

Viele Häuser in Deutschland sind ungenügend isoliert. Sie wurden bereits vor 1979 gebaut. Erst von dieser Zeit an wurde ein besonderer Wärmeschutz für Gebäude gesetzlich vorgeschrieben. Aktuell benötigen öffentliche und private Gebäude 40 Prozent des gesamten Energieaufkommens in Deutschland und verursachen 20 Prozent des gesamten CO_2-Ausstoßes. Sie tragen damit in erheblichem Maß zur Klimaerwärmung bei.

Maßnahmen der Politik

Die Förderung der energetischen Gebäudesanierung zählt zu den wichtigsten Maßnahmen der Bundesregierung zur Energieeinsparung. Sie ist Bestandteil des Programms zum Klimaschutz durch Reduzierung der Treibgasemissionen. Dieses Programm wurde im Bundestag 2011 beschlossen und seitdem mehrfach überarbeitet. Spätestens 2050 soll es in Deutschland nur noch klimaneutrale Häuser geben, die ihren Energiebedarf aus erneuerbaren Energien decken und keinerlei Schadstoffe an die Umwelt abgeben.

Als Maßnahmen sieht das Programm vor, Haus- und Wohnungseigentümer bei der Finanzierung energiesparender Umbauten zu unterstützen. Dazu gibt es auf Antrag einen finanziellen Zuschuss zu den Umbaukosten und auch günstige Kredite zur Finanzierung der verbleibenden Kosten. Jährlich werden dazu seit dem Jahr 2014 knapp 2 Milliarden Euro aus Steuermitteln zur Verfügung gestellt.

Zustimmung und Kritik

Das Programm zur Förderung der energetischen Gebäudesanierung sieht die Bundesregierung sowohl als eine umweltpolitische als auch als eine wirtschaftspolitische Maßnahme. Mehrere Hunderttausend Arbeitsplätze sollen so neu geschaffen werden. Handwerksbetriebe vor Ort profitieren am stärksten durch eine Vielzahl neuer Aufträge. Langfristig sollen auch die Haus- und Wohnungsbesitzer sparen, weil wesentlich geringere Kosten für Heizung und Warmwasserversorgung anfallen.

Kritiker bemängeln, die Zuschüsse seien viel zu gering. Mindestens fünf Milliarden pro Jahr seien notwendig, um mit dem Klimaschutz wirklich ernst zu machen. Auch würden die Modernisierungskosten häufig auf die Mieten aufgeschlagen, sodass sich viele Leute die modernisierten Wohnungen nicht mehr leisten können.

 Erkläre, was man unter energetischer Sanierung versteht.

 Was sind das Ziel und die Maßnahmen, die von der Politik beschlossen wurden? Erläutere sie.

 Wie bewertest du die politische Entscheidung unter Abwägung der Pro- und Kontra-Argumente? Formuliere dein begründetes Urteil.

B Ziele staatlicher Wirtschafts- und Umweltpolitik

Die Doppelseite lässt sich zu zweit mit der Methode des Partnerbriefings bearbeiten. Stellt euch den Inhalt der Texte und die Lösungen zu den Arbeitsanweisungen gegenseitig vor. Bearbeitet die Aufgabe 3 zu zweit. Analysiert auch die beiden Schaubilder.

1. Wirtschaftspolitik

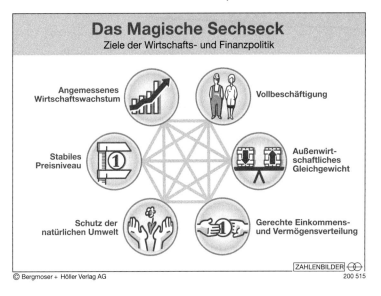

Das Magische Sechseck
Ziele der Wirtschafts- und Finanzpolitik

Angemessenes Wirtschaftswachstum

Vollbeschäftigung

Stabiles Preisniveau

Außenwirtschaftliches Gleichgewicht

Schutz der natürlichen Umwelt

Gerechte Einkommens- und Vermögensverteilung

© Bergmoser + Höller Verlag AG

ZAHLENBILDER

200 515

Ziele

In Deutschland gibt es ein Gesetz, das der Bundesregierung die Ziele der Wirtschaftspolitik vorschreibt. Es stammt aus dem Jahr 1967 und hat den Titel „Gesetz zur Förderung der Stabilität des Wachstums in der Wirtschaft". Vier Ziele der Wirtschaftspolitik sind darin verbindlich festgelegt. Der Staat muss dafür sorgen, dass die Arbeitslosigkeit gering ist. Ziel ist Vollbeschäftigung. Das bedeutet, jeder der erwerbsfähig ist, findet eine entsprechende Beschäftigung. Ein weiteres Ziel ist Preisstabilität. Der Staat muss dafür sorgen, dass der Wert des Geldes erhalten bleibt und dass die Inflationsrate möglichst niedrig ausfällt. Beträgt die Inflationsrate z. B. zwei Prozent, so bedeutet das, dass die Preise im Durchschnitt im Vergleich zum Vorjahr um diese Prozentzahl gestiegen sind.

Ein drittes Ziel ist das außenwirtschaftliche Gleichgewicht. Es bedeutet, dass die Summe an Geld, die für die Einfuhr von Waren aus dem Ausland nach Deutschland bezahlt werden muss, nicht größer sein darf, als die Summe an Geld, die durch die Ausfuhr von Waren ins Ausland nach Deutschland hereinfließt. In der Sprache der Wirtschaft heißt das: Import und Export müssen in einem ausgewogenen Verhältnis zueinander stehen. Viertens hat der Staat für ein „stetiges und angemessenes Wirtschaftswachstum" zu sorgen. Mehr und mehr geht es dabei um die Umsetzung eines qualitativen Wirtschaftwachstums, bei dem der Schutz der natürlichen Umwelt eine ebenso große Bedeutung hat, wie die Sicherung der materiellen Lebensgrundlagen.

Die vier im Stabilitätsgesetz genannten Ziele werden oft als „Magisches Viereck" bezeichnet. Es bedarf nämlich der Kunst eines Magiers, alle diese vier Ziele immer gleichzeitig im Auge zu haben. Mittlerweile wurde das Magische Viereck zum Sechseck erweitert. Der Schutz der Umwelt und die Herstellung sozial gerechter Lebensverhältnisse gehören ebenfalls zu den gesetzlich vorgeschriebenen Zielen.

Akteure

Wirtschaftspolitik findet auf mehreren Ebenen statt. Das beginnt mit politischen Entscheidungen, die vor Ort in den Gemeinden getroffen werden. Auch jede Landesregierung macht eine eigene Wirtschaftspolitik, wobei sie die besonderen Gegebenheiten im Bundesland im Auge hat. Für ganz Deutschland ist natürlich die Bundesregierung zuständig. Von zunehmender Wichtigkeit sind die Maßnahmen der Europäischen Union. Dabei geht es um alles, was mit dem Euro und der Geldwertstabilität zu tun hat, und um die Gestaltung der Regeln im gemeinsamen Wirtschaftsraum, den die Mitgliedstaaten der EU geschaffen haben, dem europäischen Binnenmarkt.

2. Umweltpolitik

Ziele

Artikel 20 des Grundgesetzes erklärt die Zielsetzung staatlicher Umweltpolitik: *„Der Staat schützt auch in Verantwortung für die künftigen Generationen die natürlichen Lebensgrundlagen […]."*

Die wichtigste Aufgabe der Umweltpolitik besteht darin, negative Folgen wirtschaftlichen Handelns zu vermeiden und Schäden möglichst gar nicht erst entstehen zu lassen. Sie muss dafür Sorge tragen, dass auch zukünftige Generationen in einer intakten Umwelt leben können. Ökologie und Ökonomie, wirtschaftliches Handeln und Umweltschutz, sind bei allen Entscheidungen als eine Einheit zu betrachten, die in Übereinstimmung zu bringen sind.

Handlungsfelder

Die wichtigsten Handlungsfelder sind der Schutz des Bodens, des Wassers und der Luft. Vor dem Hintergrund der Klimaerwärmung kommt dem Ausbau der erneuerbaren Energien Sonne, Wasser, Wind besondere Bedeutung zu. Alle Maßnahmen zur Reduzierung der Treibgasemissionen haben höchste Priorität. Das betrifft die Industrie und die Landwirtschaft und auch die privaten Haushalte und das gesamte Verkehrswesen. Umweltpolitik muss die Entwicklung von Technologien fördern, welche den Verbrauch endlicher Rohstoffe auf ein Minimum reduzieren und zu einem möglichst geringen Bedarf an Energie führen.

Prinzipien

Im Laufe der Jahre wurde eine Strategie des vorbeugenden Handelns entwickelt. Folgende Prinzipien gehören dazu:

- *das Verursacherprinzip*, nach dem jene, welche die Umwelt belasten, auch für die Schäden aufkommen,
- *das Kooperationsprinzip*, das die Beteiligung aller wichtigen Gruppen am Umweltschutz fordert,
- *das Prinzip der Nachhaltigkeit*, wonach Umweltpolitik dafür Sorge tragen muss, dass auch die nachfolgenden Generationen in einer gesunden Umwelt aufwachsen.

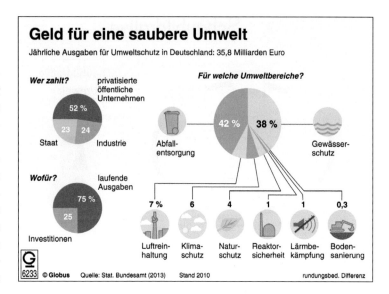

Geld für eine saubere Umwelt

Jährliche Ausgaben für Umweltschutz in Deutschland: 35,8 Milliarden Euro

Akteure

In Deutschland arbeiten Bund, Länder und Gemeinden auf der Basis gesetzlicher Grundlagen im Umweltschutz zusammen. Ein wichtiger Akteur in der Umweltpolitik ist auch die Europäische Union. Die Mehrzahl aller Umweltschutzgesetze wird auf europäischer Ebene verabschiedet.

Weil Umweltbelastungen keine Grenzen kennen, gilt Umweltpolitik heute als globale Herausforderung, die nur in internationaler Zusammenarbeit wirksam betrieben werden kann. So trafen sich 2015 Vertreter aus 195 Staaten auf einer Weltklimakonferenz in Paris und vereinbarten eine bessere globale Zusammenarbeit zum Schutz des Klimas.

Wirtschaftspolitik:

 Fasse mit deinen eigenen Worten die Ziele und die Akteure staatlicher Wirtschaftspolitik zusammen. Erkläre dabei deinem Partner die Begriffe „außenwirtschaftliches Gleichgewicht" und „Magisches Viereck".

Umweltpolitik:

 Stelle Ziele, Handlungsfelder, Prinzipien und die wichtigen Akteure staatlicher Umweltpolitik in eigenen Worten vor. Erkläre dabei deinem Partner, was man unter der „Strategie des vorbeugenden Handelns" versteht.

 Warum lassen sich eine zukunftsweisende Wirtschaftspolitik und Umweltpolitik nicht voneinander trennen? Formuliert dazu zu zweit eure Überlegungen und stellt sie in der Klasse vor.

Schaubildrallye

> **Schaubildrallye Umwelt**
>
> Unser Merksatz zu
> 1)
> 2)
> 3)
> 4)
> 5)
> 6)

Was ist das?

Das ist eine Methode, die alle Mitglieder in der Klasse an der Arbeit mit Schaubildern beteiligt. Nach einem festen Plan und in einzelnen Stationen werden unterschiedliche Schaubilder zu einem übergreifenden Rahmenthema analysiert und präsentiert (hier zum Gesamtthema Umweltschutz).

Wie macht man das?

Für diese Methode sollten Vierergruppen gebildet werden. (Nach Bedarf können auch Gruppen doppelt besetzt werden.) Jede der Gruppen erhält eines der hier abgebildeten Schaubilder zur Bearbeitung. Die Gruppen wenden die Vier-Fragen-Deutung zur Schaubildanalyse an:

1. **Wovon handelt das Schaubild?**
2. **Welche Bedeutung haben die Zahlen?**
3. **Welche Informationen daraus sollten wir uns langfristig merken?**
4. **Warum ist das Schaubild gemacht worden?**

Fortlaufend von 1 bis 6 werden die Arbeitsergebnisse vorgestellt, wobei jedes Gruppenmitglied die Antwort seiner Gruppe auf eine der vier Fragen vorstellt.

Das, was alle in der Klasse sich merken sollten, wird am Ende jeder Vorstellung in einem Satz formuliert, der von allen als Merksatz notiert werden kann.

Thema: Umweltschutz

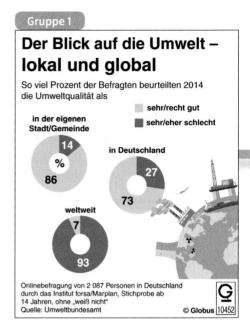

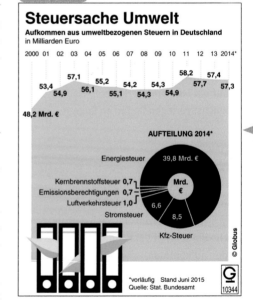

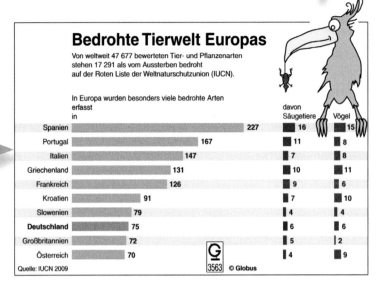

Bedrohte Tierwelt Europas

Von weltweit 47 677 bewerteten Tier- und Pflanzenarten
stehen 17 291 als vom Aussterben bedroht
auf der Roten Liste der Weltnaturschutzunion (IUCN).

In Europa wurden besonders viele bedrohte Arten
erfasst
in

		davon Säugetiere	Vögel
Spanien	227	16	15
Portugal	167	11	8
Italien	147	7	8
Griechenland	131	10	11
Frankreich	126	9	6
Kroatien	91	7	10
Slowenien	79	4	4
Deutschland	75	6	6
Großbritannien	72	5	2
Österreich	70	4	9

Quelle: IUCN 2009   3563   © Globus

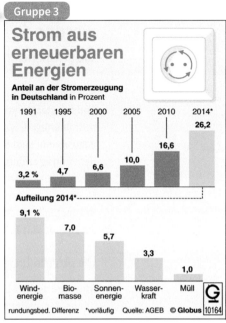

Strom aus erneuerbaren Energien

Anteil an der Stromerzeugung in Deutschland in Prozent

1991	1995	2000	2005	2010	2014*
3,2 %	4,7	6,6	10,0	16,6	26,2

Aufteilung 2014*

Wind-energie	Bio-masse	Sonnen-energie	Wasser-kraft	Müll
9,1 %	7,0	5,7	3,3	1,0

rundungsbed. Differenz   *vorläufig   Quelle: AGEB   © **Globus** 10164

Umweltkosten des Verkehrs

Umweltkosten* für verschiedene Fahrzeugtypen pro Personen- bzw. Tonnenkilometer in Cent

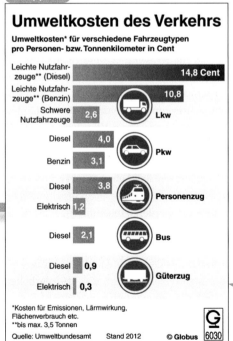

Leichte Nutzfahrzeuge** (Diesel)	14,8 Cent	
Leichte Nutzfahrzeuge** (Benzin)	10,8	
Schwere Nutzfahrzeuge	2,6	Lkw
Diesel	4,0	Pkw
Benzin	3,1	
Diesel	3,8	Personenzug
Elektrisch	1,2	
Diesel	2,1	Bus
Diesel	0,9	Güterzug
Elektrisch	0,3	

*Kosten für Emissionen, Lärmwirkung,
Flächenverbrauch etc.
**bis max. 3,5 Tonnen
Quelle: Umweltbundesamt   Stand 2012   © **Globus** 6030

Auf dem Energiespartrip

Von je 100 Bundesbürgern versprechen sich von diesen Maßnahmen mehr Umwelt- und Klimaschutz

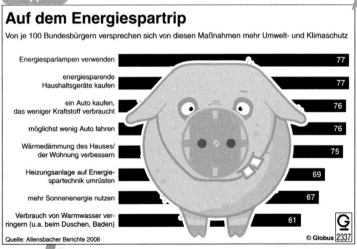

Energiesparlampen verwenden	77
energiesparende Haushaltsgeräte kaufen	77
ein Auto kaufen, das weniger Kraftstoff verbraucht	76
möglichst wenig Auto fahren	76
Wärmedämmung des Hauses/ der Wohnung verbessern	75
Heizungsanlage auf Energie-spartechnik umrüsten	69
mehr Sonnenenergie nutzen	67
Verbrauch von Warmwasser ver-ringern (u.a. beim Duschen, Baden)	61

Quelle: Allensbacher Berichte 2008   © Globus 2337

6 Wie kann die Wirtschaftskrise in Montego gelöst werden?
Suchen nach Lösungen in der Rolle einer Regierungskommission

Montego ist ein erfundener Staat. Stellt ihn euch wie ein europäisches Land vor mit Demokratie und sozialer Marktwirtschaft. Seine Wirtschafts- und Umweltprobleme sind ganz realer Natur. Ihr sollt überlegen, was getan werden muss, um Montego aus der Krise herauszuführen. Stellt euch dazu vor, ihr seid Mitglieder von Kommissionen, die von der neu gewählten Regierung im Land den Auftrag erhalten haben, möglichst gute Problemlösungsvorschläge zu erarbeiten. Die Klasse besteht aus mehreren Kommissionen. Die überzeugendsten Vorschläge wird die Regierung von Montego dem Parlament zur Abstimmung stellen.

Bei der Suche nach Lösungen solltet ihr kreativ und mutig sein. Risikobereitschaft gehört immer zur Lösung von Zukunftsproblemen. So ist es im Spiel, aber auch in der Wirklichkeit.

Die aktuelle Lage

Montego ist ein Inselstaat mit circa 10 Millionen Einwohnern. Das Land verfügt über Bodenschätze, fruchtbare Böden und milde klimatische Bedingungen. Die Hauptstadt Moncavri besitzt einen Seehafen, der früher einmal sehr bedeutend für den Im- und Export von Gütern war. Mittlerweile werden kaum noch Güter exportiert.

Die Wirtschaft Montegos befindet sich seit Jahren im Niedergang. Montego war einmal weltweit führend in der Herstellung landwirtschaftlicher Maschinen. Mittlerweile sind die Industrieanlagen veraltet und die

hergestellten Maschinen auf dem Weltmarkt nicht mehr konkurrenzfähig. Man hat sich offensichtlich zu lange auf den Erfolg verlassen und der Staat hat nur wenig in Forschung und Innovation investiert. So schließen viele traditionsreiche Unternehmen ihre Pforten und die stetig ansteigende Arbeitslosenquote hat ein erschreckendes Ausmaß erreicht.

Es gibt immer weniger Unternehmensgründungen. Junge Unternehmerinnen und Unternehmer mit innovativen Firmenkonzepten schrecken vor einer unüberschaubar großen Zahl unnötiger Vorschriften zurück. Eine riesige Zahl von Staatsbeamten, die in guten Zeiten eingestellt wurden, macht Firmengründern das Leben schwer und muss aus den ohnehin geringen Steuereinnahmen finanziert werden. Ausländische Unternehmen würden zwar gerne in Montego investieren, Firmen gründen und Arbeitsplätze schaffen. Es dauert ihnen aber zu lange, bis alle staatlichen Stellen die erforderlichen Genehmigungen erteilen.

Auch die Steuereinnahmen gehen Jahr für Jahr zurück. Montego kann seine Staatsausgaben zu einem großen Teil nur noch über Kredite finanzieren und so hat sich eine gewaltige Last von Staatsschulden aufgetürmt, die die Höhe der jährlichen Steuereinnahmen übertrifft. In Montego werden die Steuern der Gehaltsempfänger monatlich vom Lohn abgezogen. Das betrifft viele Menschen mit kleinen Gehältern. Sehr wohlhabenden Bürgern gelingt es demgegenüber häufig, sich völlig von ihren Steuerpflichten zu befreien, z. B. indem sie ihre Einkünfte gegenüber den Finanzbehörden verschweigen.

In Montego findet bisher keine zukunftsweisende Umweltpolitik statt. Wegen der landschaftlichen Schönheiten zählte der Tourismus bis vor einiger Zeit zu den bedeutenden Wirtschaftssektoren. Seit mehreren Jahren geht die Zahl der Hotelbuchungen jedoch immer weiter zurück. Zunehmend gab es Klagen über verschmutzte Strände, schmutziges Wasser und wilde Müllhalden, die an vielen Stränden auf der Insel die Landschaft verschandeln und das Grundwasser bedrohen. Die Abwässer der Ufergemeinden fließen meist ungeklärt ins Meer, weil es an Kläranlagen mangelt.

Auch fehlt es an staatlichen Investitionen in ein zukunftsweisendes Verkehrssystem. Touristen, die per Schiff oder per Flugzeug ins Land kommen, können die Orte an den Küsten nur per Bus oder Taxi erreichen.

Zur Stromversorgung wird vornehmlich die heimische Kohle in der Gegend um Metallstadt abgebaut und in Kohlekraftwerken verbrannt. Auf der sonnenverwöhnten und windreichen Insel ist bisher kaum etwas von einer notwendigen Energiewende zu hören. Schließlich die Bildung: Ein Teil der Arbeitslosen ist nicht hinreichend qualifiziert, um den Anforderungen einer modernen Arbeitswelt gerecht zu werden. Das Bildungssystem in Montego gilt als veraltet. Wohlhabende Bürger schicken ihre Kinder häufig in Schulen auf dem Festland.

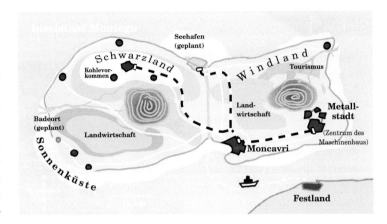

So könnt ihr in den Gruppen vorgehen:

1. Sammelt möglichst vollständig alle Probleme, die in der Lagebeschreibung deutlich werden.

2. Führt innerhalb eurer Gruppe ein Brainstorming durch. Darin äußern alle Gruppenmitglieder spontan alle Ideen und Vorschläge, die ihnen zur Lösung der Probleme in Montego einfallen. Setzt euch dafür eine bestimmte Zeit (z. B. fünf Minuten). Haltet eure Ideen stichwortartig fest.

3. Versucht nun, Ordnung in eure Vorschlagsliste zu bringen. Welche Vorschläge habt ihr für die Verbesserung der wirtschaftlichen Situation, für den Umweltschutz, für eine bessere Bildungspolitik? Legt eine Tabelle oder eine Mindmap an und ordnet die Vorschläge zu.

4. Bereitet abschließend eine Ergebnispräsentation vor. Dabei wird es darauf ankommen, Regierung und Parlament von Montego möglichst von der Qualität eurer Problemlösungsvorschläge zu überzeugen.

Wirtschaftsdaten in Montego

Berechnungsjahr	vor 20 Jahren	aktuelles Jahr
Arbeitslosigkeit	2 %	16 %
Anteil der Staatsverschuldung am Bruttoinlandsprodukt	20 %	120 %
Anteil der Staatsausgaben für soziale Sicherung	22 %	48 %
Zahl der Firmenschließungen	1338	15 218
Zahl der Neugründungen	14 260	1900
Steuerquote		
a) Anteil der Steuern am durchschnittlichen Haushaltseinkommen	20 %	20 %
b) Anteil der Steuern an den Unternehmensgewinnen	25 %	15 %

Wirtschaft und Umwelt

Station 1

S M J H

Wirtschaft und Umweltschutz — unvereinbare Gegensätze?

Das Foto zeigt Agbogbloshie, einen Slum am Rande der Hauptstadt Accra in Ghana (Afrika). Stell dir vor, du sitzt einer Person gegenüber, die nichts darüber weiß. Beantworte dieser möglichst verständlich die folgenden Fragen:

- Was liegt hier auf dem Boden herum?
- Warum hält sich der Junge ausgerechnet hier auf?
- Was sagt dieses Foto zum Thema Wirtschaft und Umweltschutz aus?

Station 2

S M U H

Was gehört zu einer nachhaltigen Wirtschaftsweise?

Erklärung einer schwer verständlichen Karikatur
Die Karikatur des Zeichners Jürgen Janson erschließt sich nur Betrachtern, die über grundlegende Kenntnisse von wirtschaftlichen Zusammenhängen verfügen. Weil du über diese Kenntnisse verfügst, kannst du sie jemandem erklären, der weniger weiß als du.

Angenommen, eine Mitschülerin oder ein Mitschüler stellt dir die folgenden Fragen: Wie fallen deine Antworten aus?

1. Was meint der Mann im Fenster, wenn er von Wachstum spricht?
2. Warum löst diese Nachricht Panikattacken in der Wirtschaftsetage aus?

Tipp: Wenn du deine Erklärung besonders gut gestalten willst, kannst du noch erklären, warum hier eher von quantitativem und nicht von qualitativem Wachstum die Rede ist.

ERSTE PANIKATTACKEN IN DER WIRTSCHAFTSETAGE

Jürgen Janson

Wie können Unternehmen ökologisch verantwortungsbewusst arbeiten?

Firmenberatung für das EMAS-Zertifikat

Die Firma Top-Sportive ist ein Unternehmen, das Kleidung für sportlich aktive Leute entwirft und herstellt. Es ist ein vergleichbar kleines Unternehmen, das seine Produkte ausschließlich in Deutschland produziert.

Die Produkte sind teurer als die der Konkurrenz, stehen aber wegen ihres topmodischen Designs hoch im Kurs. Seit einigen Monaten gehen die Verkaufszahlen zurück. Die Firmenleitung fand heraus, dass ihre umweltbewusste Kundschaft immer größeren Wert auf eine umweltschonende Herstellungsweise legt und damit kann Top-Sportive bisher nicht dienen. Man hält sich zwar mehr oder weniger genau an die gesetzlichen Vorschriften, legt aber weder besonderen Wert auf Energieeinsparungen noch auf eine vorbildliche Abwasserentsorgung.

Jetzt hat Top-Sportive sich das Ziel gesetzt, das EMAS-Zertifikat als umweltfreundliches Unternehmen zu beantragen und in fernerer Zukunft sogar möglichst den Umweltpreis der Bundesstiftung Umwelt zu gewinnen. Was ist dazu zu tun? Du sollst Top-Sportive in Sachen Umweltschutz beraten.

- Liefere der Firma drei Vorschläge für die Verbesserung ihres betriebsinternen Umweltschutzes.

Fallstudie

Angenommen, dass …
Der folgende Fall soll mit der Methode Fallstudie bearbeitet werden. Entwirf eine Übersicht, die in vier Schritten zeigt, wie man bei einer Fallstudie vorgehen kann.

August 2015: Die Belastung der Umwelt ist zu einer der größten Umweltkatastrophen in China geworden. Allein im vergangenen Jahr starben im Land anderthalb Millionen Menschen an den Folgen der hohen Luftverschmutzung. Der Großteil der Dreckluft ist Feinstaub, der aus der Kohleverbrennung sowie aus dem zunehmenden Autoverkehr in Chinas Städten stammt.

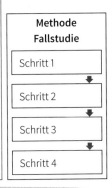

Methode Fallstudie

Schritt 1
↓
Schritt 2
↓
Schritt 3

Schritt 4

Wirtschafts- und Umweltpolitik

Schlagzeilen aus dem Wirtschaftsteil einer Tageszeitung
Wähle zwei der drei Topmeldungen aus und erkläre jemandem, der sie nicht versteht, was damit gemeint ist.

Für einige Staaten Südeuropas liegt außenwirtschaftliches Gleichgewicht in weiter Ferne

Bund für Umwelt- und Naturschutz fordert Verbesserung des Kooperationsprinzips

Bundesregierung setzt auf nachhaltigen Umweltschutz

Grund- und Menschenrechte

SCHLUSS MIT
DER ABSCHOTTUNGSPOLITIK.
FÜR SICHERE FLUCHTWEGE!

Mitglieder der Menschen-
rechtsorganisation Amnesty
International demonstrieren
für eine menschenwürdige
Behandlung von Flüchtlinge.

CHt

POLITIK EUROPAS!

FLÜCHTLINGE
SCHÜTZEN!

AMNESTY
INTERNATIONAL

YL IST EIN
ENSCHENRECHT!

FAIRE ASYL
VERFAHREN!

AMNESTY
INTERNATIONAL

MENSCHENWÜRDIGE
AUFNAHME
VON FLÜCHTLINGEN!

NIEMAND FLIEHT
FREIWILLIG!

AMNESTY
INTERNATIONAL

AMNESTY

Welche Bedeutung haben sie für uns?

1. Allein nachdenken

Ergänze folgenden Satz:
Mir bekannte Menschenrechte
sind …

3. In der Klasse sammeln

Welche Menschenrechtsverletzungen kennt ihr?

2. Zu zweit beraten

Welche Menschenrechte haltet
ihr für besonders bedeutsam?

Bei der Arbeit an diesem Kapitel könnt ihr …

- die Bedeutung der Grundrechte im Grundgesetz darstellen,
- Lösungsvorschläge für Grundrechtsfälle in der Schule entwickeln,
- den Ablauf eines Asylverfahrens grafisch darstellen,
- über Chancen und Grenzen des Grundrechts auf Asyl eine Fishbowl-Diskussion führen,
- Grund- und Menschenrechtsverletzungen anhand von Fallbeispielen analysieren,
- Aufgaben und Arbeit von internationalen Menschenrechtsorganisationen beschreiben und
  beurteilen.

Eigene Schwerpunkte könnt ihr setzen, indem ihr …

- die Situation der Menschenrechte in einem Land untersucht,
- eine Internetrecherche zu Nichtregierungsorganisationen durchführt,
- Ideen für eine Menschenrechtsaktion in eurer Klasse sammelt.

1 Werden in Deutschland die Grundrechte ausreichend geschützt?
Wir untersuchen Konfliktfälle

Der folgende Fall hat in der deutschen Öffentlichkeit zu großem Aufsehen geführt, einerseits, weil es um ein besonders grausames und menschenverachtendes Verbrechen ging, andererseits, weil deutlich wurde, dass Grundrechtsgarantien auch einem Verbrecher zustehen.

A Fall Darf ein Polizist im Notfall mit Folter drohen?

Magnus Gäfgen hat am 27. September 2002 ein besonders abscheuliches Verbrechen begangen. Er hat den 11-jährigen Jakob von Metzler entführt, hat ihm Mund und Nase mit Klebeband verschlossen und ihm die Hand aufs Gesicht gedrückt, bis er tot war. Dann erpresste er von den Eltern des Kindes eine Million Euro. Als die Polizei ihn festnahm, weigerte er sich, das Versteck des Kindes zu verraten. Der damalige Vizepräsident Wolfgang Daschner ordnete in verzweifelter Sorge um Jakobs Leben an, Gäfgen Schmerzen anzudrohen, wenn er den Aufenthaltsort des Kindes nicht preisgebe. Gäfgen verriet dann, dass Jakob tot sei und wo er die Leiche versteckt habe. Daschner und ein weiterer Polizeibeamter wurden angeklagt und zu einer Geldstrafe verurteilt. Das Gericht begründete das Urteil damit, dass es Daschner nicht erlaubt war, Folter oder Schmerzen anzudrohen – auch nicht, wenn er damit ein Kind retten könnte.

Gäfgen wurde zu lebenslanger Haft verurteilt. Seitdem hat Magnus Gäfgen bis hinauf zum Europäischen Gerichtshof für Menschenrechte geklagt, um feststellen zu lassen, dass er schreckliches Unrecht erlitten habe. 2011 hat sein Anwalt eine Entschädigung von 3 000 Euro vor dem Landgericht in Frankfurt erstritten. Die Entschädigung steht Gäfgen nach Auffassung des Gerichts zu, weil die Androhung von Gewalt seine Menschenwürde verletzt habe.

(Sprachlich vereinfacht und ergänzt nach: Hans Holzader: Kalt, in: Süddeutsche Zeitung, 05.08.2011)

Jakob, wir werden dich vermissen! immer in unseren unseren Herzen

1. Welches Verbrechen hat Markus Gäfgen begangen? Beschreibe die Tat.

2. Untersuche den Fall mithilfe der folgenden Fragen:
   - Was hat Wolfgang Daschner getan?
   - Warum wurde er angeklagt und verurteilt?
   - Warum und mit welchem Ergebnis hat Markus Gäfgen vor dem Europäischen Gerichtshof geklagt?

3. Was sagt der Fall Gäfgen über die Bedeutung der Grundrechte aus? Erkläre den Zusammenhang.

INFO

B Grundrechte im Grundgesetz

Was sind Grundrechte?

Als Grundrechte werden Rechte bezeichnet, die jedem Menschen von Geburt an zustehen. Sie stehen im deutschen Grundgesetz in Artikel 1 bis 19. Dazu gehören die Unantastbarkeit der Menschenwürde, das Recht auf Freiheit und Gleichheit vor dem Gesetz. Das Asylrecht ist das einzige Grundrecht, das nur Ausländern zusteht.

Weder der Staat noch andere Menschen dürfen uns die Grundrechte nehmen. Der Staat hat die Aufgabe, diese Rechte zu schützen.

Schutz der Menschenwürde als wichtigstes Grundrecht

„Die Würde des Menschen ist unantastbar", heißt es in Artikel 1 des Grundgesetzes. Das bedeutet, dass der Staat immer und in all seinem Handeln die Menschenwürde der Bürgerinnen und Bürger achten und sie vor Verletzungen durch andere Menschen schützen muss.

Die folgenden Grundrechte erklären genauer, was Menschenwürde beinhaltet. So ist es z. B. der Polizei nicht erlaubt, Folter anzuwenden – auch nicht, wenn damit eine schlimme Straftat wie ein Mord verhindert werden kann. Damit würde die Polizei gegen Artikel 1 und Artikel 2 des Grundgesetzes verstoßen. Auch ein Mörder hat Anspruch darauf, dass seine Menschenwürde geschützt wird.

Garantien der Grundrechte im Rechtsstaat

Die Verfassungsgeber haben eine Reihe von Garantien in die Verfassung eingebaut, die die Durchsetzung der Grundrechte sicherstellen sollen:

Bindung der Staatsorgane: Alle Staatsorgane und staatlichen Einrichtungen müssen die Grundrechte in ihrem Handeln beachten. Auch alle Gesetze, die das Parlament verabschiedet, müssen die Grundrechte respektieren.

Unantastbarkeit: Die Grundrechte dürfen nach Artikel 79 Absatz 3 des Grundgesetzes weder

1. Erkläre, was Grundrechte sind.
2. Wie haben die Verfassungsgeber sichergestellt, dass in Deutschland die Grundrechte immer gelten? Erläutere die Garantien.
3. Die Polizei darf ein Geständnis nicht mit Folter erzwingen – auch wenn sie damit Menschenleben retten könnte. Begründe das Verbot mithilfe des Grundgesetzes. Wie bewertest du es? Beziehe dich bei deiner Antwort auch auf den Fall Gäfgen.

wesentlich verändert noch abgeschafft werden – auch nicht mit einer Mehrheit der Bundestagsabgeordneten.

Rechtswegegarantie: Wer sich in seinen Grundrechten verletzt fühlt, kann vor Gericht klagen.

Das Bundesverfassungsgericht als Hüter der Verfassung

Das Bundesverfassungsgericht wacht darüber, ob sich die Regierung und der Gesetzgeber bei der Ausübung ihrer Macht an das Grundgesetz halten. Es kontrolliert auch, ob Entscheidungen der Gerichte verfassungsmäßig sind. Auch einzelne Bürger können in Karlsruhe, dem Sitz des Bundesverfassungsgerichts, Verfassungsbeschwerde einlegen, wenn sie sich in ihren Grundrechten verletzt fühlen.

Tipp: Lest Artikel 1 bis 19 im Grundgesetz nach.

C 📖✓ Fall Durfte Irinas Mutter die Nachricht lesen? – Ein Grundrechtskonflikt

Noch ein letzter prüfender Blick in den Spiegel, dann ist Irina startklar. Gleich holt sie ihr neuer, wesentlich älterer Freund Marc ab. Sie wollen sich mit einigen Jugendlichen in einer alten Lagerhalle treffen. Endlich gehört sie dazu! Es war gar nicht einfach, von den coolen Jungs akzeptiert zu werden.

Irinas Mutter sorgt sich schon seit Wochen. Bei den gemeinsamen Mahlzeiten wirkt Irina völlig abwesend. Was ist nur mit ihr los? Doch auf ihre Fragen bekommt sie nur patzige Antworten. Auch ihre Freundinnen hat sie in letzter Zeit vernachlässigt. Stattdessen trifft sie sich in ihrer Freizeit mit wesentlich älteren Jugendlichen.

Nachdenklich betritt die Mutter Irinas Zimmer, um ihr Bett frisch zu beziehen. Da summt plötzlich Irinas Handy. Nach kurzem Zögern öffnet die Mutter die Nachricht und liest sie: „Hi Irina, heute Nachmittag treffen wir uns wieder bei Erkan. Für ordentlich Dröhnung ist gesorgt. Wir haben eine neue Lieferung Stoff bekommen." Ob Irina neuerdings Drogen nimmt? Alles deutet darauf hin.

Kurz entschlossen stellt die Mutter Irina zur Rede und erwähnt als Beweis die Nachricht. Irina reagiert empört: „Du hast also tatsächlich in meinen Sachen geschnüffelt. Dazu hast du kein Recht – ohne meine Erlaubnis darfst du gar nichts lesen." Irinas Mutter sieht das ganz anders: „Als Erziehungsberechtigte bin ich verantwortlich für dein Wohlergehen und habe die Pflicht, dich vor Schaden zu bewahren. Das war ein Notfall und in diesem Fall gilt das Briefgeheimnis nicht."

Grundrechte im Konflikt

Briefe, E-Mails und Nachrichten dürfen nur von den Menschen gelesen werden, an die sie adressiert sind. Das gilt nicht nur zwischen Freunden und Familienmitgliedern, sondern auch der Staat darf sie nicht lesen.

Auf der anderen Seite ist Irinas Mutter verpflichtet, sich um das Wohlergehen ihres Kindes zu kümmern. Wenn sie als Mutter den Verdacht hat, dass ihr Kind Drogen nimmt, muss sie aktiv werden. In unserem Beispiel stehen zwei Grundrechte miteinander im Konflikt. In solchen Situationen gilt es, sorgfältig abzuwägen, welches Grundrecht Vorrang hat.

Artikel 6 Grundgesetz

(2) Pflege und Erziehung der Kinder sind das natürliche Recht der Eltern und die zuvörderst ihnen obliegende Pflicht.

◀▶

Artikel 10 Grundgesetz

(1) Das Briefgeheimnis sowie das Post- und Fernmeldegeheimnis sind unverletzlich.

 Fasse zusammen, worüber sich Irina und ihre Mutter streiten.

 Erkläre den Grundrechtskonflikt.

 Wie lautet deine Antwort auf die Überschrift auf dieser Seite? Begründe, welches Grundrecht hier Vorrang haben sollte.

D Wir erarbeiten Lösungen für Grundrechtsfälle in der Schule

Nach dem Grundgesetz hat der Staat die Pflicht, für einen geordneten Ablauf des Unterrichts zu sorgen. Das ist in der Praxis Aufgabe der Schulleitung. Sie achtet darauf, dass die Schulpflicht eingehalten wird. Auf der anderen Seite sind auch in der Schule die Grundrechte des Einzelnen zu beachten. Da kann es leicht zu Streitfällen kommen. In solchen Situationen gilt es, sorgfältig abzuwägen, was im vorliegenden Fall Vorrang haben sollte.

Euer Auftrag:

1. Ordne die drei Fälle den jeweiligen Grundrechten in den blauen Kästen zu.

2. Entwickelt in Gruppen Lösungsvorschläge und begründet diese.

3. Präsentiert in der Klasse eure Vorschläge für die Grundrechtsfälle.

Artikel 5 Absatz 1

Jeder hat das Recht, seine Meinung in Wort, Schrift und Bild frei zu äußern und zu verbreiten […].

Absatz 2
Diese Rechte finden ihre Schranken […] in dem Recht der persönlichen Ehre.

Artikel 6 Absatz 2

Pflege und Erziehung der Kinder sind das natürliche Recht der Eltern und die zuvörderst ihnen obliegende Pflicht. Über ihre Betätigung wacht die staatliche Gemeinschaft.

Artikel 2 Absatz 1

Jeder hat das Recht auf die freie Entfaltung seiner Persönlichkeit, soweit er nicht die Rechte anderer verletzt […].

Artikel 7 Absatz 1

Das gesamte Schulwesen steht unter der Aufsicht des Staates.

1 Die Eltern von Sara halten die Unterrichtsmethoden des Mathematiklehrers für völlig veraltet. Sie wollen ihrer Tochter das nicht länger zumuten. Sie akzeptieren nicht die Schulaufsicht des Staates und engagieren einen Privatlehrer. Er unterrichtet das, was die Eltern für richtig halten. Dürfen sie das?

2 Loredana hört während des Unterrichts sehr laute Musik über ihren Kopfhörer. Sie verweist darauf, dass sie das brauche, um sich besser zu konzentrieren, und pocht auf ihr Recht auf freie Entfaltung ihrer Persönlichkeit. Geht das Grundrecht so weit?

3 Jens hat für die Schülerzeitung einen Artikel verfasst, in dem er einige lustige Geschichten aus dem Deutschunterricht erzählt, in denen der Lehrer schlecht wegkommt. Der Deutschlehrer fühlt sich persönlich verletzt und verlangt, den Artikel nicht zu veröffentlichen. Wer ist im Recht?

2 Das Grundrecht auf Asyl: Wie viel Schutz brauchen Flüchtlinge?

Über Chancen und Grenzen des Asylrechts diskutieren

Ähnlich wie Mahmoud ergeht es Hunderttausenden Menschen aus dem Irak, Syrien und anderen Bürgerkriegsländern. Das Foto zeigt Flüchtlinge bei ihrer Ankunft in Deutschland.

Das Asylrecht ist das einzige Grundrecht, das nur Ausländern zusteht. 2015 kamen fast eine Million Flüchtlinge nach Deutschland, die hier Schutz vor Krieg, politischer Verfolgung und Armut suchten. Sie können beim „Amt für Migration und Flüchtlinge" einen Asylantrag stellen. Es entscheidet, ob ein Flüchtling in Deutschland bleiben darf oder gehen muss.

> **Artikel 16a Grundgesetz**
>
> (1) Politisch Verfolgte genießen Asylrecht.

 **A** **Fall** **Mahmoud**

Mahmoud [Name geändert] aus dem Irak betritt das kleine Büro, ein junger Mann mit Steppjacke, einer roten Wollmütze und einem fein geschnittenen Gesicht. „Ist gesundheitlich alles okay bei Ihnen?", fragt Katrin Dölz. „Sie sagen bitte Bescheid, wenn Sie eine Pause brauchen." [...] Mein Name ist Katrin Dölz. Ich entscheide über Ihren Asylantrag."

Die Jesiden

sind eine religiöse Minderheit im Nordirak, in Nordsyrien und der Südosttürkei. Ihre Muttersprache ist Kurdisch. Seit 2014 sind rund 400 000 Jesiden vor dem Islamischen Staat geflohen, der sie als Ungläubige verfolgt und ermordet. Die Frauen werden häufig als Sklavinnen verkauft.

Mahmouds Flucht

Mahmoud, 20 Jahre, ist kurdischer Jeside und erst seit einigen Wochen in Deutschland. Sein Vater hatte ihm, dem ältesten Sohn, einen Schleuser organisiert. [Schleuser bringen Flüchtlinge heimlich für Geld in sichere Länder.] Nun hofft Mahmoud, dass er in Deutschland Asyl bekommt und bald seine Familie nachholen kann, die in einem Dorf nahe Mossul von IS-Truppen bedroht wird. Drei Schwestern, zwei Brüder, die Mutter Hausfrau, der Vater Arbeiter für eine Firma, die Öl fördert. Zwei Cousinen wurden entführt und sind seit Monaten verschwunden.

Katrin Dölz entscheidet

Das Schicksal dieser Familie liegt jetzt in Katrin Dölz' Hand. [...]
Dölz ist eine von Hunderten Asylentscheidern. Manche Anhörungen dauern mehrere Tage, manchmal brechen die Antragsteller während des Gesprächs in Tränen aus. „Ich habe auch schon den Notarzt gerufen", sagt Dölz. Einen Panzer habe sie sich zugelegt, schließlich könne sie nicht über jeden Fall noch abends nachdenken, so tragisch er auch sein mag. [...]

Die Anhörung

Die Anhörung ist ein Gespräch mit dem Flüchtling. Dabei versuchen die Entscheider, die Gründe für die Flucht zu ermitteln, und entscheiden, ob der Flüchtling in Deutschland bleiben darf.

Mahmoud wirkt relativ gelassen. Offenbar weiß er, dass er als Jeside gute Chancen hat, in Deutschland anerkannt zu werden. Neben ihm sitzt ein Dolmetscher, der Mahmoud freundlich zuzwinkert und ihm ein Glas Wasser hinschiebt. Dölz fühlt Mahmoud auf den Zahn.

„Fühlen Sie sich eher als Kurde oder als Jeside?"

„Als Jeside."

„Was war das für ein Schleuser, der Sie nach Deutschland gebracht hat?"

„Auch ein Kurde aus der Türkei. Er sprach mehrere Sprachen."

„Von wo nach wo hat er Sie begleitet?"

„Ich habe ihn in Adana in der südlichen Türkei getroffen. Von dort aus ging es sechs Tage lang im Laderaum eines großen Lkws in den Süden Deutschlands."

„Haben Sie irgendwo angehalten?"

„Nein […]. Als die Tür das nächste Mal wieder aufging, waren wir in der Nähe von Nürnberg."

„Hat der Schleuser Ihnen den Pass abgenommen?"

„Ja. Er hat gesagt, er schickt ihn zu mir nach Hause. Aber er ist bis heute nicht angekommen." […]

Hoffnung auf ein Leben in Sicherheit

Zwei Wochen später ist Mahmoud in Berlin gelandet, auch weil die Außenstelle hier bevorzugt Anträge aus dem Irak bearbeitet. Das Erstaufnahmelager in Spandau war voll, also bekam Mahmoud einen Gutschein für ein Hostel. Er ist viele Kilometer gelaufen, von Hostel zu Hostel. Alle waren bis auf den letzten Platz belegt. Schließlich hat er doch ein Bett im Erstaufnahmelager bekommen. Nun ist Mahmoud voller Optimismus, in einem Land zu sein, in dem es Gesetze gibt. „Im Irak gibt es keine Gesetze. Wer Geld hat, kann essen, wer keins hat, hat nichts." Im Irak ist er nur bis zur achten Klasse in die Schule gegangen, danach half er seinem Vater, den Unterhalt für die Familie zu verdienen, wie es üblich ist, auch wenn er gerne Abitur gemacht hätte. Mahmoud hatte Glück. Er bekam einen Job als Koch für 500 Euro im Monat. Die meisten kurdischen Jesiden hüten Schafe. „Wir sind Jesiden", sagt Mahmoud, „wir sind ganz unten. Die vom IS schlachten uns."

Die Entscheidung

Nach zwei Stunden ist die Anhörung beendet. Katrin Dölz wird Mahmoud Asyl bewilligen, die Jesiden sind als politisch verfolgte Gruppe in Deutschland anerkannt.

(Nach: Freia Peters: Sie sagt, wer bleiben darf, in: Welt am Sonntag, Zugriff: 24.05.2015)

Das Ankunftszentrum für Asylbewerber in Halberstadt (Sachsen-Anhalt)

 Ergänze folgende Satzanfänge:
- Mahmoud ist nach Deutschland geflohen, weil …
- Bei seiner Flucht geholfen haben ihm …
- In seiner Heimat lebte er …
- Katrin Dölz entscheidet, …

 Für sehr viele Flüchtlinge ist die Anhörung aufwühlend und belastend. Versuche, dich in ihre Situation einzufühlen. Was fühlen und denken sie wohl vor und während dieser Situation?

 Welche Gründe können Frau Dölz bewogen haben, den Antrag zu genehmigen? Wie hättest du entschieden? Begründe deine Antwort.

B Hintergrund: Wer darf bleiben, wer muss Deutschland verlassen?

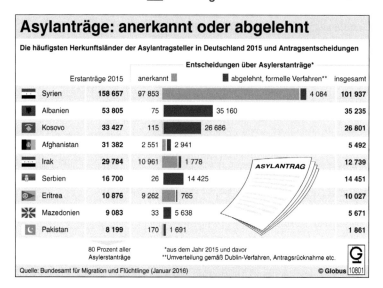

Asylanträge: anerkannt oder abgelehnt

Die häufigsten Herkunftsländer der Asylantragsteller in Deutschland 2015 und Antragsentscheidungen

	Erstanträge 2015	anerkannt	abgelehnt, formelle Verfahren**	insgesamt
Syrien	158 657	97 853	4 084	101 937
Albanien	53 805	75	35 160	35 235
Kosovo	33 427	115	26 686	26 801
Afghanistan	31 382	2 551	2 941	5 492
Irak	29 784	10 961	1 778	12 739
Serbien	16 700	26	14 425	14 451
Eritrea	10 876	9 262	765	10 027
Mazedonien	9 083	33	5 638	5 671
Pakistan	8 199	170	1 691	1 861

Entscheidungen über Asylerstanträge*

80 Prozent aller Asylerstanträge

*aus dem Jahr 2015 und davor
**Umverteilung gemäß Dublin-Verfahren, Antragsrücknahme etc.

Quelle: Bundesamt für Migration und Flüchtlinge (Januar 2016) © Globus 10801

Tipp: Die Texte 1 und 2 könnt ihr arbeitsteilig mithilfe der Methode Partnerbriefing erarbeiten.

1. Wer hat Anspruch auf Asyl, wer wird als Flüchtling anerkannt?

Der Begriff Asyl kommt aus dem Griechischen und bedeutet übersetzt *Heim* oder *Unterkunft*. Im Zusammenhang mit Flüchtlingen ist hier vor allem Schutz vor Verfolgung und ein Leben in einem sicheren Land gemeint.

Wenn ein Flüchtling einen Asylantrag stellt, prüft ihn das Bundesamt für Migration und Flüchtlinge. Es entscheidet, ob diese Person asylberechtigt ist oder als Flüchtling anerkannt werden kann.

Asylberechtigte

Asylberechtigt sind Menschen, die in ihrer Heimat politisch vom Staat verfolgt werden. Sie müssen nachweisen, dass sie in ihrer Heimat in Lebensgefahr sind, gefoltert werden oder so stark unterdrückt werden, dass ihre Menschenwürde verletzt wird. Not und Bürgerkrieg sind kein Grund für Asyl, es geht allein um Verfolgung wegen politischer Ansichten. Flüchtlinge, die aus sogenannten sicheren Herkunftsländern einreisen, haben kaum Chancen auf Anerkennung.

Stichwortzettel
- Asylberechtigte
- Flüchtlinge
- Subsidiärer Schutz

Der Staat geht davon aus, dass in diesen Staaten ihr Leben nicht bedroht ist.

Wenn ein Asylantrag genehmigt ist, erhalten die Asylberechtigten das Aufenthaltsrecht in Deutschland. Das bedeutet, dass sie hier leben und arbeiten dürfen.

Anerkennung als Flüchtling

Grundlage für die Entscheidung ist die Genfer Konvention. Das ist eine internationale Vereinbarung zum Schutz von Flüchtlingen. Auch Deutschland hat die Konvention anerkannt. Danach muss Deutschland Personen Schutz gewähren, die ihre Heimat verlassen haben, weil ihr Leben oder ihre Freiheit bedroht sind. Das ist der Fall, wenn sie in ihrem Land wegen ihrer Hautfarbe, ihrer Religion, ihrer Zugehörigkeit zu einem Volksstamm oder als Homosexuelle verfolgt werden.

Wenn sie anerkannt werden, haben Flüchtlinge in Deutschland fast die gleichen Rechte wie Asylberechtigte: Sie dürfen hier leben und arbeiten. Sie haben außerdem das Recht, ihre engsten Familienangehörigen nach Deutschland zu holen. Nach drei Jahren wird überprüft, ob für sie noch Gefahr droht.

Subsidiärer Schutz

Wenn Flüchtlinge weder asylberechtigt sind noch als Flüchtlinge anerkannt werden, können sie vorübergehend Schutz in Deutschland bekommen. Das bezeichnet man als subsidiären Schutz. Diesen erhalten vor allem Menschen, die vor Bürgerkriegen fliehen. Er gilt für ein Jahr. Anschließend wird geprüft, ob die Gefahr in ihrer Heimat noch besteht. Wer subsidiären Schutz bekommt, darf erst nach zwei Jahren Familienangehörige nach Deutschland holen. Um arbeiten zu können, ist dann eine Genehmigung der Arbeitsagentur nötig.

2. Wie läuft ein Asylverfahren ab?

Menschen, die in Deutschland Asyl suchen, stellen einen Antrag in einer Außenstelle des Bundesamts für Migration und Flüchtlinge. Dabei werden ihre persönlichen Daten aufgenommen. Dann erhält der Flüchtling eine Aufenthaltsgestattung.

Die Entscheidung über den Antrag

Die Entscheidung über eine Anerkennung des Asylantrags fällt in einer Anhörung, in der der Asylsuchende, ein Rechtsanwalt oder bei Jugendlichen ein Vormund, ein Dolmetscher und ein Vertreter des Amtes anwesend sind. Dabei muss der Flüchtling begründen, weshalb er verfolgt wird und warum eine Rückkehr nicht möglich ist. Dann gibt es mehrere Möglichkeiten.

Positive Entscheidung

Ein Asylantrag wird positiv entschieden, weil der Antragsteller nach Artikel 16a des Grundgesetzes asylberechtigt ist oder weil er als Flüchtling anerkannt wird. Er erhält zunächst für drei Jahre ein Aufenthaltsrecht. Nach dieser Zeit wird noch einmal überprüft, ob die Gründe für das gewährte Asyl weiter bestehen. Wenn dies der Fall ist, kann die Person dauerhaft in Deutschland bleiben. [...]

Negative Entscheidung

Wird ein Antrag abgelehnt, muss die Person Deutschland verlassen. Gründe dafür können sein, dass kein plausibler Grund für Asyl vorliegt oder der Antragsteller aus einem „sicheren Herkunftsstaat" kommt. Die Folge: Er ist „ausreisepflichtig" und kann abgeschoben werden. Gegen die Abschiebung kann der Asylbewerber innerhalb einer Frist klagen. [...]

Abschiebung/Duldung

Wer keine Aufenthaltserlaubnis bekommt und wem kein Asyl gewährt wird, der muss das Land wieder verlassen. Ausreise oder Abschiebung sind aber nicht immer möglich. Gründe dafür können Krankheit, ein fehlender Pass oder eine fehlende Verkehrsverbindung in ein vom Krieg zerstörtes Land sein. So lange, wie die betroffenen Menschen nicht abgeschoben werden können, erhalten sie in Deutschland eine Duldung.

(Sprachlich vereinfacht nach: Barbara Schmickler, Asylbewerber, Flüchtlinge, Migranten – was sind die Unterschiede?, in: www.tagesschau.de, 07.08.2015, Zugriff: 04.01.2016)

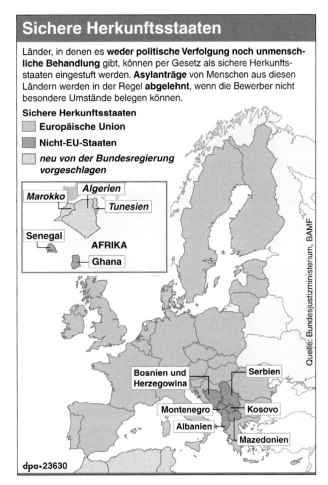

Sichere Herkunftsstaaten

Länder, in denen es **weder politische Verfolgung noch unmenschliche Behandlung** gibt, können per Gesetz als sichere Herkunftsstaaten eingestuft werden. **Asylanträge** von Menschen aus diesen Ländern werden in der Regel **abgelehnt**, wenn die Bewerber nicht besondere Umstände belegen können.

Sichere Herkunftsstaaten
- Europäische Union
- Nicht-EU-Staaten
- *neu von der Bundesregierung vorgeschlagen*

Marokko · Algerien · Tunesien · Senegal · AFRIKA · Ghana

Bosnien und Herzegowina · Serbien · Montenegro · Kosovo · Albanien · Mazedonien

Quelle: Bundesjustizministerium, BAMF

dpa•23630

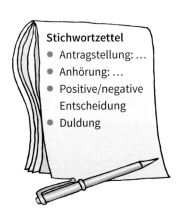

Stichwortzettel
- Antragstellung: ...
- Anhörung: ...
- Positive/negative Entscheidung
- Duldung

1. Bearbeite den von dir gewählten Text und notiere dir mithilfe des Stichwortzettels die wichtigsten Inhalte.

2. Wähle aus dem Schaubild auf deiner Seite ein oder zwei Informationen, die du deiner Partnerin/deinem Partner mitteilen wirst.

3. Informiert euch gegenseitig. Entwickelt gemeinsam ein Schaubild, in dem ihr den Ablauf des Asylverfahrens übersichtlich darstellt.

C TEAM kontrovers: Kann Deutschland alle Flüchtlinge aufnehmen, die kommen wollen?*

2015 kamen nach Deutschland so viele Flüchtlinge wie nie zuvor. Zwar ist deren Zahl inzwischen zurückgegangen, trotzdem wird diskutiert, wie wir in Zukunft mit den Flüchtlingen verfahren sollen. Einige häufig geäußerte Standpunkte findet ihr in den Sprechblasen.

1 Wenn Menschen verfolgt werden, müssen sie in Deutschland Schutz finden. Das schreibt das Grundgesetz vor. Deshalb müssen wir alle aufnehmen, die die Voraussetzungen des Asylgesetzes erfüllen – ob uns das gerade passt oder nicht.

4 Wir sollten in Zukunft deutlich weniger Flüchtlinge aufnehmen, denn nur dann können wir sie menschenwürdig unterbringen und ihnen eine Zukunft in unserem Land bieten.

2 Deutschland ist ein reiches Land. Wir könnten ohne Schwierigkeiten weiterhin Flüchtlinge aufnehmen.

5 Politik darf sich nicht nur am Wünschenswerten orientieren, sondern auch am Machbaren. Deutschland hat die nächsten Jahrzehnte genug damit zu tun, die Flüchtlinge zu integrieren. Deshalb können wir nicht noch mehr Flüchtlinge aufnehmen.

3 Die Flüchtlingszahlen sind nur vorübergehend höher als vor einigen Jahren. Wenn der Krieg vorbei ist, kehren die meisten in ihre Heimat zurück. Deshalb sollten wir nicht so viel jammern, das Problem löst sich mit der Zeit von selbst.

6 Wir sollten uns darauf konzentrieren, die Situation in den Flüchtlingslagern zu verbessern und den Menschen in den armen und den von Kriegen zerstörten Ländern zu helfen. Dann brauchen die Menschen nicht nach Deutschland zu fliehen.

*Siehe dazu auch Kapitel 9, Die Europäische Union, Unterkapitel 6

Gerhard Mester

1. Lies die Äußerungen in den Sprechblasen. Welche Positionen werden jeweils vertreten?

2. Arbeite heraus, wie diese begründet werden.

3. Entscheide: Welche Position möchtest du in der Diskussion vertreten?

4. Führt in der Klasse eine Fishbowl-Diskussion zu der Frage in der Überschrift.

Fishbowl-Diskussion

Worum geht es?

In einer Fishbowl-Diskussion nimmt eine Gruppe von Schülerinnen und Schülern an einem gut einsehbaren Tisch im Klassenraum Platz und führt eine Diskussion zu einem zuvor festgelegten Thema. Eine Schülerin oder ein Schüler übernimmt dabei die Gesprächsleitung. Die übrigen Schüler beobachten, wie die Teilnehmer der Diskussion sich im Verlauf des Gesprächs verhalten, und machen sich dazu Notizen mithilfe des Beobachtungsbogens. Nach einer ersten Diskussionsrunde können die Diskussionsteilnehmer wechseln. Dieser Wechsel kann mehrfach stattfinden. Fishbowl heißt diese Methode, weil die Diskutierenden vergleichbar den Fischen in einem Aquarium beobachtet werden.

Warum ist das wichtig?

Mit dieser Methode kann man lernen, überzeugend und in angemessener Form miteinander zu diskutieren. Ein Vorteil ist, dass man in einer kleinen Gruppe von Diskutierenden viel eher die Möglichkeit zum Training hat als in der gesamten Klasse. Im Anschluss daran bekommt man Rückmeldungen und Verbesserungsvorschläge von den Beobachtenden. Man lernt auch das genaue Beobachten und weiß hinterher, welche Verhaltensregeln man in einer Diskussion zu beachten hat.
Bei der Diskussion zum Thema Flüchtlinge achtet die Gruppe der Beobachter auch auf die Qualität der Argumente. In der Nachbesprechung stellt sie besonders überzeugende Positionen vor. So trainieren die Mitglieder dieser Gruppe auch ihre eigene Urteilsbildung.

Thema: Kann Deutschland alle Flüchtlinge aufnehmen?

Beobachtungsbogen für die Diskussion

	Gruppe 1	Gruppe 2	Gruppe 3
A Das Verhalten			
1. Beteiligen sich alle Teilnehmer aktiv am Gespräch?	++ + 0	++ + 0	++ + 0
2. Sprechen sie klar und deutlich, sodass man sie gut verstehen kann?	++ + 0	++ + 0	++ + 0
3. Lassen sie den anderen ausreden?	++ + 0	++ + 0	++ + 0
4. Bleibt die Diskussion fair?	++ + 0	++ + 0	++ + 0
B Die Sache			
5. Haben sich die Teilnehmer vorbereitet?	++ + 0	++ + 0	++ + 0
6. Werden die einzelnen Meinungen begründet?	++ + 0	++ + 0	++ + 0
7. Gehen sie auf die Argumente des Vorredners ein?	++ + 0	++ + 0	++ + 0
8. Kommen Redebeiträge vor, die besonders überzeugend sind?	++ + 0	++ + 0	++ + 0

3 Menschenrechte weltweit – ein uneingelöstes Versprechen
Thesen zur Bedeutung der Menschenrechte bewerten

Stellvertretend für die unzähligen Menschenrechtsverletzungen, die täglich auf der Welt geschehen, werden in diesem Unterkapitel drei Beispiele vorgestellt. Ihr könnt sie arbeitsteilig untersuchen.

A Fälle Menschenrechtsverletzungen – drei Beispiele

Frauen auf einem ländlichen Markt in Südindien

1. Indien – ein Frauenleben ist nichts wert

Die erneute Gruppenvergewaltigung einer jungen Inderin zeigt, welch frauenfeindliches Klima in Indien herrscht: Denn Gewalt, Unterdrückung und die Ermordung von Frauen und weiblichen Föten [= ungeborene Babys] gehören zum traurigen Alltag in diesem Land.

Eine Szene aus einem indischen Kino sagt mehr als 1000 Worte: Als es in einem Bollywood-Film zu einer Vergewaltigung kommt, springen männliche Kinobesucher auf und klatschen. [...]

In der indischen Verfassung ist die Gleichberechtigung von Frauen zwar festgeschrieben, doch die Realität sieht anders aus. [...] Unter den 20 großen Nationen der Welt schneidet Indien in puncto Stellung der Frau am schlechtesten ab. In Zahlen ausgedrückt: Jedes Jahr werden Zehntausende weibliche Föten abgetrieben, jede Stunde wird eine Frau wegen ihrer Mitgift ermordet, allein in der Hauptstadt Delhi wird alle 18 Stunden eine Frau vergewaltigt. [...]

Die Gründe für die Unterdrückung

„Frauen haben die Pflicht, sich zu opfern – so werden sie erzogen", betont die Wissenschaftlerin Dagmar Hellmann-Rajanayagam. Dazu gehört nicht nur absoluter Gehorsam gegenüber Vater und Brüdern, sondern auch, dass sie erst etwas wert sind, wenn sie einen Sohn geboren haben.

Mädchen hingegen werden [...] als Last gesehen. Sie kosten Geld, weshalb ihnen oft der Zugang zu Bildung verwehrt wird. Sie müssen zu Hause schuften, bis endlich ein Ehemann für sie gefunden ist. [...] Die Probleme durch die Mitgift sind bekannt: Gierige Ehemänner fordern mehr Geld nach der Vermählung und falls ihre Eltern nicht zahlen, entledigen sie sich ihrer Ehefrau einfach. Oft durch vorgetäuschte Haushaltsunfälle mit dem Gaskocher in der Küche.

(Nach: Michaela Strassmair: Indien – wo ein Frauenleben nichts wert ist, in: www.focus.de, 18.03.2013, Zugriff: 11.01.2016)

---

1. Einzelarbeit: Welche Menschenrechte werden verletzt? Lies den Fall und formuliere deine Antwort auf die Frage. Versuche, dich in die Rolle der Betroffenen zu versetzen, und überlege, welche Folgen die Menschenrechtsverletzungen für ihr weiteres Leben haben.

2. Triangel: Bildet Dreiergruppen, in denen ihr der Reihe nach euren Fall und eure Antworten vorstellt.

3. Sucht in der Gruppe nach Gründen für Menschenrechtsverletzungen.

4. Präsentiert die Fälle und eure Erklärungen dazu vor der Klasse.
Tipp: Im Anschluss daran könnt ihr in euren Gruppen „Aktiv lernen" (s. S. 211) bearbeiten.

2. Südsudan – Kinder und Jugendliche werden zum Kriegsdienst gezwungen

Tausende Kinder und Jugendliche werden als Kindersoldaten missbraucht. Sie sind Opfer und Täter zugleich, Kinder ohne Kindheit, und der Weg zurück in ein normales Leben ist schwer. Viele von ihnen haben jahrelang das Töten gelernt, sind aber nie zur Schule gegangen. Einige der Kindersoldaten im Südsudan haben UNICEF-Mitarbeitern ihre Geschichte erzählt, darunter auch David:

Der Tag, an dem David (Namen geändert) ein Kindersoldat wurde, hatte begonnen wie jeder andere Tag. Der 16-Jährige verabschiedete sich morgens von seinen Eltern in einem Dorf in der Provinz Unity State im Südsudan und ging zur Schule. Er kam nicht mehr zurück. Bewaffnete Männer überfielen die Schule und entführten David zusammen mit rund 100 Mitschülern. Die Männer sagten den völlig verängstigten Jungen, es sei ihre Pflicht, zu kämpfen und ihren Stamm zu verteidigen. [...] Tausende Menschen wurden im Bürgerkrieg getötet, Hunderttausende vertrieben – und schätzungsweise 12 000 Minderjährige wurden als Kindersoldaten rekrutiert.

Unter ihnen David. Er wurde von seinen Mitschülern getrennt und musste mit anderen Jugendlichen zusammen drei Monate lang in einem Trainingscamp das Kämpfen lernen. „Am schlimmsten war, morgens um drei Uhr geweckt zu werden und bis mittags trainieren zu müssen. Wir haben nur dreimal pro Woche etwas zu essen bekommen. Wenn du die Waffe nicht richtig bedienen konntest, wurdest du geschlagen. Ich hatte keine Wahl." David und die anderen Kindersoldaten wurden an die Front gebracht und gezwungen, zu kämpfen. Sie konnten es nicht ertragen. Gemeinsam planten sie, bei der ersten Gelegenheit zu fliehen – auch wenn das lebensgefährlich war. „Wir waren so verzweifelt", sagt David. Unter dem Vorwand, wie üblich Feuerholz zu suchen, flüchteten sich rund 100 Jungen in den Wald. „Wir haben unsere Waffen und Uniformen zurückgelassen", erzählt David. Die meisten Jungen schlugen den Weg in Richtung Sudan ein. David und vier andere konnten sich nach Bentiu zu einem Stützpunkt der Vereinten Nationen durchschlagen, in dem Zehntausende Menschen Zuflucht vor der Gewalt suchen. David hatte Glück: Eine Familie im Camp hat ihn und zwei andere Teenager aufgenommen.

(Nach: Ninja Charbonneau: Kindersoldaten in Afrika erzählen: „Ich hatte keine Wahl", in: www.unicef.de, 05.05.2015, Zugriff: 02.01.2016)

Rund 300 000 Kinder und Jugendliche werden weltweit als Kindersoldaten eingesetzt. Am Red Hand Day protestieren Kinder in vielen Ländern mit einem roten Handabdruck gegen diese Menschenrechtsverletzung.

1. In Indien sind Frauen und Männer nach dem Gesetz gleichberechtigt – wie sieht die Realität aus? Beschreibe die Gesetzesverstöße.

2. Wie sah Davids Leben als Kindersoldat aus, bevor er flüchten konnte? Fasse seine Erlebnisse zusammen.

3. Saudi-Arabien – ein Blogger wird zu 1000 Peitschenhieben verurteilt

Die Strafe

Das Schicksal des zu 1000 Stockhieben verurteilten saudischen Bloggers Raif Badawi empört die Welt. [...]

Er blieb völlig still, als der Stock seinen Rücken traf. Immer und immer wieder. 50-mal an diesem Tag. Aber die Zuschauer johlten, als Raif Badawi den ersten Teil seiner Strafe erdulden musste. [...] Die Hiebe und damit die auch beabsichtigte öffentliche Schmach haben dem bekannten Blogger große Schmerzen zugefügt. Doch ihn endgültig zum Schweigen zu bringen gelang den Sittenwächtern nicht.

Gemeinsam mit Menschenrechtsaktivisten demonstriert Ensaf Haidar vor der saudischen Botschaft für die Freilassung ihres Mannes.

Der Grund

Aus dem Gefängnis heraus hat der 31-Jährige später per Telefon seiner Frau Ensaf Haidar einen offenen Brief diktiert: *„Ich habe versucht, die Mauern der Unwissenheit niederzureißen und Respekt vor Ausdrucksfreiheit, Frauenrechten und den Rechten von Minderheiten und Mittellosen in Saudi-Arabien zu verbreiten. Das war mein Leben, bevor ich im Jahr 2012 verhaftet wurde."*

Der Grund: Raif Badawi war auf seiner Website für die Idee einer offenen Gesellschaft in Saudi-Arabien eingetreten. Er übte dabei klare Kritik an der Macht der Islamgelehrten und der saudischen Regierung. Das wurde ihm zum Verhängnis. „All das grausame Leid ist mir und meiner Familie nur deswegen widerfahren, weil ich meine Meinung ausgedrückt habe."

Die saudischen Ermittlungsbehörden halten seine Äußerungen für eine „Beleidigung des Islam, den Abfall vom Glauben". Nach den ersten 50 Schlägen wurde die Bestrafungsaktion aus medizinischen Gründen bisher immer wieder verschoben. Badawi ist körperlich und psychisch angeschlagen. Er leidet unter hohem Blutdruck, sitzt in einer Zelle ohne Tageslicht.

Das Asylangebot

Die kanadische Regierung hat Badawi mittlerweile Asyl angeboten. Seine Ehefrau Ensaf Haidar ist mit den drei Kindern schon im Jahr 2012 dorthin geflohen. Ihre Lage sei schwierig, sagt Ensaf Haidar. „Es ist schrecklich für die Kinder, jeden Tag auf ihren Vater zu warten. Sie fragen immer: Wann kommt Papa wieder?"

(Nach: Cornelia Wegerhoff: Blogger Raif Badawi – „Ich bin ein dünner, aber zäher Mann", in: www.deutschlandradiokultur.de, 26.06.2015, Zugriff: 08.01.2016)

1. Regierungen und Menschenrechtsgruppen protestieren gegen die Verhaftung und grausame Strafe von Raif Badawi. Erkläre, warum.

Was auch noch interessant sein kann:

- weitere Fälle von Menschenrechtsverletzungen sammeln und untersuchen: Wo finden diese statt? Wer sind die Opfer, wer die Täter?
- die Menschenrechtssituation in einem Land recherchieren. Länderberichte findet ihr zum Beispiel unter www.amnesty.de.

AKTIV LERNEN

B Wir diskutieren Ansichten über die Bedeutung von Menschenrechten

Zum Abschluss dieser Phase könnt ihr ein vorbereitetes Plakat mit farbigen Klebepunkten bewerten lassen.

1. Den folgenden Fragebogen sollte zunächst jede Schülerin und jeder Schüler für sich beantworten. Wenn ihr einer These voll zustimmt, könnt ihr sie mit +2 Punkten bewerten, bei voller Ablehnung mit –2 Punkten.

2. Danach solltet ihr euch in Gruppen zusammensetzen und euch die Bewertungen gegenseitig vortragen und begründen.

3. Diskutiert dann in den Gruppen über die Thesen, bei denen eure Meinungen am stärksten auseinandergehen.

4. Einigt euch am Ende der vereinbarten Gruppenarbeitszeit auf eine These, die euch besonders interessant erscheint.

5. Stellt eure Gruppenergebnisse in der Klasse zur Diskussion.

	+2	+1	–1	–2
1. Die Durchsetzung der Menschenrechte ist ein Thema, das Jugendliche kaum interessiert. In Wirklichkeit haben junge Leute ganz andere Sorgen.				
2. Weil Menschenrechte für alle gelten, dürfen sie auch den Menschen nicht vorenthalten werden, die mit dem Gesetz in Konflikt geraten oder die kriminell geworden sind.			?	
3. Wenn wir uns in unserer persönlichen Umgebung umschauen, können wir tagtäglich erleben, wie Menschenrechte verletzt werden.				
4. Für mich ist es eine Selbstverständlichkeit, dass Inländer und Ausländer in gleicher Weise Anspruch auf den Schutz der Menschenrechte haben.	?			
5. Die Massenmedien – insbesondere das Fernsehen – bringen Menschenrechtsverletzungen an die Öffentlichkeit. Das hat zur Folge, dass die Menschen besser informiert sind und sich stärker empören und engagieren.				
6. Jeder Staat muss selbst dafür sorgen, dass die Menschenrechte eingehalten werden. Von außen soll sich da niemand einmischen.			?	
7. Ich kann mir gut vorstellen, dass ich einmal Mitglied in einer Organisation werde, die für die Durchsetzung der Menschenrechte kämpft.				
8. Wer keinen Arbeitsplatz findet, dem nützen die Menschenrechte gar nichts.				
9. Ich glaube, dass sich die Situation der Menschenrechte auf der Erde in Zukunft eher verbessern als verschlechtern wird.	?			
10. Wer die Menschenrechte schützen will, muss bereit sein, Pflichten gegenüber anderen Menschen zu übernehmen.				

C Menschenrechte

1. Was sind Menschenrechte? Beschreibe ihre Merkmale.

2. Nenne mindestens drei Beispiele für Menschenrechte.

3. Fast alle Staaten der Erde haben die Allgemeine Erklärung der Menschenrechte unterzeichnet. Erkläre, welche Verpflichtungen sich daraus ergeben.

4. Erläutere die Menschenrechtssituation weltweit anhand der Karte.

5. Mithilfe der Zwischenüberschriften in diesem Text könnt ihr die Informationen zu den Menschenrechten in einer Mindmap zusammenfassen und als Kurzvortrag präsentieren.

Definition

Menschenrechte sind Rechte, die jedem Menschen von Geburt an zustehen – in allen Lebenssituationen. Niemand darf ihm diese Rechte nehmen.

Dazu gehören z. B.:

- das Recht auf Leben und körperliche Unversehrtheit. Das bedeutet, dass die Todesstrafe, Folter oder auch Formen von Misshandlung verboten sind;
- das Recht auf freie Entfaltung der Persönlichkeit. Jeder Mensch hat die Freiheit, so zu leben, wie er möchte, solange er anderen nicht schadet;
- das Recht auf freie Meinungsäußerung;
- das Recht auf Gleichheit.

Alle Menschen müssen vor dem Gesetz gleich behandelt werden, ungeachtet ihrer Hautfarbe, ihrer Religion und ihres Geschlechts. All diese Rechte und Freiheiten sollen jedem Menschen ein menschenwürdiges Leben ermöglichen und die Würde des Menschen schützen. Sie gelten auf der ganzen Welt. Kein Staat darf sich auf kulturelle Besonderheiten berufen, wenn er Menschenrechte verletzt – etwa indem er zum Beispiel die Rechte von Frauen missachtet.

Gründe für Menschenrechtsverletzungen

Einige der Gründe für die zahlreichen Menschenrechtsverletzungen sind:

- Diktatorische Regime fürchten um ihre Macht und unterdrücken jede Art von abweichender Meinung.
- In Bürgerkriegen halten die Beteiligten alle Mittel für gerechtfertigt, um ihre Ziele zu erreichen. Immer ist ein Grund der fehlende Respekt vor dem Leben und der Freiheit anderer.

Opfer

Die Opfer sind entweder die Schwachen der Gesellschaft, besonders Frauen und Kinder, oder Minderheiten, die den Regierungen nicht ins Konzept passen.

Menschenrechtsorganisationen

Nach dem Ende des Zweiten Weltkriegs kam der Gedanke auf, dass die Durchsetzung der Menschenrechte zur zentralen Aufgabe internationaler Zusammenarbeit werden müsse. Das sollte eine der wichtigsten Aufgaben der neu gegründeten UNO (= United Nations Organization, Vereinte Nationen) sein. Die Weltorganisation verabschiedete eine Reihe von Deklarationen (= Erklärungen), mit deren Hilfe die Mitgliedstaaten zu einer aktiven Menschenrechtspolitik verpflichtet werden sollten. Dazu gehören z. B. die Allgemeine Erklärung der Menschenrechte von 1948, das

Übereinkommen gegen Folter von 1984, das Übereinkommen zum Schutz der Rechte des Kindes von 1989 und die Erklärung zur Beseitigung der Gewalt gegen Frauen. Zahlreiche Nichtregierungsorganisationen beobachten weltweit die Situation der Menschenrechte, decken Menschenrechtsverletzungen auf und setzen sich für den Schutz der Menschenrechte ein. Diese Organisationen versuchen, in der Weltöffentlichkeit Druck auf die betreffenden Regierungen auszuüben. So veröffentlicht Amnesty International jedes Jahr einen viel beachteten Bericht zur Situation der Menschenrechte.

Menschenrechtspolitik

Die Deklarationen verpflichten alle unterzeichnenden Staaten, die Menschenrechte in ihrem Land durchzusetzen. Das bedeutet:

- *Achtung der Menschenrechte:* Die Staaten müssen in ihrem Handeln die Menschenrechte achten. Sie dürfen sie nicht durch Gesetze einschränken.
- *Schutz vor dem Eingriff in Menschenrechte:* Staaten müssen dafür sorgen, dass jeder im Land seine Menschenrechte ausüben darf und darin von niemandem behindert wird. So müssen sie z. B. aktiv werden, wenn eine Minderheit etwa wegen ihres Glaubens von anderen Bevölkerungsgruppen unterdrückt wird.
- *Erfüllung der Menschenrechte durch staatliche Leistungen:* Staaten sollen Maßnahmen ergreifen, die die Verwirklichung der Menschenrechte zum Ziel haben. So müssen sie z. B. auch armen Menschen ein Leben in Würde ermöglichen.

Mehrfach haben sich fast alle Länder der Welt feierlich dazu verpflichtet, die Menschenrechte zu achten. Doch eine Unterschrift auf einem Blatt Papier und das, was in einem Land tatsächlich passiert, sind oft zweierlei Dinge. Das Problem ist, dass die Regierungen in den zahlreichen unfreien Staaten zu den Hauptverur-

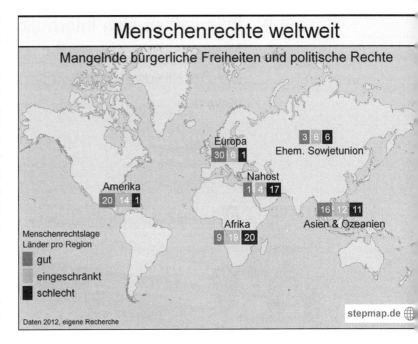

sachern von Menschenrechtsverstößen gehören. Doch gerade in solchen diktatorisch regierten Ländern, traut sich kaum jemand, die Verursacher der Menschenrechtsverletzungen zu beschuldigen – denn die Regierungen unterdrücken jegliche Form von Opposition. Es gibt zudem keine Weltpolizei, die überall gegen Menschenrechtsverletzungen eintreten könnte.

Verfolgung von Menschenrechtsverletzungen

1998 wurde in der niederländischen Stadt Den Haag der Internationale Strafgerichtshof (ICC), ein Gericht der Vereinten Nationen, eingerichtet. Es kann Kriegsverbrecher, die schwere Verbrechen gegen die Menschlichkeit begangen haben, anklagen und zu Freiheitsstrafen von bis zu 30 Jahren verurteilen. Die Richter sind allerdings machtlos, wenn ein Staat nicht bereit ist, Beschuldigte auszuliefern oder das Gericht anzuerkennen. Dazu zählen unter anderem die USA, Russland und China.

213

4 Wie setzen sich internationale Organisationen für Menschenrechte ein?

Die Arbeit von Amnesty International mithilfe eigener Kriterien bewerten

Eine Einstiegsübung für alle:
Viele Prominente setzen sich für Menschenrechte ein. Hast du eine Idee, was man tun könnte? Notiere sie und stelle sie vor.

A Nichtregierungsorganisationen – das Beispiel Amnesty International

Fall Moses Akatugba verdankt Amnesty International sein Leben

Das jahrelange Martyrium von Moses Akatugba ist endlich vorbei: Der Gouverneur des nigerianischen Bundesstaates Delta hat ihn begnadigt. Er war gefoltert und zum Tod durch Erhängen verurteilt worden.

Fast ein Jahr lang hat Amnesty International weltweit Zigtausende Unterschriften für Moses Akatugba gesammelt. Allein in Deutschland sammelte Amnesty insgesamt über 141 000 Unterschriften und Appelle für ihn. Darunter waren über 37 100 Briefe, wovon Tausende von Schülerinnen und Schülern im Rahmen des Amnesty-Briefmarathons 2014 geschrieben worden waren.

Das Martyrium von Moses Akatugba begann im November 2005. Der damals 16-Jährige erwartete gerade die Ergebnisse seiner schulischen Abschlussprüfungen, als sich sein Leben für immer veränderte: Er wurde im November 2005 von Angehörigen der nigerianischen Armee festgenommen und seinen Angaben zufolge in die Hand geschossen und brutal auf Kopf und Rücken geschlagen, bevor man ihn anklagte, weil er angeblich Handys gestohlen hatte. [...] Nachdem er auf die Polizeiwache von Ekpan im Bundesstaat Delta verbracht worden war, wurde er erneut gefoltert. „Die Schmerzen während der Folter sind unerträglich. Ich glaubte nicht daran, dass ich überleben würde", berichtete Moses Akatugba später. „Noch nie zuvor habe ich so eine unmenschliche Behandlung erfahren." Moses Akatugba bedankt sich bei allen Unterstützerinnen und Unterstützern für ihren Einsatz: „Ich bin überwältigt. Ich danke Amnesty International und seinen Aktivistinnen und Aktivisten für die große Unterstützung. [...] Ich verspreche, dass ich mich für die Menschenrechte einsetzen und anderen helfen werde."

(Nach: Begnadigung in Nigeria, Moses Akatugba wird nicht hingerichtet, in: www.amnesty.de, 29.05.2015, Zugriff: 10.12.2015)

Die Arbeitsweise von Amnesty International

Millionen von Menschen rund um den Erdball unterstützen die erfolgreichste Menschenrechtsgruppe der Welt. Ob ein Lehrer in Äthiopien verschwindet, nur weil er einer Gewerkschaft angehört, ob eine Anwältin in Thailand in einem psychiatrischen Krankenhaus festgehalten wird, weil sie kostenlos armen Leuten half, ob ein Student im Iran verhaftet wird, weil er sich öffentlich für die Gleichberechtigung der Frauen in seinem Land eingesetzt hat: All das sind Fälle für Amnesty. [...] Besonders erfolgreich sind die „urgent actions". Zu diesen Eilaktionen ruft Amnesty auf, wenn einem Menschen unmittelbar Folter, Mord oder gar die Hinrichtung droht oder wenn die Gefahr besteht, dass er „verschwindet". Vor Ort und in der Londoner Zentrale werden diese Fälle überprüft und weltweit AI-Mitglieder mobilisiert. Binnen weniger Stunden ergießt sich dann oft eine Flut von Protestschreiben als Faxe, E-Mails oder Eilbriefe auf die Schreibtische der Staats- und Regierungschefs der Länder, in denen solches Unrecht geschieht. Über 125 000 Menschen in 85 Staaten bilden dieses „urgent action"-Netzwerk. Allein in Deutschland stehen 10 000 Protestbriefschreiber parat. [...] Jedes Jahr wird Amnesty International drei- bis vierhundertmal mit „urgent actions" aktiv. Zahlreiche Menschen wurden danach schon freigelassen. Jeder dritte Gefangene, für den Amnesty eine „urgent action" in Gang gesetzt hatte, berichtete später, er habe daraufhin wenigstens menschlichere Haftbedingungen erfahren. Doch das ist nicht alles: Auch Staaten, die sich eigentlich mit Recht demokratisch nennen, haben großen Respekt vor Amnesty. Denn die Gefangenenhilfsorganisation legt jedes Jahr einen Bericht vor, in dem sie Bilanz darüber zieht, wie einzelne Länder mit Häftlingen und Menschenrechtsverteidigern umgehen.

(Nach: Christine Schulz-Reiss: Nachgefragt: Menschenrechte und Demokratie, Loewe Verlag, Bindlach 2008, S. 82 f.)

WebQuest: Menschenrechtsorganisationen in Deutschland

Wie in vielen Ländern der Welt setzen sich in Deutschland Nichtregierungsorganisationen für Menschenrechte ein. In einer arbeitsteiligen WebQuest könnt ihr beispielhaft einige Organisationen untersuchen.

Thema	Menschenrechtsorganisationen in Deutschland
Organisationen	www.igfm.de – Internationale Gesellschaft für Menschenrechte www.hrw.org – Human Rights Watch www.tdh.de – terre des hommes www.frauenrechte.de/online – Website der Frauenrechtsorganisation terre des femmes www.reporter-ohne-grenzen.de www.gfbv.de – Gesellschaft für bedrohte Völker
	Arbeitsergebnis
Ziele der NGO	...
Aktionen und Projekte	...
Erfolge/Rückschläge	...

 Warum verdankt Moses Akatugba Amnesty International sein Leben? Beschreibe, was die Organisation für ihn getan hat.

 Beurteile den Erfolg von Amnesty International anhand von selbst gewählten Kriterien. Tipp: Hinweise zu möglichen Kriterien kannst du dem Text auf dieser Seite entnehmen.

Was auch noch interessant sein kann:

- sich an einer Eilaktion von Amnesty International beteiligen (www.amnesty.de).
- Mitglieder einer örtlichen Menschenrechtsgruppe in den Unterricht einladen und befragen.
- sich dem internationalen Jugendnetzwerk von terre des hommes anschließen, bei dem jeder mitmachen kann (www.tdh.de).
- eine Menschenrechtsaktion in der Klasse starten, z. B. eine Ausstellung organisieren, Spenden für eine Organisation sammeln usw.

Die UNO (United Nations Organization) ist die weltweit größte internationale Organisation zum Schutz der Menschenrechte. Am Beispiel der Arbeit des Menschenrechtsrats könnt ihr auf dieser Doppelseite erarbeiten, wie sie ihre Aufgaben wahrnimmt.

Ist das ein Fall für den Menschenrechtsrat?

Einmal angenommen, ihr seid Mitglieder des Menschenrechtsrats und befasst euch mit einer Meldung aus einem südamerikanischen Land. Dort hat ein internationaler Konzern die Wasserrechte für eine Region gekauft. Obwohl in der Region kein Mangel an Wasser herrscht, hat sich der Preis in kurzer Zeit verdreifacht. Der Konzern begründet die Preiserhöhung damit, dass viele Trinkwasserleitungen neu verlegt wurden und dass die Wasserqualität wesentlich verbessert wurde. In der Bevölkerung kommt es zu Unruhen, weil ärmere Familien sich sauberes Trinkwasser nicht mehr in ausreichender Menge leisten können.

Das Menschenrecht auf Wasser ist in diesem Fall eindeutig verletzt worden, weil Wasser so teuer wurde, dass nicht mehr jeder Zugang zu sauberem Trinkwasser hat. Der Konzern hat hier seine Machtstellung schamlos ausgenutzt, um höhere Gewinne zu erzielen – auf Kosten der Armen.

Der Konzern hat viel in die Verbesserung der Wasserqualität investiert, deshalb ist die Preiserhöhung gerechtfertigt. Auch bei uns kostet Wasser Geld, das ist überall auf der Welt so. Schließlich sind Nahrungsmittel auch nicht umsonst zu haben. Das Menschenrecht auf Wasser wird in diesem Fall nicht berührt.

Wasser – lebenswichtig und doch so kostbar

Hintergrundinfo 1: Das Recht auf Wasser – ein neues Menschenrecht

Der Zugang zu sauberem Wasser ist ein Menschenrecht. Am 28. Juli 2010 hat die Generalversammlung der Vereinten Nationen das Recht auf Wasser als Menschenrecht anerkannt. [...]

Gründe

Zum angemessenen Lebensstandard zählt das Recht auf sanitäre Einrichtungen [z.B. Toiletten] und sauberes Wasser. Außerdem sind andere Menschenrechte ohne das Recht auf Wasser gar nicht vorstellbar:

- z.B. das Recht auf Leben ist ohne Wasser nicht möglich oder
- das Recht auf Nahrung und der Schutz vor Hunger schließt Wasser natürlicherweise mit ein und nicht zuletzt

- ist das Recht auf Gesundheit und körperliche Unversehrtheit und eine angemessene medizinische Versorgung (fast) nicht ohne sauberes Wasser und Sanitäreinrichtungen zu erreichen.

(Aus: www.menschenrechtsabkommen.de/recht-auf-sauberes-wasser-1122/ Zugriff: 15.12.2015)

2015 zog die UN-Kinderhilfsorganisation eine erste Bilanz:

„Sein Wasser aus einem Tümpel zu trinken oder für die Notdurft auf ein Feld gehen zu müssen – das sind stille Menschenrechtsverletzungen, die keine Schlagzeilen machen. Aber sie haben täglich für fast 1000 Kinder weltweit tödliche Folgen", sagt Christian Schneider, Geschäftsführer von UNICEF Deutschland. Durchfallerkrankungen, die durch verschmutztes Trinkwasser, fehlende Toiletten und mangelnde Hygiene verursacht werden, gehören zu den häufigsten Todesursachen bei Kindern unter fünf Jahren [...].

UNICEF fordert, dass bis 2030 das Menschenrecht auf Wasser und Sanitärversorgung für alle realisiert wird.

(Nach: http://www.unicef.de/presse/2015/menschenrecht-wasser/81908, Zugriff: 15.12.2015)

Sitzung des Menschenrechtsrats in Genf

Hintergrundinfo 2: Die Arbeit des Menschenrechtsrats

Vor ihm wird kein Land gern zitiert: den Menschenrechtsrat der Vereinten Nationen. Er versucht, die Finger in die Wunden der Welt zu legen. [...] Seine 47 Mitglieder werden alle drei Jahre von der Generalversammlung gewählt. Sie empfehlen, was die UNO in einzelnen Ländern in Sachen Menschenrechte unternehmen kann und soll.

[...] Wenn's irgendwo brennt, eine Regierung, Armee oder andere staatlichen Stellen Leib und Leben der Menschen ihres Landes bedrohen oder vernichten, schickt der Rat einen Sonderberichterstatter los. Der Rats-Entsandte versucht dann, der jeweiligen Regierung ins Gewissen zu reden, zu vermitteln und den Opfern des staatlichen Terrors beizustehen. [...]

Er schlägt dem Rat und der Generalversammlung vor, was die UNO zur Wiederherstellung der Menschenrechte unternehmen kann. Das führt meist zu hitzigen Diskussionen, die quälend lange dauern können und der UNO oft den Vorwurf eintragen, sie sei zu schwach, hätte nichts oder zu wenig getan.

(Aus: Christine Schulz-Reiss: Nachgefragt: Menschenrechte und Demokratie, Loewe Verlag, Bindlach 2008, S. 58 f.)

1. Informiert euch zunächst aus den Texten über das Menschenrecht auf Wasser und die Arbeitsweise des Menschenrechtsrats.
   Tipp: Das kann arbeitsteilig geschehen.
2. Bildet Gruppen und trefft eine Entscheidung, ob der Menschenrechtsrat in diesem Fall tätig werden soll. Zwei Stellungnahmen liegen dem Menschenrechtsrat als Grundlage für die Entscheidung vor.
3. Präsentiert eure Entscheidung und die Begründung in der Klasse.

C Wie werden Menschenrechte in Europa durchgesetzt?

Der Europäische Gerichtshof für Menschenrechte in Straßburg

In Straßburg gibt es den Europarat. Zu seinen Aufgaben gehört es, die Einhaltung der Menschenrechte in den Mitgliedstaaten zu sichern. Der Europarat gehört nicht zur Europäischen Union. Er ist eine eigenständige internationale Organisation, die bereits 1949 gegründet wurde und der mittlerweile 47 Staaten angehören. Eine seiner besonders wichtigen Einrichtungen ist der Europäische Gerichtshof für Menschenrechte. An ihn kann sich wenden, wer sich in seinen Menschenrechten verletzt fühlt. Das folgende Beispiel schildert den berühmt gewordenen Fall einer deutschen Altenpflegerin, die das Gericht angerufen hatte.

📖 Fall Wie weit reicht das Recht auf Meinungsfreiheit?

Die Berliner Altenpflegerin Brigitte H. hat ihren Arbeitgeber angezeigt. Es handelt sich um die Klinikgesellschaft Vivantes, die dem Staat Berlin gehört. Sie warf ihm vor, zu wenig Personal für die Pflege der Patienten einzustellen. Die Folge sei, dass die Patienten nicht ausreichend versorgt werden. Außerdem wurden Pflegerinnen gezwungen, Leistungen abzurechnen, die sie nicht erbracht hatten. Vor der Anzeige hat sie die Geschäftsleitung mehrfach auf die Probleme bei der Versorgung hingewiesen. Schließlich sah sie keine andere Möglichkeit, als wegen des Notstands in der Pflege Strafanzeige zu erstatten. Auch der Medizinische Dienst der Krankenkassen hatte bei einer Kontrolle erhebliche Mängel in der Pflege festgestellt. Vivantes reagierte auf die Anzeige mit der fristlosen Kündigung. Deutsche Gerichte bestätigten die Rechtmäßigkeit der Kündigung.

Das Urteil

Der Europäische Gerichtshof für Menschenrechte gab der Klägerin recht. Er sieht in der Kündigung eine Verletzung der Meinungsfreiheit. Es gebe keine Anzeichen, dass Brigitte H. falsche Angaben über die Pflegesituation in der Klinik machte. Das Gericht sprach Brigitte H. eine Entschädigung von 15 000 Euro zu. Nach Ansicht des Gerichts hätten die Vorwürfe von Brigitte H. zwar den Ruf der Klinik beschädigt, doch das Recht auf Meinungsfreiheit wiegt schwerer. Die Öffentlichkeit hat nach Ansicht des Gerichts ein großes Interesse, über Mängel in der Pflege informiert zu werden.

1. Warum hat sich Brigitte H. an den Europäischen Gerichtshof gewandt? Lies zunächst den Fall und beschreibe ihre Situation.

2. Hältst du die fristlose Kündigung für gerechtfertigt? Begründe deinen Standpunkt.

3. Tauscht euch zu zweit über eure Ergebnisse aus und formuliert gemeinsam einen Kommentar zum Urteil des Europäischen Gerichtshofs für Menschenrechte. Beachtet dabei folgende Kriterien: Folgen für die Klägerin, Folgen für das Unternehmen, Angemessenheit des Urteils. Präsentiert eure Ergebnisse vor der Klasse.

Was auch noch interessant sein kann:

- die Europäische Konvention für Menschenrechte und Grundfreiheiten mit der Allgemeinen Erklärung für Menschenrechte vergleichen.

Grund- und Menschenrechte

Station 1

Durchsetzung der Menschenrechte in Deutschland

Silbenrätsel

1. So bezeichnen wir die Menschenrechte, die schriftlich im deutschen Grundgesetz niedergelegt sind.
2. Dieses Gericht wird oft als Hüter der Verfassung bezeichnet.
3. Jeder Mensch, gleichgültig welcher Staatsangehörigkeit und Hautfarbe, besitzt sie von Geburt an.
4. Sie ist in allen Handlungen an die Grundrechte gebunden.
5. Das ist eine Bezeichnung für die Verfassung der Bundesrepublik Deutschland.
6. Damit Christen, Juden, Moslems und andere Religionen friedlich zusammenleben können, ist sie unerlässlich.
7. Dieses Menschenrecht bedeutet, dass niemand gefoltert, geschlagen oder misshandelt werden darf.
8. Dieses Menschenrecht gilt für das Verhältnis von Männern und Frauen.

auf – be – bun – che – de – des – fas – frei – ge – ge – ge – gions – gleich – grund – grund – gung – heit – heit – kör – li – li – men – per – re – rech – rech – recht – richt – schen – sehrt – setz – staats – sungs – te – ti – un – ver – ver – walt – wür

Station 2

Wie viel Schutz brauchen Flüchtlinge?

Thomas Plaßmann

1. Interpretiere die Karikatur: Welches Denken kommt darin zum Ausdruck? Welche Wirkungsabsicht verfolgt der Zeichner? Welche Gedanken und Gefühle löst die Karikatur in dir aus? Formuliere sie.

Station 3

Menschenrechte weltweit

3 plus 3 plus 3 plus 3 plus 3

- *Drei* Menschenrechte werden durch die Piktogramme veranschaulicht. Gemeint sind: …
- *Drei* besonders oft von Menschenrechtsverletzungen betroffene Gruppen sind: …
- *Drei* Hauptgründe für die Verletzung von Menschenrechten sind: …
- *Drei* Verpflichtungen von Staaten ergeben sich aus den Deklarationen: …

Station 4

Wie setzen sich internationale Organisationen für Menschenrechte ein?

Wähle eine internationale Menschenrechtsorganisation aus und vervollständige folgenden Steckbrief:

Name der Organisation	???
Mitglieder	???
Wichtige Ziele	???
Arbeitsweise	???
Beispiele für ihre Arbeit	???
Erfolge	???

9 Die Europäische Union – Erfolge, Krisen und Herausforderungen

Menschen auf der Flucht sorgen für die größte Herausforderung in [der] EU seit ihrem Bestehen. In Großbritannien demonstrieren Jugend[liche] für den Verbleib in der EU; in Athen fordern Demonstranten mehr [So]darität innerhalb Europas.

Wie sehr brauchen wir das vereinte Europa?

1. Allein nachdenken

Welche Hinweise auf die Situation in Europa kannst du den Fotos entnehmen?

3. In der Klasse sammeln

Welche Vorteile entstehen, wenn Staaten miteinander statt gegeneinander arbeiten?

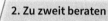

2. Zu zweit beraten

Was bedeutet es für euch, in einem Europa mit offenen Grenzen, gemeinsamer Währung und demokratischen Werten zu leben?

Im Verlauf dieses Kapitels könnt ihr ...

- beschreiben, wie die Europäische Union (EU) in unseren Alltag hineinwirkt,
- über ein selbst gewähltes Thema zur EU einen Kurzvortrag vorbereiten,
- erklären, welche Aufgaben die europäischen Institutionen haben, und die Bedeutung europäischer Entscheidungen für die Menschen in der EU bewerten,
- euch mit dem Thema Jugendarbeitslosigkeit in Europa auseinandersetzen und überlegen, was die EU dagegen tun kann,
- ein ganz persönliches Portfolio zum Thema Europa erstellen.

Eigene Schwerpunkte könnt ihr setzen, indem ihr ...

- am Beispiel Flüchtlingsproblematik dazu Stellung nehmt, wie wichtig das gemeinschaftliche Handeln der EU-Staaten ist, und eine Rede vorbereitet,
- eigene Ideen über Zukunftsaufgaben in der EU entwickelt.

1 Welche Bedeutung hat die Europäische Union für unseren Alltag?
Informationen über die EU sammeln und bewerten

Hier lernt ihr Herrn Kleinschmidt kennen. Er ist einer von denen, die denken, dass sie nichts mit der Europäischen Union zu tun haben. Wenn ihr den Text gelesen habt, könnt ihr erklären, warum das nicht stimmt.

A Fall Herr Kleinschmidt und die EU

„Über die EU gibt es nur Negatives zu berichten."

„Ich kann gut verstehen, dass es Leute gibt, die rauswollen aus der EU."

„Als einfacher Bürger hat man gar nichts von dieser Gemeinschaft."

Wenn Herr Kleinschmidt morgens das Licht anknipst, denkt er nicht an Europa, aber Europa kümmert sich um ihn. Eine Energiesparlampe erleuchtet ihm den Weg ins Bad, weil die EU das für alle Mitgliedstaaten so beschlossen hat. Im Bad scheint Europa weit weg zu sein. Aber das Wasser, mit dem er sich die Zähne putzt, muss der von der EU vorgeschriebenen „Qualität von Wasser für den menschlichen Gebrauch" entsprechen. So legt es die EU-Richtlinie fest, die in Deutschland und in allen anderen Mitgliedstaaten sauberes Trinkwasser garantiert. Beim Duschen denkt Herr Kleinschmidt auch nicht daran, was mit dem Wasser geschieht, das in den Abfluss läuft. Eine EU-Richtlinie über die Behandlung kommunalen Abwassers schreibt vor, dass die Stadt, in der er wohnt, an eine Kläranlage auf dem neuesten Stand der Technik angeschlossen sein muss. Auch die Kennzeichnungszahl auf Herrn Kleinschmidts Frühstücksei ist das Ergebnis eines europaweiten Beschlusses und verrät den Kennern, ob das Huhn, das es gelegt hat, ein Freilandhuhn ist.

Orangensaft aus Portugal, Butter aus Österreich, Tomaten aus Spanien und Salami aus Tschechien gehören für Herrn Kleinschmidt zum selbstverständlichen täglichen Warenangebot. Da es den europäischen Binnenmarkt gibt, fließt der Warenverkehr schnell und unkompliziert von Land zu Land. Die Freiheit des Handels wirkt sich auch auf die Preise aus. Wenn Herr Kleinschmidt Obst und Gemüse im Wert von sechs Euro einkauft, so müsste er – nach Berechnungen der Europäischen Kommission – im Nicht-EU-Land Schweiz für die gleiche Menge bis zu zehn Euro bezahlen, für Fleisch sogar das Doppelte.

Steigt Herr Kleinschmidt in sein Auto ein, wird's ebenfalls europäisch. Europäisches Recht zwingt alle Automobilhersteller zum Katalysatoreinbau. Sollte Herr Kleinschmidt doch einmal ins europäische Ausland fahren, kann er sein neues Auto überall da kaufen und nach Hause mitnehmen, wo es am billigsten ist. Der Automobilhersteller muss sein Altauto kostenfrei zurücknehmen und recyceln. Und wenn Herr Kleinschmidt online shoppt, schützt ihn die „Button-Lösung" jetzt besser als zuvor vor unbedachten Fehleinkäufen. Per Mausklick muss er jedem Kauf erst zustimmen, bevor ein Vertrag zustande kommt. So hat es die EU 2011 beschlossen.

Aus dem Ausland nach Hause telefonieren ist für Herrn Kleinschmidt von Mitte 2017 an nicht mehr teurer als Anrufe im Inland. 2015 beschloss die EU, dass die besonderen Auslandsgebühren bei Telefonaten in Zukunft nicht mehr erhoben werden dürfen.

1. Fasse zusammen, welche europäischen Regelungen in den Alltag von Herrn Kleinschmidt eingreifen.

2. Bewerte die Äußerungen der Comicfigur, indem du sie mit den Textaussagen vergleichst.

Was auch noch interessant sein kann:

- einen Dialog spielen: Übt dazu zu zweit ein Gespräch mit Herrn Kleinschmidt ein, in dem versucht wird, ihn zum Überdenken seiner Meinungen über die EU zu bewegen.

AKTIV LERNEN

B Wie wichtig sind die folgenden Möglichkeiten in der Europäischen Union für dich?

Euer Auftrag:

1. Gehe den Fragebogen zunächst allein durch. Notiere mithilfe der Ziffern die Möglichkeiten, die du für wichtig hältst.

2. Tauscht euch in Kleingruppen darüber aus. Versucht gemeinsam, euch auf eine Liste besonders wichtiger Möglichkeiten zu einigen. Dabei sollte es keine Begrenzung in der Anzahl geben.

3. Entscheidet euch für einige wichtige Möglichkeiten, über die ihr gerne in der gesamten Klasse miteinander reden möchtet.

Nr.	Als EU-Bürger habe ich die Möglichkeit, …	ist für mich wichtig	ist eher unwichtig
1.	durch Europa zu reisen, ohne an Grenzen anhalten zu müssen und kontrolliert zu werden.		
2.	mit dem Euro als gemeinsame Währung in vielen Ländern zu bezahlen.	**?**	
3.	andere Jugendliche in anderen Ländern Europas zu treffen und kennenzulernen.		
4.	in Frieden und freundschaftlichen Beziehungen mit allen anderen Staaten in Europa zu leben.		
5.	in einer Umwelt zu leben, die in länderübergreifender Zusammenarbeit geschützt wird.		
6.	an den Wahlen zum Europäischen Parlament teilzunehmen.	**?**	
7.	von Gesetzen zu profitieren, die in allen Mitgliedstaaten der EU in gleicher Weise gelten.		
8.	im außereuropäischen Ausland als Europäer angesehen zu werden.		
9.	später einmal meinen Beruf in jedem Land der Europäischen Union auszuüben und meinen Wohnsitz frei zu wählen.	**?**	
10.	an einem von der EU geförderten Programm zum Schüleraustausch, zur Berufsausbildung oder zum Studium im Ausland teilzunehmen.		
11.	in Deutschland Menschen aus allen Ländern der Europäischen Union zu begegnen, weil diese sich entschieden haben, hier zu leben und zu arbeiten.		
12.	Lebensmittel und andere Waren ohne Preisaufschläge zu kaufen, die aus allen Ländern der EU kommen.	**?**	
13.	zusammen mit vielen anderen europäischen Staaten in einem Bündnis zu leben, in dem Demokratie herrscht und die Menschenrechte geachtet werden.		
14.	persönlich zu erleben, dass der Weg zur Integration der Staaten Europas immer weiter fortschreitet.		

C Brexit*: Geht es den Briten ohne EU besser?

Die Europäische Union ist ein freiwilliger Zusammenschluss der Staaten Europas. Wer aufgenommen werden will, muss sich bewerben und Bedingungen erfüllen: Das Land muss eine Demokratie und ein Rechtsstaat sein. Es muss die Menschenrechte garantieren, wozu besonders der Schutz von Minderheiten gehört. Es muss bereit und in der Lage sein, die bestehenden Regeln der Gemeinschaft zu akzeptieren. Als Wirtschaftsordnung schreibt die EU die soziale Marktwirtschaft vor.

Wer wieder rauswill aus der EU, kann das ebenfalls tun: Dazu heißt es kurz und bündig im grundlegenden Vertragswerk der EU:

> „Jeder Mitgliedstaat kann in Einklang mit seinen verfassungsrechtlichen Vorschriften beschließen, aus der Union auszutreten."
> Artikel 50 des Vertrags von Lissabon

Briten für Brexit

So haben die britischen Wähler beim **Brexit-Referendum** am 23.6. gestimmt:

„ Soll das Vereinigte Königreich ein Mitglied der Europäischen Union bleiben oder die Europäische Union verlassen? "

48,1 % — Ein Mitglied der EU bleiben

51,9 % — Die Europäische Union verlassen

Quelle: BBC   dpa•24304

„Zusammen sind wir besser." So wie hier waren viele Jugendliche in Großbritannien traurig über das Abstimmungsergebnis.

1982 hatte Grönland, die größte Insel der Welt, die EU verlassen. Das war bisher der einzige Fall eines Austritts in der Geschichte der EU. Doch dann kam der 23. Juni 2016. „E4SY", das von Schülern und Studenten gemachte Jugendmagazin, kommentierte die Abstimmung über den Verbleib oder Austritt Großbritanniens aus der EU so:

Es ist tatsächlich passiert!

Das Ergebnis steht fest: Die Einwohner von Großbritannien haben für einen Austritt aus der Europäischen Union gestimmt. Doch der Entscheid war knapp! 48,9 % stimmten für „remain" und 51,9 % für ein „leave", also für den Austritt aus der EU, dem Brexit. [...] Großbritanniens Jugendliche sind traurig und wütend. Laut einer Statistik waren die unter 25-Jährigen mit mehrheitlichen 75 % für den Verbleib in der EU. Doch gegen die zahlenmäßig überlegenen Senioren waren sie machtlos. Damit haben die Alten über die Zukunft der Jungen entschieden. Zitiert wird die 15-Jährige Lauren:

> „Ich fühle mich ignoriert. Es wird die Jugend am meisten beeinträchtigen, weil wir in ein Jahrzehnt der Ungewissheit eingetreten sind. Sobald ich zur Uni gehe, sobald meine Freunde anfangen zu arbeiten oder eine Ausbildung zu machen, dann wird es uns treffen."

Viele treffen sich zu „Mourning Parties", Trauerfeiern, um den EU-Ausstieg gemeinsam zu verarbeiten. Niemand weiß, was auf lange Sicht passieren wird. Die Jugendlichen sorgen sich um künftige Jobs, um die Möglichkeit im Ausland zu arbeiten, zu studieren, frei zu sein. Bei dem Referendum durften außerdem nur Bürger ab 18 Jahren wählen. Entsprechend verärgert sind die jüngeren. „Wo war meine Stimme", fragt eine 16-Jährige auf ihrem Protestplakat.

(Aus: Tim Senger: Was war, was ist und was sein wird, in: e4sy.de/politik/brexit-zusamnmenfassung-2016, Artikel in der Fassung vom 01.07.2016)

*Brexit ist eine Wortschöpfung aus Britannien und Exit und bezeichnet den Austritt der Briten aus der EU.

---

1. Warum ist der 23. Juni 2016 ein wichtiges Datum in der Geschichte der EU? Beschreibe, was geschah.

2. Beitrittsbedingungen und Austritt aus der EU: Erläutere, wie das geregelt ist.

3. Versuche, dich in die Situation der 15-Jährigen Lauren und anderer britischer Jugendlicher hineinzuversetzen: Warum machen sie sich Sorgen über ihr Leben außerhalb der EU?

D Traurige Jugend, jubelnde Fischer — Stimmen zum Brexit

Die Autoren von TEAM führten im Juli 2016 eine anonyme Umfrage unter Zehntklässlern zur EU durch. Eine der Fragen lautete:

- „Findest du es gut, dass Großbritannien aus der EU austritt, oder wäre es dir lieber, die Briten wären dabeigeblieben?" Hier mehrere Antworten der Schüler der Gesamtschule im saarländischen Orscholz:

„Mir ist es eigentlich egal, aber ich glaube, dass die Briten jetzt viele Probleme bekommen." (m) (16 Jahre)

„Ich finde, dass es deren Entscheidung ist. Aber ich finde auch, dass die Briten besser geblieben wären, denn so könnten sie weiterhin mit der EU zusammenarbeiten und gemeinsam Probleme lösen. Jetzt sind sie auf sich alleine gestellt." (w) (16 Jahre)

„Der Brexit ist schade, weil wir so ein starkes Mitglied verlieren. Gemeinsam hätten wir mehr in der Welt bewirken können." (m) (16 Jahre)

„Wenn jedes Land wieder für sich selbst handelt, so wie es früher in der Geschichte der Staaten meistens war, ist kein Land mehr stark. Es geht den Ländern viel besser, wenn sie eine Gemeinschaft bilden." (w) (15 Jahre)

„Die Folgen sind für niemanden voraussehbar"

So stand es in der Zeitung „Münchner Merkur" wenige Tage nach der Abstimmung Großbritanniens. Und die meisten Kommentatoren teilen diese Einschätzung. Ihr findet hier eine Sammlung der am häufigsten in den Zeitungen genannten Folgen.

Leopold Maurer

(1) Der Handel mit anderen Nationen innerhalb der EU wird zurückgehen. • (2) Großbritanniens Fischer jubeln, sie sind die strengen Fischfangquoten der EU los. • (3) In Großbritannien sinkt der wirtschaftliche Wohlstand. • (4) Die EU verliert einen ihrer stärksten Partner. • (5) Großbritannien wird wieder eine souveräne Nation sein, die ihre Entscheidungen alleine trifft. • (6) Deutschland wird weniger Autos und andere Maschinen exportieren. • (7) Großbritannien wird kein Geld mehr an die EU-Kasse überweisen müssen. (8) Andere Länder der EU können sich ein Vorbild an den Briten nehmen und ebenfalls austreten. • (9) Die verbleibenden 27 EU-Staaten können jetzt besser zusammenarbeiten. • (10) Ohne die Briten verliert Europa an Stärke und Einfluss auf der Welt. • (11) Es müssen auch diejenigen Briten die EU verlassen, die gerne geblieben wären. • (12) Die Briten sind die ungeliebte EU nach 43 Mitgliedsjahren endlich los.

1. Wie fällt deine Antwort auf die von TEAM in der Umfrage gestellte Frage aus? Formuliere sie.

2. Welche Aussageabsicht zum Brexit entdeckst du in der Karikatur? Deute sie.

3. Welche der 12 möglichen Folgen des EU-Austritts von Großbritannien empfindest du aus deiner Sicht als positiv und welche als negativ? Notiere die Nummern und versehe sie mit (−), (+) oder (weiß noch nicht). Vergleicht eure Ergebnisse zu zweit oder in Gruppen.

4. Geht es den Menschen besser oder schlechter, wenn das eigene Land die EU verlässt? Tauscht darüber eure Ansichten aus.

Ein persönliches Portfolio erstellen

Worum geht es?

In einem Portfolio erstellst du deine ganz persönliche Mappe zu einem Thema, über das ihr euch im Unterricht verständigt habt – in diesem Fall zum Thema Europa. Du kannst darin deine Arbeiten dokumentieren und beschreiben, was du für besonders wichtig an diesem Thema hältst und was du dir langfristig merken möchtest.

Der Begriff wurde aus den lateinischen Wörtern *folion* (= Blatt) und *portare* (= tragen) zusammengesetzt. Ursprünglich verstand man darunter eine Mappe aus Arbeiten, mit denen sich Künstler und Architekten im Mittelalter um Aufträge bewarben. Diese Grundidee gilt auch heute noch. In einem Portfolio kannst du zeigen, was du kannst und was du gelernt hast. Wenn du die fertige Mappe vorstellst, geht es auch darum, dein Können und deinen Fleiß unter Beweis zu stellen.

Was sind die Vorteile?

Drei besondere Vorteile hat die Portfolioarbeit: Du kannst

- dich mit Themen beschäftigen, die du selbst ausgewählt hast,
- deine Mappe nach deinen individuellen Vorstellungen gestalten,
- über einen längeren Zeitraum selbstständig arbeiten.

Schritte zur Vorgehensweise

1. Verschaffe dir zunächst einen Überblick über das gesamte Kapitel Europäische Union.
2. Triff deine Entscheidung für die Pflicht- und Wahlthemen.
3. Zu Hause (z.B. im Internet) kannst du zu den Themen deiner Arbeit auf die Suche nach weiteren Materialien gehen. Wähle aus den gesammelten Materialien einige wenige aus, die du in deine Mappe aufnimmst und die du deinen Lesern mit eigenen Worten vorstellen wirst.

Thema: Europa

4. Entscheide dich für eine ansprechende Form bzw. ein ansprechendes Design. Mit einem Portfolio verhält es sich so wie mit einer Bewerbungsmappe. Die Form ist ebenso bedeutsam wie der Inhalt.
5. Fertige am Ende der Arbeit ein Inhaltsverzeichnis an, das du an den Anfang deines Portfolios setzt.

Lege dein fertiges Portfolio zum vereinbarten Termin vor.

A Pflichtthemen (zur Auswahl)

1. Wie erleben wir die EU im Alltag?
2. Was ist die EU?
3. Was waren wichtige Etappen auf dem Weg zur EU?
4. Was ist der europäische Binnenmarkt?
5. Welche Rechte haben die Bürgerinnen und Bürger in der EU?
6. Wie wird in der EU Politik gemacht?
7. Welche Aufgaben haben die europäischen Institutionen?

Einigt euch in der Klasse auf eine bestimmte Anzahl von Pflichtthemen (z. B. 4 aus 7).

B Mögliche Wahlthemen

Wählt eines (oder zwei) aus der Liste zur Bearbeitung aus.

Zukunftsvision: Wie ich mir Europa in zehn, zwanzig oder dreißig Jahren vorstelle

Interview: „Was halten Sie von der EU?"

Argumentation: Was können die Europäer tun, um Flüchtlingen zu helfen? Pro und Kontra und meine Argumentation zu einem umstrittenen Thema

Dokumentation: Ein Mitgliedsland der EU meiner Wahl, dokumentiert in Bildern und Texten

Produktion: „Meine Zukunftswünsche für Europa" – eine Zeichnung, ein Bild, Fotos, Collagen oder Videos zum Thema

Beispiele aus Portfolios zum Thema Europa

Beispiel 1

zeigt zwei Blätter aus einem Portfolio der Schülerin Julia (16 Jahre). Sie hatte vier Wochen Zeit für die Bearbeitung und hat die meisten Arbeiten außerhalb der Unterrichtszeit erledigt. Zwei der Unterrichtsstunden zum Thema Europa hat sie darin in Protokollform dokumentiert.

Beispiel 2

Hier zeigen die beiden Zehntklässler Markus und Björn ihr in Partnerarbeit erstelltes Portfolio zum Thema Europa. Auch sie haben es adressatenorientiert gestaltet, indem sie es für einen Freund geschrieben haben. Vielleicht habt ihr es schon einmal gemerkt: Man lernt sehr gut, indem man etwas einer anderen Person erklärt. Ihr könnt eure Mappe Personen oder Personengruppen widmen, die ihr kennt, z. B. den Eltern, Verwandten oder Freunden.

Liebe Tamina,

in der Schule sprechen wir im Moment über das Thema Europäische Union (EU). In meinem Portfolio werde ich mich mit folgenden Themen beschäftigen:
1. Die Sage von Europa.
2. Was ist die EU und welche Funktionen hat sie.
3. Die wichtigsten Etappen auf dem Weg zur Europäischen Union.
4. Wie funktioniert die Europäische Währungsunion.
5. Welche Aufgaben haben die europäischen Institutionen.
6. Alle Mitgliedsstaaten.
7. Mein Land - Großbritannien.
8. Europäische Problemzone: Der Türkei-Beitritt

Ich habe mich für diese Bereiche entschieden, weil ich wissen möchte, woher der Name "Europa" stammt, warum die EU gegründet wurde und welche Aufgaben die Organe/Institutionen der EU haben. Im Alltag werden zwar immer die Institutionen genannt, aber ich kann mit den Begriffen nichts anfangen. Außerdem interessiert mich, warum der Euro eingeführt wurde.
Als Land, was ich vorstellen möchte, habe ich mich für Großbritannien ausgesucht. Da ich die Sprache im Unterricht lerne, habe ich schon einiges über das Land erfahren. Dieses Wissen möchte ich noch erweitern, da ich mir vorgenommen habe, irgendwann mal dort Urlaub zu machen.
Zur Beantwortung meiner Fragen werde ich erst alle Seiten in meinem Sozialkundebuch lesen. Danach werde ich im Lexikon nach entsprechenden Infos suchen und das Internet zur Hilfe nehmen.

Liebe Tamina,
ich wünsche dir viel Spaß beim Lesen und hoffe, dass du am Ende viel über die EU erfahren hast.
Julia ☺

Die Sage Europas

Liebe Tamina,
über die Entstehung "Europas" gibt es eine griechische Sage:

"Vor etwa 3000 Jahren wohnte eine sehr schöne phönizische Prinzessin, namens Europa, mit ihren Eltern in einem großen Palast.
Sie liebte es im Wald spazieren zu gehen, und Tiere zu beobachten."
Als der Göttervater Zeus Europa erblickte, verliebte er sich Hals über Kopf in sie und wollte das Mädchen unbedingt kennen lernen. Da er wusste, dass das die Prinzessin Tiere liebte, verwandelte er sich in einen wunderschönen weißen Stier. Als Europa den schönen und sanften Stier sah, wurde sie natürlich aufmerksam und näherte sich ihm vertrauensvoll. Der Stier legte sich unbeweglich hin, und wartete auf Europa, damit sie näher kam. Als die Prinzessin sich auf seinen Rücken gesetzt hatte, sprang der Stier - der eigentlich Zeus war - auf und lief mit dem überraschten Mädchen auf seinem Rücken davon. Europa schrie, und verstand nicht, warum sie von diesem Stier entführt wurde. Schnell ergriff sie die Hörner des Stiers und bemerkte, dass sie keine Angst mehr hatte.
Am nächsten Tag fanden sie sich an einem Strand wieder, der zur heutigen Insel Kreta gehört. Dort entschied sich Zeus, sich wieder in einen Menschen zu verwandeln. Als Europa den Göttervater erblickte, verliebte sie sich unsterblich in ihn. So bekamen sie drei Söhne: Minos, Rhadamanthys und Sarpedon. Diesen Erdteil, auf dem sich Zeus und Europa niederließen, nannte man später Europa, nach dem Namen der schönen Prinzessin.

Foto: Europa Spiel, Europäische Kommission - Deutschland
Quelle: http://www.infopoint-europa.de/hall/oeuropa/Europa%20Sage.htm

Hallo Horst!

Wie dir ganz sicher bewusst ist, liegt unser Land auf dem Kontinent Europa. Sicherlich weißt du auch einiges über Europa, aber weißt du auch, was der europäische Binnenmarkt ist oder die Europäische Währungsunion? Um dir ganz genau zu erklären, was Europa eigentlich ist und welche Aufgaben es hat, haben wir diese und viele andere Punkte in einem wunderschönen und leicht verständlichen Portfolio erläutert. Wir hoffen, dir gefällt unser mit viel Mühe zusammengestelltes Portfolio, und noch dazu, dass wir alle Fragen, die dir zum Thema Europa einfallen, beantworten können.

Also, Horst, wir wünschen dir viel Spaß bei deiner Wissenserweiterung.

Mit Grüßen

Deine Freunde Björn Müller und Markus Großmann

2 Die Europäische Union: Was ist das eigentlich?
Wahlthemen bearbeiten und referieren

Eine Einstiegsübung für alle:
Mit dem Schaubild könnt ihr zu zweit eine kleine Quizrunde gestalten.
Beispiel: Welches Land der EU hat 0,5 Millionen Einwohner?

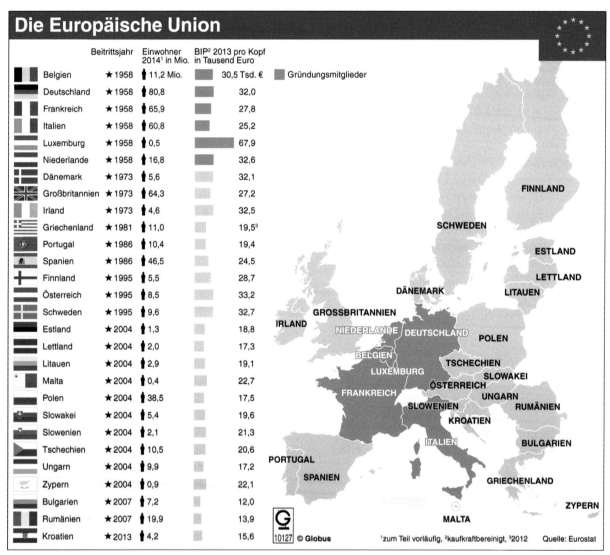

Die Europäische Union

	Land	Beitrittsjahr	Einwohner 2014[1] in Mio.	BIP[2] 2013 pro Kopf in Tausend Euro	
	Belgien	★1958	11,2 Mio.	30,5 Tsd. €	Gründungsmitglieder
	Deutschland	★1958	80,8	32,0	
	Frankreich	★1958	65,9	27,8	
	Italien	★1958	60,8	25,2	
	Luxemburg	★1958	0,5	67,9	
	Niederlande	★1958	16,8	32,6	
	Dänemark	★1973	5,6	32,1	
	Großbritannien	★1973	64,3	27,2	
	Irland	★1973	4,6	32,5	
	Griechenland	★1981	11,0	19,5[3]	
	Portugal	★1986	10,4	19,4	
	Spanien	★1986	46,5	24,5	
	Finnland	★1995	5,5	28,7	
	Österreich	★1995	8,5	33,2	
	Schweden	★1995	9,6	32,7	
	Estland	★2004	1,3	18,8	
	Lettland	★2004	2,0	17,3	
	Litauen	★2004	2,9	19,1	
	Malta	★2004	0,4	22,7	
	Polen	★2004	38,5	17,5	
	Slowakei	★2004	5,4	19,6	
	Slowenien	★2004	2,1	21,3	
	Tschechien	★2004	10,5	20,6	
	Ungarn	★2004	9,9	17,2	
	Zypern	★2004	0,9	22,1	
	Bulgarien	★2007	7,2	12,0	
	Rumänien	★2007	19,9	13,9	
	Kroatien	★2013	4,2	15,6	

10127 © Globus   [1]zum Teil vorläufig, [2]kaufkraftbereinigt, [3]2012   Quelle: Eurostat

*Großbritannien hat in einer Volksabstimmung 2016 für den Austritt aus der EU gestimmt.

Die EU – Basiswissen

Die Europäische Union (abgekürzt: EU) ist ein Zusammenschluss von europäischen Staaten, die gemeinsame politische Ziele verfolgen. [...] Jeder Staat in Europa hat die Möglichkeit, der Europäischen Union beizutreten. Allerdings müssen dafür einige Voraussetzungen erfüllt sein. Eine der wichtigsten Voraussetzungen ist es, dass der Staat, der beitreten will, demokratisch ist. [...]

Dies sind die Mitglieder der EU: Belgien, Bulgarien, Dänemark, Deutschland, Estland, Finnland, Frankreich, Griechenland, Irland, Italien, Kroatien, Lettland, Litauen, Luxemburg, Malta, die Niederlande, Österreich, Polen, Portugal, Rumänien, Schweden, die Slowakische Republik, Slowenien, Spanien, die Tschechische Republik, Ungarn, das Vereinigte Königreich (Großbritannien)* und der griechische Teil Zyperns. Wenn alle Staaten, die einen Aufnahmeantrag gestellt haben, in den nächsten Jahren von der EU aufgenommen werden, wird die EU mehr als 30 Mitglieder haben.

Die Staaten, die sich in der EU zusammengeschlossen haben, wollen in vielen politischen, wirtschaftlichen und sozialen Fragen zusammenarbeiten. Sie wollen gemeinsam dafür sorgen, dass der Wohlstand in Europa gesichert wird und die Menschen in Frieden leben können. Eine solche gemeinsame Politik ist manchmal ziemlich kompliziert. Alle Staaten in der Gemeinschaft sind immer noch selbstständige Staaten und haben eigene Regierungen. Da gibt es manchmal Streit zwischen der EU und einzelnen Staaten – und natürlich auch zwischen den Staaten untereinander. Das ist so wie in einer großen Familie. Da ist eine Einigung nicht immer leicht zu erreichen. [...]

Vielleicht ist euch aufgefallen, dass an den Grenzen zu den Niederlanden, nach Frankreich oder zu anderen EU-Ländern zwar manchmal noch kleine Kontrollhäuschen stehen, dort aber keine Passkontrollen stattfinden. Früher musste man immer einen Pass vorzeigen, wenn man in ein anderes Land fuhr. Heute dürfen die Staaten der EU nur noch in Ausnahmefällen die Grenzen kontrollieren. Dass das Reisen in Europa von einem Land ins andere heute so leicht ist, zeigt, dass die Menschen auf unserem Kontinent in einem „Gemeinsamen Haus Europa" leben.

Der Begriff „Union" kommt übrigens aus dem Lateinischen und heißt „Vereinigung".

(Aus: Gerd Schneider/Christiane Toyka-Seid: Das junge Politik-Lexikon, hg. von der Bundeszentrale für politische Bildung 2013, S. 92 f.)

Die Flagge der EU weht vor dem Parlamentsgebäude in Straßburg. Zwölf im Kreis angeordnete goldene Sterne auf blauem Grund stehen für Harmonie, Einheit, Ordnung.

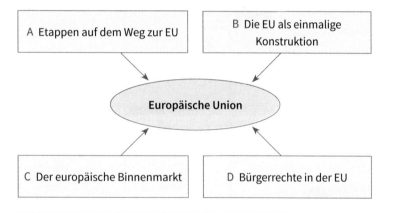

Thema auswählen

Auf den folgenden Seiten werden in vier Teilthemen grundlegende Informationen zum Gesamtthema Europäische Union vorgestellt. Sieh dir die Seiten an und entscheide dann individuell, welches Thema du bearbeiten wirst. Jeder von euch sollte zumindest zu einem der Themen A, B, C, D einen Kurzvortrag halten können. Falls ihr euch für die Gestaltung eines persönlichen Portfolios entschieden habt, kann die von euch gewählte Thematik darin einen Schwerpunkt bilden.

Mit den folgenden Internetadressen könnt ihr euch zu allen Themenbereichen weitere Informationen beschaffen.

www.europa.eu – www.europarl.de – www.europa-digital.de – www.auswaertiges-amt.de – www.bpb.de

 Stelle aus den Informationen in diesem Text zusammen, was die EU ist und was die grundlegenden Ziele sind.

229

Wahlthema A Was waren wichtige Etappen auf dem Weg zur EU?

Sehnsucht nach Frieden

Nach dem Leid und den Zerstörungen, die zwei Weltkriege im 20. Jahrhundert verursacht hatten, gab es vom Kriegsende 1945 an eine große Sehnsucht der Menschen nach Frieden. Es entstand eine „Europabewegung", die den friedlichen Zusammenschluss der Völker Europas forderte.

Kurz nach Kriegsende legte der französische Außenminister Robert Schuman einen Plan vor, der die Europäer in einem Bündnis zusammenschließen sollte. Die Idee war, dass Nationen, die in einem Bündnis zusammenarbeiten, keinen Krieg mehr gegeneinander führen. 1951 gründeten Frankreich, Italien, Belgien, Luxemburg, die Niederlande und die Bundesrepublik Deutschland die *Europäische Gemeinschaft für Kohle und Stahl (EGKS)*.

Aus 6 werden 28

Das Gründungsdatum der *Europäischen Gemeinschaft* ist der 25. März 1957. Mit der Unterzeichnung der „Römischen Verträge" und ihrem Inkrafttreten ein Jahr später schlossen sich sechs Gründernationen in der Hauptstadt Italiens zur Europäischen Wirtschaftsgemeinschaft (EWG) zusammen.

Von der Gründung an erlebte das Europa der Sechs einen starken wirtschaftlichen Aufschwung und wurde zunehmend für weitere Staaten attraktiv. Zwischen 1973 und 1995 traten weitere neun Staaten der Gemeinschaft bei.

1992 beschlossen die Staats- und Regierungschefs der EG in Maastricht die Einrichtung eines einheitlichen Wirtschaftsraumes, den europäischen Binnenmarkt. Er begann am 1. November 1993.

Am 1. Januar 2002 wurde der Euro als Bargeld eingeführt.

2004 vollzog die EU ihre größte Erweiterung, indem sie zehn neue Mitgliedstaaten aufnahm. Mit Bulgarien und Rumänien im Jahr 2007 und Kroatien 2013 wurde die EU auf 28 Mitgliedstaaten erweitert.

Im Juni 2016 stimmte eine knappe Mehrheit in Großbritannien dafür, die EU nach 43-jähriger Mitgliedschaft wieder zu verlassen.

Rückschläge

Im Prozess der Einigung Europas hat es immer wieder Rückschläge gegeben. Hauptgrund dafür ist der ständige Konflikt zwischen Einzelinteressen und Gemeinschaftsinteressen. Immer wieder kommt es vor, dass nationale Interessen wichtiger sind als die Interessen der Gemeinschaft.

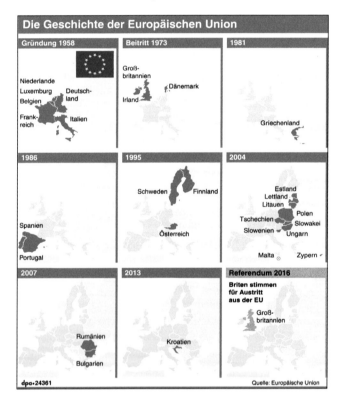

Die Geschichte der Europäischen Union

Gründung 1958: Niederlande, Luxemburg, Belgien, Deutschland, Frankreich, Italien

Beitritt 1973: Großbritannien, Dänemark, Irland

1981: Griechenland

1986: Spanien, Portugal

1995: Schweden, Finnland, Österreich

2004: Estland, Lettland, Litauen, Polen, Tschechien, Slowakei, Slowenien, Ungarn, Malta, Zypern

2007: Rumänien, Bulgarien

2013: Kroatien

Referendum 2016: Briten stimmen für Austritt aus der EU – Großbritannien

dpa-24361   Quelle: Europäische Union

So kannst du deine Ergebnisse präsentieren:

1. Welche Idee und welche geschichtlichen Erfahrungen standen am Anfang des Weges zu einem vereinten Europa? Beschreibe sie.

2. Gib einen Überblick über die wichtigsten Ereignisse auf dem Weg zur heutigen EU. Benutze dazu auch das Schaubild.

3. Wähle von den Daten drei aus, die dir als besonders wichtig erscheinen, und begründe, warum.

4. Wie viele Mitgliedstaaten der EU kannst du aufzählen – 6, 12 oder gar 27?

Wahlthema B Was für eine Art von Gemeinschaft ist die EU?

Eine einmalige Konstruktion

Die Europäische Union (EU) ist eine in der Welt einmalige Konstruktion: Sie ist ein Zusammenschluss demokratischer europäischer Staaten, die sich die Wahrung des Friedens und das Streben nach Wohlstand als oberstes Ziel gesetzt haben. Sie ist kein Staat, der an die Stelle bestehender Staaten tritt. Die Europäische Union basiert auf dem Grundsatz der **Subsidiarität**. [...]
Subsidiarität ist ein Prinzip, nachdem Aufgaben und Entscheidungen auf die niedrigstmögliche politische Ebene verlagert werden sollen. Gesetze und Regeln dürfen nur dann auf europäischer Ebene erlassen werden, wenn die damit verbundenen Ziele nicht von den Mitgliedstaaten allein in ausreichendem Maße erreicht werden können und ein gemeinsames Handeln nachweislich bessere Ergebnisse verspricht.*

(vereinfacht nach: Die Europäische Union, hg. vom Europäischen Parlament, Informationsbüro für Deutschland, http://www.europarl.europa.eu/portal/de Zugriff: 21.09.2016)

*Wenn z. B. in NRW eine weitere Landstraße gebaut werden soll, trifft der dafür zuständige Landtag die Entscheidung und nicht der Bundestag oder gar die EU. So funktioniert das Prinzip Subsidiarität.

Staatenverbund

Das Bundesverfassungsgericht bezeichnet die EU als einen *Staatenverbund*. Die Bezeichnung besagt, dass sie weder ein Bundesstaat ist (so wie die Bundesrepublik Deutschland) noch ein Staatenbund (so wie die NATO oder die UNO). Sie ist ein besonderer Verbund von Staaten, den es so nur einmal auf der Welt gibt. Im Staatenverbund bleiben alle Staaten souverän (also selbstständig) und bilden trotzdem eine Gemeinschaft.

Gemeinsame Werte und Ziele

Der Vertrag von Lissabon trat am 1. Dezember 2009 in Kraft. Er bildet die Grundlage für die Zusammenarbeit. [...] Neben vielen anderen Vereinbarungen enthält er die Werte und Ziele, welche die Mitgliedstaaten verbinden und ihren Zusammenhalt fördern sollen. Neue Mitglieder können nur dann in die EU aufgenommen werden, wenn sie die gemeinsamen Werte aktiv fördern. [...]
Zu ihnen zählen vor allem: die Achtung der Menschenwürde, Freiheit, Demokratie, Rechtsstaatlichkeit, Menschenrechte, Vielfalt, Toleranz, Gerechtigkeit, Solidarität und die Gleichheit von Mann und Frau. Der Reformvertrag nennt auch die gemeinsamen Ziele, die die Europäische Union verfolgt. Dazu zählen beispielsweise

- die Förderung von Frieden, Werten und Wohlergehen der Völker der Union;
- eine wettbewerbsfähige soziale Marktwirtschaft, die auf Vollbeschäftigung und sozialen Fortschritt abzielt;
- der Umweltschutz;
- die Bekämpfung von sozialer Ausgrenzung;
- die Förderung sozialer Gerechtigkeit;
- die Solidarität zwischen den Mitgliedstaaten.

(Aus: Dr. Gerhard Sabathil (verantwortlich für den Inhalt): Der Vertrag von Lissabon – Die EU-Reform 2008 im Überblick, hg. von der Vertretung der Europäischen Kommission in der Bundesrepublik Deutschland, Berlin 2008)

Jugend und Europa

Von je 100 jungen Europäern* im Alter von 15 bis 24 Jahren verbinden mit der Europäischen Union ...

Antworten der Befragten in Prozent

die Freiheit, überall innerhalb der EU reisen, studieren und arbeiten zu können	51 %
den Euro	40
Demokratie	22
kulturelle Vielfalt	20
mehr Mitsprache in der Welt	20
Geldverschwendung	18
Frieden	18
Arbeitslosigkeit	14
wirtschaftlichen Wohlstand	14
Bürokratie	11
zu wenig Kontrollen an den Außengrenzen	10
soziale Absicherung	9
zunehmende Kriminalität	8
Verlust der kulturellen Identität	7

*in der EU Mehrfachnennungen Stand November 2011

Quelle: EU-Kommission, Leibniz-Institut für Sozialwissenschaften

5307 © Globus

So kannst du deine Ergebnisse präsentieren:

1. Was ist das Besondere an der EU, das es nur einmal auf der Welt gibt? Erkläre es.

2. *Subsidiarität* spielt eine wichtige Rolle in der EU. Erkläre diesen schwierigen Begriff so, dass er für deine Zuhörer und Zuhörerinnen gut verständlich ist.

3. Fertige eine Übersicht der Werte und der Ziele der EU an und stelle sie vor.

4. Welche Einschätzungen der EU von Jugendlichen hältst du für zutreffend? Nimm Stellung dazu.

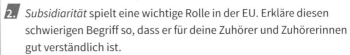

Wahlthema C Was ist der europäische Binnenmarkt?

Die Grundidee

Ein grenzenloser Raum für Millionen Europäer – der Binnenmarkt ist Europas ehrgeizigstes Projekt und gleichzeitig das Kernstück der wirtschaftlichen Integration der Mitgliedstaaten.

Der freie Verkehr von Waren, Personen, Dienstleistungen und Kapital zwischen den Mitgliedstaaten bildet die Basis des Binnenmarktes.

Chancen und Vorteile

Der europäische Binnenmarkt ist 1993 in Kraft getreten. Das Warenangebot ist seitdem bunter und vielfältiger geworden, Wettbewerb und das Ende nationaler Monopole haben die Preise vieler Güter und Dienstleistungen gesenkt. [...] Auch die Möglichkeit für Studierende, innerhalb der EU den Studienort wechseln zu können, ist dem Binnenmarkt zu verdanken.

Ein wesentliches Prinzip des Binnenmarktes ist, dass alle EU-Bürger innerhalb der gesamten EU wie Inländer behandelt werden müssen [...]. Jeder Unionsbürger muss als Arbeitssuchender, Hauskäufer oder Unternehmer in jedem Staat des Binnenmarktes behandelt werden, als sei er ein Einheimischer.

Dass der europäische Binnenmarkt kein Markt „um jeden Preis" ist, beweist das hohe Niveau im Verbraucher- und Umweltschutz in der EU [...]. So hat die EU beispielsweise Richtlinien zu folgenden Bereichen erlassen: Etikettierung gentechnisch veränderter Lebensmittel („Novel Food"), Sicherheit von Kosmetika, Schutz der Verbraucher vor irreführender Werbung oder bei Haustürgeschäften, Fahrgastrechte. [...]

(Nach: Europa ohne Grenzen: Binnenmarkt und Verbraucherschutz, hg. vom Europäischen Parlament, Informationsbüro für Deutschland, www.europarl.de, Zugriff: 15.09.2016, Zwischenüberschriften eingefügt)

Die vier Freiheiten im Binnenmarkt

Freier Personenverkehr
Wegfall der Kontrollen an den Binnengrenzen
Harmonisierung der Asyl- und Zuwanderungspolitik
Freizügigkeit für Arbeitnehmer, Niederlassungs- und Aufenthaltsrecht für EU-Bürger

Freier Dienstleistungsverkehr
Niederlassungsrecht; Offenheit für grenzüberschreitende Dienstleistungen
Liberalisierung der Bank- und Versicherungsdienstleistungen
Öffnung der Transport-, Post-, Telekommunikations-, Energiemärkte

Freier Warenverkehr
Wegfall der Grenzkontrollen
Keine Zölle oder mengenmäßigen Beschränkungen
Harmonisierung oder gegenseitige Anerkennung von Normen und Vorschriften
Steuerharmonisierung

Freier Kapitalverkehr
Freizügigkeit für den Zahlungsverkehr und den Kapitalverkehr (Investitionen und Anlagen) in der EU und nach außen
Integration der Finanzmärkte
Liberalisierung des Wertpapierverkehrs

© Bergmoser + Höller Verlag AG

ZAHLENBILDER
715 320

Gewinner und Verlierer

Eine Marktöffnung, wie sie durch den europäischen Binnenmarkt geschaffen wurde, hat natürlich zur Folge, dass der Wettbewerb und die Konkurrenzsituation zunehmen. So gibt es bei den Unternehmen Gewinner und Verlierer. Nicht wettbewerbsfähige Firmen bleiben auf der Strecke. Wenn Arbeitssuchende überall in der EU tätig werden können, nimmt einerseits die Chance zu, einen interessanten Arbeitsplatz zu finden, andererseits aber auch die Konkurrenz um die begehrten Arbeitsplätze. Je besser gebildet die zukünftigen Arbeitnehmerinnen und Arbeitnehmer sind, desto höher sind auch europaweit ihre beruflichen Chancen.

So kannst du deine Ergebnisse präsentieren:

1. Erkläre, was der Binnenmarkt ist und welche vier Freiheiten dazu gehören.

2. Stelle die Chancen und Vorteile sowie die Regelungen zum Verbraucherschutz vor, die bisher erreicht wurden.

3. Erläutere anhand des Schaubildes, welche konkreten Maßnahmen zur Verwirklichung der vier Freiheiten bisher vereinbart wurden. (Wähle mehrere Begriffe aus dem Text im Schaubild aus, die schwer verständlich sind. Finde selbst einen Weg zur Begriffsklärung, sodass du die Aussagen im Schaubild mit eigenen Worten erläutern kannst).

4. Bietet der europäische Binnenmarkt mehr Chancen als Risiken? Nimm dazu Stellung und erkläre dabei auch konkret, was deiner Ansicht nach die Chancen und die Risiken sind.

Wahlthema D Welche Rechte haben wir als Bürgerinnen und Bürger der EU?

Die Unionsbürgerschaft

In den Vertragswerken der Europäischen Union ist festgelegt, dass alle Menschen in der EU die Unionsbürgerschaft besitzen. Zur Unionsbürgerschaft gehören eine Reihe von Rechten, die man auch dann in Anspruch nehmen kann, wenn man sich in einem anderen Land der EU aufhält. Dazu gehört z.B., dass man bei Reisen in jedes Land der EU im Fall von Krankheit oder bei Unfällen medizinische Hilfe in Anspruch nehmen kann. Dieses Recht zählt zu denen, welches allen, die gerne reisen, besonders wichtig ist.

Das wichtigste politische Recht aller Unionsbürger ist das **Wahlrecht** für die alle fünf Jahre stattfindenden Wahlen zum Europäischen Parlament – und zwar sowohl aktiv als Wähler wie auch passiv als zu wählende Kandidatin oder Kandidat. Das Interesse an der politischen Mitwirkung scheint nicht so stark ausgeprägt zu sein. Die Wahlbeteiligung zur Volksvertretung der Europäer lag noch nie über der 50-Prozent-Marke. Darüber hinaus kann man sich an einem europäischen Bürgerbegehren* beteiligen und sich mit Bitten und Beschwerden online an den europäischen Bürgerbeauftragten wenden.

Die Unionsbürgerschaft erweitert die nationale Staatsbürgerschaft, ersetzt sie aber nicht.

Weitere Rechte in der EU

Als EU-Bürger/-in haben Sie das Recht, in der EU ungehindert zu reisen und Ihren Wohnort frei zu wählen. [...] Wenn Sie in einem anderen EU-Land als Ihrem Herkunftsland leben, dürfen Sie in diesem Land unter denselben Bedingungen wie Staatsangehörige dieses Landes für die Kommunalwahlen und Wahlen zum Europäischen Parlament kandidieren.

Bei Anliegen oder Beschwerden haben Sie das Recht, Petitionen** an das Europäische Parlament zu richten. Dabei kann es sich um ein persönliches Bedürfnis, eine persönliche Beschwerde oder um ein Thema von öffentlichem Interesse handeln. [...]

Die wichtigsten Rechte der Unionsbürger

Das Recht, sich innerhalb des Hoheitsgebiets der EU frei zu bewegen und aufzuhalten

Aktives und passives Wahlrecht bei allen Kommunal- und Europawahlen am Wohnsitz im EU-Ausland

Recht auf Schutz durch die diplomatischen und konsularischen Vertretungen eines beliebigen EU-Mitgliedstaats

Recht auf die Einreichung von Petitionen an das Parlament, Beschwerden an den Bürgerbeauftragten und auf EU-Bürgerinitiativen

Wenn Sie sich in einem Land außerhalb der EU aufhalten und Hilfe benötigen, genießen Sie als EU-Bürger/-in den konsularischen und diplomatischen Schutz eines jeden EU-Landes, und zwar unter denselben Bedingungen wie die Einwohner/-innen des betreffenden Landes. Das bedeutet, dass Sie in Situationen wie einem Todesfall, Unfall, Krankheit, Festnahme, Inhaftierung, Gewaltverbrechen oder Rückführung in das Heimatland auf Hilfe zählen können. [...] Als EU-Bürger/-in haben Sie das Recht, in jedem EU-Land unter denselben Bedingungen zu studieren wie Staatsangehörige dieses Landes.

(Aus: Ihre Rechte als EU-Bürger/-in, Information der EU vom 13.02.2013, http://europa.eu/citizens-2013/de/about/your-eu-rights; Zugriff: 15.09.2016)

*Zum Thema Bürgerbegehren findest du weitere Informationen im Glossar.
**Petition = schriftliche Eingabe, auch Bittschrift

So kannst du deine Ergebnisse präsentieren:

1. Was ist das Besondere an der Unionsbürgerschaft im Vergleich zur nationalen Staatsbürgerschaft? Erkläre es.

2. Erläutere die vier wichtigen Rechte der Unionsbürger, die das Schaubild enthält. Fülle deine Erklärungen mit weiteren Informationen auf, welche der Text enthält.

3. Welches der genannten EU-Rechte erscheint dir persönlich als das wichtigste, welches setzt du an die zweite Stelle usw.? Erstelle deine Rangliste und stelle sie vor. Begründe dabei auch, warum du das so siehst.

E Empfehlung für eine Zusatzstation:
Mein Land in der Europäischen Union – Wir stellen ein Mitgliedsland vor

Ich bin Expertin/Experte für das EU-Land: ...

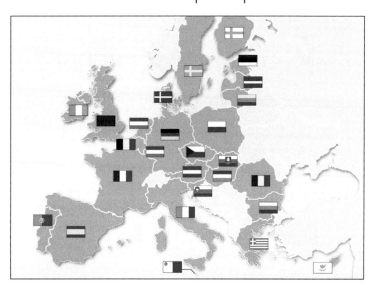

A **Allgemeines**

1. Hauptstadt des Landes
2. Lage in Europa, Nachbarstaaten
3. Einwohnerzahl
4. Sprache(n), Religion(en)
5. Landesflagge
6. Angaben zur Geschichte des Landes
7. Besondere Sehenswürdigkeiten
8. Tourismus

B **Politik**

9. Mitglied der EU, der Europäischen Währungsunion seit ...
10. Staatsform
11. Regierungschef(in)
12. Staatsoberhaupt
13. Parlament, Zahl der Parlamentssitze, Wahlen

C **Wirtschaft**

14. Pro-Kopf-Einkommen
15. Arbeitslosenquote
16. Inflationsrate
17. Wirtschaftswachstum in Prozent
18. Besondere Leistungen und Probleme

D **Weitere Besonderheiten des Landes**

Tipp: Entscheidet per Losverfahren, wer zum Spezialisten für welches Mitgliedsland wird.

WebQuest

Rechercheauftrag:
Mein Mitgliedsland in der EU
Unter den folgenden Internetadressen findet ihr Länderberichte über alle Mitgliedstaaten der EU:
www.helles-koepfchen.de/
www.laender-lexikon.de/Europa
www.auswaertiges-amt.de
www.weltalmanach.de

28 Mitgliedstaaten* hat die Europäische Union (Stand 2016). Nach dem Austritt Großbritanniens wird es ein Mitgliedstaat weniger sein. In Zukunft können es noch mehr sein. Da bietet es sich an, dass ihr euch zu Expertinnen oder zu Experten für einen der Mitgliedstaaten macht. Einzeln oder zu zweit könnt ihr euer Land auf verschiedene Arten präsentieren, z. B. mithilfe einer kleinen Wandzeitung, die in der Klasse aufgehängt wird. In eurem Portfolio über Europa könnt ihr das von euch gewählte Land auf anschauliche Weise präsentieren.

Für die Informationsbeschaffung bietet sich eine Internetrecherche mit der WebQuest-Methode an. Zusätzlich zu den Internetinformationen könnt ihr auch Lexika und andere aktuelle Veröffentlichungen benutzen. Gliedert eure Länderpräsentation mithilfe der Übersicht.

*Nach dem Austritt Großbritanniens wird es ein Mitgliedstaat weniger sein.

F Warum sind immer eine junge Frau und ein Stier im Spiel, wenn es um Europa geht?

In nahezu jeder Karikatur über die Europäische Union ist ein Stier zu sehen. Um diese Symbolik zu verstehen, müssen wir an die Ursprünge des Namens Europa zurückdenken und uns mit einer alten Sage beschäftigen. Lest diese Seite und erzählt die Geschichte „Wie der Kontinent zu seinem Namen kam".

Die Ursprünge: Ein Name voller Geheimnisse

„Fern von Griechenland, in Phönikien, wo König Agenor über die Städte Tyros und Sidon herrschte, wuchs die wunderschöne Europa heran. Niemand, so sagten die Leute, war der Jungfrau an Schönheit gleich, und im Lande ringsum rühmte man die liebreiche Art, mit der sie jedermann begegnete. Wenn sie mit den Gespielinnen am Strand einherwandelte oder blumenbekränzt den Reigentanz der Mädchen anführte – stets war sie die Schönste, der sich alle willig unterordneten. Eines Tages schritt Europa wieder zum Spiel aus dem Palast des Vaters ..."

So beginnt die antike Sage der Königstochter Europa. Göttervater Zeus hatte sich in das Mädchen verliebt und er wendete einen Trick an, um sie für sich zu gewinnen. In der Gestalt eines weißen Stiers landete Zeus am Strand Phönikiens und entführte die schöne Prinzessin auf die Mittelmeerinsel Kreta. Dort nahm er seine Göttergestalt wieder an, vermählte sich mit Europa und zeugte im Laufe der Zeit drei Söhne mit ihr. Europas Sohn Minos begründete auf Kreta eine der ersten blühenden Hochkulturen in Europa. Von diesem Ort im Mittelmeer ausgehend nahm die kulturelle Entwicklung in Europa ihren Ausgang.

Die alte Sage berichtet so von der Entstehung der abendländischen Kultur und der Namensgebung für den Kontinent Europa.

Wohin will Europa?   Gerhard Mester

> Tipp: Die Sage von der Prinzessin Europa kann man zu Ende lesen in: Gustav Schwab/ Richard Carstensen: Griechische Sagen: Die schönsten Sagen des klassischen Altertums, dtv junior, 17. Aufl. 1993, S. 23 ff., Ensslin und Laiblin Verlag.

1. Erkläre einem unkundigen Betrachter, warum der Karikaturist die Darstellung eines Stiers gewählt hat.

2. Beschreibe das Problem, auf das die Karikatur aufmerksam machen will.

Was auch noch interessant sein kann:
- die Sage von der Prinzessin Europa als Vortrag vorbereiten und vor der Klasse halten.

3 Wie macht man gemeinsam Politik für so viele Mitgliedstaaten?
Komplizierte Zusammenhänge einfach erklären

„Das ist doch alles viel zu kompliziert!"
So denken viele, wenn die Rede auf die Politik in der EU kommt. Und tatsächlich, es ist nicht einfach, gemeinsame Lösungen für so viele Menschen aus verschiedenen Ländern auszuhandeln. Wenn es gelingt, können viele davon profitieren, so wie Marie und Fabian, von denen in der folgenden Geschichte die Rede sein wird.

A Fall Eine Geschichte, die täglich in der EU passieren kann ...

Marie, Fabian und ein Stapel Papier

Das hätte sich Marie nicht träumen lassen, dass ihr Leben einmal von einem Stapel Papier namens „Richtlinie 2005/36/EG" bestimmt würde. Marie ist 28 Jahre alt und kommt aus Utrecht in den Niederlanden. Bei einem Besuch in Deutschland hat sie sich in Fabian verliebt. Fabian wohnt in Köln und arbeitet als Stationsarzt in einem Krankenhaus. Marie wünscht sich so sehr, zu ihm zu ziehen und in Deutschland ebenfalls als Ärztin arbeiten zu können, „Geht das überhaupt?", fragt sie besorgt. Ja, es geht. Denn jetzt kommt die Richtlinie ins Spiel. Sie regelt die gegenseitige Anerkennung von Berufsabschlüssen in der Europäischen Union. Der Stapel Papier macht es möglich, dass Maries Studium von „Geneeskunde" – auf Deutsch Humanmedizin – in den Niederlanden auch von einer deutschen Klinik anerkannt werden kann. Auf den Weg gebracht hat die Idee die Europäische Kommission in Brüssel. Bis zur Entscheidung war ein langer Weg mit vielen Diskussionen notwendig. In Kraft trat sie 2007, nachdem das Europäische Parlament und die zuständigen Minister aus den Mitgliedstaaten im Ministerrat der EU ihre Zustimmung gegeben hatten. Für den komplizierten Weg bis zur Entscheidung interessiert sich Marie nicht besonders, wohl aber für das Ergebnis. Bis auf wenige Ausnahmen erlaubt sie den Angehörigen aller Mitgliedstaaten, ihren erlernten Beruf da auszuüben, wo sie es innerhalb der Europäischen Union gerne möchten. Die Richtlinie ist seit ihrer Verabschiedung mehrfach überarbeitet worden, zuletzt im Juli 2013. Sie hat für viele ein Stück zusätzliche Freiheit geschaffen.
Marie hat die Koffer gepackt und freut sich auf Fabian und auf ihre Arbeitsstelle als Ärztin in Nordrhein-Westfalen.

Was auch noch interessant sein kann:
- Internetrecherche: Gib „Richtlinie 2005/36/EG" als Suchbegriff im Internet ein und finde heraus, was darin im Einzelnen geregelt ist.

B Beispiele für die Arbeit der Abgeordneten im Europäischen Parlament

Das Europäische Parlament ist die gewählte Volksvertretung der Bürgerinnen und Bürger in Europa. Von seinen Entscheidungen können über 500 Millionen Menschen betroffen sein.
Tipp: Die beiden Beispiele aus der Arbeit des Parlaments kann man sich in Partnerarbeit gegenseitig vorlesen und die Arbeitsaufträge zu zweit bearbeiten.

Blick auf das Gebäude des Europäischen Parlaments in Straßburg. Mit der Architektur des Rundgebäudes wollten die Architekten andeuten, dass die EU noch kein endgültig fertiges Gebilde ist.

Beispiel 1: Kinderschutz: Höhere Sicherheitsanforderungen für Spielzeug

Das EP hat die neue Richtlinie über die Sicherheit von Spielzeug verabschiedet. Die Richtlinie sieht strengere Sicherheitsauflagen bei der Herstellung von Kinderspielzeug vor. Die Sicherheitsanforderungen betreffen etwa enthaltene chemische Stoffe, physikalische und mechanische Eigenschaften, Entzündbarkeit sowie elektrische Eigenschaften. Die Richtlinie legt fest, welchen Sicherheitsanforderungen Spielzeug entsprechen muss, wenn es in der EU hergestellt und/oder verkauft werden soll. Sie gilt für Produkte, die offensichtlich dazu bestimmt oder gestaltet sind, von Kindern unter 14 Jahren zum Spielen verwendet zu werden.

(Aus: www.europarl.europa.eu; Berichterstatterin: Marianne Thyssen; Abstimmung im EP am 18. Dezember 2008, Richtlinie angenommen mit 480 Stimmen, 73 Gegenstimmen, 40 Enthaltungen; Zugriff: 10.08.2016)

Beispiel 2: Klimaschutz: Umweltfreundlichere Autoproduktion

Wie viel CO_2 dürfen Pkw in Zukunft maximal ausstoßen? [...] Nach harten Verhandlungen mit den Vertretern des Rates einigten sich die EU-Abgeordneten auf Emissionen von durchschnittlich 95 g/km für 95 % aller Neuwagen bis 2020. Am 17. Dezember stimmte auch der Umweltausschuss des Europaparlaments der Vereinbarung zu. Das Plenum des Parlaments sprach sich am Dienstag (25.02.2014) für den Vorschlag aus. Ein System aus verschiedenen Anreizen soll Hersteller davon überzeugen, Autos mit weniger CO_2-Emissionen zu produzieren. Wird ein Hersteller den Auflagen nicht gerecht, muss er für jedes Gramm mehr CO_2 pro Kilometer (g/km) Strafe zahlen. Für Hersteller ist es sehr wichtig, jetzt schon zu wissen, welche Obergrenzen 2020 gelten werden, um rechtzeitig die entsprechende Technik zu entwickeln.

(Aus: Pressemitteilung des Europäischen Parlaments vom 25.02.2014 in www.europarl.europa.eu, Zugriff: 18.09.2016)

 Beschreibe, was sich durch das von dir gelesene Beispiel EU-weit verändern wird.

 Wie sinnvoll sind die getroffenen Entscheidungen für die Menschen in Europa? Sehr sinnvoll, teilweise sinnvoll oder gar nicht sinnvoll? Begründe deine Entscheidung.

 Bei den Entscheidungen für die vielen Mitgliedstaaten muss man Kompromisse finden. Ein einzelnes Mitgliedsland hätte vielleicht noch strengere Regeln erlassen können. Was ist besser: ein weniger strenges Gesetz, das alle Mitgliedstaaten zu gemeinsamem Handeln zwingt, oder ein strenges Gesetz, das aber nur in einem einzelnen Mitgliedstaat gilt? Wäge die Vor- und Nachteile gegeneinander ab. Diskutiert miteinander.

Was auch noch interessant sein kann:
- eigene Recherchen: Auf der Homepage des Europäischen Parlaments könnt ihr euch unter www.europarl.europa.eu darüber informieren, was aktuell im Parlament geschieht. Klickt dazu auf der Aufmacherseite den Link „Das Parlament" an.

C Wer macht was in der EU?

Wie kann man in einer großen Gruppe so entscheiden, dass alle mitwirken und die Entscheidungen mittragen können? Das ist eine Kernfrage, die schon in der Schulklasse schwierig zu beantworten ist. Sie stellt sich auch in der EU. Aber da geht es um viele Mitgliedstaaten, um über 500 Millionen Menschen und oft auch um sehr unterschiedliche Interessen. Klar dürfte sein, dass man dazu eine gute Organisation mit festen Institutionen benötigt.

Fünf wichtige Institutionen sollte man kennen, um zu verstehen, wie die Europäische Union funktioniert und wie in ihr entschieden wird. Sie werden hier mit Fotos, erklärenden Texten und im Vergleich mit einem Bild von einem Bus vorgestellt.

Nach der Bearbeitung sollte es nicht mehr schwerfallen, die auf dieser Seite gezeigten fünf wichtigsten Institutionen der EU zu unterscheiden und ihre Zusammensetzung und Aufgaben zu erklären.

Fünf wichtige Institutionen der EU

Das Europäische Parlament mit Sitz in Straßburg

Die Europäische Kommission mit Sitz in Brüssel

Der Rat der EU in Brüssel

Der Europäische Gerichtshof in Luxemburg

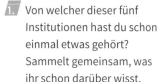

1. Von welcher dieser fünf Institutionen hast du schon einmal etwas gehört? Sammelt gemeinsam, was ihr schon darüber wisst.

Der Europäische Rat der Staats- und Regierungschefs

Das Europäische Parlament

ist die demokratische Vertretung der Bürgerinnen und Bürger Europas. Alle fünf Jahre wird es europaweit gewählt. Es besteht aus 751 Mitgliedern aus allen Mitgliedstaaten. Die Anzahl der Sitze pro Land hängt von der Einwohnerzahl ab. Deutschland stehen 96 Sitze zu, Luxemburg und Malta z. B. nur sechs.

In Parlamentsdebatten werden die bedeutenden Zukunftsfragen der EU diskutiert. Gemeinsam mit dem Ministerrat entscheidet es über die europäischen Gesetze (mit einigen Ausnahmen). Außerdem beschließt es den Haushaltsplan der EU.

Es wählt aus seiner Mitte den Parlamentspräsidenten, der die Sitzungen leitet und das Parlament nach außen vertritt.

Der Rat der EU (auch Ministerrat genannt)

ist zusammen mit dem Europäischen Parlament der Gesetzgeber der EU. Ohne seine Zustimmung kann kein europäisches Gesetz in Kraft treten. Seine Besetzung wechselt. Je nach anstehendem Thema besteht er aus Fachministerinnen und -ministern eines jeden EU-Landes. Mal sind es z. B. die Außenminister, mal die Landwirtschaftsminister, sodass es ihn eigentlich mehrfach gibt. Im Ministerrat können die Regierungen der Mitgliedstaaten nach ihren spezifischen Länderinteressen beraten und beschließen. Entschieden wird entweder einstimmig oder mit Mehrheitsbeschlüssen, bei denen das Gewicht der Stimmen von der Bevölkerungszahl der einzelnen Länder abhängt.

Die Europäische Kommission

ist das Leitungsgremium der EU. Sie hat das Initiativrecht. Das bedeutet, sie allein darf Gesetzesvorschläge ausarbeiten und in den Gesetzgebungsprozess einbringen. Die Kommission besteht aus Kommissaren, die von den Regierungen der Mitgliedstaaten für die Dauer von fünf Jahren hierhin entsendet werden. Sie sind jeweils für bestimmte Sachgebiete zuständig (vergleichbar mit den Ministern einer Regierung). Den Vorsitz führt der Kommissionspräsident. Nach Beratungen der Staats- und Regierungschefs und der Kommission erfolgt seine Wahl durch das Europäische Parlament.

Der Europäische Gerichtshof

ist das oberste Gericht in Europa. Jedes Mitgliedsland entsendet je eine Richterin bzw. einen Richter in diese Institution. Es entscheidet bei europäischen Rechtsstreitigkeiten und überprüft die Rechtmäßigkeit von Beschlüssen. Es kann Staaten zu Geldstrafen verurteilen, wenn sie sich nicht an die Gesetze der EU halten.

Der Europäische Rat

ist das oberste Beratungsgremium in der EU. Hier wird auf höchster Ebene über wichtige Zukunftsfragen der EU verhandelt. Er besteht aus allen Staats- und Regierungschefs der Mitgliedstaaten und dem gewählten Ratspräsidenten. Man trifft sich hier mindestens viermal im Jahr zu sogenannten Gipfeltreffen. Er sollte nicht mit dem Rat der EU (Ministerrat) verwechselt werden.

1. Notiere die Namen der fünf Institutionen und in jeweils einem kurzen Satz dahinter, was diese Institution ist.

2. Beschreibe am Beispiel des Europäischen Parlaments die Zusammensetzung und die wichtigen Aufgaben dieser Institution.

3. Wer bereitet die europäischen Entscheidungen vor, wer trifft sie und wer schreitet ein, wenn sie nicht eingehalten werden? Erläutere hierzu die Zusammenhänge.

D Wir vergleichen die Institutionen der EU mit einem Bus

Durchblick ist gefragt

„Das kann man sich doch nicht merken!" So denken viele Leute, wenn es um die Institutionen und die Entscheidungsverfahren der EU geht. Rat der Regierungschefs, Ministerrat, Parlamentssitzungen, Verträge, Richtlinien – das klingt alles kompliziert: Will man sich nachhaltig einprägen, wie die EU praktisch funktioniert und womit sich die verschiedenen Organe konkret befassen, ist es hilfreich, wenn man ein konkretes Bild vor Augen hat.

Lernhilfe Bilder

Ihr werdet euch in Zukunft zurechtfinden und erklären können, welches die wichtigsten Aufgaben der verschiedenen EU-Organe sind. Dazu solltet ihr euch das folgende Bild einprägen und die abstrakt wirkenden Bezeichnungen für die Institutionen der EU mit konkreten Teilen des Bildes verbinden.

Eine Richtlinie zum Schutz wilder Tiere

Um ein Beispiel zu geben: Auf Wunsch von Tierschutz- und Umweltverbänden erarbeitet die EU-Kommission eine Verordnung oder Richtlinie, die den Schutz wild lebender Tiere europaweit verbessern soll. Dieser Entwurf wird dann dem Ministerrat und dem Parlament vorgelegt. Dort wird er geprüft, man berät sich, diskutiert und verlangt in vielen Fällen Veränderungen. Erst wenn der Ministerrat und das Parlament der Verordnung oder Richtlinie zustimmen, ist sie angenommen. Dann wird sie im „Amtsblatt der Europäischen Gemeinschaften" veröffentlicht und ist von da an gültig. Aber Moment! Wie soll man bei diesen vielen Zuständigkeiten den Überblick behalten? Mit den folgenden Lernhilfen kann das gut gelingen.

Busfahrer

Motor

Fahrgäste

Wegweiser

Verkehrspolizei

Der **Ministerrat** ist der Fahrer der EU.

Die Mitfahrer im Bus sind das **Europäische Parlament.**

Der Motor des Busses ist die **EU-Kommission.**

Der **Europäische Gerichtshof** ist die Verkehrspolizei der Gemeinschaft.

EUROPA

Der **Europäische Rat** der Regierungschefs ist der Wegweiser.

In jedem Bus muss es einen Motor geben. Er hat die Aufgabe, das Fahrzeug anzutreiben und zu beschleunigen. Dieser Motor ist die Europäische Kommission. Sie hat das alleinige Recht, Vorschläge für neue Gesetze zu machen. Damit treibt sie den Prozess der europäischen Gesetzgebung voran.

Beispiel Tierschutz: Der Vorschlag für ein neues Tierschutzgesetz kommt von der Europäischen Kommission.

Merke:
Europäische Kommission =
Motor der EU

In unserem Bild übernimmt die Rolle der Fahrgäste das Europäische Parlament. Es repräsentiert mit seinen gewählten Abgeordneten die Bevölkerung der gesamten EU. Nach und nach wurden seine Rechte erweitert. Mittlerweile entscheidet es gemeinsam mit dem Ministerrat über die europäischen Gesetze. Man kann sagen, Fahrer und Fahrgäste entscheiden gemeinsam, wohin die Reise geht. Die Fahrgäste haben aber noch weitere Rechte. Sie verwalten z. B. die Reisekasse. Das bedeutet konkret, dass das Europäische Parlament das Haushaltsrecht besitzt.

Beispiel Tierschutz: Das Europäische Parlament muss dem neuen Tierschutzgesetz mehrheitlich zustimmen, bevor es in Kraft treten kann.

Merke:
Europäisches Parlament =
alle Fahrgäste im Bus der EU

In jedem Fahrzeug trifft die Fahrerin bzw. der Fahrer letztendlich alle wichtigen Entscheidungen. Diese Aufgabe übernimmt der Rat, der auch Ministerrat genannt wird. Diese Institution ist – in Zusammenarbeit mit dem Europäischen Parlament – das wichtigste gesetzgebende Organ der EU. Zusammen mit dem Parlament beschließt der Rat alle für das gesamte EU-Gebiet geltenden Gesetze.

Beispiel Tierschutz: Das europäische Tierschutzgesetz kann nur in Kraft treten, wenn der Ministerrat es beschließt.

Merke:
Ministerrat = Fahrer im Bus der EU

Mehrmals im Jahr finden gemeinsame Treffen aller Staats- und Regierungschefs der EU statt. Dieses Gremium hat den Namen Europäischer Rat. Seine Zusammenkünfte werden als europäische Gipfeltreffen bezeichnet. Die Staats- und Regierungschefs geben die Richtung vor, in die sich die EU entwickeln soll. Daher kann man sie als Wegweiser bezeichnen.

Beispiel Tierschutz: Der Rat der Staats- und Regierungschefs kann grünes Licht geben. Direkt beteiligt am Gesetzgebungsverfahren ist er nicht.

Merke:
Rat der Staats- und Regierungschefs =
Wegweiser für die Richtung der Fahrt

Fehlt noch jemand, der aufpasst, dass auf dem Weg in das vereinte Europa die Regeln nicht verletzt werden. Diese Rolle übernimmt der Europäische Gerichtshof in Luxemburg. Mit seinen Entscheidungen kann er die Mitgliedsländer zur Einhaltung der europäischen Gesetze zwingen.

Beispiel Tierschutz: Bei Verstößen gegen ein neues europäisches Tierschutzgesetz kann der Europäische Gerichtshof angerufen werden.

Merke:
Europäischer Gerichtshof = Verkehrspolizei der EU

 Mithilfe des Bildvergleichs könnt ihr nun nach und nach die Aufgaben der fünf wichtigsten EU-Institutionen vorstellen.

E Das Entscheidungsverfahren in der EU

1. Was versteht man unter einer EU-Verordnung oder Richtlinie? Erkläre die Bedeutung der Begriffe.

2. Erläutere die einzelnen Schritte im Prozess der Entstehung von EU-Gesetzen.

3. Kannst du Gründe dafür finden, warum eine Erweiterung der Gesetzgebungsbefugnisse des Europäischen Parlaments sowohl Befürworter als auch Gegner hat?

Bedeutung von EU-Gesetzen

In der EU gibt es zwei Arten von gesetzgeberischen Entscheidungen: *Richtlinien* und *Verordnungen*. Verordnungen sind EU-Gesetze, die unmittelbar nach ihrer Verabschiedung in allen Mitgliedstaaten geltendes Recht sind. Das kann zum Beispiel eine Verordnung über die Höchstgrenzen von Schadstoffen im Benzin oder dergleichen sein.

Richtlinien sind Entscheidungen, die bestimmte Forderungen an die Mitgliedstaaten stellen. Sie sind nicht unmittelbar geltendes Recht, sondern müssen erst innerhalb einer vorgegebenen Frist von den Parlamenten der Mitgliedstaaten in ein Gesetz umgewandelt werden. Mehr als 60 Prozent aller Gesetze, die der Deutsche Bundestag verabschiedet, setzen Beschlüsse in nationales Recht um, die vorher von der EU in Form einer Richtlinie gefasst wurden. Unser tägliches Leben wird also in einem hohen Maße von europäischen Entscheidungen beeinflusst.

Grundzüge der Entstehung eines EU-Gesetzes

Am Gesetzgebungsverfahren der EU sind immer drei Institutionen beteiligt:

1. Die Europäische Kommission: Sie allein hat das Recht, Gesetze vorzuschlagen.
2. Das Europäische Parlament: Es berät und entscheidet mit.
3. Der Rat der Minister: Er trifft letztendlich die Entscheidung.

In der Regel erarbeitet die Kommission einen Vorschlag, der dann dem Parlament und dem Rat der Minister zugeleitet wird. Stimmen das Europäische Parlament und der Ministerrat dem Gesetz zu, kann es in Kraft treten. Gibt es keine Einigung zwischen dem Ministerrat und dem Parlament, wird ein Vermittlungsausschuss gebildet, der in gleicher Zahl aus Abgeordneten des Parlaments und des Ministerrats besteht.

Beteiligung des Bundestages und der Bundesländer

Wenn die Europäische Kommission einen Vorschlag für ein neues EU-Gesetz erarbeitet hat, muss sie diesen an die Parlamente aller Mitgliedstaaten zur Stellungnahme übersenden. Die Bundesregierung muss die Gesetzesinitiative im Bundestag beraten lassen. Sie formuliert eine Stellungnahme dazu und sendet diese an die Europäische Kommission zurück.

Im Bundesrat haben die Vertreter der 16 Länderregierungen die Möglichkeit, die Interessen der Länder einzubringen.

Artikel 23 des Grundgesetzes legt dazu fest:

> In Angelegenheiten der Europäischen Union wirken der Bundestag und durch den Bundesrat die Länder mit.

Kritikpunkt – mangelnde Demokratie

Die Kritik am Entscheidungsverfahren in der EU lautet, es sei nicht demokratisch genug. Der Grund: Jedes EU-Gesetz hängt von der Zustimmung des Rates der Minister aus den einzelnen Ländern ab und diese haben ihr Amt durch Ernennung und nicht durch eine demokratische Wahl bekommen. Das Europäische Parlament kann zwar mitentscheiden, hat aber nicht die maßgebliche Entscheidungskompetenz (obwohl es die gewählte Volksvertretung ist).

Wollte man das Entscheidungsverfahren der EU weiter demokratisieren, müsste man das Gesetzgebungsrecht des EU-Parlaments erweitern. Für diese Forderung gibt es ebenso heftige Befürworter wie Gegner.

F Quiz: Wer macht was in der EU?

Die richtigen Lösungen zu den folgenden Quizaufgaben ergeben sieben Merksätze, die ihr notieren könnt, um sie euch langfristig zu merken.
Das **Lösungswort** der jeweils passenden Buchstaben bezeichnet eines der wichtigsten Ziele der EU.
Tipp: Das Quiz kann auch zu zweit gelöst werden.

1 Die demokratische Vertretung der Bürgerinnen und Bürger Europas ist …

E die Europäische Kommission.

F das Europäische Parlament.

G der Europäische Rat.

H der Europäische Gerichtshof.

2 Wenn von einem „europäischen Gipfeltreffen" die Rede ist, treffen sich …

R die Staats- und Regierungschefs der EU-Mitgliedstaaten.

O die Abgeordneten des Europäischen Parlaments.

P die obersten Richter des Europäischen Gerichtshofs.

Q die Landwirtschaftsminister aller EU-Staaten.

3 Unter dem Initiativrecht im Gesetzgebungsverfahren versteht man das Recht, …

F Gesetzesverstöße untersuchen zu lassen.

G über aktuelle Gesetzesvorschläge gemeinsam zu beraten.

H Gesetzesvorschläge auf ihre Wirksamkeit untersuchen zu lassen.

I Gesetzesvorschläge auszuarbeiten und auf den Weg zu bringen.

4 Das Europäische Parlament führt die Debatten im Plenumssaal in …

C Brüssel.

D Luxemburg.

E Straßburg.

F Rom.

5 Über die Einhaltung der europäischen Gesetze wacht …

D der Europäische Gerichtshof.

H der Rat der EU (Ministerrat).

I das Europäische Parlament.

J die Europäische Kommission.

6 Nach den Abstimmungen im Europäischen Parlament müssen alle neuen EU-Gesetze …

C vom Parlamentspräsidenten genehmigt werden.

D vom Europäischen Gerichtshof bestätigt werden.

E vom Rat der EU (= dem Ministerrat) per Abstimmung beschlossen werden.

F von den Staats- und Regierungschefs der EU in Kraft gesetzt werden.

7 Am Gesetzgebungsverfahren in der EU sind immer drei Institutionen beteiligt, nämlich …

N die Europäische Kommission, das Europäische Parlament, der Europäische Rat (der Minister).

O der Europäische Gerichtshof, das Europäische Parlament, der Europäische Rat (der Minister).

P die Europäische Kommission, das Europäische Parlament, der europäische Vermittlungsausschuss.

Q der Rat der Staats- und Regierungschefs, die Europäische Kommission, der Rat der EU (Ministerrat).

4 Der Euro: Überwiegen seine Vorzüge oder seine Probleme?

Vor- und Nachteile sammeln und bewerten

in belgischen Francs. Weiter geht die Fahrt nach Paris. Da braucht ihr auch Francs, aber dieses Mal die französischen. Von Paris bis Madrid sind es fast 1300 Kilometer. Nachdem ihr das geschafft habt, beschließt ihr, erst einmal in Spanien zu bleiben. Hier werden D-Mark in spanische Peseten umgetauscht. Endlich: Ankunft in Lissabon. Escudo heißt hier die portugiesische Währung. Ihr bekommt 1000 Stück davon für nur zehn deutsche Mark. Habt ihr nun Gewinn gemacht? Nein, ein Escudo ist eben nur einen Pfennig wert. Ihr hattet Kosten. Bei jedem Umtausch wurden Gebühren fällig. Bleibt einiges an Gulden, Francs, Peseten oder Escudos nach eurer Reise im Portemonnaie zurück, werdet ihr sie zu schlechteren Bedingungen zurücktauschen können als beim ersten Umtausch.

A Europa 1998 – eine Zeitreise

Stelle dir vor, du bist im Jahr 1998 gelandet und begibst dich – zusammen mit deinen Eltern – auf eine Autoreise quer durch Europa. Start: Dortmund, Ziel: Lissabon, Portugal. Eure erste Station ist das niederländische Amsterdam. Zum Übernachten braucht ihr ein wenig Geld. Deine Mutter oder dein Vater gehen in eine Bank und tauschen deutsche D-Mark in holländische Gulden um. Am nächsten Tag geht's weiter nach Brüssel. Jetzt zahlt ihr die Übernachtungskosten

B Kam der Euro über Nacht?

Nein, die Idee zu einer gemeinsamen Währung hatten viele Europäer schon vor fast 50 Jahren. Man sah darin einen Weg, die Beziehungen der EU-Staaten noch besser zu gestalten und das Wirtschaftsgeschehen zu vereinfachen. 1992 beschlossen die Mitgliedstaaten im Vertrag von Maastricht die schrittweise Einführung einer europäischen Währungsunion.

Der Start zum Euro fiel 1999. Zunächst gab es ihn nur als sogenanntes Buchgeld. 2002 wurden die Euro-Scheine und -Münzen in Umlauf gebracht. Zunächst wurde die neue Währung gesetzliches Zahlungsmittel in 12 EU-Staaten. Seit dem Beitritt Litauens am 1. Januar 2015 besteht die Euro-Familie aus 19 Staaten. Mehr als 333 Millionen EU-Bürger verwenden ihn als gemeinsames Geld. Das sind zu Beginn des Jahres 2017 zwei Drittel der gesamten EU-Bevölkerung.

1. Was war anders bei der Autoreise 1998 als heute? Beschreibe die Unterschiede.
2. Auf der Umrisskarte sind 19 Euroländer blau eingefärbt. Notiere sie möglichst alle. (Das geht auch zu zweit.)
3. Welche Überlegungen können dazu geführt haben, die nationalen Währungen abzuschaffen? Finde mehrere Gründe.

C Eurokrise: Wie konnte es dazu kommen?

Regelverletzungen und Schuldenkrise

Für das Funktionieren jeder Art von Gemeinschaft ist es wichtig, dass alle sich an die vereinbarten Regeln halten. Das gilt auch für die Mitglieder der Euro-Staaten. Eine ihrer wichtigsten Regeln lautet, dass die Mitgliedsländer das Schuldenmachen in engen Grenzen halten müssen. Staatsschulden entstehen, wenn die Summe der staatlichen Ausgaben die Höhe der Steuereinnahmen dauerhaft übersteigt. Deutschland gehörte 2002 zu den ersten Staaten der Währungsunion, die diese Regel verletzten. Als Grund dafür wurden die hohen Kosten genannt, die durch die Wiedervereinigung der beiden deutschen Staaten verursacht wurden.

In der Folge hielten sich auch die meisten übrigen Euro-Staaten nicht mehr an die vereinbarte Regel und gaben viel mehr Geld aus, als sie Einnahmen hatten. Einige Staaten häuften so hohe Staatsschulden an, dass sie nicht mehr in der Lage waren, ihre Schulden zurückzuzahlen.

Zuspitzung durch die Bankenkrise

Dann – ab 2008 – kam zur Schuldenkrise die Bankenkrise hinzu. Internationale Großbanken vergaben damals großzügig Kredite gegen hohe Zinsen in der Hoffnung auf hohe Gewinne. Viele ihrer Schuldner waren aber überhaupt nicht in der Lage, das geliehene Geld zurückzuzahlen, und so drohte mehreren Banken der Ruin. Die Euro-Staaten sahen sich gezwungen, die Banken finanziell zu unterstützen. Sie taten das, weil ohne Banken die Wirtschaft nicht funktioniert. Die meisten Euro-Staaten machten dafür noch mehr Schulden, einige so viele, dass sie an den Rand eines Staatsbankrotts* gerieten.

Sorgenkind Griechenland

Ein Staatsbankrott drohte dem Euro-Mitglied Griechenland ab 2010. Das Land hatte über die Jahre hinweg einen so riesigen und stetig anwachsenden Berg an Staatsschulden angehäuft, dass nahezu alle Expertinnen und Experten zu der Ansicht kamen, das Land könne sich niemals von seiner Schuldenlast befreien. Der Zusammenbruch seiner Wirtschaft galt als unvermeidlich für den Fall, dass andere EU-Staaten nicht zur Hilfe bereit wären.

Andere Staaten mit hohen Staatsschulden könnten dem Sturz Griechenlands folgen. Die Krise drohte zur Katastrophe für die Euroländer zu werden. Durch die gemeinsame Währung befanden sie sich in einer gegenseitigen Abhängigkeit.

Athen 2015: Viele Menschen protestieren gegen die Sparmaßnahmen ihrer Regierung und die Politik der EU. Weite Bevölkerungskreise rutschen zunehmend in Armut ab.

Auswege

„Einem Mitglied in Not muss geholfen werden. Hilfe gibt es aber nur, wenn der Staat sich reformwillig zeigt." Unter diesem Leitmotiv erklärten sich die Staats- und Regierungschefs zur Hilfe für Griechenland bereit. Sie erließen teilweise die Schulden, gewährten finanzielle Hilfen und verlangten im Gegenzug eine Politik der Reformen und des Sparens.

Um für die Zukunft gerüstet zu sein, schufen sie den Europäischen Stabilitätsmechanismus (ESM). Es handelt sich dabei um ein Konto, in das viele Milliarden Euro eingezahlt werden, das zur Bewältigung zukünftiger Hilfsmaßnahmen zur Verfügung steht. Auch wurden ab 2012 alle Euro-Staaten zu einer sparsamen Haushaltsführung und zum Abbau der Staatsschulden verpflichtet.

*Zum Begriff Staatsbankrott findet ihr weitere Informationen im Glossar.

 Erkläre, wie eine wichtige Regel in der Gemeinschaft der Euroländer heißt und was damit geschah?

 Regelverletzungen, hohe Staatsschulden und die Krise der Banken gelten als Ursache für die Probleme des Euros. Erläutere, warum das so ist.

 Was wurde bisher unternommen, um Griechenland zu helfen und um zukünftige Krisen zu vermeiden. Nenne die Maßnahmen.

245

D Die europäische Währungsunion

1. Erläutere, was man unter einer Währungsunion versteht und warum man sich in der EU dafür entschieden hat.

2. Welche Bedingungen müssen Länder erfüllen, um Mitglied der Währungsunion zu werden? Stelle sie vor.

3. Was ist die Europäische Zentralbank, was ihre wichtigste Aufgabe und worüber bestimmt sie?

4. Was antwortest du einem Kritiker, der den Euro am liebsten wieder abschaffen möchte? Formuliere dazu deine eigene Ansicht.

Das Gebäude der Europäischen Zentralbank in Frankfurt a. M.

Grundlagen

Als Währung bezeichnet man die gesetzlichen Zahlungsmittel eines Landes. Eine Währungsunion ist der freiwillige Zusammenschluss mehrerer Staaten mit dem Ziel, ihre unterschiedlichen Zahlungsmittel abzuschaffen und einen gemeinsamen Währungsraum zu bilden. In der EU sollte die Währungsunion den Binnenmarkt vervollständigen. Die Grundidee war, dass es vernünftig ist, den gemeinsamen Markt auch mit einer gemeinsamen Währung auszustatten. 2017 gehörten 19 Mitgliedstaaten der Währungsunion an.

Die Beitrittsbedingungen

Nicht alle Mitgliedstaaten der EU gehören automatisch zur Währungsunion. Voraussetzung ist die Erfüllung der Beitrittsbedingungen. Sie werden Konvergenzkriterien genannt (Konvergenz = Übereinstimmung). Danach sind die Mitgliedstaaten der EU zum Beitritt verpflichtet, sobald sie die folgenden Kriterien erfüllen (mit Ausnahme von Dänemark, das beschlossen hat, den Euro nicht einzuführen):

- Die Geldentwertung darf nur gering und die Zinsen müssen stabil sein.
- Die Staatsverschuldung darf eine von der EU festgesetzte Grenze nicht überschreiten.
- Das Land darf sich jährlich nur in einem eng begrenzten Rahmen neu verschulden.

Die Europäische Zentralbank

Alle Staaten, die der europäischen Währungsunion angehören und den Euro als Zahlungsmittel verwenden, haben gemeinsam eine zentrale Bank. Diese Europäische Zentralbank, kurz EZB genannt, wurde 1998 gegründet und hat ihren Sitz in Frankfurt am Main. Die wichtigste Aufgabe der EZB ist es, dafür zu sorgen, dass der Euro seinen Wert behält, also stabil bleibt. Sie allein kann darüber bestimmen, wie viele Euro-Geldscheine gedruckt werden dürfen und wie groß die Geldmenge insgesamt sein darf, die sich im Umlauf befindet. Sie ist völlig unabhängig in dem, was sie tut. Keine Regierung darf ihr Weisungen geben oder Vorschriften machen. Darauf haben sich die Europäer vor der Einführung des Euro verständigt.

Kritik an der Währungsunion

Die bisherige Konstruktion der Währungsunion wird häufig kritisiert. Als Hauptfehler gilt, dass man eine gemeinsame Währung eingeführt hat, aber darauf verzichtete, die Wirtschaftspolitik in den Mitgliedstaaten gemeinsam zu gestalten. Vorgeschlagen wird unter anderem eine europäische Wirtschaftsregierung. Das geht aber nur, wenn die Mitgliedstaaten bereit sind, weitere Befugnisse an die EU abzutreten.

Einige Kritiker wollen den Euro am liebsten ganz wieder abschaffen und zu den früheren nationalen Währungen zurückkehren. Ihrer Ansicht nach hat der Euro zu mehr Problemen als zu Vorteilen geführt. In der Mehrheit der im Bundestag vertretenen Parteien und in der Mehrheit der Bevölkerung gibt es für diese Position keine Zustimmung.

E   Worin bestehen die Vor- und die Nachteile des Euro?

Zur Beantwortung dieser Frage kann man ganz unterschiedliche Kriterien anlegen. Man kann von seiner ganz persönlichen Sicht der Vor- und Nachteile ausgehen. Man kann eine wirtschaftliche Sichtweise zugrunde legen oder eine politische. Man kann den Euro danach bewerten, wie er sich auf die Beziehungen der europäischen Staaten untereinander auswirkt oder auch auf die Lage in der Welt. Überlegt hier selbst, welche Kriterien euch bei der Stellungnahme zur Frage wichtig sind. Das geht am besten, wenn ihr in Partner- oder Gruppenarbeit über die Arbeitsaufträge nachdenkt.

Argumente pro und kontra

1. Beim Einkaufen ist es mit dem Euro viel leichter, Preise zu vergleichen – vor allem dann, wenn man sich im Ausland aufhält oder im Internet shoppt.

2. Das EU-Land Dänemark und das Nicht-EU-Land Schweiz haben ihre eigenen Währungen. Trotzdem sind sie wirtschaftlich stark. Es geht also auch ohne Euro.

3. Der Euro ist ein Symbol für die heute freundschaftlichen Beziehungen der früher einmal verfeindeten Staaten Europas. Er ist das sichtbarste Zeichen der friedlichen europäischen Integration.

4. Firmen können viel unkomplizierter Handel treiben, als es vor Einführung des Euro der Fall war. Der Wegfall des Umgangs mit fremden Währungen senkt Kosten und ermöglicht sinkende Preise.

5. Deutschland hat als Mitglied der Währungsunion seinen Einfluss auf das eigene Geld verloren und muss jetzt akzeptieren, was die Europäische Zentralbank macht. Schuld daran ist der Euro.

6. Junge Leute in Europa können sich gar nicht mehr an die Zeit erinnern, als es noch die nationalen Währungen gab. Der Euro ist für sie so selbstverständlich, dass kaum jemand auf die Idee kommt, ihn abschaffen zu wollen.

7. Seit es den Euro gibt, muss Deutschland Ländern finanziell zu Hilfe eilen, die eine schlechte Politik machen und sich immer höher verschulden. Das Geld dafür fehlt im eigenen Land.

8. Bei Reisen ins europäische Ausland fallen Geldumtausch und Gebühren weg. Das schont die Reisekasse und macht Verreisen unkompliziert.

9. Jedes Land sollte eigenes Geld haben und selbst dafür verantwortlich sein. Mit dem Euro begibt man sich in Abhängigkeit und muss viele Kompromisse machen.

10. Der Euro ist weltweit gesehen eine starke Währung, die dringend als Gegengewicht zum amerikanischen Dollar und auch zum chinesischen Yuan gebraucht wird.

 Legt eine Tabelle an und ordnet die Argumente in Pro und Kontra Euro.

 Überlegt, welche Maßstäbe (= Kriterien) den unterschiedlichen Argumenten zugrunde liegen. Sind es eher persönliche, wirtschaftliche oder politische? Kennzeichnet sie einzeln.

 Welche Kritierien sind für euch wichtig und wie bewertet ihr danach die Qualität der Argumente? Trefft eure Entscheidung und stellt die eurer Ansicht nach überzeugendsten Argumente in der Klasse zur Diskussion.

5 Europas Jugend ohne Job: Kann die EU etwas dagegen tun?

Über den Sinn europäischer Hilfsmaßnahmen diskutieren

60 Jahre nach ihrer Gründung steht die Europäische Union vor großen Herausforderungen. Eine davon ist die Bekämpfung der Jugendarbeitslosigkeit, die in mehreren der EU-Länder dramatische Auswirkungen angenommen hat. Am Beispiel der Jugendarbeitslosigkeit und der Gegnerschaft zur EU könnt ihr euch mit wichtigen Zukunftsfragen der EU auseinandersetzen und ein eigenes Urteil bilden.

5 Millionen Jugendliche europaweit ohne Job

Jugendliche während einer Demonstration in Madrid: mehr als die Hälfte ohne Job

Schon seit vielen Jahren haben die Mitgliedstaaten der Europäischen Union (EU) Schwierigkeiten, junge Menschen zwischen 15 und 24 Jahren in den Arbeitsmarkt zu integrieren. Mit der Finanz- und Schuldenkrise, in der sich Europa seit 2008 befindet, nahm die Jugendarbeitslosigkeit in einigen Mitgliedstaaten dramatische Ausmaße an. [...] Auch wenn das Ausmaß innerhalb Europas sehr unterschiedlich ausfällt, muss festgehalten werden, dass derzeit knapp 5 Millionen junge Europäer(innen) arbeitslos sind. Selbst wenn junge Menschen Arbeit finden, handelt es sich häufig um Zeit- und Teilzeitarbeit. [...]

In Anbetracht dieser Problemlage ist die Bekämpfung von Jugendarbeitslosigkeit neben der Finanz- und Schuldenkrise das dominierende Thema auf der europäischen Politikagenda.

(Aus: Jale Tosun: Jugendarbeitslosigkeit und Beschäftigungspolitik in der EU, Artikel vom 16.01.2015, Bundeszentrale für politische Bildung, in: www.bpb.de; Zugriff: 01.09.2016)

B Was unternimmt die EU?

2013 trafen sich die Staats- und Regierungschefs der EU zu einem sogenannten Krisengipfel, bei dem es ausschließlich um Möglichkeiten zur Bekämpfung der Jugendarbeitslosigkeit in Europa ging. In der Folge wurden sechs Milliarden Euro für Maßnah-

men bis zum Jahr 2020 zur Verfügung gestellt. Auf dieses Geld können Staaten zurückgreifen, um Menschen unter 25 Jahren innerhalb von vier Monaten zu einer Arbeit, einer Ausbildungsstelle oder einem Praktikum zu verhelfen. Kritiker halten diese Summe für zu gering angesichts der massiven Probleme. Die Befürworter verweisen darauf, dass die EU nur über so viele Mittel verfügt, wie die Mitgliedstaaten bereit und in der Lage sind zu bezahlen.

Im Februar 2015 verkündete die Europäische Kommission eine Erhöhung der zur Verfügung gestellten Finanzsumme. Bis zu 650 000 arbeitslose junge Europäer sollten damit besser gefördert werden. Zum Programm äußerten sich Sprecherinnen und Sprecher der EU: Valdis Dombrovskis, der Vizepräsident für den Euro und den sozialen Dialog, betonte, dass für die Kommission die Jugendbeschäftigung nach wie vor ganz oben auf der politischen Agenda steht. Sozialkommissarin Marianne Thyssen wies darauf hin, dass die [...] vorgelegte Initiative den Startschuss gibt, damit die Projekte vor Ort anlaufen können. „Unsere Jugend braucht Jobs und sie braucht sie jetzt. Es ist inakzeptabel, dass über 20 Prozent der jungen Menschen auf dem Arbeitsmarkt derzeit keine Stelle finden. Dadurch, dass wir mehr

Mittel zu einem früheren Zeitpunkt bereitstellen, können wir mehr jungen Menschen zu einem Arbeitsplatz verhelfen. Ich bin entschlossen, dafür zu sorgen, dass das klappt", sagte Thyssen. [...]

Die Beschäftigungsinitiative für junge Menschen konzentriert sich vor allem darauf, junge Menschen wieder in Arbeit oder Ausbildung zu bringen. Alle Mitgliedstaaten haben sich zur Umsetzung der „Jugendgarantie" verpflichtet, d. h. jungen Menschen unter 25 Jahren innerhalb von vier Monaten, nachdem sie die Schule verlassen haben oder arbeitslos geworden sind, eine hochwertige Arbeitsstelle, einen Ausbildungs- oder Praktikumsplatz anzubieten. [...]

Gefördert werden unter anderem: erste Arbeitserfahrung, Praktika und Lehrstellen, Weiterbildungsmaßnahmen, Unterstützung junger Menschen bei der Unternehmensgründung, Programme der zweiten Chance für frühe Schulabgänger/innen und gezielte Lohn- und Einstellungszuschüsse.

(Aus: Gabriele Imhoff: Juncker-Kommission beschleunigt Abruf der EU-Gelder gegen Jugendarbeitslosigkeit, vom 04.02.2015, http://europa.eu/rapid/pressrelease_JP-15-4100_de.htm; Zugriff: 19.09.2016, Quelle: © Europäische Union, 1995–2016, für die Wiedergabe und Anpassung ist allein der Schöningh Verlag verantwortlich.)

 Fasse zusammen, was die EU bisher gegen die Jugendarbeitslosigkeit unternommen hat.

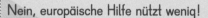

C TEAM kontrovers: Hilft es, wenn die Europäer Jugendarbeitslosigkeit gemeinsam bekämpfen?

Nein, europäische Hilfe nützt wenig!

Es ist kaum anzunehmen, dass die Europäer Wege finden können, das Problem der Jugendarbeitslosigkeit gemeinsam zu bekämpfen. Das sollte jedes Land für sich ganz alleine tun. Und dafür sollte die EU kein Geld aufbringen. Es nützt auch nichts, wenn junge Leute aus Krisenländern eine Ausbildung in einem anderen EU-Land machen, in dem reichlich Ausbildungsplätze vorhanden sind. Eine solche Ausbildung kann ja nicht den Arbeitsbedingungen im Heimatland genügen. Auch arbeitslose Jugendliche bleiben am liebsten zu Hause und wollen, dass ihr Problem dort gelöst wird.

Ja, der gemeinsame Kampf nützt allen!

Es ist ein wichtiges Zeichen für die Solidarität unter den Mitgliedstaaten der EU, dass sie den Kampf gegen die Jugendarbeitslosigkeit gemeinsam angehen. Jede sinnvolle Hilfe, egal woher sie kommt, muss willkommen sein. Es ist wichtig, dass die EU Geld zur Verfügung stellt, denn daran fehlt es ja in den Krisenländern. Die Grenzen für Jugendliche aus der EU müssen offen sein, damit sie ihren Ausbildungsplatz frei wählen können. Das hilft den Jugendlichen und ihren Familien, verringert die sozialen Spannungen in den Heimatländern und hilft auch den Unternehmen, die Auszubildende suchen.

6 Herausforderung Flüchtlingskrise: Finden die EU-Staaten gemeinsam eine Lösung?

Wir entwerfen eine persönliche Rede zum Thema

Deutschland in Herbst 2015: Mit einem Willkommensgruß und mitgebrachten Lebensmitteln erwarten Menschen am Hauptbahnhof in Frankfurt am Main die Ankunft eines Zuges mit Flüchtlingen.

A Die Herausforderung

Europa 2016: Weltweit sind mehr als 60 Millionen Menschen auf der Flucht. Das Flüchtlingskommissariat der Vereinten Nationen schätzt, dass es nie zuvor eine höhere Zahl von Flüchtenden gab. Viele riskieren ihr Leben, um nach Europa zu gelangen. Oft wählen sie den Fluchtweg über das Meer. Doch auf dem Meer lauert der Tod. Nach Angaben der Vereinten Nationen sind in den vergangenen 15 Jahren bis zu 30 000 Menschen auf der Flucht ums Leben gekommen, unter ihnen zahlreiche Kinder.

Menschen flüchten aus Angst um ihr Leben vor Krieg und Gewalt in ihren Heimatländern, vor politischer, ethnischer und religiöser Verfolgung. Aus Afghanistan flüchten sie aus Angst vor den radikalislamischen Taliban, aus Syrien, dem Irak und der gesamten Region treibt die Terrororganisation „Islamischer Staat" sie in die Flucht. Auch aus Gründen wirtschaftlicher Not verlassen viele Menschen ihre Heimatländer. Sie sehen dort keine Chance für sich und ihre Familien und hoffen in der EU auf eine bessere Zukunft. Die Flucht nach Europa bedeutet für die EU und ihre Mitgliedstaaten eine der größten Herausforderungen seit Bestehen der Gemeinschaft. Immer wieder steht das Thema ganz oben auf der Tagungsordnung bei den Treffen der europäischen Regierungschefs und in den Debatten im Europäischen Parlament. Viele Einzelmaßnahmen wurden dabei vereinbart. Doch während private Initiativen in Deutschland und in anderen Ländern der EU den Flüchtlingen oft mit Offenheit und Hilfsbereitschaft begegnen, finden die Mitgliedstaaten der EU bislang noch nicht zu einem gemeinsamen Weg. Zu unterschiedlich sind die Vorstellungen zur Problemlösung, zu sehr stehen nationale Interessen einer gesamteuropäischen Problemlösung im Weg.

- Sollen die Mitgliedstaaten im Umgang mit Flüchtlingen gemeinsam handeln oder soll jedes Land für sich entscheiden, wie es Menschen auf der Flucht begegnet?

Über diese Kernfrage könnt ihr in diesem Unterkapitel miteinander sprechen und einen persönlichen Redebeitrag formulieren.

---

1. Nenne die Fluchtursachen, die im Text genannt werden.
2. Welche Gedanken zum Thema Flüchtlinge lösen Foto und Text in dir aus? Sammelt dazu eure Gedanken in Form eines Brainstormings.

B 📖✓ Fall Temesgen will nach Deutschland

Der Bahnhof von Verona, neun Uhr morgens. Auf diesem Gleis soll bald der Eurocity nach München abfahren, ein paar Leute warten schon. Auch einige Flüchtlinge sind darunter, sie haben ein Ticket nach Deutschland gekauft, Plätze im Zug reserviert. Sie sind angespannt – mit Recht, wie sich zeigt. Denn die italienische Polizei kommt, kontrolliert sie – ihre Reise ist zu Ende, bevor sie angefangen hat.

Im Zug selbst ist niemand, der auf den ersten Blick wie ein Flüchtling wirkt. Am nächsten Bahnhof steigt ein Team aus deutschen, österreichischen und italienischen Polizisten ein. Bis zum Brenner suchen sie jede Zugtoilette ab, leuchten unter alle Bänke. Jeder, der eine dunklere Hautfarbe hat, muss seinen Ausweis zeigen – sogar zwei Nonnen, die mit im Zug sind. Sie finden niemanden. [...]

Der Eurocity fährt an Innsbruck vorbei, kommt in Kufstein an, dem Grenzbahnhof zu Deutschland. Aus dem Zugfenster sehen wir, dass am Bahnsteig nebenan eine große Gruppe von afrikanischen Flüchtlingen sitzt – dort, wo der Regionalzug nach München abfährt. Wir steigen aus, stellen uns zu ihnen. „This is Germany Train?" – „Yes." – „Ok, where do you get a ticket?"

Temesgen ist einer von ihnen, der junge Mann ist aus Eritrea geflohen, wo er wegen seiner Religion verfolgt wurde. In Libyen ist er zwischendurch im Gefängnis gelandet, wurde dort gefoltert. Dann ist er wie so viele andere übers Mittelmeer nach Italien gekommen, in einem völlig überfüllten Boot, er wäre fast ertrunken. Über ein Jahr war er unterwegs, jetzt ist er gut gelaunt, sie haben es fast geschafft, meint er.

„Wir haben bisher keine Polizei getroffen, wir haben Glück gehabt. Keiner will die italienische Polizei treffen, die behandeln Migranten nicht gut. Wir sind glücklich, es läuft gut, alles ist ok." In Italien haben er und die anderen gehört, dass der Eurocity aus Verona oft kontrolliert wird – deshalb sind sie mit Regionalzügen unterwegs, erzählt er, als der Zug nach München losfährt. Die meisten wollen nach Deutschland, einige aber auch noch weiter nach Norden. Ein Regionalzug voller Flüchtlinge – das fällt allerdings auch der Bundespolizei auf. In Rosenheim ist Endstation:

„Passport – Your luggage – Outside, please."
Kein normaler Fahrgast darf aussteigen, die Türen bleiben zu. Temesgen und die anderen Flüchtlinge werden einzeln aus dem Zug geholt, bekommen eine Nummer, werden durchsucht – für sie ist das alles ziemlich einschüchternd, ihre Erfahrungen mit der Polizei sind meistens schlecht.

„Something more, into your shoes? Please open it – ok, fine." [...]
Temesgen ist inzwischen in die Turnhalle der Bundespolizei gebracht worden – eine Notunterkunft. Er muss seine Fingerabdrücke abgeben, am nächsten Tag soll er in eine Erstaufnahmeeinrichtung für Asylbewerber weiterreisen. Aber jetzt fällt er erst mal wortlos auf seine Pritsche und schläft ein – er ist erschöpft.

(Aus: Lisa Weiß: Der Zug der Flüchtlinge, Textversion einer Reportage des Deutschlandfunks vom 15.07.2015, in: www. deutschlandfunk.de; Zugriff: 01.09.2016)

1. Warum ist Temesgen wohl so erschöpft? Versuche, mit eigenen Worten nachzuerzählen, was er seit seiner Flucht aus Eritrea erlebt hat?

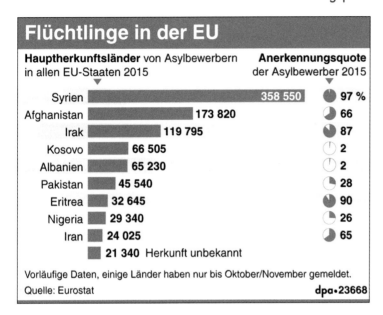

Flüchtlinge in der EU

Hauptherkunftsländer von Asylbewerbern in allen EU-Staaten 2015 ▼	**Anerkennungsquote** der Asylbewerber 2015 ▼
Syrien — 358 550	97 %
Afghanistan — 173 820	66
Irak — 119 795	87
Kosovo — 66 505	2
Albanien — 65 230	2
Pakistan — 45 540	28
Eritrea — 32 645	90
Nigeria — 29 340	26
Iran — 24 025	65
21 340 Herkunft unbekannt

Vorläufige Daten, einige Länder haben nur bis Oktober/November gemeldet.
Quelle: Eurostat   dpa•23668

Die Union entwickelt eine gemeinsame Politik im Bereich Asyl, subsidiärer Schutz und vorübergehender Schutz, mit der jedem Drittstaatsangehörigen, der internationalen Schutz benötigt, ein angemessener Schutz angeboten [...] werden soll. [...]
Artikel 78 des Vertrags von Lissabon 2007

Subsidiärer Schutz ist ein Schutz, der Flüchtlingen gewährt wird, deren Antrag auf Asyl abgelehnt wurde, die aber trotzdem nicht in ihr Heimatland zurückgeschickt werden, weil ihnen dort Tod, Folter oder Gefängnis drohen. Mit „Drittstaatsangehörigen" sind hier Menschen aus Nicht-EU-Ländern gemeint, die in die EU einreisen wollen.

* Der Unterschied zwischen Asylanten und Flüchtlingen wird im Kapitel 8 Grund- und Menschenrechte erklärt, siehe dazu die Seiten 204 f.

Ziele und Maßnahmen

In der Flüchtlingsproblematik sehen führende Politikerinnen und Politiker der EU eine der größten Herausforderungen seit Bestehen der Union. Der 2016 amtierende Kommissionspräsident Jean-Claude Juncker sagte dazu: „Es kann nur eine Lösung auf europäischer Ebene geben, und diese muss auf Solidarität der Mitgliedstaaten fußen." Eine gemeinsame Flüchtlings- und Asylpolitik gehört zu den rechtlich verbindlichen Zielen der EU. Dazu heißt es in dem grundlegenden Vertrag über die Ziele der Europäischen Union:

Jean-Claude Juncker

Angesichts der aktuellen Lage wurde in der EU eine Reihe von Maßnahmen beschlossen. Dazu gehören:

- Bewilligung von finanziellen Hilfen für die Länder, die Flüchtlinge aufnehmen.
- Maßnahmen zur Verringerung illegaler Einwanderung in die EU durch Verschärfung der Kontrollen an den Außengrenzen.
- verbindliche Regelungen zur Rückführung von Personen, die sich illegal im Gebiet der EU aufhalten.
- Bekämpfung der Fluchtursachen durch ein Hilfsprogramm für afrikanische Länder.
- Mehrere Milliarden Euro wurden dazu zur Verfügung gestellt.
- Vorschläge zur gerechten Aufteilung der Flüchtlinge auf die Mitgliedstaaten der EU.

Die Wirklichkeit

Obwohl das Ziel einer gemeinsamen Asyl- und Flüchtlingspolitik zu den vertraglichen Grundlagen der EU gehört, erscheint die Wirklichkeit als weit davon entfernt. Das gilt besonders für das Ziel der gerechten Verteilung der Flüchtlinge auf die Mitglied-

1. Stelle nach dem Lesen der Materialien auf anschauliche Weise dar (Plakat, Wandzeitung, Mindmap):
- Woher kommen die Flüchtlinge?
- Was ist das vertraglich vereinbarte Ziel der EU zur Asyl- und Flüchtlingspolitik?
- Was hat die Gemeinschaft bisher unternommen?

2. Bereite dich anschließend auf eine Diskussion vor, indem du die beiden Positionen in *TEAM kontrovers* überdenkst.

staaten der EU. Mehrere Länder Osteuropas wehren sich gegen die Aufnahme von Asylsuchenden und Flüchtlingen.

Argumentiert wird, dass die Aufnahme so vieler fremder Menschen ihre wirtschaftlichen Möglichkeiten übersteigt und dass der eigenen Bevölkerung die Integration von Menschen mit anderer Kultur, anderer Religion und anderen Werten nicht zumutbar sei. Demgegenüber wies der 2016 amtierende Präsident des Europäischen Parlaments Martin Schulz darauf hin, dass die Aufgabe nur dann zu bewältigen sei, wenn alle Mitgliedstaaten sich solidarisch zeigen und gemeinsamen Lösungen zustimmen. In einer Rede am 16. Juni 2015 im luxemburgischen Grenzort Schengen sagte er: „Wenn wir in einem Europa leben wollen, das solidarisch, human und effektiv mit der Migrationsfrage umgeht, dann brauchen wir endlich eine echte europäische Asyl- und Migrationspolitik."

(Die Informationen zur Flüchtlingspolitik der EU wurde vom Autor zusammengestellt auf der Basis von: Migration und Asyl: eine Herausforderung für Europa, hg. vom Europäischen Parlament, März 2016)

EU-Appell an die europäische Solidarität

Martin Schulz

„Migration geht alle Mitgliedstaaten an, und alle Mitgliedstaaten sind nun aufgerufen, ihren Beitrag zur Bewältigung dieser historischen Herausforderung zu leisten", erklärte die EU-Außenbeauftragte Federica Mogherini [...] in Brüssel bei der Vorstellung der Flüchtlings- und Migrationsstrategie der EU-Kommission. Hintergrund sind die tragischen Schiffsunglücke im Mittelmeer, bei denen in den vergangenen Monaten Hunderte Flüchtlinge ertranken. „Unsere Bürger erwarten von den Mitgliedstaaten und den EU-Institutionen, dass sie dieser Tragödie Einhalt gebieten. Der Europäische Rat hat klar gesagt, dass wir eine europäische Lösung finden müssen, und zwar auf der Grundlage innereuropäischer Solidarität und in dem Bewusstsein, dass eine wirksame Migrationspolitik unser aller Aufgabe ist", sagt auch der Erste Vizepräsident der EU-Kommission, Frans Timmermans.

(Aus: Das neue EU-Quotensystem für Flüchtlinge: Zweifel von allen Seiten, Artikel vom 15.05.2015, in: www.euractiv.de; Autorenangabe: Zugriff: 10.01.2016)

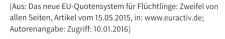

D TEAM kontrovers: Jedes Land für sich oder alle gemeinsam?

Jedes Land soll für sich entscheiden!

Wenn vergleichsweise ärmere Länder wie Ungarn, Polen oder Tschechien behaupten, ihre Aufnahmebereitschaft für Flüchtlinge sei erschöpft und die Mehrheit der Bevölkerung lehne die Eingliederung zu vieler Menschen aus fremden Kulturen ab, dann muss man das respektieren. Manche Länder wollen sich auch von der EU keine allzu großen Vorschriften machen lassen. Wenn alle Mitgliedstaaten so handeln, wie sie es in ihrem nationalen Interesse für richtig halten, ist das ein guter Weg.

EU-Staaten müssen gemeinsam handeln!

Nur in europäischer Zusammenarbeit lässt sich die Flüchtlingskrise lösen, weil man gemeinschaftlich stärker ist und die Belastungen gerecht untereinander verteilen kann. Die wirtschaftlich schwächeren Staaten in der EU nehmen finanzielle Hilfen in Anspruch. Da darf man im Gegenzug erwarten, dass sie auch bereit sind, ein Opfer zu bringen. Vorbildlich handeln die Europäer, wenn sie gemeinsam Verantwortung übernehmen und den Menschen Schutz gewähren, die sich aus Angst um ihr Leben auf der Flucht befinden.

1. Diskutiert die beiden Ansichten zu zweit oder zu dritt und stellt eure Stellungnahmen in der Klasse zur Diskussion.

Was auch noch interessant sein kann:
- eine Rede vorbereiten: Stelle dir vor, du hättest nun die Gelegenheit, deine Stellungnahme in Form einer Rede vor den Abgeordneten des Europäischen Parlaments zu halten. Hilfen dazu findest du auf der folgenden Doppelseite.

Eine Meinungsrede vorbereiten

Worum geht es?

In einer Meinungsrede stellt man einem größeren Zuhörerkreis seine eigenen Ansichten zu einem Problem vor. Das Ziel besteht darin, das Publikum von der Qualität des eigenen Urteils zu überzeugen.

Die Befähigung zum Reden vor Publikum fällt einem nicht in den Schoß. Du brauchst dazu die Bereitschaft zum Üben und ein wenig Mut. Der Erfolg einer Rede hängt in hohem Maße von der Qualität der Vorbereitung ab. Die Schritte dazu sind erlernbar.

Wie macht man das?

Vorausgesetzt werden muss, dass du dich mit dem anstehenden Thema intensiv auseinandergesetzt und dir dein eigenes Urteil gebildet hast. Die Vorbereitung sollte in der Abfolge von vier Schritten geschehen:

1. Die Analyse der Redesituation

Die Vorbereitung beginnt mit dem Nachdenken über die Situation, in der die Rede stattfinden wird. Dabei beantwortet man sich selbst die folgenden Fragen:

- Als wer spreche ich?
- Zum wem spreche ich?
- Was ist das Ziel meiner Rede?
- Was werde ich tun, um mein Ziel zu erreichen?
- Wie lange soll meine Rede dauern?

Thema: Sollen die Mitgliedstaaten in der EU in der Flüchtlingsfrage gemeinsam handeln oder getrennt?

2. Die Grobplanung der Rede

Menschen, die sich mit der Kunst der Rede beschäftigen, schlagen für Meinungsreden einen Dreischritt vor:

- Was ist das Problem, über das ich sprechen werde?
- Was soll meiner Überzeugung nach die Lösung sein?
- Wie kann das Ziel erreicht werden?

Verwende Zeit darauf, diese drei Fragen für dich selbst zu beantworten. Gehe dann zur Feinplanung über.

3. Die Feinplanung

Einstieg:

- Begrüßung des Publikums
- Anmerkungen zu sich selbst und zum Grund für die Rede
- Situativer Einstieg (ein Fall, eine Geschichte, ein Foto; etwas, das Aufmerksamkeit im Publikum erzeugt)

Hauptteil:

- So sehe ich die aktuelle Situation: ...
- Das sollte nach meiner Überzeugung das Ziel sein: ...
- Das sollte geschehen, damit das Ziel erreicht werden kann: ...

Abschluss:

- Ein letzter Appell, ein besonderer Wunsch, eine Aufforderung an die Zuhörenden
- Dank an das Publikum

4. Üben, bevor es ernst wird

- Fertige einen Stichwortzettel an.
- Übe deine Rede mit einer Partnerin/einem Partner oder in einer Gruppe.
- Erbitte Tipps zur Verbesserung.

 S M U H

E Was sagen wir den Abgeordneten des Europäischen Parlaments?

Euer Auftrag:

1. Setzt euch zu zweit oder in Gruppen zusammen und stellt euch vor, ihr hättet die Gelegenheit, zur Flüchtlingspolitik in der EU zu den Abgeordneten des Europäischen Parlaments zu sprechen.

2. Arbeitet gemeinsam eine Rede aus.

3. Benutzt dazu den Stichwortzettel auf dieser Seite.

4. Übt die Rede ein. Dabei sollte jede und jeder von euch einmal in der Gruppe vortragen.

5. Einigt euch darauf, wer von euch die Rede in der Klasse hält.

6. Stellt euch vor, die Klasse sei das Europäische Parlament.

Einleitung:

- *Sehr verehrte Abgeordnete des Europäischen Parlaments ...*
- *Ich spreche hier zu Ihnen als Schülerin/als Schüler meiner Schule in ... mit dem Namen ...*
- *Wenn ich an die aktuelle Flüchtlingsproblematik denke, geht mir das folgende Ereignis/die folgende Nachricht/das folgende Bild nicht mehr aus dem Kopf: ...*

Hauptteil:

- *So schätze ich die aktuelle Situation der Menschen auf der Flucht, der Bevölkerung in den aufnehmenden Ländern und die aktuelle Situation in der Europäischen Union ein.*
- *Nach meiner Überzeugung sollte das Ziel der europäischen Flüchtlingspolitik darin bestehen ...*
- *Den Weg zu diesem Ziel stelle ich mir so vor: ...*
- *Von Ihnen als die Vertreterinnen und Vertreter der Bürger in Europa erwarten viele meiner Mitschülerinnen und Mitschüler und ich ...*

Schluss:

- *Zum Abschluss möchte ich Ihnen gerne noch sagen: ...*
- *Ich danke Ihnen für Ihre Aufmerksamkeit.*

7 Wie urteilen Menschen in Europa über die EU?
Ansichten vergleichen, bewerten und selbst formulieren

A Stimmen von Schülerinnen und Schülern aus einer Umfrage

In der Schülerbefragung vom Juli 2016 (siehe Unterkapitel 1, D) legte TEAM den Zehntklässlern der Gesamtschule Orscholz auch die Frage vor: Hältst du die EU für eine gute Sache oder eher nicht? Hier einige der Antworten:

„Ja, die EU ist eine gute Sache, da so alle an einem Strang ziehen. In einer Gemeinschaft kann man Probleme viel besser lösen als alleine. Ich fände es besser, wenn die Briten in der EU geblieben wären." (w) (16 Jahre)

„Das Leben in einer gleichberechtigten Gemeinschaft mit gemeinsamen Regeln ist für alle Beteiligten das Beste und für die Menschen das Friedvollste. So stützt man sich gegenseitig." (m) (16 Jahre)

„Mir ist die EU eigentlich egal. Hauptsache, es gibt keinen Terror und keinen Krieg." (m) (16 Jahre)

Stellungnahmen aus Portfolios

Am Ende ihrer Beschäftigung mit der EU haben sich Schülerinnen und Schüler der Ludwig-Simon-Gesamtschule in Trier dazu geäußert, was die Beschäftigung ihnen gebracht hat und wie sie über die EU denken.

„Die Regierungen der Mitgliedstaaten arbeiten in vielen Politikbereichen eng zusammen. In der EU werden Gesetze so gemacht, als wären es unsere eigenen Gesetze. Dass diese dann überall in der EU in gleicher Weise gelten, finde ich gut und wichtig."
(Anja Hohensee, 15 Jahre)

„Wenn morgens der Wecker klingelt, denke ich jetzt öfter daran, wie sehr die EU in mein Leben eingreift, bis ich das Haus verlasse. Dass mein Duschwasser sauber ist, hat die EU geregelt, und auch um das Abwasser kümmert sie sich. Im Kühlschrank finde ich Produkte, die ich dem Binnenmarkt zu verdanken habe. Ich finde, das ist ganz schön viel, was die EU schon in der ersten Stunde des Tages für uns leistet."
(Katja Wallrich, 16 Jahre)

„Es macht Spaß, gut Bescheid zu wissen über die EU und dass man die EU anderen erklären kann. In der EU gibt es viele Probleme, aber es gibt auch viele Sachen, die angenehm sind, z. B., dass man reisen und überall in der EU arbeiten kann."
(Markus Großmann und Björn Müller, beide 16 Jahre)

1. Wähle eine oder mehrere Schülermeinung(en) aus, mit denen du übereinstimmen kannst, und stelle sie vor.

2. Wie fällt deine spontane Antwort auf die Frage in der Schülerbefragung aus? Formuliere sie.

B Die EU im Urteil der Bevölkerung

In der sogenannten Eurobarometer-Umfrage werden in Jahresabständen europaweit die Menschen in Europa zu ihren Ansichten über die EU befragt. Die folgenden Ergebnisse stammen aus der Umfrage 2016.

Tipp: Achte beim Lesen besonders auf die Zahlen.

Die Europäerinnen und Europäer betrachten Einwanderung und Terrorismus als die wichtigsten Herausforderungen, vor denen die EU steht. Dies sind zwei der wichtigsten Ergebnisse der Standard-Eurobarometer-Umfrage, die in der EU durchgeführt wurde. [...] Für den Bereich Migration (= Einwanderung) wünschen sich 67 % der Europäerinnen und Europäer eine gemeinsame europäische Migrationspolitik. 58 % Prozent befürworten die Zuwanderung von Menschen aus anderen EU-Mitgliedstaaten. [...]

79 % der Europäerinnen und Europäer befürworten die „Freizügigkeit der EU-Bürgerinnen und -Bürger, die überall in der EU leben, arbeiten, studieren und Geschäfte tätigen können". [...]

Darüber hinaus betrachten die meisten Europäerinnen und Europäer (56 %) den freien Verkehr von Waren und Dienstleistungen innerhalb der EU als eine der größten Leistungen der EU, neben der Friedensstiftung unter den Mitgliedstaaten.

68 Prozent der Europäerinnen und Europäer sind der Meinung, dass die Stimme der EU in der Welt zählt. [...] Das Vertrauen in die EU ist größer als das Vertrauen in die nationalen Regierungen. Der Anteil der Befragten, die der Europäischen Union ihr Vertrauen aussprechen, ist auf 33 % gestiegen.

Im Durchschnitt liegt das Niveau des Vertrauens in die nationalen Regierungen konstant bei 27 %. Ein unveränderter Anteil (38 %) der Europäerinnen und Europäer haben ein neutrales Bild von der EU. Beim Thema Energie befürworten 70 % der Europäerinnen und Europäer eine gemeinsame Energiepolitik der EU-Mitgliedstaaten. 56 % der Umfrageteilnehmerinnen und -teilnehmer unterstützen darüber hinaus einen digi-

talen Binnenmarkt in der EU.*

Ein positives Bild von der EU haben 34 % der Befragten gegenüber 27 % mit einer negativen Einstellung. [...] Zwei Drittel der Europäerinnen und Europäer (66 %) fühlen sich als Bürgerinnen und Bürger der EU. Insgesamt wurden 31946 Personen in allen EU-Mitgliedstaaten befragt.

(Aus: Pressemitteilung der Europäischen Kommission vom 29.07.2016, http://ec.europa.eu © Europäische Union, 1995–2017. Für die Wiedergabe und Anpassung ist allein das Bildungshaus Schulbuchverlage Westermann verantwortlich; Zugriff: 10.10.2016)

*Beim digitalen Binnenmarkt besteht das Ziel gemeinsamer europäischer Politik darin, bessere Rahmenbedingungen für den europaweiten Internethandel zu schaffen. Erforderlich sind dazu z.B. Erleichterungen im europaweiten Paketversand und der Ausbau schnellerer Internetverbindungen.

(Anmerkung des Autors)

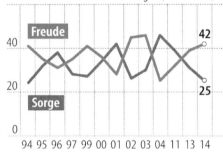

Was Europa bedeutet

Sehen Sie es auch so, dass man nur durch die Einheit Europas den Frieden in Europa dauerhaft sichern kann? (in Prozent)

Bevölkerung insgesamt
20 Nein | Ja 65

Befragte, die sich durch Russlands Verhalten in der Ukraine nicht bedroht fühlen
18 | 69

Befragte, die sich durch Russlands Verhalten in der Ukraine bedroht fühlen
24 | 60

Ist die Einigung Europas, die EU, für Sie eher Anlass zur Freude oder zur Sorge? (in Prozent)

Freude 42
Sorge 25

94 95 96 97 99 00 01 02 03 04 11 13 14

Quelle: Institut für Demoskopie Allensbach   F.A.Z.-Grafik Walter

1. Nenne die wichtigsten Herausforderungen, welche die Menschen in Europa für die EU sehen.

2. Wie steht es um die Zustimmung zu den im Text genannten Leistungen der EU und zur EU insgesamt? Erläutere dazu die Umfrageergebnisse.

3. Was fällt dir beim Betrachten der Kurven für Freude und Sorge im Schaubild auf? Beschreibe deine Beobachtung.

4. Herausforderungen, Leistungen, die EU im Gesamturteil: Wie fällt deine Stellungnahme zur EU anhand dieser Kriterien aus? Schreibt dazu eure persönlichen Texte und stellt sie einander vor.

Die Europäische Union – Erfolge, Krisen und Herausforderungen

Station 1

Europa im Alltag

Fehlurteile korrigieren

„Ich als Normalbürger habe mit der EU überhaupt nichts zu tun, noch habe ich irgendeinen Vorteil davon!"

- Weise Herrn Kleinschmidt an mindestens fünf Merkmalen nach, dass die Europäische Union doch in sein alltägliches Leben hineinwirkt.

Station 2

Die Europäische Union: Was ist das eigentlich?

4 Aussagen – 3 Blöcke

Aus jedem der drei Blöcke musst du hier eine Teilaussage entnehmen und daraus vier Merksätze über die EU formen.

- A Die Europäische Union ist …
- B Der europäische Binnenmarkt ist …
- C Ein wichtiges Jahr zur Erweiterung der EU war …
- D EU-Bürgerinnen und Bürger haben das Recht, …

1. … das Jahr 2004, weil in diesem Jahr …
2. … in der EU ungehindert zu reisen und …
3. … ein Gebiet mit freiem Waren-, Dienstleistungs-, Personen- und Kapitalverkehr ohne Grenzen für alles, was …
4. … ein Zusammenschluss demokratischer europäischer Staaten, die sich …
5. … sich im wirtschaftlichen Geschehen von einem Ort zum anderen bewegen will.
6. … ihren Wohnort im Gebiet der EU frei zu wählen.
7. … zehn neue Mitgliedstaaten in die Gemeinschaft aufgenommen wurden.
8. … der Wahrung des Friedens, der Freiheit und dem Streben nach gemeinsamem Wohlergehen verschrieben haben.

Station 3

Wie wird in Europa für Europa Politik gemacht?

5-mal richtig – 3-mal falsch

Finde die richtigen Aussagen und notiere sie in dein Heft.

Das Europäische Parlament …
1. ist die demokratische Volksvertretung der Bürgerinnen und Bürger in der EU.
2. hat das alleinige Recht, Gesetze vorzuschlagen.
3. wird alle fünf Jahre gewählt.
4. ist gemeinsam mit dem Ministerrat der Gesetzgeber der EU.
5. ist an Aufträge und Weisungen der nationalen Parlamente in den Mitgliedstaaten gebunden.
6. besteht aus Abgeordneten aus den Mitgliedstaaten, deren Anzahl von der Bevölkerungszahl des Landes abhängt.
7. hat seinen Sitz in Brüssel und Straßburg.
8. wurde 2012 zum ersten Mal gewählt.

Station 4

Die Europäische Währungsunion

Argument – Gegenargument

Es gibt Menschen, die die europäische Währungsunion und den Euro am liebsten wieder abschaffen würden. Sie sind der Ansicht, dass es besser wäre, wenn jedes Land seine eigene Währung hätte.

Die Befürworter des Euro betonen, dass der Euro viele Vorteile mit sich bringt.

- Welche Vorteile des Euro kann man nennen? Notiere 3, 4 oder gar 5.
- Wie denkst du über die Vor- und Nachteile des Euro für dich persönlich und für die Mitgliedstaaten der Währungsunion? Formuliere deine Argumente.

Station 5

S M U H

Europa — Jugend ohne Job

Ideenbörse

„Unsere Jugend braucht Jobs und sie braucht sie jetzt. Es ist inakzeptabel, dass über 20 Prozent der jungen Menschen auf dem Arbeitsmarkt (in der EU) derzeit keine Stelle finden."

Marianne Thyssen, Kommissarin für Soziales in der EU

- Was können die Mitgliedstaaten gemeinsam zur Bekämpfung der Jugendarbeitslosigkeit in der EU tun?

Finde zwei Ideen für wirkungsvolle Maßnahmen.

Station 7

S M U H

Die EU im Urteil der Bürgerinnen und Bürger?

1, 2, 3 oder 4

Wähle eine oder mehrere der folgenden Aussagen aus und verfasse dazu einen Text, in dem du deine persönliche Ansicht wiedergibst und begründest.

> Darin sehe ich wichtige Leistungen der EU: ...

> Darin sehe ich große Herausforderungen für ihre Zukunft: ...

> Folgende Probleme sollten die Mitgliedstaaten gemeinsam lösen: ...

> Die Mitgliedschaft in der EU halte ich für wichtig, weil ...

Station 6

S M U H

Herausforderung Flüchtlingskrise

Eigene Gedanken zu einer Karikatur formulieren

Welche Verbindung kannst du herstellen zwischen den Begriffen:
Syrien – Europa – Wasser – Flut – Haustür?

Erläutere die Zusammenhänge mithilfe der Karikatur.

Burkhard Mohr

Welche Auswirkungen hat die Globalisierung auf Alltag, Wirtschaft und Politik?

1. Allein nachdenken

Welche Gedanken löst das Foto in dir aus?

2. Zu zweit beraten

Wie denkt ihr über Globalisierung: eher positiv oder eher negativ?

3. In der Klasse sammeln

Globalisierung gehört längst zu unserem Alltag. Wie beeinflusst sie euer Leben?

Im Verlauf dieses Kapitels könnt ihr ...

- anhand von Beispielen wirtschaftliche, politische und kulturelle Merkmale der Globalisierung beschreiben und die Folgen des Prozesses erklären,
- die Rolle der Global Player in der globalisierten Wirtschaft erläutern und dazu Stellung nehmen,
- in der Rolle der Geschäftsleitung entscheiden, in welchem Land ein neues Produktionswerk gebaut werden soll,
- den Klimawandel als globale Herausforderung für alle Staaten der Welt beschreiben,
- in einer Talkshow den aktuellen Stand der Klimapolitik aus der Perspektive verschiedener Staaten bewerten.

Eigene Schwerpunkte könnt ihr setzen, indem ihr ...

- Karikaturen zur Globalisierung interpretiert,
- in einem Szenario Zukunftsbilder für den Klimawandel und seine Folgen entwickelt.

1 Wie erleben wir die Globalisierung im Alltag?
Einflussfaktoren ermitteln, visualisieren und bewerten

Auf dieser und der nächsten Doppelseite findet ihr Beispiele aus vier Bereichen. Ihr könnt die Materialien arbeitsteilig in Gruppen bearbeiten:

- Lest zunächst in Einzelarbeit ein Material und formuliert Antworten auf die Arbeitshinweise.
- Bildet Gruppen, die sich aus je einem Bearbeiter der Beispiele 1 bis 4 zusammensetzen.
- Stellt der Reihe nach den Inhalt eures Materials und die Antworten auf die Arbeitsaufträge vor.
- Fasst eure Arbeitsergebnisse z. B. in einer Mindmap zusammen und präsentiert sie vor der Klasse.

A Vernetzte Welt

Antriebsmotor und gleichzeitig wichtigster Treff- und Knotenpunkt in einer globalen Welt ist das Internet. Am PC, per Handy oder iPad haben wir rund um die Uhr Zugriff: auf alles, was sich in der Welt tut. Die ganze Welt ist online. Egal, wo und wann – alle sind immer erreichbar, alles, was geschieht, können wir zeitgleich in Wort und Bild per Liveticker, bei Twitter oder Facebook nachvollziehen und diskutieren. Das Konzert unserer Lieblingsband, das gestern in Toronto stattgefunden hat, können wir heute schon per Livemitschnitt in YouTube anschauen. Die Opernpremiere an der Met in New York wird im Kino nebenan live auf einer Großbildleinwand übertragen. Für die Generation Internet hat die Welt kaum noch Grenzen.

(Aus: www.globalisierung-fakten.de, verfasst von Manuel Fuchs, Zugriff: 17.08.2016)

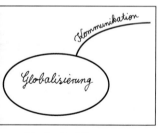

*Eine Begriffserklärung zu Globalisierung findet ihr im Glossar.

Allein zu Hause und doch unter Freunden – dank sozialer Netzwerke im Internet

Nachhilfe aus dem Netz

Menschen sind heute auf eine Weise verbunden, die noch vor zehn Jahren niemand für möglich gehalten hätte. Zum Beispiel Yasmeen aus Richmond im amerikanischen Bundesstaat Virginia braucht wie viele Kinder Hilfe bei den Hausaufgaben, besonders in Mathe. Die bekommt sie von Dixie. „Sie ist meine Lieblingsnachhilfelehrerin", sagt Yasmeen. Das Besondere: Die beiden haben sich noch nie gesehen. Dixie sitzt nicht mit Yasmeen am Schreibtisch, sondern am anderen Ende einer Internetverbindung, die durch Ozeane zur indischen Stadt Bangalore führt. [...]

Früher hatte die Schülerin einen Nachhilfelehrer, der tatsächlich mit ihr am Tisch saß. Doch der Unterricht bei Dixie ist genauso gut, nur eben viel günstiger, weil in Indien Miete, Essen und alles andere weniger kosten als in Amerika.

(Aus: Anette Dowideit u. a.: Generation global, in: Welt der Wirtschaft kinderleicht, Globalisierung, Carl Hanser Verlag, München 2011, S. 9 f.)

 Erkläre, was mit der Überschrift „vernetzte Welt" gemeint ist.

 Was sagen die Beispiele von einem Konzert in Toronto und von Yasmeen über die Globalisierung aus? Erkläre den Zusammenhang.

 Jüngere Menschen empfinden es überwiegend als positiv, dass die ganze Welt online ist. Fallen dir auch Nachteile ein?

B Die globalisierte Wirtschaft

Einkaufen in aller Welt – gleich um die Ecke

Die erste Station ist der Supermarkt gleich um die Ecke, der frisches Obst und Gemüse in Hülle und Fülle im Angebot hat. Zu allen Jahreszeiten ist die Vielfalt groß, alle Preisklassen sind vertreten und es versteht sich von selbst, dass die meisten der angebotenen Sorten nicht auf den Bäumen in Nachbars Garten oder auf den Feldern lokaler Bauern wachsen, sondern aus aller Welt importiert werden: Avocados und Äpfel aus Neuseeland, Orangen aus Israel, spanische Clementinen und mexikanische Grapefruit, Kumquat, Mango, Papaya oder Ananas, Afrika, Asien, Lateinamerika, es gibt nichts, was es nicht gibt. Oftmals haben wir sogar Früchte in der Hand, von denen wir nicht einmal wissen, wie man sie verspeist oder zubereitet – geschält oder ganz, püriert, roh oder gekocht?

Jederzeit, immer und überall und vor allem preiswert

Die große, immer verfügbare Vielfalt ist für uns so selbstverständlich geworden, dass wir uns nur selten Gedanken darüber machen, wo und unter welchen Umständen Gemüse und Obst produziert werden. Als vor einiger Zeit in unterschiedlichen Schulen, Betrieben und Kindertagesstätten Menschen an einer äußerst unangenehmen Darminfektion erkrankten, fiel der Verdacht sehr schnell auf das in den Kantinen angebotene Essen, das von einem gemeinsamen Caterer geliefert wurde. Ein wenig länger dauerte es, bis klar war, woher genau der Erreger stammte.

Des Rätsels Lösung fand sich dann in den Erdbeeren, die aus China importiert worden waren. Das Erstaunen war groß: Erdbeeren im Winter? Aus China? Viele Menschen hörten jetzt zum ersten Mal davon, dass China der weltgrößte Erdbeerproduzent ist. Warum, so fragte sich der eine oder andere, wird im Winter in einer Kantine Erdbeerkompott zum Nachtisch angeboten statt Ap-

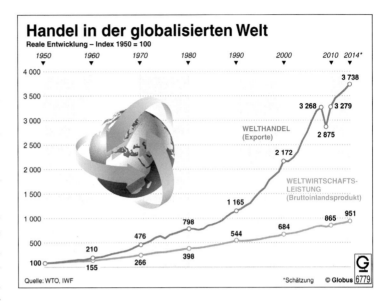

Handel in der globalisierten Welt
Reale Entwicklung – Index 1950 = 100

WELTHANDEL (Exporte): 155, 210, 266, 398, 476, 544, 798, 1 165, 2 172, 2 875, 3 268, 3 279, 3 738

WELTWIRTSCHAFTSLEISTUNG (Bruttoinlandsprodukt): 100, 266, 398, 684, 865, 951

Quelle: WTO, IWF   *Schätzung   © Globus 6779

felbrei, der in dieser Jahreszeit in unseren Breiten sehr viel naheliegender wäre? Die Antwort ist einfach: Für Großküchen ist es offensichtlich billiger, Erdbeeren aus China zu importieren, als Äpfel auf dem heimischen Markt zu kaufen.

Die Lebensmittelindustrie ist nur ein Beispiel für ein Phänomen, das sich quer durch alle Produkt- und Warenbereiche beschreiben lässt. Das Auto, das wir fahren, wird möglicherweise in Bochum, München oder Stuttgart endmontiert – die Komponenten, aus denen es besteht, können jedoch von Zulieferern aus der ganzen Welt stammen: Polen, Südkorea, Rumänien oder von den Philippinen. Produziert wird immer da, wo es am schnellsten und vor allem am billigsten geht.

(Nach: www.globalisierung-fakten.de, Zugriff: 17.08.2016)

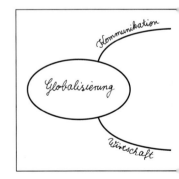

---

1. Erkläre, warum wir heute im Supermarkt „in aller Welt" einkaufen können.

2. Erläutere die Folgen der Globalisierung für die Verbraucher, die Umwelt und die Beschäftigten in Billiglohnländern.

3. Analysiere das Schaubild zum Thema Handel. Beschreibe dazu den Verlauf der beiden Kurven. Erkläre auch die Begriffe „Export" und „Bruttoinlandsprodukt".

C Kultur – die Welt als globales Dorf

Traditionen verblassen

Das rosa gestrichene Zimmer der 13-jährigen Jiang Yufei in Shanghai hängt voller Poster taiwanesischer Popstars und ihrer Lieblingssängerin Avril Lavigne, sie hat einen iPod und mag Pizza und Burger.

Aus dem Fenster im 15. Stock sieht sie auf die Türme der Megametropole. „Ich liebe große Städte", sagt sie. „Da kann man am besten shoppen." Nur 35 Yuan – knapp vier Euro – bekommt sie Taschengeld pro Woche, aber dafür von Verwandten ein paar Tausend an hohen Feiertagen wie dem chinesischen Neujahrsfest. Jiang ist ein aufgewecktes Mädchen mit runder Brille, Pferdeschwanz und Nike-Turnschuhen. „Sie ist schon so weit, dass sie sagt: Adidas mag ich nicht. Ich möchte Nike-Schuhe, die sind bequemer", sagt ihre Mutter. „Sie kann leicht an einem Tag 100 oder 200 Yuan ausgeben." [...]

Seit Geld und Güter fast ungehindert und in immer schnellerem Tempo um den Erdball jagen, breitet sich der westliche Lebensstil in immer mehr Ländern und Kulturen aus. Die Menschen vergessen althergebrachte Traditionen, sagen Kritiker. Stattdessen huldigen sie Coca-Cola, Sony oder Nike. [...]

Musik verbindet

Für den 31-jährigen Aniruddha Shanbhag lässt sich die Globalisierung in drei Buchstaben zusammenfassen: MTV. Anfang der 90er-Jahre bekam er in seiner Heimat in Indien erstmals den amerikanischen Musiksender zu sehen. Und die Videos amerikanischer und europäischer Bands haben das südasiatische Land ebenso verändert wie viele andere Regionen der Welt: Statt für die traditionelle Musik ihres Landes interessierten sich Jugendliche wie Aniruddha plötzlich für Bands wie Metallica und Nirvana. Und statt eines klassischen indischen Wickelrocks trugen junge Leute lieber absichtlich geschlitzte Jeans. Kurz nach MTV kam auch Coca-Cola nach Indien und in den vergangenen Jahren folgte die Burgerkette.

Unter dem Eindruck von MTV ist Aniruddha Toningenieur geworden, dann hat er für einen Internetshop Musik-CDs aus anderen Ländern eingekauft. Inzwischen verkauft er Versicherungen für eine Tochterfirma des deutschen Allianz-Konzerns. Sieben Sprachen hat sich Aniruddha nebenbei angeeignet. Auf Deutsch bringt er nur ein paar Worte über die Lippen, aber er kennt Bayern München.

(Aus: Anette Dowideit u. a.: Generation global, in: Welt der Wirtschaft kinderleicht, Globalisierung, Carl Hanser Verlag, München 2011, S. 8 und 10)

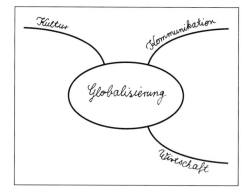

1. Yuan – was ist das? Erkläre es.

2. Erläutere am Beispiel Jiang Yufeis und Aniruddhas, welchen Einfluss die Globalisierung auf ihren Lebensstil hat.

3. Wie haben sich die Einstellungen zu Traditionen verändert? Ermittle Hinweise dazu.

D Globale Umweltprobleme

Die Weltbevölkerung hat sich seit 1950 fast verdreifacht, der Wasserkonsum etwa versechsfacht.

Wenn die Rede davon ist, dass Wasser knapp wird, geht es zunächst einmal um Menschen, die Durst leiden. Nahezu eine Milliarde Menschen müssen verseuchtes Wasser trinken, weitere 2,3 Milliarden leiden unter Wassermangel. Wie sollen immer mehr Menschen mit immer weniger Wasser ernährt werden?

Aber es geht eben längst nicht nur um Menschen in Entwicklungsländern. Es geht auch um die gewaltigen Waldbrände in Kalifornien, die durch Dürren begünstigt werden, um die verdörrenden Anbaugebiete in Spanien, die Geschäfte von globalen Konzernen. In gigantischem Ausmaß wird Wasser verschwendet, um Profite zu machen und Landwirtschaft an Orten zu betreiben, wo sie nicht hingehört. 70 Prozent des Wassers, das weltweit verbraucht wird, fließen in die Landwirtschaft.

Beispiel Spanien: Landwirtschaft plündert die letzten Wasserreserven

Der Boden ist rissig, nur niedrige Stachelbüsche mit harten Blättern wachsen hier. Die Sonne brennt auf den feinen Sand, der sich in den Furchen sammelt: Der Oberlauf des Arroyo de la Rocina ist ausgetrocknet, und das schon seit Sommerbeginn. Willkommen in Andalusien, im größten Erdbeeranbaugebiet Spaniens.

Im Frühling glitzert hier ein Plastikmeer, so weit das Auge reicht – überall Folien zum Schutz der Ware, die zu großen Teilen in Deutschland landet. Und deutsche Verbraucher, die spanische Erdbeeren kaufen, tragen dazu bei, dass es in Spanien eines Tages so zugehen könnte wie heute schon in Kalifornien.

Länder wie Deutschland, die selbst keine Wassernot kennen, sollten die Einfuhr von Produkten hinterfragen, welche die Wasserversorgung im Herkunftsland gefährden.

Eine Welt, die aus den Fugen gerät, kann auch Deutschland nicht kaltlassen. Es geht,

zuallererst, um Menschlichkeit und Verantwortung, um Milliarden, die für Wasser kämpfen müssen, während wir im Überfluss leben. Es geht dann um die Frage, wie sich Wasserkriege und Hungersnöte verhindern lassen, die nächsten Flüchtlingskrisen. Mit dem Klimawandel rückt auch die Wasserkrise näher, sie erreicht nach dem weit entfernten Kalifornien auch die südlichen Länder Europas und selbst Deutschland muss, zumindest im Süden, vermehrt mit Dürren rechnen.

(Nach: Nicola Abé u. a.: Bis zum letzten Tropfen, in: Der Spiegel, 33/2015, S. 9 f.)

Sauberes Wasser – in einigen Regionen der Welt im Überfluss vorhanden, in anderen Gegenden äußerst knapp, wie hier in Indien, wo die Menschen in langen Schlangen um Trinkwasser anstehen.

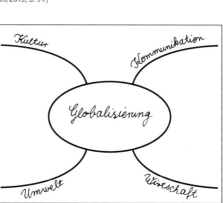

 Beschreibe den Zusammenhang zwischen der Entwicklung der Weltbevölkerung und dem Konsum von Wasser.

 Erläutere, warum Wasserknappheit ein globales Problem ist.

 Die Autorin des Textes vertritt die These, dass auch Deutsche Verantwortung im Umgang mit Wasserknappheit übernehmen müssen – obwohl es hier Wasser im Überfluss gibt. Wie begründet sie diese Forderung und wie bewertest du sie?

E Globalisierung

1. Erkläre die vier im Text genannten Aspekte der Gobalisierung in jeweils einem Satz.

2. Erläutere die Ursachen für Globalisierung.

3. Die meisten von euch planen zurzeit ihre berufliche Zukunft. Überlege, welche Kompetenzen global tätige Unternehmen von Bewerbern um Ausbildungsplätze erwarten.

Definition

Seit Anfang der 90er-Jahre spricht man von Globalisierung. Man bezeichnet damit den weltweiten Prozess des wirtschaftlichen Zusammenwachsens, bei dem Produktion und Handel in den verschiedenen Ländern immer stärker voneinander abhängig werden. Nationale Grenzen spielen für die Wirtschaft eine zunehmend geringere Rolle. In diesem Zusammenhang fällt häufig auch das Schlagwort *Weltbinnenmarkt*. Damit möchte man zum Ausdruck bringen, dass durch die engen wirtschaftlichen Verflechtungen die ganze Welt ein einziger, beinahe grenzenloser Markt geworden ist.

Ursachen

Produktion und Handel weit über die Grenzen von Staaten hinweg ist nichts Neues. Das gab es schon zu Zeiten von Kolumbus. Neu an der Globalisierung ist, dass nicht nur Waren und Dienstleistungen in bisher unbekanntem Ausmaß weltweit produziert und verkauft werden, sondern auch Geldströme frei von allen Beschränkungen dorthin fließen, wo sie den höchsten Profit erzielen. Ermöglicht wurde diese Entwicklung durch eine Reihe technischer Neuerungen. So hat z. B. die Entwicklung des Internets den weltweiten Austausch von Informationen erheblich vereinfacht: Per E-Mail und in firmeneigenen Computernetzen (Intranet) können heute auch weit entfernte Gesprächspartner schnell und unkompliziert miteinander kommunizieren. Durch die Verbreitung des Mobilfunks sind immer mehr

Menschen rund um die Uhr erreichbar. Diese Entwicklungen meint man, wenn von der *vernetzten Welt* die Rede ist. Neuerungen auf dem Gebiet des Transport- und Verkehrswesens erleichterten den Warentransport und senkten die Transportkosten. Zur gleichen Zeit wurde der Außenhandel in vielen Staaten vereinfacht, indem man Handelshemmnisse wie Zölle und Einfuhrbeschränkungen abbaute.

Weitere Dimensionen

Im weiteren Sinn umfasst der Begriff Globalisierung auch folgende Entwicklungen:

Welt als globales Dorf: Dieses Schlagwort benutzt man, um weltweite gesellschaftliche Trends zu charakterisieren: etwa die globale Verbreitung von Konsumgewohnheiten, der Popmusik, von Essgewohnheiten oder Modeströmungen. Nationale Eigenheiten verlieren zunehmend an Bedeutung.

Welt als Risikogemeinschaft: Gefährdungen wie Umweltverschmutzung, Armut, Kriege, Flüchtlingsströme bedrohen die Menschen grenzüberschreitend und erfordern internationale politische Zusammenarbeit, um diese Probleme zu lösen.

Reaktionen

Anfang der 90er-Jahre löste die Globalisierung eine weltweite Aufbruchstimmung aus. Viele sahen ein neues Zeitalter heraufziehen, das für viele Menschen neue Arbeitschancen und Wohlstand bringen könne. Inzwischen haben viele Menschen auch negative Auswirkungen der weltweiten Verflechtung zu spüren bekommen. Doch ist klar, dass sich die Globalisierung nicht mehr rückgängig machen lässt. Es geht vielmehr darum, den Prozess der Globalisierung politisch und wirtschaftlich so zu gestalten, dass möglichst viele Menschen auf der Erde davon profitieren.

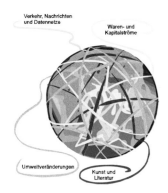

Verkehr, Nachrichten und Datennetze

Waren- und Kapitalströme

Umweltveränderungen

Kunst und Literatur

Gerhard Mester

Thomas Plaßmann

Klaus Stuttmann

Gerhard Mester

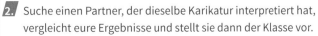

1. Wähle eine Karikatur aus, die dich besonders anspricht, und interpretiere sie mithilfe der Vier-Fragen-Deutung:
   - Auf welches Problem bezieht sich die Karikatur?
   - Was ist dargestellt?
   - Was will der Zeichner ausdrücken/kritisieren?
   - Wie bewertest du die Aussage der Karikatur?

2. Suche einen Partner, der dieselbe Karikatur interpretiert hat, vergleicht eure Ergebnisse und stellt sie dann der Klasse vor.

2 Die ganze Welt ein einziger Markt: Wer gewinnt, wer verliert?

Eine Standortentscheidung treffen

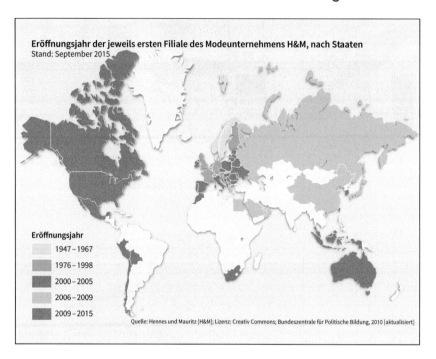

Eröffnungsjahr der jeweils ersten Filiale des Modeunternehmens H&M, nach Staaten
Stand: September 2015

Eröffnungsjahr
- 1947 – 1967
- 1976 – 1998
- 2000 – 2005
- 2006 – 2009
- 2009 – 2015

Quelle: Hennes und Mauritz (H&M); Lizenz: Creativ Commons; Bundeszentrale für Politische Bildung, 2010 (aktualisiert)

Baumwolle aus Texas

Die Spur des billigen T-Shirts beginnt im Westen in Texas. Dort wird in riesigen Farmen Baumwolle angebaut. Geerntet wird die Baumwolle von neu entwickelten Erntemaschinen, die die Arbeit von 300 Baumwollpflückern übernehmen können. In Amerika leben 19 000 Baumwollbauern. In den vergangenen zehn Jahren erhielten sie 25 Milliarden Dollar vom Staat. Angelockt von diesem Geld, bauten sie jedes Jahr genug Baumwolle für zehn Milliarden T-Shirts an. Die Baumwolle wurde billiger. Das T-Shirt auch. Das scheint das erste Geheimnis hinter den 4,99 Euro zu sein.

A Die Rolle der Global Player

Als Global Player bezeichnet man Konzerne, die in vielen Ländern der Welt Waren oder Dienstleistungen produzieren und verkaufen. Sie gelten als das Herz der globalisierten Wirtschaft. Die typischen Merkmale eines Global Players könnt ihr euch am Beispiel des schwedischen Modekonzerns Hennes & Mauritz erarbeiten.

Das Beispiel H & M

Das T-Shirt liegt auf dem Tisch. Am Kragen sind ein H und ein M in den Stoff geprägt. Die beiden Buchstaben sind das Zeichen eines Weltreichs. Es umfasst 61 Länder, 3 900 Geschäfte. Müsste man die Kleidung von H & M in einem Satz beschreiben, würde man sagen: Sieht gut aus und kostet fast nichts. Am günstigsten ist das T-Shirt. Es kostet 4,99 Euro [Stand 2016].

Fabriken in Bangladesch

Nach der Ernte wird die Baumwolle auf ein Schiff verfrachtet und in Fabriken in Asien weiterverarbeitet. H & M besitzt hier keine eigenen Fabriken, sondern lässt Zulieferfirmen die Arbeit erledigen. So ist es finanziell am günstigsten. 3 000 solcher Zulieferfabriken gibt es z. B. in Dhaka, der Hauptstadt Bangladeschs. Dulal Brothers Limited z. B. verarbeitet am Tag 50 Tonnen amerikanische Baumwolle, das entspricht 125 000 T-Shirts. Fast die Hälfte verkauft man an H & M. Seit Monaten produzieren sie das T-Shirt, seit Monaten arbeiten die Näherinnen zehn, zwölf Stunden am Tag, sechs, sieben Tage die Woche. Das T-Shirt scheint sich gut zu verkaufen in den H & M-Filialen in New York, Hamburg, Hongkong. Rund 50 Euro im Monat bekommt eine ungelernte Näherin, die Überstunden sind schon drin. Davon kann man auch in Bangladesch nicht leben. Das ist das nächste Geheimnis des billigen T-Shirts.

Transport in Containerschiffen

Jetzt geht es darum, das T-Shirt möglichst günstig nach Europa zu bringen, von Dhaka nach Deutschland. 7300 Kilometer Luftlinie. Ein T-Shirt übers Meer zu schicken war früher teuer. Heute kostet die Strecke von Bangladesch nach Deutschland rund 2800 Euro pro Container. Große Kunden bekommen Rabatt. Knapp 34000 T-Shirts passen hinein. Der Container hält den Preis niedrig. Das ist ein weiteres Geheimnis des billigen T-Shirts. Wenn das T-Shirt nach drei Wochen auf See in Deutschland ankommt, wird H & M für Rohstoff, Herstellung und Transport insgesamt nur etwas mehr als 1,40 Euro bezahlt haben.

Auf dem Etikett des T-Shirts steht „Made in Bangladesch", der Großteil des Geldes aber wird in Deutschland bleiben.

Am Ende steht ein Gewinn von etwa 60 Cent pro T-Shirt. Bedenkt man, dass H & M weltweit viele Millionen davon verkauft, bedeutet das: Man kann mit billigen T-Shirts viel Geld verdienen. Man kann das T-Shirt jetzt in Moskau und Istanbul kaufen, in Shanghai und Seoul.

(Zusammengefasst und Zahlen aktualisiert [Stand 2016] nach: Wolfgang Uchatius: Das Welthemd, in: Die ZEIT, 16.12.2010, S. 23–25)

… und wer hat heute das Sagen?

Horst Haitzinger

für sie am niedrigsten sind. Dort bezahlen sie häufig so niedrige Löhne, dass die Menschen davon nicht leben können.

- *Schädigung der Umwelt:* Sie umgehen strenge Umweltgesetze, indem sie ihre Fabriken in Ländern bauen, in denen die Behörden es nicht so genau nehmen – das ist wiederum meistens in armen Ländern der Fall.
- *Steuertricks:* Sie bezahlen viel zu wenig Steuern in ihren Stammländern, weil sie mit Tricks ihre Gewinne in Ländern mit sehr niedrigen Steuern verlagern.

B Warum sind Global Player umstritten?

„Die Welt ist unser Spielfeld", schreibt die Sportartikelfirma Adidas auf ihrer Homepage. Das trifft auf fast alle Global Player zu. Der Elektronikkonzern Siemens etwa ist in rund 190 Ländern vertreten, nur der UNO gehören mehr Staaten an. Rund 350000 Menschen arbeiten für den deutschen Konzern, die meisten davon im Ausland. Praktisch alle Markenprodukte, die wir benutzen, werden von Global Playern produziert. Obwohl diese aus unserem Alltag nicht mehr wegzudenken sind, sind Global Player seit vielen Jahren umstritten. Kritiker werfen ihnen vor allem drei Dinge vor:

- *Ausbeutung* von Menschen in armen Ländern: Sie produzieren dort, wo die Kosten

1. Beschreibe die drei im Fallbeispiel genannten Geheimnisse des billigen T-Shirts.

2. Betrachte die Karte: In welchen Kontinenten ist H & M inzwischen vertreten?

3. Erkläre am Beispiel von H & M die typischen Merkmale eines Global Players. Verwende dazu die Begriffe Arbeitsteilung in der Produktion, Produktionsstätten, Filialen, Transport und Preise.

4. Überprüft, ob euer Wissen ausreicht, um die Rolle der Global Player in der globalisierten Wirtschaft zu beurteilen.

Was auch noch interessant sein kann:

- nach einem Global Player in eurer Region im Internet recherchieren und das Unternehmen in einem Kurzporträt vorstellen.

C Wo soll das neue Werk der Klimex AG gebaut werden? – Eine Entscheidung aus der Sicht der Geschäftsleitung treffen

Neben dem Hauptwerk in Aumühle hat die Klimex AG ein Zweigwerk in den USA.

Auch kleinere Unternehmen verkaufen inzwischen weltweit ihre Produkte und haben im Ausland Niederlassungen errichtet. Für den unternehmerischen Erfolg ist die kluge Wahl eines neuen Standorts sehr wichtig. Am Beispiel der Klimax AG könnt ihr aus der Perspektive der Geschäftsführung eine Standortentscheidung treffen und begründen.

Ein neuer Standort wird gesucht

Die Klimex AG ist ein Familienunternehmen mit rund 4000 Beschäftigten mit dem Stammsitz in Aumühle, einer kleinen Stadt in Nordrhein-Westfalen. Sie produziert Klimaanlagen, die sie in der ganzen Welt verkauft. Im letzten Jahr hat die Forschungsabteilung eine energiesparende Klimanlage entwickelt. Von diesem Modell verspricht sich die Geschäftsleitung große Absatzchancen. Deshalb will sie neben der Produktion in Deutschland ein weiteres neues Werk im Ausland errichten. Die Geschäftsleitung will mit dem neuen Werk weitere Kunden gewinnen. Wenn es der Firma wirtschaftlich gut geht, können auch in Deutschland Arbeitsplätze gesichert werden.

Die Geschäftsführerin Beatrice Wohlfarth hat die leitenden Angestellten zu einer Sitzung eingeladen, bei der sie über den künftigen Standort des neuen Werks diskutieren will. Nach dem Gespräch will sie über den neuen Standort entscheiden.

Die Standpunkte

Während der Sitzung vertreten die leitenden Angestellten ganz unterschiedliche Standpunkte:

Stanislaus Kupitzki, Kaufmännischer Leiter

Ich bin für den Standort China. Wenn ich die Arbeitskosten vergleiche, so schneidet China mit Abstand am günstigsten ab. Allerdings kämpft das Land auch mit Umweltproblemen: Sowohl Luft als auch Gewässer sind stark verschmutzt. Wir müssen damit rechnen, dass dort womöglich die Umweltgesetze verschärft werden, das könnte uns viel Geld kosten. Unter Kostenaspekten schneidet auch Mexiko sehr gut ab. Doch kommt es dort immer wieder zu Unruhen, weil die Regierung im Kampf gegen die Drogenmafia versagt. Tschechien halte ich für zu teuer.

Lea Andresen, Technische Leiterin

Ich bin für Tschechien. Wir bieten Hightechprodukte an. Was nützen uns da billig produzierte Geräte in schlechter Qualität! Damit vergraulen wir unsere Kunden nur. Die Produktion unserer neuen Geräte ist besonders anspruchsvoll. Dazu brauchen wir vor allem hoch qualifizierte Facharbeiter, die zuverlässig und sorgfältig arbeiten und unsere hohen Qualitätsstandards kennen. Dort finden wir passendes Personal, das wir nicht erst langwierig ausbilden müssen. Die Suche nach Personal und die Ausbildung kosten schließlich auch viel Geld. In Tschechien kann bei Problemen in der Produktion einer unserer Mitarbeiter schnell vor Ort sein und die dortigen Kolleginnen und Kollegen unterstützen. Das ist in China nicht der Fall und in Mexiko finden wir meines Erachtens nicht das geeignete Personal.

Hussein Salmadi, Leiter des Vertriebs

Das Werk soll für uns doch bessere Absatzchancen eröffnen und neue Kunden in anderen Ländern gewinnen. Unter diesem Aspekt ist China für uns der interessanteste Markt. Dort leben über eine Milliarde Menschen. Das Land hat in den letzten Jahren einen wirtschaftlichen Aufschwung erlebt. Es gibt eine neue kaufkräftige Mittelschicht, die sicherlich bereit ist, für Klimageräte Geld auszugeben. Zudem ist es in einigen Regionen im Sommer sehr heiß. Über Mexiko könnten wir den südamerikanischen Markt erschließen, auch nicht schlecht. Tschechien liegt zu nah an Deutschland. Ob wir neue Märkte in Osteuropa erschließen können, ist fraglich. Russland z.B. hat Rohstoffe im Überfluss, die Sommer sind kurz, die Winter lang. Ich bin mir sicher, dass in Sibirien niemand unser neues Klimagerät kaufen wird.

Arbeitskosten im Vergleich Löhne und Personalnebenkosten 2014 je Arbeitnehmerstunde im verarbeitenden Gewerbe	
Deutschland	37,81 €
Tschechien	9,34 €
Mexiko	5,14 €
China	4,90 €
Zahlen: Institut der Deutschen Wirtschaft, Köln	

Was ist bei der Standortwahl wichtig?

Nähe zum Kunden: Dieses Kriterium spielt eine zunehmend wichtige Rolle bei der Entscheidung. Indem Unternehmen direkt in den Absatzgebieten produzieren, können sie sich besser auf die örtliche Nachfrage und die besonderen Wünsche der Kunden einstellen und direkt den Kontakt pflegen. Auch können sie auf Schwankungen der Nachfrage schnell reagieren.
Kosten: Dazu zählen vor allem Personalkosten, aber auch Kosten für den Bau, Rohstoffe, Energie und Maschinen.
Infrastruktur: Dabei zählen vor allem die Qualität des Straßennetzes, die Nähe zu Bahnhöfen und Häfen sowie gut erschlossene Gewerbegebiete.
Politische Kriterien: Aus Sicht der Unternehmen zählen vor allem politische Stabilität und eine funktionierende Rechtsordnung, falls es zu Gerichtsprozessen in dem Land kommt. Bestechlichkeit von Beamten und übermäßige Bürokratie können sich negativ auf eine Entscheidung auswirken.

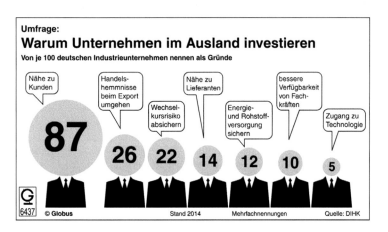

Umfrage:
Warum Unternehmen im Ausland investieren
Von je 100 deutschen Industrieunternehmen nennen als Gründe

Nähe zu Kunden **87**
Handelshemmnisse beim Export umgehen **26**
Wechselkursrisiko absichern **22**
Nähe zu Lieferanten **14**
Energie- und Rohstoffversorgung sichern **12**
bessere Verfügbarkeit von Fachkräften **10**
Zugang zu Technologie **5**

© Globus 6437 · Stand 2014 · Mehrfachnennungen · Quelle: DIHK

---

1. Welche Positionen vertreten die leitenden Angestellten in dem Gespräch? Erarbeite aus dem Text die Standpunkte und ihre Begründungen.

2. Triff eine Vorentscheidung und berücksichtige dabei auch die Grafiken und den Text im Kasten.

3. Tauscht euch mit einem Partner aus, einigt euch auf einen Standort und stellt eure Ergebnisse in der Klasse vor.

4. Mexiko, Tschechien oder China? Diskutiert in der Klasse in der Rolle der Geschäftsleitung.

5. Reflexion: Stillstand gilt in der Wirtschaft als Rückschritt. Welche Auswirkungen hat der globale Wettbewerb der Unternehmen auf die Geschäftsführung und die Beschäftigten von Unternehmen? Diskutiert darüber in der Klasse.

3 Was sind die Licht- und Schattenseiten der Globalisierung?

Chancen und Risiken beurteilen

A Problem Textilindustrie: Werden Arbeiterinnen und Arbeiter in Entwicklungsländern ausgebeutet?

Zahllose Frauen und Männer arbeiten in den asiatischen Textilfabriken zu Billiglöhnen unter teils menschenunwürdigen Arbeitsbedingungen, wie hier bei der Schuhproduktion für Nike in Vietnam.

Kleidung und Schuhe werden in der globalisierten Wirtschaft fast ausschließlich in Entwicklungsländern produziert, vor allem in China, Bangladesch und Indien. In letzter Zeit wird in westlichen Industrieländern diskutiert, ob die Arbeitsbedingungen in den Fabriken der Billiglohnländer unmenschlich sind. Der folgende Text schildert die Lebens- und Arbeitsbedingungen einer Familie in Bangladesch. Welche Gefühle löst er in euch aus?

Am Anfang ist das nur Lärm, ohrenbetäubender, nie endender, jedes Gespräch abwürgender Nähmaschinenlärm. Die Frauen schauen kurz auf, kurz nur, dann sind sie wieder bei der Naht, die ihnen zugeteilt wurde, Außennaht, Innennaht, Reißverschlussnaht, Hosentaschennaht, 50-, 70-, 100-mal die Stunde. Jede Frau eine Nähma-

schine, eine Frau vor der anderen, jede schmeißt ihr Bündel zur nächsten, bis ganz vorne in der ersten Reihe eine fertige Hose liegt, senfgelb, bordeauxrot, lavendelfarben. Je nachdem, was die Mädchen in den fremden Ländern gerade cool finden.

Wichtig ist, dass es schnell geht. […] Nichts spült so viel Geld nach Bangladesch wie die Textilindustrie […]. Und nichts hat so viel Leid gebracht. […] In den Slums von Mirpur, am Rand von Dhaka, leben Zehntausende, die in den Textilfabriken rundum arbeiten. In ihren Holzhütten, die auf wackeligen Stelzen über brackigem Wasser stehen, leben Familien auf zehn Quadratmetern.

Die Kinder hocken auf dem Holzbett, in dem sie alle zusammen schlafen. Die drei Kinder arbeiten wie 3,5 Millionen Menschen in diesem Land in der Textilbranche. Der Sohn ist 17, er arbeitet jeden Tag elf Stunden für 4 100 Taka, 39 Euro im Monat. Die ältere Tochter verdient ein bisschen mehr. Und die Kleine ist zwölf, sie arbeitet seit acht Monaten. „Es gibt viele bei uns, die kleiner sind als ich. In meiner Fabrik sind nur fünf Erwachsene." Sie schaut raus aus dem finsteren Zimmer, auf die wackeligen Plumpsklos, ein paar Meter entfernt. Alles hier fällt ins Wasser unter ihren Hütten.

Gleich hinter dem Kino ist ihre Fabrik. An den kleinmaschigen Gittern vor den Fenstern hängt zentimeterdick der Staub. Sie hört bei der Arbeit die Lieder aus dem Kino nebenan, manchmal, wenn die Geräte stillstehen. Sie ist zwölf Jahre alt, arbeitet von sechs Uhr morgens oft bis spät in die Nacht. Sie sagt, es ist eine gute Fabrik. Warum? „Weil sie die Mädchen mit der Hand schlagen, nur die Jungs mit dem Stock."

(Nach: Karin Steinberger: Streng und gnadenlos, in: Süddeutsche Zeitung, 11./12. Mai 2013)

1. Beschreibe die Lebens- und Arbeitsbedingungen der Textilarbeiterfamilien in Bangladesch.

B TEAM kontrovers: Sind wir als Verbraucher für die Zustände in asiatischen Fabriken mitverantwortlich? – Drei Vorschläge

1. Fair und nachhaltig hergestellte Kleidung kaufen

Ein T-Shirt für fünf Euro – angeblich die magische Preisschwelle bei Billigketten – kann genauso wenig fair und nachhaltig sein wie Schweinesteaks im Fünferpack bei Lidl für drei Euro. [...] Wer also mit gutem Gewissen Kleidung kaufen will, dem bleibt nicht erspart, sich mit ihrer Herstellung auseinanderzusetzen. Es gibt immer mehr Modemarken, die sich auf nachhaltig und fair hergestellte Klamotten spezialisieren.

(Nach: Jutta Maier: Kleidung darf nicht billig sein, in: www. fr-online.de; 21.9.2012, Zugriff: 18.08.2016)

2. Nationale Schutzgesetze

Alle Unternehmen wollen immer billiger produzieren und einen immer höheren Gewinn erzielen. Hier müssen die nationalen Regierungen Gesetze zum Schutz der Arbeiterinnen und Arbeiter vorlegen. Es ist höchste Zeit, dass Unternehmen für Verstöße gegen die Arbeits- und Menschenrechte bei den Zulieferern haftbar gemacht werden.

(Nach: Frauke Banse: Kampagne für saubere Kleidung, in: Brigitte 18/2013, S. 123)

3. Höhere Löhne für Textilarbeiterinnen und -arbeiter

Die Löhne in Bangladesch reichen für ein menschenwürdiges Leben nicht aus. Die Gewerkschaft ver.di hat ausgerechnet, dass ein T-Shirt oder eine Bluse nur 12 Cent mehr kosten würde, wenn jede Näherin im Monat 50 Euro mehr erhalten würde.

Ja, wir müssen uns für bessere Bedingungen einsetzen!

Jeder, der sich ein T-Shirt für fünf Euro kauft, weiß inzwischen, wie es hergestellt wird. Wenn wir solche Zustände dulden, sind wir mitverantwortlich. Die meisten von uns könnten sehr wohl mehr Geld für ein T-Shirt ausgeben, doch wir sind nicht bereit, Kleidung angemessen zu bezahlen. Wir müssen Druck auf Unternehmen ausüben, damit sie bessere Arbeitsbedingungen schaffen. Nur wenn wir Verbraucher das immer wieder fordern, wird sich etwas ändern.

Nein, darum können wir uns nicht kümmern!

Es ist zwar bedauerlich, was in Asien geschieht, doch das geht uns als Verbraucher nichts an. Es ist Aufgabe der Unternehmen und der Politik, für menschenwürdige Arbeitsbedingungen zu sorgen. Die Unternehmen sollen den Arbeiterinnen höhere Löhne zahlen – dann verdienen sie eben weniger. Die Menschen, die in Deutschland T-Shirts für fünf Euro kaufen, haben oft auch sehr wenig Geld.

 Was ist der Inhalt der drei Vorschläge? Fasse in eigenen Worten zusammen.

 Welche Forderungen an Verbraucher, Unternehmen und Regierungen ergeben sich aus den drei Vorschlägen?

 Formuliere einen eigenen Standpunkt zu der Diskussion um die Verantwortung von Verbrauchern und begründe ihn. Diskutiert anschließend in der Klasse darüber.

Was auch noch interessant sein kann:

- über die Arbeit von clean clothes recherchieren und eine Aktion in der Klasse vorstellen (www.saubere-kleidung.de). Die weltweite Kampagne setzt sich für angemessene Löhne und bessere Arbeitsbedingungen in der Textilindustrie ein.

273

C Bietet die Globalisierung überwiegend Chancen oder eher Risiken?

Wenn eine Entwicklung wie die Globalisierung die gesamte Gesellschaft erfasst, gibt es neben den Vorteilen auch Schattenseiten. Was jeweils überwiegt, könnt ihr auf dieser Doppelseite diskutieren.

1. Wirtschaft

Die Globalisierung hat vielen ehemals armen Ländern in Asien, Südamerika und Afrika einen Wirtschaftsaufschwung beschert. Das ist eine Chance für deutsche Unternehmen, für ihre Waren neue Absatzmärkte zu gewinnen und damit Arbeitsplätze zu sichern. Inzwischen verkaufen z. B. deutsche Autokonzerne mehr Autos in China als auf dem deutschen Markt. Doch bauen die Konzerne neue Produktionsstätten häufig im Ausland und nicht mehr in Deutschland. Deshalb haben sich in Deutschland auch viele Arbeitsplätze ins Ausland verschoben. Darunter leiden vor allem weniger Qualifizierte. Für sie wird es auch in Zukunft immer weniger Arbeitsplätze geben.

3. Kultur

Auf der ganzen Welt hören die Menschen dieselbe Musik, sehen die gleichen Filme und Fernsehsendungen. Auch die Essgewohnheiten werden immer ähnlicher. Heute können wir in Deutschland in Restaurants Gerichte aus fast allen Ländern der Welt essen. Der Kontakt mit anderen Kulturen hat unser Leben vielfältiger und bunter gemacht. Doch zunehmend geraten alte Traditionen in Vergessenheit, wird die heimische Kultur von einer Art Weltkultur verdrängt. Viele junge Menschen kennen die Traditionen und Bräuche ihrer Heimat nicht einmal mehr. Auf Reisen können wir feststellen, dass sich das Leben in den großen Städten der Welt immer mehr angleicht: ähnliche Geschäfte in den Innenstädten, ähnliche Restaurantketten usw. Das macht das Reisen weniger interessant.

2. Umwelt

Die Globalisierung hat für die Umwelt sowohl Fortschritte als auch neue Risiken gebracht. Einerseits ist das Bewusstsein gewachsen, dass Umweltprobleme, wie z. B. der Klimawandel, nur in weltweiter Zusammenarbeit gelöst werden können. Andererseits führt die Globalisierung zu einem dramatischen Anstieg der Umweltbelastungen. So sind z. B. in vielen Städten Chinas infolge des rasanten Wirtschaftswachstums die Luft, Böden und Gewässer so stark verschmutzt, dass mehr als eine Million Menschen pro Jahr an den Folgen der Umweltschäden vorzeitig sterben. Der Transport von Waren über Tausende von Kilometern auf der Straße, mit Flugzeugen und in Containerschiffen belastet die Umwelt ebenfalls erheblich.

4. Arbeitswelt

Die weltweite Verbreitung des Internets hat bewirkt, dass Arbeiten am PC an keinen Standort mehr gebunden sind. Arbeitsteams arbeiten von zu Hause aus oder über Ländergrenzen hinweg zusammen. Wer gut qualifiziert ist, kann weltweit arbeiten – und muss dafür nicht einmal unbedingt dauerhaft im Ausland leben. Auf der anderen Seite müssen Arbeitskräfte in Deutschland auch mit gut ausgebildeter ausländischer Konkurrenz rechnen. Da in Fabriken infolge der Digitalisierung die Herstellung von Waren immer mehr automatisiert wird, werden Personalkosten in der Produktion künftig keine große Rolle mehr spielen. Schon jetzt verlagern einige Unternehmen ihre Produktion zurück nach Deutschland. Das wird zum Abbau von Tausenden Arbeitsplätzen in Billiglohnländern führen.

5. Verbraucher

Das Warenangebot in Deutschland ist größer denn je. Wir können heute in jeder Saison Früchte und Gemüse aus der ganzen Welt kaufen. Auch Kleidung und Haushaltsgeräte können wir billig kaufen. Die günstigen Preise verdanken wir den niedrigen Löhnen und schlechten Arbeitsbedingungen in Entwicklungsländern, wo die Waren hergestellt werden. In einigen Industriezweigen werden noch immer Kinder beschäftigt. In den Industrieländern wird die billige Kleidung schon nach kurzer Zeit weggeworfen und z.B. auf Märkten in Afrika weiterverkauft. Dort macht es die einheimische Kleidungsindustrie kaputt, weil die Verbraucher abgelegte Kleidung aus Europa zu Schleuderpreisen bekommen.

6. Internationaler Handel

Lange wurde die Überwindung nationaler Grenzen im Handel mit Wirtschaftsgütern überwiegend positiv gesehen. Man sah es als Bereicherung an, dass Unternehmen ungehindert ihre Waren und Dienstleistungen weltweit verkaufen können, weil dadurch die Warenvielfalt und der Wohlstand steigen. In jüngster Zeit wenden sich immer mehr Menschen von dieser Sicht auf die Globalisierung ab. Man will wieder mehr für sich sein, sich abschotten und Grenzen verschließen, um die einheimische Wirtschaft vor ausländischer Konkurrenz zu schützen. Manche Wirtschaftsexperten sprechen schon davon, dass die Globalisierung ihren Höhepunkt überschritten habe.

Thomas Plaßmann

Burkhard Mohr

1. Stelle für jeden Punkt positive und negative Folgen einander gegenüber.

2. Sucht euch dann einen Partner, tauscht eure Ergebnisse aus und entscheidet gemeinsam Punkt für Punkt, ob für euch das Positive oder Negative überwiegt.

3. Wählt eine Karikatur aus und verfasst dazu eine Bildunterschrift.

4. Wie beurteilst du insgesamt die Chancen und Risiken der Globalisierung? Formuliere dein eigenes Urteil und verwende bei der Begründung mehrere eigene Kriterien, die für deine Bewertung entscheidend sind.

5. Stelle dein Urteil vor und diskutiert gemeinsam darüber.

4 Politik global: Wie kann der Klimawandel gebremst werden?
Diskutieren in einer Talkshow

Eine Einstiegsübung für alle:
Welche Stichwörter fallen dir zum Thema „Klimawandel" ein? Notiere sie und führt dazu in der Klasse ein Brainstorming durch.

A Herausforderung Klimawandel

Was ist der Klimawandel?

Das Klima auf der Erde hat sich im Lauf ihrer Geschichte immer wieder verändert. Es gab Wechsel zwischen Kalt- und Warmzeiten – doch die hatten natürliche Ursachen. Wenn man heute von Klimawandel spricht, sind Veränderungen gemeint, die zusätzlich durch den Menschen verursacht werden. Klimawandel, das mag sich harmlos anhören. Gemeint ist damit eine Überhitzung des Weltklimas, die zu einer Gefahr für den Planeten Erde geworden ist. Darüber gibt es in der Wissenschaft kaum noch Zweifel.

Treibhausgase heizen die Erde auf

Die richtige Menge CO_2 und anderer Treibhausgase bestimmt unser Klima. Nimmt der Gehalt dieser Gase zu, heizt sich die Atmosphäre zu stark auf – als wäre in einem Treibhaus das Glas zu dick. Seit Beginn der Industrialisierung haben die Treibhausgase stark zugenommen, seitdem spricht man vom anthropogenen [= menschlich verursachten] Treibhauseffekt.

Mehr als die Hälfte des von Menschen verursachten Effekts geht auf Kohlendioxid (CO_2) und Kohlenmonoxid (CO) zurück, beide entstehen bei der Verbrennung fossiler Energieträger wie Öl, Kohle und Gas. Vor allem in hohen Konzentrationen außerdem relevant für den Treibhauseffekt ist Methan (CH_4). Es entsteht in Landwirtschaft und Massentierhaltung, in Klärwerken und auf Mülldeponien.

Auch in Permafrostböden (Dauerfrostböden) ist Methan erhalten. Wenn also die globale Temperatur steigt und die Permafrostböden auftauen, wird die Atmosphäre zusätzlich weiter aufgeheizt.

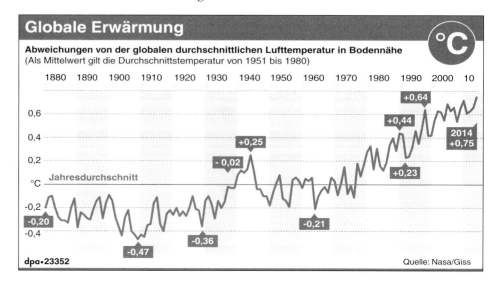

276

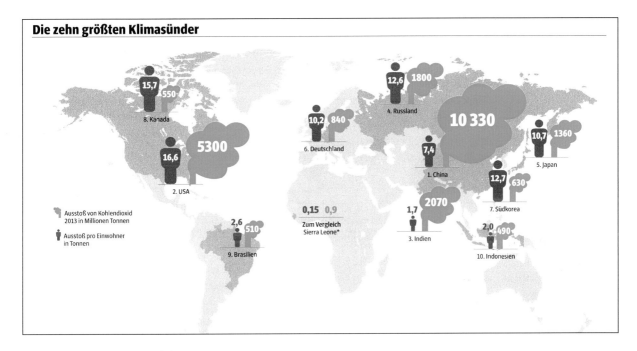

Die zehn größten Klimasünder

Ausstoß von Kohlendioxid 2013 in Millionen Tonnen

Ausstoß pro Einwohner in Tonnen

8. Kanada — 15,7 / 550
2. USA — 16,6 / 5300
9. Brasilien — 2,6 / 510
Zum Vergleich Sierra Leone* — 0,15 / 0,9
4. Russland — 12,6 / 1800
6. Deutschland — 10,2 / 840
1. China — 7,4 / 10 330
3. Indien — 1,7 / 2070
5. Japan — 10,7 / 1360
7. Südkorea — 12,7 / 630
10. Indonesien — 2,0 / 490

Die Folgen des Klimawandels

Inzwischen herrscht unter Experten weitgehend Einigkeit darüber, dass sich die Erde aufheizt und dass der Mensch durch den Ausstoß vor allem von Kohlendioxid dazu entscheidend beiträgt. Klar ist, dass es große regionale Unterschiede gibt und geben wird. Die zweite Hälfte des 20. Jahrhunderts war sehr wahrscheinlich die wärmste 50-Jahres-Periode der letzten 500 Jahre. Abzulesen ist dies an den steigenden Mitteltemperaturen weltweit, den Temperaturen der Ozeane und dem Schmelzen von Eis und Schnee, was am steigenden Meeresspiegel sichtbar wird. Dadurch ist nicht nur die Existenz einiger Inselstaaten und tief liegender Küstenregionen bedroht. Weltweit müssen die Menschen häufiger mit extremen Wetterphänomenen wie Wirbelstürmen, Überschwemmungen und Dürreperioden rechnen.

Hitzewellen werden sich vermutlich häufen und länger andauern. Die Zahl der Frosttage nimmt ab und vor allem in kontinentalen Gebieten drohen Dürreperioden. Bisher zeichnet sich ab, dass Niederschläge vor allem in den hohen Breiten zunehmen, über den Kontinenten in den Subtropen höchstwahrscheinlich abnehmen. Der Meeresspiegel wird weiter ansteigen.

Für Deutschland gehen die Klimaforscher davon aus, dass strenge Winter und kühle Sommer als Extremereignisse seltener werden. Vor allem im Westen und Süden des Landes steigt die Gefahr von Starkregenfällen im Winter, die Hochwasser auslösen können.

(Aus: Gönke Harms/Annika Franck: Klimawandel, in: www.planet-wissen.de, 16.08.2016, Zugriff: 16.08.2016)

---

1. Alle Welt spricht vom Klimawandel. Erkläre, was man damit meint.
2. Im Text werden Ursachen und Folgen des Klimawandels genannt. Beschreibe sie.
3. Betrachte die Schaubilder: Welche Informationen möchtest du dir langfristig merken? Begründe deine Auswahl.
4. Stelle in einer Mindmap Definition, Ursachen und Folgen des Klimawandels übersichtlich zusammen. Berücksichtige dabei auch die Stichwörter, die ihr im Brainstorming (s. S. 276) gesammelt habt.

Was auch noch interessant sein kann:

Die Informationen zu den anthropogenen und natürlichen Ursachen des Klimawandels sind hier nur kurz zusammengefasst. Sie reichen wahrscheinlich nicht aus, um jemanden von der Notwendigkeit des Klimaschutzes zu überzeugen, der nichts über den Klimawandel weiß. Überlegt gemeinsam, wie man sich umfassender informieren kann. Stellt mehrere Quellen zusammen.

B Hintergrund: Der lange Weg zum Klimaschutz

Die Überhitzung des Weltklimas geht alle Staaten der Welt etwas an – denn schließlich bekommen in der globalisierten Welt auch fast alle die Folgen zu spüren. Deshalb befasst sich die UNO als größte internationale Organisation schon seit vielen Jahren mit diesem Thema.

Tipp: Den folgenden Text könnt ihr arbeitsteilig in Partnerarbeit erarbeiten und euch gegenseitig informieren.

Umweltschützer auf der ganzen Welt übten vor der Pariser Konferenz Druck auf Politiker aus, sich endlich auf eine wirksame Klimapolitik zu verständigen.

Teil 1: Die Anfänge des Klimaschutzes

Die UN-Klimakonferenz ist das wichtigste internationale Treffen zum Klimaschutz. Auf den jährlichen Treffen diskutieren die Vertreter der einzelnen Staaten darüber, welche Maßnahmen zum Klimaschutz getroffen werden sollen.

Auf dem Treffen in Rio des Janeiro 1992 wurden die Gefahren des Klimawandels erstmals in der Öffentlichkeit wahrgenommen. 1997 verabschiedeten 158 Staaten den ersten Klimavertrag im japanischen Kyoto. Er wurde als Kyoto-Protokoll bekannt. Darin verpflichteten sich die Industriestaaten, den Ausstoß von Treibhausgasen zu senken. Ein Problem des Kyoto-Protokolls bestand darin, dass die USA, China und Indien das Abkommen nicht unterzeichneten. Alle drei gehören zu den großen Verursachern des Klimawandels. Nach Ansicht von Klimaforschern reichten zudem die vereinbarten Ziele nicht aus, um den Klimawandel zu bekämpfen.

Die Zeit drängt

Wissenschaftler weisen seit Jahren immer wieder darauf hin, dass die Erderwärmung möglichst auf zwei Grad begrenzt werden solle. Erwärmt sich die Erde stärker, so wären die Folgen des Klimawandels für viele Länder katastrophal. Wenn z.B. die Gletscher in Grönland schmelzen, steigt der Meeresspiegel allein deswegen um rund sieben Meter. Das bedeutet für viele Inselstaaten den Untergang. Die Zeit für wirksame Gegenmaßnahmen wird sehr knapp.

Das Klimaabkommen von Paris

Das war auch den Politikern bewusst, die sich im Dezember 2015 in Paris trafen, um über ein Nachfolge-Abkommen des Kyoto-Protokolls zu verhandeln. Bereits vor der Konferenz hatten 185 Staaten in nationalen Klimaplänen erklärt, was sie zum Schutz des Klimas beitragen wollen. Vielleicht war dieses Vorgehen das Erfolgsgeheimnis von Paris. Heraus kam ein Abkommen, in dem sich 195 Staaten auf für alle geltenden Klimaziele einigten. Der Vertrag ist ein enormer Fortschritt: Noch nie zuvor hat es ein Abkommen gegeben, das alle Staaten der Welt zum Klimaschutz verpflichtet. Es tritt 2020 in Kraft.

Merkliste:
- 1992 Rio
- 1997 Kyoto
- 2015 Paris
- 195 Staaten
- 2020

Teil 2: Die wichtigsten Punkte des Abkommens

Erderwärmung

Als Obergrenze für die Erderwärmung wurde zwei Grad festgelegt. Doch wollen sich die Länder anstrengen, den Temperaturanstieg sogar auf 1,5 Grad zu begrenzen. Über die Schritte zur Erreichung dieses anspruchsvollen Ziels soll in regelmäßigen Abständen berichtet werden.

Treibhausgase

Ab Mitte des Jahrhunderts sollen nicht mehr Treibhausgase in die Atmosphäre ausgestoßen werden, als die Erde aufnehmen kann, z.B. durch die Wälder. Das bedeutet, dass die Staaten den Ausstoß von Kohlendioxid drastisch verringern müssen. Und das bedeutet den Abschied von Kohle, Gas und Öl und den kompletten Umstieg auf erneuerbare Energien. Um dieses Ziel zu erreichen, müssen bis etwa zum Jahr 2050 alle Treibgasemissionen, die die Erde überfordern, auf null zurückgefahren werden.

Finanzierung

Ab 2020 stellen die Industriestaaten den armen Ländern 100 Milliarden Dollar jährlich zur Verfügung. Damit sollen diese Maßnahmen zur Verringerung von Treibhausgasen finanzieren. Zudem erhalten arme Länder technische Hilfen.

Umsetzung in den Ländern

Jedes Land legt selbst fest, was es konkret für den Klimaschutz tun will. Dazu entwickelt es einen Fünfjahresplan. Die Ziele in diesem Plan müssen von Mal zu Mal höher gesteckt werden. Jedes Land meldet den Stand seines Treibhausgasausstoßes dem Klimasekretariat der UNO.

Merkliste:
- 2/1,5
- 2050
- 100 Milliarden
- Fünf-Jahres-Plan

 TEAM kontrovers: Was bringt das Abkommen von Paris?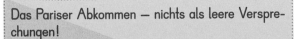

Das Pariser Abkommen – nichts als leere Versprechungen!

Auf dem Papier klingen die einzelnen Punkte toll. Doch viele Experten bezweifeln, ob so der Klimawandel wirksam begrenzt werden kann. Jeder Staat will seine Wirtschaft schützen und wird nichts unternehmen, was Arbeitsplätze kosten kann. Die nationalen Klimapläne sind schon jetzt sehr schwach. Außerdem: Was soll schon passieren, wenn sich ein Staat dem Klimaschutz verweigert? Der Vertrag sieht keine Strafen vor. Allein der öffentliche Druck wird nicht ausreichen, um Klimasünder zur Umkehr zu bewegen.

Das Pariser Abkommen – ein voller Erfolg!

Erstmals haben sich alle Staaten der Welt auf ein Abkommen geeinigt – nach jahrelangen erfolglosen Versuchen. Besonders wichtig ist, dass auch alle großen Klimasünder dabei mitmachen. Kein Staat will sich international blamieren. Schon allein deshalb werden die nationalen Klimapläne ehrgeizig ausfallen. Die armen Staaten haben nun ebenfalls die Chance, auf alternative Energien umzustellen. Die Chancen sind enorm gestiegen, den Klimawandel auf zwei Grad zu begrenzen.

 Fasse den von dir gewählten Text stichwortartig zusammen.

 Informiert euch gegenseitig über euren Text und erstellt ein Schaubild, auf dem ihr die internationalen Abkommen übersichtlich darstellt.

 Entwickelt gemeinsam mindestens zwei Kriterien zur Beurteilung des Pariser Vertrags. Anregungen dazu findet ihr in den Kästen.

 Beurteilt den Vertrag anhand eurer Kriterien. Beachtet dabei, dass ihr entscheiden müsst, welche Kriterien für euch die wichtigsten sind.

D Talkshow: „Nach dem Abkommen von Paris: Ist das Klima nun gerettet?"

In einer Talkshow sollt ihr über den Vertrag und seine Folgen für den Klimaschutz diskutieren. Dazu nehmt ihr die Perspektive jeweils eines Landes ein, das ihr in eurer Rolle vertretet.

Vorbereitung:

- Bildet Gruppen und entscheidet euch für ein Land, das ihr in der Diskussion vertreten wollt. Eine Gruppe bereitet sich auf die Gesprächsleitung (Moderation) vor.
- Arbeitet die Rollenkarten auf der folgenden Doppelseite sowie die Hintergrundinformationen sorgfältig durch.
- Eure Aufgabe ist es, die Interessen eures Landes in der Diskussion möglichst überzeugend zu vertreten und seine Klimapolitik zu rechtfertigen.
- Überlegt, wie ihr den Klimavertrag aus der Perspektive eures Landes bewerten und eure nationale Klimapolitik rechtfertigen wollt. Bereitet euch auch auf mögliche Kritik der anderen Länder vor und überlegt euch Argumente, um diese zu widerlegen.
- Die Gruppe der Moderatoren arbeitet ebenfalls ihre Rollenkarte und die Hintergrundinformationen durch. Sie bereitet Fragen für die Talkshow vor.

Durchführung:

- Jede Gruppe entsendet einen Vertreter in die Diskussionsrunde. Ein oder zwei Moderatoren übernehmen die Gesprächsleitung. Die restliche Klasse bildet das Publikum, das ebenfalls Fragen stellen kann.
- Die Moderatoren leiten die Diskussion mit der ersten Frage ein, die die Teilnehmer der Reihe nach beantworten. Anschließend beginnt die Diskussion.
- Nach einer vorher vereinbarten Zeit fasst der Moderator die Ergebnisse zusammen und stellt die Schlussfrage.

Auswertung:

Schlüpft nun aus eurer Rolle und redet in der Klasse über folgende Fragen:
- Welche Gruppe hat ihr Land besonders überzeugend vertreten?
- Welche Argumente fandet ihr einleuchtend, welche weniger?
- Haben die Teilnehmer die Diskussionsregeln eingehalten und fair diskutiert?
- Wie sind sie auf Fragen aus dem Publikum eingegangen?

Rollenkarten

Moderation

Eure Rolle

Ihr übernehmt die Gesprächsleitung und seid für den geordneten Ablauf der Talkshow verantwortlich.

Vor Beginn

- Da ihr den Verlauf einer Diskussion nie ganz genau planen könnt, solltet ihr euch inhaltlich sehr gut vorbereiten und auch die Haltung der einzelnen Staaten kennen. Tipp: Lest die Rollenkarte der einzelnen Staaten arbeitsteilig und informiert euch gegenseitig.
- Bereitet in der Gruppe drei bis fünf Fragen für die Teilnehmerinnen und Teilnehmer vor, z. B.: „Wie zufrieden sind Sie mit den Ergebnissen von Paris?" „Was plant Ihre Regierung, für den Klimaschutz zu tun?" Etc.
- Bestimmt ein bis zwei Mitglieder, die moderieren werden. Sprecht ab, wer welche Fragen stellt.

Während der Talkshow

- Zu Beginn begrüßt ihr das Publikum und stellt die Gäste mit Namen und Position vor.
- Stellt anschließend eine Eröffnungsfrage, zu der jeder Gast etwas sagen kann.
- Achtet in der folgenden Diskussion darauf, dass alle Gäste sich an die Diskussionsregeln halten und sich einander mit Respekt begegnen.
- Ihr erteilt jeweils das Wort, nachdem ihr eine Frage gestellt habt. Berücksichtigt auch Fragen und Wortmeldungen aus dem Publikum. Achtet darauf, dass jeder in der Runde ausreichend Gelegenheit bekommt, seinen Standpunkt darzustellen.
- Etwa fünf Minuten vor dem Ende der Talkshow fasst ihr die Diskussionsergebnisse nochmals zusammen und stellt die Schlussfrage.
- Beendet die Talkshow, indem ihr euch bei den Gästen und dem Publikum bedankt.

Kiribati

Eure Rolle

Ihr seid stolz darauf, in Paris das 1,5-Grad-Ziel durchgesetzt zu haben. Das Ziel kann nur erreicht werden, wenn alle Staaten möglichst rasch auf erneuerbare Energien (Sonnen-, Wind- und Wasserkraft) umsteigen. Ihr nutzt das Gespräch, um nochmals auf die äußerst kritische Lage eures Staates und die Dringlichkeit von sofortigem Klimaschutz hinzuweisen. Ihr fordert von den Industriestaaten finanzielle Unterstützung für den Bau von Dämmen und für die Bewältigung des Klimawandels, der von ihnen verursacht wurde.

Die Situation in eurem Land

Als kleiner Inselstaat in der Südsee ist euer Land besonders stark vom Klimawandel betroffen. Es besteht aus 32 niedrig gelegenen Koralleninseln und hat rund 800 000 Einwohner. Seit einigen Jahren werden die Inseln ver-

mehrt von Stürmen geplagt, der gestiegene Meeresspiegel bedroht die Siedlungen. Auch Missernten wegen der häufigeren Dürreperioden nehmen zu und bringen die ohnehin schon arme Bevölkerung in Existenznot.

Klimaexperten rechnen damit, dass der Meeresspiegel bis Ende des Jahrhunderts um bis zu 80 Zentimeter steigen wird. Bis 2050 wird ein Großteil der Inseln wohl nicht mehr bewohnbar sein. Kiribati hat bereits Land auf den benachbarten Fidschi-Inseln gekauft und will in den nächsten Jahren 100 000 Bewohner umsiedeln. Auf der Pariser Konferenz trat der Präsident als Wortführer der anderen pazifischen Inselstaaten auf. Er forderte einen sofortigen Ausstieg aus der Förderung fossiler Energien (Öl, Gas, Kohle). Damit die Inselstaaten überleben können, muss die Erderwärmung auf 1,5 Grad pro Jahr begrenzt werden.

Deutschland

Eure Rolle

Ihr seid mit den Ergebnissen von Paris sehr zufrieden, verweist jedoch darauf, dass das Pariser Abkommen erst ein Anfang zum wirksamem Klimaschutz sein kann. In den nächsten Jahrzehnten sind enorme Anstrengungen aller Regierungen erforderlich, um die Ziele des Vertrags zu erreichen. Ihr fordert die Vertreter der anderen Länder auf, so bald wie möglich aus der Nutzung fossiler Energien auszusteigen und sich ehrgeizige nationale Klimapläne zu erstellen. Als reiches Land ist Deutschland bereit, ärmere Länder bei ihren Klimazielen zu unterstützen – sowohl mit technischer Unterstützung als auch mit Geld.

Die Situation in eurem Land

Deutschland zählt zu den stärksten Wirtschaftsmächten weltweit. Im Umstieg auf erneuerbare Energien sieht es eine Chance, den Wohlstand des Landes zu vergrößern.

Die deutsche Politik versteht sich als Vorreiter für den Klimaschutz und hat sich im nationalen Klimaplan besonders ehrgeizige Ziele gesetzt: So will das Land bis 2020 den CO_2-Ausstoß um 40 Prozent gegenüber 1990 senken. Dazu will man den Anteil von Sonnen- und Windenergie erhöhen sowie Energie einsparen, z. B. durch Gebäudesanierung oder Elektroautos. Um die Ziele noch zu erreichen, muss Deutschland jedoch das Tempo der Energiewende erheblich beschleunigen und auch seine Anstrengungen bei Energieeinsparungen deutlich erhöhen.

In Paris hat sich Deutschland der Gruppe der ehrgeizigen Staaten angeschlossen und wollte im Klimavertrag den Abschied von Erdöl, Kohle und Gas bis zur Mitte des Jahrhunderts festschreiben – vergeblich.

Indien

Eure Rolle

Ihr habt dem Pariser Vertrag zwar zugestimmt, seid jedoch nicht bereit, eure wirtschaftliche Entwicklung wegen Klimaschutzauflagen zu gefährden. Die Beseitigung der Armut hat für eure Regierung absoluten Vorrang. Die moralische Verpflichtung zum Klimaschutz seht ihr hauptsächlich bei den Industrieländern als Verursacher der Probleme. Vor allem den USA werft ihr vor, bisher zu wenig für den Klimaschutz getan zu haben. Ihr seid Sprecher der Entwicklungsländer und fordert deutlich mehr Geld für Entwicklungsländer bei der Umstellung auf erneuerbare Energien.

Die Situation in eurem Land

Indien wird nach Schätzungen der UNO bis 2045 das bevölkerungsreichste Land der Erde sein. Euer Land

erreicht in einigen Wirtschaftszweigen internationales Spitzenniveau, zum Beispiel in der Computerbranche. Trotz einiger boomenden Industrien lebt der größte Teil der Bevölkerung in großer Armut, vor allem auf dem Land. Die Regierung sieht den Schwerpunkt ihrer Arbeit deshalb in der wirtschaftlichen Entwicklung und der Verringerung der Armut.

Indien fordert das Recht auf wirtschaftliche Entwicklung und Beseitigung der Armut. Als einer der wenigen Staaten hat es vor der Pariser Konferenz keine nationalen Klimaziele formuliert. Trotzdem unterstützt das Land massiv den Ausbau erneuerbarer Energien. Obwohl es in früheren Konferenzen eher als Bremser auftrat, hat es dem Klimavertrag zugestimmt.

China

Eure Rolle

Ihr begrüßt den Vertrag von Paris, obwohl ihr während der Verhandlungen eher als Bremser aufgetreten seid. Ihr verweist darauf, dass ihr Zeit braucht, um die Energiewende in die Wege zu leiten. Ihr seid nicht bereit, wegen des Klimaschutzes die wirtschaftliche Entwicklung zu gefährden. Ihr befürchtet sonst Unruhen in eurer Bevölkerung. Finanzielle Unterstützung für arme Länder sollen hauptsächlich die westlichen Industriestaaten als Verursacher des Klimawandels leisten.

Die Situation in eurem Land

China ist zurzeit das bevölkerungsreichste Land und die stärkste Wirtschaftsnation der Erde. Das Land hat in den vergangenen Jahren einen ungeheuren wirtschaftlichen Aufschwung erlebt. Doch der Wirtschaftsboom wurde mit dem Preis massiver Umweltschäden erkauft: Die Flüsse sind verseucht, die Luft wegen der großen Kohle-

kraftwerke und des zunehmenden Autoverkehrs verpestet. Nirgendwo wird mehr CO_2 in die Atmosphäre ausgestoßen. In Peking ist die Luft so mit Feinstaub belastet, dass mehrmals im Jahr Smogalarm herrscht. Chinas enormer Ausstoß von Treibhausgasen bestimmt wesentlich mit, wie sehr sich die Erde erwärmen wird. Die Bevölkerung übt zunehmenden Druck auf die Regierung aus, Maßnahmen zum Umwelt- und Klimaschutz zu ergreifen. In der Vergangenheit sah China die Verantwortung für Klimaschutz allein bei den westlichen Industrieländern. Kurz vor der Pariser Konferenz war es erstmals bereit, selbst einen Beitrag zu leisten. Die nationalen Klimaziele sehen vor, dass China seine schädlichen Emissionen ab 2030 senken wird. Bis dahin wird der Ausstoß allerdings noch steigen. Es verspricht auch den Ausbau erneuerbarer Energien auf 20 Prozent bis 2030.

Die USA

Eure Rolle

Ihr hebt den wesentlichen Beitrag eures Landes zum Zustandekommen des Vertrags von Paris hervor. Ihr seht euch als Vorreiter beim Klimaschutz und betont, dass euer Land auch bereit ist, ärmere Länder finanziell bei Schutzmaßnahmen zu unterstützen. Doch fordert ihr zugleich mehr Ehrgeiz und Einsatz von China und Indien. Die Klimaziele könnten nur erreicht werden, wenn sich diese neuen Industrienationen bei der Verringerung von Treibhausgasen stärker anstrengten. Ihr seid zuversichtlich, dass auch bei einem Machtwechsel die USA den Klimavertrag einhalten werden.

Die Situation in eurem Land

Ihr vertretet mit den Vereinigten Staaten von Amerika die zweitgrößte Volkswirtschaft der Welt. Der typische amerikanische Lebensstil trägt dazu bei, dass die USA beim Pro-Kopf-Ausstoß von Treibhausgasen weltweit an der Spitze liegt. Die USA haben das Kyoto-Protokoll zwar un-

terzeichnet, sind aber aus dem Vertrag wieder ausgestiegen. Inzwischen ist jedoch auch in den USA der Klimawandel spürbar: Die Zahl verheerender Hurrikans nahm stark zu, in Kalifornien herrscht seit Jahren eine Dürre in nie gekanntem Ausmaß. In den vergangenen Jahren hat sich eine starke Umweltschutzbewegung gebildet. Einige Bundesländer, besonders Kalifornien, geben viel Geld für Klima- und Umweltschutzmaßnahmen aus. Bis 2025 will das Land den Ausstoß von CO_2 um 26 bis 28 Prozent reduzieren. Auch bei den Verhandlungen in Paris gehörten die USA zu den aktivsten Streitern für ehrgeizige Klimaziele. Doch bekommen Klimaschützer starken Gegenwind von der republikanischen Partei. Republikaner leugnen teilweise sogar den Klimawandel und bekämpfen Klimaschutzmaßnahmen. Es ist fraglich, ob unter dem neuen Präsidenten Donald Trump der Klimaschutz einen hohen Stellenwert haben wird. (Hinweis: Recherchiert im Internet die Haltung der neuen Regierung zum Klimaschutz.)

5 Wie sieht die Zukunft des Klimaschutzes aus?
Ein Szenario entwickeln

Noch ist ungewiss, ob der Klimawandel und seine negativen Folgen tatsächlich begrenzt werden können. Das hängt von den Antworten auf wichtige Fragen ab: Was wird in den nächsten Jahren im Klimaschutz passieren? Werden die Länder die Vereinbarungen von Paris tatsächlich umsetzen? Wie wird das Leben auf der deutlich wärmeren Erde aussehen? Wie die Zukunft aussehen wird, wissen wir heute noch nicht. Mögliche Antworten auf diese Fragen kann man suchen, indem man Bilder von der Zukunft entwirft. Zukunftsbilder werden als Szenarien bezeichnet. Wie ihr ein Szenario zum Klimawandel und seinen Folgen entwickeln könnt, erfahrt ihr auf der nächsten Doppelseite.

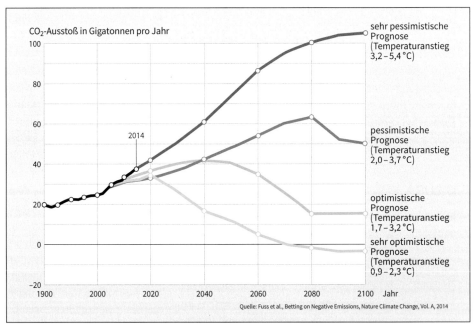

Eine Prognose ist eine Vorhersage über eine mögliche Entwicklung. Das Schaubild zeigt vier Prognosen über die Erderwärmung in unserem Jahrhundert.

A Zwei Beispiele für positive Trends

1. Norwegen – ein Vorbild für Klimapolitik

Norwegen verfolgt im Kampf gegen den Klimawandel ehrgeizige Ziele: Ab 2025 sollen alle neuen Fahrzeuge nur noch emissionsfrei [= abgasfrei] fahren. Damit soll der Ausstoß von klimaschädlichen Abgasen verringert werden. „Nach 2025 sollen neue private Autos, Busse und leichte Nutzfahrzeuge Null-Emissions-Fahrzeuge sein", heißt es in dem Transportplan. Nach 2030 sollen alle neuen Schiffe und Fähren abgasfrei sein, im Flugverkehr und bei Lkws soll mehr Biotreibstoff eingesetzt werden. [...] In keinem anderen Staat in Europa werden gemessen an der Bevölkerung so viele Elektroautos verkauft. 15 Prozent aller neu zugelassenen Autos fahren mit Strom. Nahezu 100 Prozent seines Stroms gewinnt Norwegen aus umweltfreundlichen Quellen: Wasser und Wind.

(Nach: Sigrid Harms: Norwegen will Diesel und Benziner verbannen, in: Rhein-Neckar-Zeitung, 17.08.2016)

2. Zahlreiche Klimaprojekte von Unternehmen und Städten

Die kanadischen Geldhäuser TD Bank Group und die Bank of Montreal haben es bereits geschafft – genauso wie Textilunternehmen Kohls und Mark's and Spencer sowie der Softwareproduzent Microsoft: Sie stoßen seit 2013 keine Treibhausgase mehr aus. Die deutschen Unternehmen Commerzbank und SAP beziehen ebenfalls zu 100 Prozent Ökostrom. [...] Die meisten Klimaschutzmaßnahmen finden auf lokaler [= örtlicher] oder regionaler Ebene statt: Firmen steigen auf Öko-Energie um oder verändern Produktionsabläufe. Städte investieren in Wärmedämmung, verpflichten ihren öffentlichen Nahverkehr oder ihre Stadtwerke zum Ausstieg aus Kohlestrom. [...] Melbourne will bereits 2020 Null-Emissions-Stadt sein, Kopenhagen 2025. Über 20 Großstädte haben sich verpflichtet, bis zur Mitte des Jahrhunderts ihre Emissionen an Treibhausgasen um 80 Prozent oder mehr zu senken: etwa San Francisco, New York City, Yokohama, Chicago, Oslo, Antwerpen oder Berlin.

(Nach: Bernhard Pötter: Die Achse der Guten, in: www.taz.de, 11.06.2015, Zugriff: 17.08.2016)

B Zwei Beispiele für negative Trends

1. Die Welt hat Fieber

In der Mitte jedes Monats gibt die US-Weltraumbehörde NASA in New York die neuen Daten zur Entwicklung der weltweiten Temperatur heraus. Die Analyse belegt: Der April 2016 war so heiß wie kein April seit Beginn dieser Statistik im Jahr 1880. Genau so war es schon im März, im Februar, im Januar, im Dezember 2015 – und so weiter. Wenn man von Durchschnittstemperaturen spricht, ist auch klar: Manche Regionen der Erde erwärmen sich sogar noch viel stärker. Im April waren das zum Beispiel Teile von Alaska, Russland, Westgrönland und Nord-afrika. Dort hat sich die Temperatur im Vergleich zur Durchschnittstemperatur zum Teil um vier und mehr Grad erhöht.

(Aus: Christoph Seidler: Rekordtemperaturen im April: Die Welt ist so warm wie nie, in: www.spiegel.de, 16.05.2016, Zugriff: 17.08.2016)

2. Klimasünder Australien zeigt wenig Ehrgeiz beim Klimaschutz

Australien leidet unter Dürren und Waldbränden, eines seiner wichtigsten Touristenattraktionen das Great Barrier Reef ist in Gefahr. Das hängt offenbar mit der Erderwärmung zusammen. Man könnte meinen, Australien würde deshalb beim Kampf gegen Umweltverschmutzung und Klimawandel an vorderster Front stehen. Aber nichts dergleichen: Das Land ist einer der größten Kohleproduzenten und -exporteure der Welt. Sein CO_2-Ausstoß pro Kopf gehört weltweit zu den höchsten. Und die Klimaziele, die Australien zur Klimakonferenz in Paris mitbrachte, sind im internationalen Vergleich äußerst niedrig. [...]
Einer Studie der Universität von Tasmanien zufolge gaben 17 Prozent der befragten Australier an, der Klimawandel existiere nicht; in Deutschland waren es 4, in den USA 12 Prozent.
Dabei wird Australien mit seinem extremen Klima unter der globalen Erwärmung besonders leiden. Ohne drastische Maßnahmen werde Australiens Durchschnittstemperatur bis 2090 um bis zu fünf Grad steigen, hieß es im Sommer 2015 in einer Prognose. Die australische Akademie der Wissenschaften rechnet mit Ernteausfällen, Fischsterben, Krankheiten und Konflikten um Wasser.

(Nach: Ruth Eisenreich: Australien leugnet den Klimawandel – und leidet, in: www.sueddeutsche.de, 6.12.2015; Zugriff: 09.12.2016)

 Beschreibe anhand des Schaubildes, wie sich die Erderwärmung im günstigsten und wie im schlechtesten Fall entwickeln wird.

 Was geschieht, wenn nichts oder zu wenig geschieht? Erläutere dies am Beispiel Australiens.

 Warum engagieren sich auch viele Unternehmen im Klimaschutz? Überlege mögliche Gründe.

Szenariomethode

Worum geht es?

Die Szenariomethode benutzen Wissenschaftler, Unternehmer und Politiker, um sich ein Bild von der Zukunft zu machen. Dabei geht es nicht um irgendwelche Traumvorstellungen, sondern um möglichst realistische Vorhersagen.

Der besondere Wert der Methode besteht darin, dass man sich über Ziele verständigt und gleichzeitig die konkreten Maßnahmen plant, um diese zu erreichen.

Die Szenariomethode eignet sich für alle Themen, bei denen es um einen Blick in die Zukunft geht. Zum Thema Klimawandel könnt ihr selbst in Gruppen ein Zukunftsszenario entwickeln. Dabei helfen euch die Kenntnisse, die ihr bisher erworben habt.

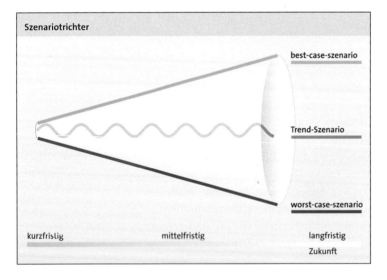

Szenariotrichter

best-case-szenario

Trend-Szenario

worst-case-szenario

kurzfristig   mittelfristig   langfristig

Zukunft

Thema: Klimawandel

Arten von Szenarien

Häufig werden mit dieser Methode drei Arten von Zukunftsbildern entworfen:

a) das *positive Szenario* (Best-Case-Szenario): Wie wird die Zukunft im besten Fall aussehen?

b) das *negative Szenario* (Worst-Case-Szenario): Wie wird die Zukunft im schlimmsten Fall aussehen?

c) das *Trend-Szenario*: Wie wird die Zukunft aussehen, wenn das Problem weiter so behandelt wird wie bisher?

Zur Darstellung benutzt man den Szenariotrichter. Er beginnt links ganz eng bei der aktuellen Situation, in der wir uns befinden. Dann öffnet er sich und zeigt in seiner Gesamtlänge eine Zeitschiene. Das weit geöffnete Trichterende zeigt den Zeitpunkt, bis zu dem wir unser Zukunftsbild entwerfen. Die beiden gegenüberliegenden Enden stehen oben für das positive und unten für das negative Szenario. Der Punkt in der Mitte zeigt das Trend-Szenario.

Wie macht man das?

Szenarien werden in der Regel in Gruppenarbeit entwickelt. Die Planung im Team kann in drei Schritten erfolgen:

1. Darstellung der aktuellen Situation,
2. Untersuchung der Faktoren, die die zukünftige Entwicklung beeinflussen können,
3. Beschreibung der Zukunft/Gestaltung des Szenarios.

Bei der Erstellung eines Szenarios zum Klimawandel hilft euch die Übersicht auf der folgenden Seite.

Tipp: Entscheidet euch am Ende von Phase 2, welche Art von Szenario ihr entwerfen wollt. Alle drei Zukunftsbilder zu entwickeln wäre zu zeitaufwendig.

Verlaufsplan für ein Szenario zum Klimawandel

Besonders gut gelingt ein Szenario, wenn die Gruppen nicht mehr als fünf Mitglieder umfassen. In den einzelnen Phasen könnt ihr euch die Arbeit aufteilen.

Phase 1: Ausgangspunkt – die aktuelle Situation

Überlegt, was ihr bisher gelernt habt. Schaut euch nochmals das Unterkapitel 4 an.

Worin besteht das Problem?	• Entwicklung der Erderwärmung • Folgen des Klimawandels für Wasser, Luft und Land • Besonders gefährdete Gebiete • Die wichtigsten Verursacher	Dafür ist folgendes Gruppenmitglied verantwortlich:

Phase 2: die Einflussfaktoren

Informationen findet ihr in Unterkapitel 4 sowie im Kapitel „Wirtschaft und Umwelt". Tipp: Weitere Informationen zur Klimapolitik findet ihr im Internet, z. B. www.bpb.de; www.bundesregierung.de; www.wissen.de.

Was wird bisher von wem unternommen?	• Maßnahmen der Wirtschaft: ökologische Unternehmensführung • Nationale Konzepte (Beispiel Deutschland) • UN-Klimakonferenzen	Dafür ist folgendes Gruppenmitglied verantwortlich:

Phase 3: Beschreibung der Zukunft

In dieser Phase ist eure Kreativität gefragt. Entwerft ein möglichst anschauliches Bild der Zukunft, wie sie im besten bzw. schlechtesten Fall aussehen könnte. Dazu könnt ihr Texte schreiben, (erdachte) Schlagzeilen in der Presse entwerfen, Zeichnungen anfertigen, passende Bilder und Fotos zusammenstellen oder auch eine Theaterszene entwickeln und vieles mehr. Diese Arbeiten können auch außerhalb des Unterrichts stattfinden.

Wie sieht die Zukunft und unser Leben aus, wenn • der CO_2-Ausstoß drastisch reduziert wird (Best Case)? • einige Staaten beim Klimaschutz mitmachen, andere nicht? (Trend)? • keine oder nicht ausreichende Klimaschutzmaßnahmen durchführt werden (Worst Case)?	• Wirtschaftliche Auswirkungen beschreiben • Auswirkungen auf das Klima und die Umwelt darstellen • Folgen für den Einzelnen und die Gesellschaft aufzeigen • Ideen entwickeln, was der Einzelne zum Klimaschutz beitragen kann	Dafür ist folgendes Gruppenmitglied verantwortlich:

Phase 4: Auswertung/Reflexion

Stellt eure Szenarien der Reihe nach vor und redet darüber in der Klasse.

Wie sieht eurer Meinung nach die Zukunft aus?	Welches Szenario findet ihr persönlich am wahrscheinlichsten? Warum?	In der Klasse

Leben in einer globalisierten Welt

Station 1

S M J H

Globalisierung im Alltag

Das Schaubild zeigt die vier wichtigen Aspekte der Globalisierung.

1. Nenne zu jedem Aspekt ein Beispiel.
2. Erläutere anhand des Beispiels, was sich durch die Globalisierung verändert hat.
3. Wie denkst du über Globalisierung? Eher positiv oder eher negativ? Begründe deine Beurteilung.

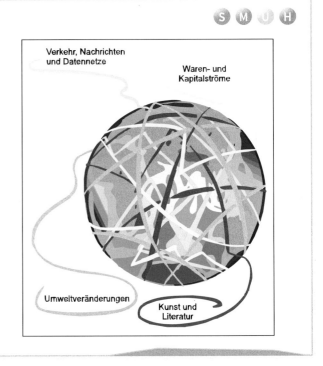

Station 2

S M U H

Die ganze Welt ein einziger Markt

Setze in den Lückentext die passenden Wörter ein und übertrage den vollständigen Text in dein Heft.

Global Player gelten als ... der globalisierten Wirtschaft. Typisch ist, dass sie in den Ländern produzieren, wo die ... für sie am günstigsten sind. Wichtige Faktoren für die Standortwahl sind die ..., die Kosten, die Infrastruktur und die politischen Verhältnisse. Ihre ... sind auf viele Länder verteilt. Die Produkte werden in ... über Tausende Kilometer transportiert. Kritiker werfen ihnen vor, dass sie in Entwicklungsländern Arbeiterinnen und Arbeiter ..., die Umwelt schädigen und mit Tricks die Gewinne in die Länder verlagern, wo die ... am niedrigsten sind.

Begriffe

Containerschiffen, Herz, Nähe zum Kunden, Produktionsstätten, Bedingungen, Steuern, ausbeuten

Station 3

S M U H

Licht- und Schattenseiten der Globalisierung

Ergänze die Satzanfänge.

1. Das Poster kritisiert ...
2. Drei Vorschläge zur Verbesserung der Situation sind:
3. Mein persönlicher Standpunkt zu diesem Thema ist ..., weil ...

Wie kann der Klimawandel gebremst werden?

Kostas Koufogiorgos

1. Stelle einen Zusammenhang zwischen der Grafik und der Aussage der Karikatur her.
2. Nimm Stellung zur Aussage der Karikatur aus Sicht eines Entwicklungslandes.
3. Ergänze folgenden Satz: „Das Pariser Abkommen bedeutet für das Weltklima …"

Wie sieht die Zukunft des Weltklimas aus?

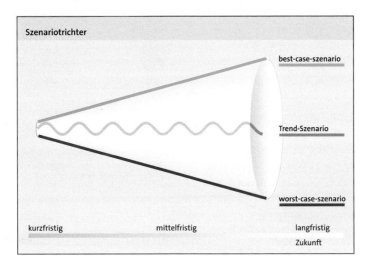

1. Definiere, was ein Szenario ist und wozu es dient.
2. Erkläre die drei Begriffe im Szenariotrichter.
3. Übertrage die Begriffe auf das Thema „Klimawandel". Was bedeuten sie in diesem Fall?

Frieden und Sicherheit als Aufgabe internationaler Politik

Das kleine Mädchen ist mit ihrer Familie vor dem Bürgerkrieg in Syrien geflohen. Das Foto wurde in einem Flüchtlingslager in der Türkei aufgenommen.

Welche Chancen gibt es für eine friedlichere Welt?

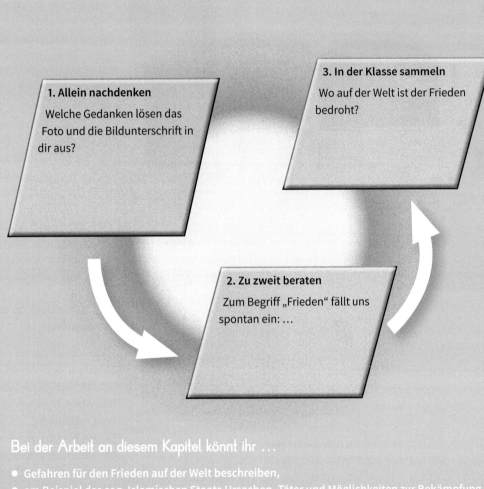

1. Allein nachdenken

Welche Gedanken lösen das Foto und die Bildunterschrift in dir aus?

3. In der Klasse sammeln

Wo auf der Welt ist der Frieden bedroht?

2. Zu zweit beraten

Zum Begriff „Frieden" fällt uns spontan ein: ...

Bei der Arbeit an diesem Kapitel könnt ihr ...

- Gefahren für den Frieden auf der Welt beschreiben,
- am Beispiel des sog. Islamischen Staats Ursachen, Täter und Möglichkeiten zur Bekämpfung des internationalen Terrorismus erläutern,
- den Nahostkonflikt mithilfe einer Konfliktanalyse untersuchen,
- in Kurzvorträgen die UNO vorstellen und die Präsentationen bewerten,

Eigene Schwerpunkte könnt ihr setzen, indem ihr ...

- mithilfe der Konfliktanalyse einen weiteren Konflikt analysiert,
- die Erfolgsbilanz der UNO bewertet,
- untersucht, warum auch Entwicklungspolitik zum Frieden beiträgt.

1 Welche Gefahren bedrohen den Frieden?
Frieden definieren — Aufgaben von Friedenspolitik beschreiben

Menschen im Gazastreifen hofften bisher vergeblich auf Frieden. Der israelisch-palästinensische Konflikt begann bereits kurz nach dem Zweiten Weltkrieg – eine Lösung ist noch nicht absehbar.

A Neue Bedrohungen

Fast täglich erreichen uns Nachrichten aus vielen Gegenden, in denen der Frieden gefährdet ist oder sogar schon Menschen gegeneinander kämpfen. Die folgenden Texte schildern einige Gefahren. Besonders dramatisch ist, dass sie selten alleine auftreten, sondern sich gegenseitig verstärken.

Tipp: Die folgenden vier Materialien könnt ihr in Vierergruppen arbeitsteilig bearbeiten.

1. Internationaler Terrorismus

Mit ihren Anschlägen wollen Terroristen die Gesellschaft einschüchtern und das Vertrauen in den Staat und seine Regierung zerstören. Terroristen haben nicht nur das Ziel, möglichst viele Menschen zu töten oder zu verletzen. Sie wollen auch Angriffsziele mit Symbolcharakter treffen: Botschaften, Flughäfen, Einkaufszentren, Museen oder andere bekannte Orte. Dabei soll eine möglichst breite und erschreckende öffentliche Wirkung erzielt werden. Terrorismus breitet sich weltweit aus, in Westafrika, in der Sahelzone und in Südostasien.

[...] Mit steigenden Reisemöglichkeiten und mithilfe der neuen Medien hat sich der religiöse Terrorismus vernetzt und ist somit internationaler geworden.

Der Staatszerfall des Iraks und die Konflikte in Teilen des Nahen Ostens machte sich vor allem die Terrororganisation Islamischer Staat (IS) zunutze. Der IS eroberte Gebiete im Nordwesten des Iraks und im Nordosten Syriens. [...] Gegen die westliche Welt kündigt der Islamische Staat einen „Heiligen Krieg" an. Der IS zwingt alle Religions- und Volksgruppen gewaltsam, seine radikale Auslegung des Islams anzunehmen. Hunderttausende werden somit gezwungen, ihre Heimat zu verlassen.

2. Die Verbreitung von Massenvernichtungswaffen

Durch neue Krisen und Kriege bleiben Massenvernichtungswaffen eine Bedrohung für die Menschen. Gerade in Ländern, in denen der Staat schwach ist, ist eine Verwendung von atomaren, chemischen und biologischen Kampfmitteln nur schwer zu kontrollieren. Sie stellen die internationale Gemeinschaft vor neue Aufgaben. [...]

Grundsätzlich sind biologische und chemische Waffen leichter herzustellen als Atomwaffen. Ihre Verbreitung ist nur schwer zu kontrollieren. [...] Biologische Kampfmittel werden zwar produziert, wurden aber bisher nicht von Staaten eingesetzt. In der Hand von Extremisten können daraus gefährliche Waffen werden. [...] Schädliche Stoffe wie Viren, Bakterien oder radioaktives Material sind zu einer Gefährdung geworden, die schwer zu kontrollieren ist.

(1. u. 2. Sprachlich vereinfacht nach: Stiftung Jugend und Bildung [Hg.]: Frieden und Sicherheit, Schülermagazin 2015/16, Berlin 2015, S. 6 f.)

3. Regionale Konflikte

Mali galt lange Zeit als vorbildliches Beispiel einer afrikanischen Demokratie, in der viele unterschiedliche Völker trotz großer Armut friedlich zusammenlebten. Im Sommer 2012 besetzten nach einem Militärputsch Tuaregs zusammen mit islamistischen Rebellen den Norden des Landes und errichteten dort eine Gewaltherrschaft auf der Grundlage des islamischen Rechts. Hunderttausende Menschen mussten fliehen. Zwar konnten die Rebellen dank internationaler Unterstützung zurückgedrängt werden, doch noch herrscht kein Frieden. Weitere Gründe für regionale Konflikte sind oft Spannungen zwischen verschiedenen Bevölkerungsgruppen und Religionen, Gebiets- und Machtansprüche, aber auch der Kampf um Bodenschätze. Sie können deshalb gefährlich werden, weil sie sich oft auf Nachbarstaaten ausweiten und ganze Regionen destabilisieren.

4. Klimawandel

Während die reichen und mächtigen Staaten der Welt die Folgen des Klimawandels kaum spüren, fürchten die Menschen in vielen Entwicklungsländern wegen der Erderwärmung um ihre Existenz. 32 Länder tragen Risikoexperten zufolge ein extrem hohes Risiko künftiger Schäden. So gut wie alle befinden sich in Afrika und Südasien. In allen Hochrisikoländern sei auch die Ernährungssicherheit gefährdet, so der Risikoexperte Jason McGeown. „Das vergrößert die Gefahr von Konflikten und gewaltsamen Unruhen. Die Folgen von Wasser- und Nahrungsmangel sowie dem Klimawandel können sich gerade in Ländern gegenseitig verstärken, die heute schon unter Gewalt leiden. Ein besonders eindrückliches Beispiel dafür ist der Bürgerkrieg in Syrien. Zahlreiche Syrer sind vor ihm geflüchtet, auch nach Deutschland. Der Konflikt wurde durch viele Faktoren ausgelöst. Aber Wassermangel verursacht durch ausbleibenden Regen und Missmanagement und die daraus

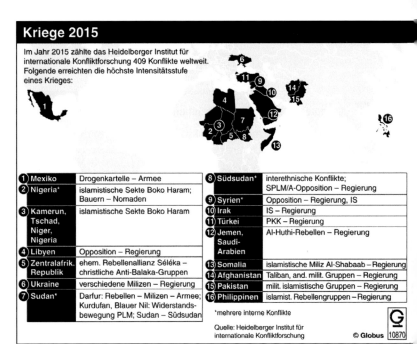

resultierenden schlechten Ernten spielten nach Einschätzung von Fachleuten eine wesentliche Rolle.

(Nach: Alexandra Endres: Das globalisierte Risiko, in: www.zeit.de, 29.10.2014, Zugriff: 04.07.2016)

> Kriege hat es immer gegeben. Damit müssen wir auch in Zukunft leben. Die Menschen sind nicht fähig, Konflikte friedlich auszutragen.

> Menschen können lernen, in Frieden miteinander zu leben. Nach zwei Weltkriegen haben wir in Mitteleuropa seit fast 70 Jahren Frieden.

1. Fasse den Inhalt des von dir bearbeiteten Textes in eigenen Worten zusammen und stelle ihn in deiner Gruppe vor.

2. Erstellt gemeinsam eine Mindmap über die Gefahren für den Frieden.

3. Diskutiert in der Gruppe über die Positionen in den beiden Sprechblasen und stellt eure Ergebnisse in der Klasse vor.

B Frieden

1. Wie lautet die traditionelle Definition von Frieden? Beschreibe sie.

2. Nach einem modernen Verständnis von Frieden gehören mehrere Merkmale dazu. Erläutere sie.

3. Deutschland unterstützt in Afghanistan den Bau von Mädchenschulen. Erkläre, warum es sich hier um eine friedenspolitische Maßnahme handelt.

Am 1. September, dem Weltfriedenstag, lassen in vielen europäischen Ländern Kinder Tauben als Symbol für den Wunsch nach Frieden fliegen, wie hier in Brandenburg.

Friedensbegriffe im Wandel

Man könnte sagen, Frieden herrscht, wenn die Waffen schweigen. Und sicherlich ist es ein großer Fortschritt, wenn sich ehemals erbitterte Gegner einigen, auf Gewalt zu verzichten und einen Waffenstillstand zu beschließen. Doch ist das schon Frieden? Lange Zeit dachte man so. Doch dann kam man zu der Einsicht, dass zum Frieden mehr gehört als Waffenruhe. Ein Mindestmaß an sozialer Gerechtigkeit gehört ebenfalls dazu. Konflikte haben häufig soziale Ursachen, z. B. wenn in einem Staat Minderheiten unterdrückt oder wirtschaftlich ausgebeutet werden. In solchen Fällen wird die Gewalt nicht enden, bis die Ursachen beseitigt sind.

Einige Friedensforscher definieren deshalb Frieden als Zustand größtmöglicher sozialer Gerechtigkeit. Eine weitere wichtige Voraussetzung für Frieden ist, dass in einem Staat die Menschenrechte beachtet werden. Wo Menschen willkürlich verfolgt werden, wo keine Meinungsfreiheit garantiert wird, ist auch kein Frieden möglich. Rechtsstaatlichkeit und Demokratie sind weitere wichtige Bedingungen für einen stabilen Frieden. Tatsächlich hat die Geschichte gezeigt, dass demokratische Staaten seltener Kriege führen.

Aufgaben von Friedenspolitik

Wenn man Frieden so umfassend versteht, wird deutlich, dass Frieden nicht nur mit militärischen Mitteln gesichert werden kann. Friedenspolitik ist demnach auch Sozialpolitik, die das Ziel verfolgt, allen Gruppen in der Bevölkerung einen gerechten Anteil am wirtschaftlichen Wohlstand zu ermöglichen. Bildungspolitik kann ebenfalls Friedenspolitik sein, indem sie allen Zugang zu Schulen und Bildungseinrichtungen ermöglicht und jeder Bürger soziale Aufstiegschancen wahrnehmen kann.

Auch Entwicklungspolitik kann soziale Spannungen in Entwicklungsländern verringern und die Benachteiligung dieser Länder im Welthandel ausgleichen.

Friedenspolitik auf internationaler Ebene bedeutet, dass Staaten untereinander Kontakte pflegen, bei Problemen miteinander verhandeln und sich politisch zusammenschließen. Frieden besteht am wahrscheinlichsten da, wo man sich kennt und einander vertraut. Das zeigt auch das Beispiel der Europäischen Union, die den Staaten in Mitteleuropa die längste Friedensperiode in ihrer Geschichte beschert hat.

C Wir entwerfen eine Treppe zum Frieden

Einmal angenommen, in einem kleinen Land irgendwo in Afrika, Asien oder Südamerika herrscht viele Jahre lang ein Bürgerkrieg, in dem sich Angehörige verschiedener Volksgruppen bekämpfen. Auf Druck der UNO schließen die verfeindeten Parteien einen Waffenstillstand. Doch der Weg zum Frieden ist noch lang. Auf dieser Seite findet ihr Vorschläge für friedenspolitische Maßnahmen. Überlegt gemeinsam, wie ihr sie in eine sinnvolle Reihenfolge bringen könnt.

Euer Auftrag:

1. Zeichnet die Treppe in euer Heft.

2. Füllt die Treppenstufen aus.

3. Stellt eure Lösungen in der Klasse vor und besprecht sie.

Tipp: Das geht am besten in Partnerarbeit.

Alle Stämme des Landes erkennen die Regierung an. Sie erklären sich bereit, die Gesetze des Landes zu beachten. Die Menschenrechte werden gewährleistet.

Die unterschiedlichen Gruppen im Land sprechen miteinander und verpflichten sich, sich zu respektieren und auch andere Lebensformen zu tolerieren.

In dem Land werden freie Wahlen durchgeführt. Die demokratisch gewählte Regierung nimmt ihre Arbeit auf.

Der Staat ist selbst in der Lage, mit seiner Polizei und Armee für die Sicherheit des Landes zu sorgen.

Die wichtigsten Stämme und gesellschaftlichen Gruppierungen werden an der politischen Macht in gerechter Weise beteiligt.

Die Regierung investiert in Bildung und Gesundheitsversorgung. Alle Kinder, unabhängig von ihrer sozialen Schicht, erhalten eine gute Ausbildung.

Wiederaufbaumaßnahmen und Entwicklungsprojekte können gewaltfrei durchgeführt werden.

Gewaltverzicht: Alle Parteien legen die Waffen nieder.

???

Die Menschen erhalten das Recht, frei ihre Meinung zu vertreten und Parteien zu gründen.

???

???

1. Gewaltverzicht: Alle Parteien legen die Waffen nieder.

2 Internationaler Terrorismus: Welche Gefahren gehen vom „Islamischen Staat" aus?

Die Bedrohung erläutern und über Möglichkeiten des Schutzes diskutieren

A Schlagzeilen zum islamistischen* Terrorismus

Islamistische Terroranschläge bedrohen den Frieden in vielen Ländern der Welt. Die folgenden Meldungen stellen nur eine kleine Auswahl dar, weltweit wurden in diesem Zeitraum sehr viel mehr Anschläge verübt.

Paris, Januar 2015: Islamistischer Anschlag auf das Satiremagagzin „Charlie Hebdo" und auf einen jüdischen Supermarkt. 17 Tote, mehrere Verletzte.

Tunesien, Juni 2015: Islamistischer Terrorist schießt am Strand eines Hotels auf Touristen. 39 Tote, darunter auch Deutsche.

Paris, November 2015: Terrorserie in Paris auf eine Konzerthalle und mehrere Restaurants. 129 Tote, Hunderte Verletzte.

Istanbul, Januar 2016: Selbstmordattentäter sprengt sich mitten in deutscher Touristengruppe in die Luft. Zehn deutsche Tote.

Brüssel, März 2016: Bei Anschlägen des „Islamischen Staats" sterben 35 Menschen, mehr als 300 werden verletzt.

Nizza, Juli 2016: Islamistischer Attentäter rast mit Lkw in Menschenmenge. 80 Tote, 200 Verletzte.

Würzburg, Juli 2016: Bei einem Angriff auf einen Zug verletzt ein Anhänger des „Islamischen Staates" mit einer Axt fünf Menschen.

Ansbach, Juli 2016: Während eines Festivals verübt ein syrischer Flüchtling ein Bombenattentat. Ein Toter, neun Verletzte.

Berlin, Dezember 2016: Islamistischer Attentäter steuert einen gestohlenen Lkw in einen beliebten Weihnachtsmarkt. 12 Tote, 45 Verletzte.

1. Welche Gefühle lösen die Schlagzeilen bei dir aus? Beschreibe sie.
2. Was weißt du über islamistischen Terrorismus? Tausche dich mit einem Partner darüber aus und notiert Stichworte.
3. Wie schätzt ihr die persönliche Bedrohung der Menschen in Deutschland ein? Begründet eure Ansicht.

Trauer in Istanbul nach dem Attentat, bei dem zehn deutsche Touristen starben.

*Weitere Informationen zu Islamismus findet ihr im Glossar.

B Was ist der „Islamische Staat"?

Die aktuell größte Bedrohung durch islamistischen Terror geht vom sogenannten Islamischen Staat aus. Millionen Menschen flüchteten bereits vor dem Terrorregime, auch nach Deutschland.

Tipp: Die Materialien B, C und D könnt ihr arbeitsteilig erarbeiten und euch gegenseitig informieren.

Der „Islamische Staat" ist eine Terrororganisation, [...] die seit 2013 große Gebiete in Syrien und im Irak erobert hat. Die Miliz regiert in ihrem Machtbereich mit großer Grausamkeit – sie lässt Widersacher und Gefangene exekutieren, bestraft Vergehen gegen die eigene Auslegung des Korans mit drakonischen Strafen, lässt vor laufender Kamera Geiseln enthaupten und die Videos durch die eigene Propagandamaschine weltweit verbreiten. Der IS ist gleichzeitig auch ein Staatenprojekt. Konkret geht es um den Aufbau eines vermeintlich islamischen Staates, in dem die Islamauslegung des IS die Staatsreligion bildet. [...] Der Westirak und der angrenzende Nordosten sind die Kernregion des IS. Die dünn besiedelte Wüstenregion ist etwa so groß wie Belgien und die Niederlande. [...] In Libyen nisten sich IS-Rückkehrer aus Syrien ein. Sie konnten die Küstenstadt Derna im Osten unter ihre Kontrolle bringen. Nun versuchen sie, in anderen Städten die Vorherrschaft zu erringen. [...] In Ländern wie Pakistan und Nigeria, wo es rivalisierende Milizen gibt, mehren sich die Trittbrettfahrer, weil sie sich einen Vorteil gegenüber ihren lokalen Konkurrenten erhoffen. [...]

Mehrere Attentäter in westlichen Ländern haben sich auf den IS berufen. So hatte sich Amedy Coulibaly, der Franzose, der in einem jüdischen Supermarkt im Januar 2015 vier Menschen ermordete, zu der Miliz bekannt. Dabei war Coulibaly niemals im Irak oder in Syrien. Er hatte keinen Kontakt zur IS-Führung, der Anschlag war nicht vom IS geplant.

(Nach: Raniah Salloum: Terrormiliz IS – Endlich verständlich: So funktioniert der Islamische Staat, in: www.spiegel.de, 8.9.2015, Zugriff: 15.10.2016)

Kämpfer der IS auf einem Propagandavideo

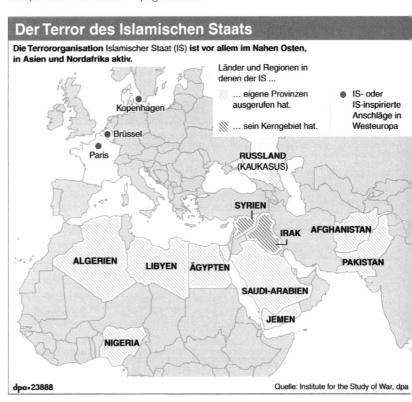

Der Terror des Islamischen Staats

Die Terrororganisation Islamischer Staat (IS) **ist vor allem im Nahen Osten, in Asien und Nordafrika aktiv.**

Länder und Regionen in denen der IS ...

... eigene Provinzen ausgerufen hat.

... sein Kerngebiet hat.

IS- oder IS-inspirierte Anschläge in Westeuropa

Kopenhagen

Brüssel

Paris

RUSSLAND (KAUKASUS)

SYRIEN

IRAK AFGHANISTAN

ALGERIEN LIBYEN ÄGYPTEN

PAKISTAN

SAUDI-ARABIEN

JEMEN

NIGERIA

dpa·23888

Quelle: Institute for the Study of War, dpa

1. Fasse mit eigenen Worten zusammen: Was ist der IS? Welche Ziele verfolgt er?

2. Betrachte die Karte: In welchen Ländern hat der IS sein Kerngebiet, wo ist er außerdem aktiv?

C Warum kämpfen junge Deutsche für den IS?

Rund 800 junge Deutsche haben sich inzwischen dem IS angeschlossen [Stand 2016] und sind in den Nahen Osten ausgereist. Die überwiegende Zahl der Kämpfer ist jünger als 30 Jahre, rund 20 Prozent der Ausgereisten sind Frauen. Insgesamt geht der deutsche Verfassungsschutz davon aus, dass rund 45 000 junge Menschen mit den Ideen des radikalen Islamismus sympathisieren.

Wer sind die Kämpfer?

Viele befinden sich in einer Lebens- und Sinnkrise. Sie sind auf der Suche nach einem Halt und Orientierung. In dieser Situation sind sie für die Propaganda des IS mit seinen klaren Feindbildern und strengen Verhaltensregeln besonders empfänglich. Sonst haben die Anhänger des IS nach neuen Forschungen nicht viel gemeinsam: Sie kommen aus allen Bevölkerungsschichten, häufig sogar aus liberalen und aufgeschlossenen Elternhäusern. Viele waren vor ihrer Radikalisierung nicht besonders religiös, auch ihre Familien nicht. Man vermutet, dass rund ein Fünftel der Kämpfer ursprünglich Christen waren, die zum Islam übergetreten sind. Einige haben im IS sogar Führungspositionen inne. Sie haben in Syrien und dem Irak den Ruf, besonders fanatisch und grausam zu sein.

Die Bedeutung der Internetpropaganda

Der IS ist in allen Netzwerken und im Internet mit sehr professionell gemachten Videos vertreten. Dort werden – unterlegt von Popmusik – brutale Gewaltszenen gezeigt. Darin wird der Kampf gegen Ungläubige verherrlicht und das Leben im Islamischen Staat in den schönsten Bildern ausgemalt. Sehr viele junge IS-Kämpfer wurden vor allem über das Internet radikalisiert. Auch bei den Attentätern von Würzburg und Ansbach fand man zahlreiche IS-Videos.

Gründe aus der Sicht eines Gewaltforschers

Der Psychologe Andreas Zick sieht mehrere Gründe für die Faszination, die der IS auf Heranwachsende und junge Erwachsene ausübt: „Der IS ist gar nicht so weit weg, wie wir das denken. Er ist zum Teil mitten in unserer Gesellschaft. Die einen suchen einfach Antworten auf Sinnfragen, die wissen nicht wo sie hingehören. Die anderen suchen das Abenteuer, den Thrill. Das heißt in der Gewalt, in der Macht, die der IS bietet. Das finden sie furchtbar faszinierend. Und dann gibt es wieder Dritte, die suchen einfach nur eine Gruppe, und dieses Gruppengefühl, diese Community, die wird dort angeboten mit einer religiösen Gemeinschaft."

(Aus: Andreas Zick im Gespräch mit Korbinian Frenzel: Radikalisierung früh erkennen, in: www.deutschlandradiokultur.de, 15.07.2015, Zugriff: 11.08.2016)

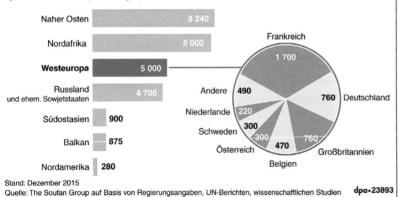

Ausländische IS-Kämpfer

Über **30 000 Ausländer aus rund 100 Ländern** haben sich der **Terrormiliz Islamischer Staat (IS)** seit deren Gründung zumindest zeitweilig angeschlossen. Aus diesen **Regionen** reisten die meisten nach Syrien und in den Irak (Schätzungen):

Naher Osten 8 240
Nordafrika 8 000
Westeuropa 5 000
Russland und ehem. Sowjetstaaten 4 700
Südostasien 900
Balkan 875
Nordamerika 280

Frankreich 1 700
Deutschland 760
Großbritannien 760
Belgien 470
Österreich 300
Schweden 300
Niederlande 220
Andere 490

Stand: Dezember 2015
Quelle: The Soufan Group auf Basis von Regierungsangaben, UN-Berichten, wissenschaftlichen Studien   dpa•23893

1. Was weiß man über deutsche IS-Kämpfer? Beschreibe Gemeinsamkeiten und Unterschiede.

2. Der Gewaltforscher Andreas Zick nennt drei Gründe, warum sich Jugendliche für den IS begeistern. Erläutere diese.

3. Was können Familien, Freunde und Schulen tun, um zu verhindern, dass sich Jugendliche radikalen Ideen zuwenden? Sammelt in der Klasse Ideen.

D Kann der IS besiegt werden?

Im Irak und in Syrien kämpfen sehr unterschiedliche Milizen und Volksgruppen gegen den IS. Sie reichen von nur notdürftig ausgerüsteten radikalen muslimischen Gruppen bis hin zu den vom Westen unterstützten kurdischen Kämpfern, die sich Peschmerga nennen. Sie sind oft untereinander zerstritten und kämpfen für unterschiedliche Ziele.

Internationales Militärbündnis gegen den IS

Von 2014 an bekämpfte ein internationales Militärbündnis aus 60 Nationen unter der Führung der USA den IS aus der Luft. Auch Deutschland beteiligte sich, indem es Waffen liefert, Kämpfer ausbildet und das internationale Bündnis mit Aufklärungsflugzeugen und Kriegsschiffen unterstützt. Ab Herbst 2015 griff auch Russland mit Luftangriffen in Syrien ein.

Der IS – ein schwieriger Gegner

Inzwischen konnten viele Gebiete zurückerobert werden – doch noch ist der IS nicht besiegt. Er erweist sich als schwieriger Gegner. Der Irak und besonders Syrien sind durch jahrelange Bürgerkriege geschwächt und verfügen nicht über schlagkräftige nationale Armeen, die sich wirksam gegen den Vormarsch des IS wehren konnten. Infolge der jahrelangen Bürgerkriege sind die IS-Führer kriegserfahren. Schon im Irakkrieg mussten sie sich verstecken. Die Kämpfer ändern immer wieder ihre Vorgehensweise. So mischen sie sich häufig unter die Bevölkerung und sind als IS-Kämpfer gar nicht mehr zu erkennen.

(Autorentext).

Militärische Mittel reichen nicht aus

Selbst wenn der IS militärisch besiegt sein sollte, die Ideololgie des Dschihads [„Heiliger Krieg"] bestünde fort und wäre ein Nährboden für künftige Generationen von Terroristen. Der Islam des IS ist ohne den Islam Saudi-Arabiens nicht denkbar. [...]

Soldaten der Bundeswehr kurz vor ihrem Einsatz in Syrien

Gewonnen werden kann der Krieg gegen den IS nur, wenn saudische Islamgelehrte den Anspruch aufgeben, dass ihre Version des Islams allen anderen Religionen überlegen sei. Dann würden auch wieder gemäßigte Muslime zur Kenntnis genommen. Schließlich müssen bei uns muslimische Jugendliche das Gefühl bekommen, akzeptiert und anerkannt zu werden, um nicht mehr anfällig zu sein für eine Heilspropaganda des IS.

(Sprachlich vereinfacht nach: Rainer Herrmann: Wie der IS besiegt werden muss, in: www.faz.net, 18.11.2015, Zugriff: 25.08.2016)

 Wie wird der IS militärisch bekämpft? Beschreibe die Maßnahmen.

 Der IS gilt als besonders schwieriger Gegner. Begründe, warum.

 „Vor Terroranschlägen kann man sich nicht schützen, besonders wenn sie von bisher unauffälligen Einzeltätern verübt werden", denken viele Menschen. Wie denkt ihr darüber? Begründet euren Standpunkt.

3 Beispiel Nahostkonflikt: (kein) Frieden in Sicht?
Einen internationalen Konflikt analysieren

Der Nahost-Konflikt

Israelis und Palästinenser streiten seit mehr als 60 Jahren um eine Aufteilung des historischen Palästinas. Bislang scheiterten alle Friedensbemühungen.

Westjordanland

Palästinensische Zivilverwaltung
Israelisches Siedlungsgebiet
Israelische Zivilverwaltung
Israel. Grenzziehung (z.T. Mauer)
Green Line (Grenze aus dem Waffenstillstandsabkommen 1949)

LIBANON
Mittelmeer
Dschenin
Kalkilia
Nablus
Tel Aviv
Ramallah
Jericho
Jerusalem
Bethlehem
Totes Meer

Gazastreifen
seit 2005 von Israel geräumt

Gaza
Hebron

ISRAEL

ÄGYPTEN
JORDANIEN

dpa•21261 20 km Stand Januar 2013 Quelle: OCHA

Der Konflikt zwischen Israelis und Palästinensern ist die Geschichte der Feindschaft zwischen zwei Völkern. Beide erheben Anspruch auf dasselbe Land – Palästina, das Heilige Land der Bibel. Immer wieder kommt es zu Gewaltausbrüchen, bei denen zahllose Menschen getötet werden. Wie denken die Betroffenen über den Konflikt?

A Stimmen zum Konflikt

Die Sicht eines Israelis

Sirenen sind für mich ziemlich normal. Ich kenne sie als Kind aus dem Golfkrieg. Ich kenne sie aus meiner Zeit bei der Armee. Es ist zwar nicht so, als wäre nichts geschehen, von einer Atmosphäre der Angst zu reden ist aber völlig übertrieben. [...] Ich finde es schrecklich, wie tief die Gräben zwischen uns und den Palästinensern sind. Ich habe noch nie mit einem Palästinenser gesprochen. Dabei würde ich das gern. Ich glaube, die normalen Menschen in Palästina und Israel können sich schon zusammenfinden – wenn es nur die Radikalen auf beiden Seiten nicht gäbe. Die schauen immer nur auf kurzfristige Erfolge und militärische Siege. Langfristig bringt uns das nichts, außer Bomben und Krieg.

(Niv Rafaeli, 31 Jahre, Tel Aviv, Start-up-Gründer, in: www.sueddeutsche.de, 16.11.2012, Zugriff: 07.08.2016)

Die Sicht eines Palästinensers

Meine Kinder haben unglaubliche Angst, besonders nachts. Wir sitzen die ganze Zeit herum und versuchen, uns irgendwie abzulenken. Die Fensterscheiben sind kaputt, es ist heiß und wenn man hinaussieht, kann man Bomben fliegen sehen. [...] Ich könnte ins Ausland flüchten, aber mit einer siebenköpfigen Familie ist das wirklich nicht einfach. Ich gehöre zu denjenigen, die auf keinen Fall an Gewalt glauben. Die einzige Lösung ist, miteinander zu reden. Den Zorn auf die Israelis verstehe ich trotzdem. Wir leben hier in Angst, jeden Tag.

(Ragy Mousalm, 50 Jahre, Bauingenieur, Gazastreifen, in: www.sueddeutsche.de, 20.11.2012, Zugriff: 07.08.2016)

 Fasse die beiden Positionen in eigenen Worten zusammen.

 Betrachte die Karte und stelle erste Vermutungen an, warum dieser Konflikt um Land so schwierig zu lösen ist.

Konfliktanalyse

Worum geht es?

Selbst für politisch interessierte Menschen ist es oft sehr schwierig, zu erkennen, worum es bei einem Konflikt geht und welche Möglichkeiten zur Lösung infrage kommen. So besteht die Gefahr, dass man sich einfache Erklärungen zurechtlegt, Vorurteile und Feindbilder können verstärkt werden. Friedensforscher haben deshalb das Instrument der Konfliktanalyse entwickelt, das hilft, Konflikte besser zu verstehen und Lösungswege zu erkennen. Es ist grundsätzlich auf jeden Konflikt anwendbar. Dabei wird das Thema mithilfe von Leitfragen untersucht. Analyse bedeutet, dass man ein Thema in einzelne Aspekte zerlegt, diese zunächst getrennt untersucht und auswertet. Anschließend werden die Erkenntnisse zusammengefasst, geordnet und bewertet.

Vorbereitung und Durchführung

- Ihr könnt die Fragen arbeitsteilig in Gruppen bearbeiten.
- Lest dann die Materialien auf den Seiten 302 bis 304 und notiert die Antworten auf die Fragen im PC oder auf einer Folie.

Präsentation und Auswertung

Präsentiert eure Ergebnisse der Klasse. Versucht gemeinsam, das Ergebnis zu bewerten: Welche Erkenntnisse habt ihr aus der Analyse gewonnen? Wie könnte sich der Konflikt weiterentwickeln? Wie bewertet ihr die Lösungsansätze?

Thema: Nahostkonflikt

Leitfragen für die Konfliktanalyse

1. Ausgangslage
- Wer sind die Konfliktgegner?
- Welche Vorgeschichte hat der Konflikt?
- Was löste den Konflikt aus?
- Welche Ursachen sind erkennbar?

2. Konfliktverlauf
- Welche wichtigen Ereignisse kennzeichnen den Verlauf des Konflikts?
- Wie ist die aktuelle Situation?

3. Ziele und Interessen
- Welche Ziele und Interessen haben die Beteiligten?
- Wie sind die Machtverhältnisse zwischen den Gegnern?

4. Konfliktlösung
- Welche Lösungen streben die Beteiligten an?
- Wie sind die Lösungen zu bewerten? Orientiert euch dabei an folgenden Kriterien: Folgen für die Beteiligten, Beseitigung der Ursachen, Entspannung der Situation, Verbesserung des Verhältnisses zwischen den Beteiligten.

B Materialien zur Konfliktanalyse

1. Ausgangslage: zwei Völker – ein Land

Die Ursachen des Konflikts reichen bis in das 19. Jahrhundert zurück. Damals begannen jüdische Siedler, sich in Palästina niederzulassen. Der Grund: Sie wurden in Europa verfolgt und sie sahen in diesem Land am Jordan ihre ursprüngliche Heimat, in das vor langer Zeit Abraham das jüdische Volk geführt hatte. Hier wollten sie nun einen jüdischen Staat gründen, wo die auf der Welt versprengten Juden zusammenleben können.

Seit vielen Jahrhunderten lebten aber dort auch palästinensische Araber. Auch diese sahen das Land als ihre Heimat an und auch sie wollten hier einen eigenen Staat gründen. Das war ihnen bis dahin nicht möglich gewesen, weil Palästina bis 1920 unter türkischer Herrschaft stand und ab dann unter britischer Verwaltung.

Auf Beschluss der Vereinten Nationen endete 1948 die britische Verwaltung und es kam zur Gründung Israels. Die Palästinenser und die arabischen Staaten weigerten sich, die Staatsgründung anzuerkennen. Noch im gleichen Jahr kam es zum Israelisch-Arabischen Krieg, den Israel gewann. Hunderttausende Palästinenser verloren ihre Heimat. Sie und ihre Nachkommen leben heute noch in riesigen Flüchtlingslagern in Nachbarstaaten und in den palästinensisch verwalteten Gebieten.

2. Konfliktverlauf: Gewalt und Gegengewalt

Auch nach dem israelischen Sieg von 1948 blieb die Lage kritisch. Es folgten mehrere weitere Kriege. Im sogenannten Sechs-Tage-Krieg erweiterte Israel 1967 sein Staatsgebiet, indem es die Golanhöhen, das Westjordanland, den Gazastreifen, den Sinai und Ostjerusalem besetzte. Diese Gebiete kann Israel auch halten, als es an einem der höchsten jüdischen Feiertage 1973 von Ägypten angegriffen wird (Jom-Kippur-Krieg).

Die ständigen Spannungen und enttäuschten Hoffnungen hatten innerhalb der palästinensischen Bevölkerung zu einer Radikalisierung geführt. 1964 gründeten sie die PLO (Palestine Liberation Organization). Diese führte wiederholt Terroranschläge durch. 1987 brach eine neue Welle der Gewalt aus. Junge Palästinenser erhoben sich gegen die israelischen Besatzer und griffen diese mit Steinen bewaffnet an. Bekannt wurde dieser Aufstand unter dem Namen Intifada, was Erhebung bedeutet.

1993 einigten sich Israel und die PLO auf einen Friedensplan, an dessen Ende ein eigenständiger palästinensischer Staat stehen sollte. Der Gazastreifen und das Westjordanland werden seither weitgehend eigenständig von einer palästinensischen Regierung verwaltet. Doch der Plan scheiterte. Weitere palästinensische Aufstände folgten. 2002 begann Israel, das Westjordanland mit einer acht Meter hohen Mauer zu umzäunen, um sich nach eigenen Angaben vor Terroranschlägen zu schützen. Auch in den folgenden Jahren kam der Friedensprozess nicht voran. Die Palästinenser verüben nach wie vor Anschläge, die die Sicherheit israelischer Bürger gefährden, und verweigern Israel die Anerkennung als Staat. Die Israelis bauen weiterhin neue jüdische Siedlungen im palästinensischen Westjordanland und rund um Jerusalem und erschweren dadurch die Gründung eines palästinensischen Staates.

Während der Intifada erhoben sich junge Palästinenser gegen die israelische Besatzung.

Eine meterhohe Sperrmauer trennt israelische und palästinensische Siedlungen.

Jerusalem – die Heilige Stadt für Juden, Muslime und Christen

3. Ziele und Interessen: die wichtigsten Streitpunkte

Bau jüdischer Siedlungen/Abzug aus dem Westjordanland

Nach dem Sechs-Tage-Krieg begannen jüdische Siedler, sich in den besetzten Gebieten niederzulassen. Nach dem Völkerrecht sind diese Siedlungen unrechtmäßig. Israel weigert sich, die Siedlungen zu räumen, und baute im Westjordanland sogar neue Siedlungen. Die große Zahl jüdischer Siedlungen erschwert die Gründung eines palästinensischen Staates. Schon jetzt sind für Palästinenser rund 60 % des Westjordanlandes nicht nutzbar oder nicht zugänglich. Die Palästinenser fordern einen sofortigen Siedlungsstopp und die Räumung der Siedlungen.

(Autorentext)

Jerusalem

Der künftige Status der Stadt mit den heiligen Stätten von Juden, Muslimen und Christen ist besonders umstritten. Israel beharrt auf dem ungeteilten Jerusalem als Hauptstadt. Die Palästinenser beanspruchen den Ostteil als Hauptstadt des künftigen Staates. Im Jahr 2000 scheiterte der Nahost-Gipfel an der Jerusalem-Frage.

Flüchtlinge

Als Folge der Kriege 1948/49 und 1967 gibt es in den palästinensischen Gebieten und Israels Nachbarländern 4,8 Millionen registrierte palästinensische Flüchtlinge und ihre Nachkommen.

Die Flüchtlinge beharren auf dem Recht, in ihre Heimat im heutigen Israel zurückkehren zu dürfen. Israel verneint dieses Recht und will den Verzicht auf eine Rückkehr in einem Friedensvertrag festschreiben.

Grenzen

Nach dem Willen der Palästinenser soll ihr Staat die 1967 von Israel besetzten Gebiete Westjordanland, Gaza und Ostjerusalem umfassen. Israel beansprucht jedoch Teile dieses Territoriums – entgegen internationalem Recht – für sich. Israel hatte den Gazastreifen 2005 zwar geräumt, sein Embargo [= Handelsblockade] seit der Machtübernahme der Hamas 2007 aber verschärft.

Israel will zudem an Teilen des Westjordanlands festhalten. Dort gibt es rund 120 jüdische Siedlungen mit etwa 300 000 Israelis. In Ostjerusalem leben nach Angaben israelischer Menschenrechtler weitere 200 000.

(Aus: Knackpunkte der Nahostgespräche, in: www.spiegel.de/ thema/nahostkonflikt, Zugriff: 14.08.2016)

4. Lösungsmöglichkeiten für den Konflikt

Jürgen Janson

Roadmap

Mit der Roadmap haben die EU, die USA, die UNO und Russland – man spricht deshalb auch vom Nahost-Quartett – im April 2002 ein Dokument vorgelegt, das Frieden zwischen Israelis und Palästinensern bringen soll. Ziel der Roadmap [= Fahrplan] ist die sogenannte Zwei-Staaten-Lösung, also ein souveräner palästinensischer Staat neben dem Staat Israel. Dafür müsste Israel Siedlungen aufgeben und die Lebensbedingungen der palästinensischen Bevölkerung verbessern. Die Palästinenser müssten im Gegenzug militante Gruppen entwaffnen und feste Staatsstrukturen schaffen. Großes Manko der Roadmap sind konkrete Lösungsvorschläge der zentralen Streitfragen: Wo sind Palästinas Landesgrenzen? Wem würde Jerusalem mit seinen religiösen Stätten gehören? Und was wäre mit den vielen palästinensischen Flüchtlingen?

Der arabische Friedensplan

Auch die Arabische Liga, ein Zusammenschluss arabischer Staaten, hat 2002 ihre Version eines Friedensplans vorgelegt. Darin wird konkret verlangt, dass Israel die 1967 besetzten Gebiete einschließlich Ostjerusalem räumt und eine gerechte Lösung für die vielen palästinensischen Flüchtlinge in den Nachbarländern findet. Im Gegenzug wird Israel eine Normalisierung des Verhältnisses zur arabischen Welt angeboten. Israel lehnt diesen Plan ab.

(Aus: Ursula Götz: Die Weltgemeinschaft und der „Nahostkonflikt", in: www.planetschule.de, Zugriff: 01.09.2015)

Erste Schritte der Roadmap wurden umgesetzt, doch in der Folgezeit gab es keine weiteren Fortschritte. Mehrfach verhandelten Israelis und Palästinenser – doch ohne Ergebnis. EU, USA und Russland streben nach wie vor eine Zwei-Staaten-Lösung auf der Grundlage der Roadmap an. Doch ob dieses Ziel erreichbar ist, ist zunehmend umstritten. Befürworter und Gegner dieser Lösung finden sich sowohl auf israelischer als auch auf palästinensischer Seite.

C TEAM kontrovers
Ist die Zwei-Staaten-Lösung ein realistisches Friedensziel?

Ja!	Nein!
Israelis und Palästinenser sind seit Jahrzehnten verfeindet. Frieden kann es nur geben, wenn ein eigenständiger Palästinenserstaat geschaffen wird. Im Prinzip haben beide Parteien dieser Lösung ja bereits zugestimmt. Für die Streitfragen findet sich eine Lösung, wenn Israelis und Palästinenser ernsthaft verhandeln.	Beide Parteien haben sich bereits inoffiziell von diesem Ziel verabschiedet. Die Israelis, indem sie durch die Siedlungen auf palästinensischem Gebiet die Gründung eines Palästinenserstaats unmöglich gemacht haben. Die Palästinenser, indem sie nicht bereit sind, die Sicherheit israelischer Bürger vor Terrorangriffen zu garantieren.

D Perspektivwechsel: Wir vertreten Positionen von Israelis und Palästinensern

Frieden kann es nur geben, wenn sich Israelis und Palästinenser auf Kompromisse in der Frage der Landverteilung einigen und auf einen Teil ihrer maximalen Forderungen verzichten.

Forderungen der Israelis

- Die Sperrmauer rund um das Westjordanland bleibt, denn sie schützt die Bevölkerung vor Terrorangriffen.
- Alle palästinensischen Organisationen müssen das Existenzrecht Israels anerkennen.
- Die Hamas ist eine Terrororganisation. Sie darf sich nicht an einer palästinensischen Regierung beteiligen.
- Bereits 1922 hat der Völkerbund Juden das Recht eingeräumt, sich in allen Teilen Israels niederzulassen. Außerdem haben wir das Land 1967 in einem Verteidigungskrieg erobert. Auch in Israel ist ein Fünftel der Bevölkerung arabischer Herkunft.
- Jerusalem ist für alle Juden eine heilige Stadt. Sie muss ungeteilt Hauptstadt unseres Landes bleiben.
- Die Terrorangriffe auf israelische Bürger müssen gestoppt werden. Alle Palästinenser geben ihre Waffen ab.
- In einem Palästinenserstaat dürfen jüdische Siedler nicht vertrieben oder unterdrückt werden. Sie müssen gleiche Rechte wie die arabische Bevölkerung haben.

Forderungen der Palästinenser

- Die Sperrmauer muss abgebaut werden. Alle Palästinenser müssen sich frei bewegen können.
- Der Bau jüdischer Siedlungen im Westjordanland muss sofort gestoppt werden. Sie machen wegen der Zersiedelung unseres Landes die Gründung eines Palästinenserstaates unmöglich.
- Wir wollen in einem eigenen Staat leben, der von Israel anerkannt wird. Er umfasst Gaza, Westjordanland und Ostjerusalem.
- Jerusalem hat für alle Muslime eine herausragende religiöse Bedeutung. Ostjerusalem soll deshalb die Hauptstadt des neuen Staates werden.
- Die Hamas wurde in freien Wahlen in die Regierung der palästinensischen Autonomiebehörde gewählt. Israel muss sie anerkennen.
- Israel hat Gaza, Westjordanland mit Jerusalem und die Golanhöhen 1967 widerrechtlich erobert. Es muss alle besetzten Gebiete räumen und das Militär abziehen.
- Solange die Besetzung palästinensischer Gebiete anhält, dürfen sich Palästinenser gegen die Unterdrückung ihrer Bevölkerung mit Waffengewalt wehren.

- Teilt eure Klasse in zwei Gruppen auf, die jeweils die Positionen von Israelis und Palästinensern einnehmen. Diese könnt ihr wiederum in Kleingruppen untergliedern.
- Überlegt anhand eurer Liste, auf welche zwei Forderungen ihr in eurer jeweiligen Rolle notfalls verzichten könntet und auf welche auf keinen Fall.
- Präsentiert eure Ergebnisse entsprechend eurer Rolle vor der Klasse und begründet eure Entscheidung.
- Diskutiert abschließend in der Klasse: Was müsste passieren, damit eine Einigung möglich wäre?

4 Welchen Beitrag zur Friedenssicherung leistet die UNO?

Kurzvorträge bewerten

Friedenssicherung gehört zu den Hauptaufgaben der UNO. Welche Mittel die Weltorganisation dabei einsetzt, könnt ihr am Beispiel von Mali untersuchen.

Tipp: Die Materialien A und B in diesem Unterkapitel sind so gestaltet, dass ihr sie selbstständig erarbeiten und in Kurzvorträgen präsentieren könnt. Abschließend könnt ihr die Erfolge der UNO bewerten (Material C).

A Die Arbeit der UNO – das Beispiel Mali

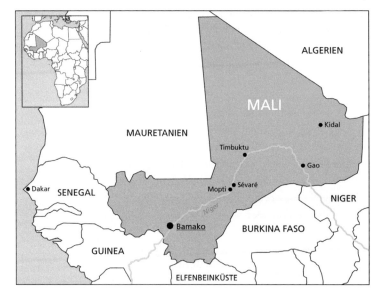

1. Bürgerkrieg stürzt das Land ins Chaos

Mali ist ein Wüstenstaat im Westen Afrikas. Im Norden leben die Nomadenstämme der Tuareg, im Süden sesshafte Bauern. Zwischen diesen Bevölkerungsgruppen kommt es seit Jahrhunderten immer wieder zu Konflikten. Trotzdem galt das Land als stabile Demokratie.

Auslöser für den jüngsten Bürgerkrieg seit 2012 war ein Militärputsch, bei dem die Regierung gestürzt wurde. Innerhalb weniger Tage brachten Tuaregs gemeinsam mit islamistischen Rebellen den gesamten Norden des Landes unter Kontrolle. Die Islamistischen Rebellen vertrieben gleich darauf die Tuaregs und übernahmen selbst die Macht im Norden. Sie führten dort die Scharia*, das islamische Recht ein. Es sieht besonders

grausame Strafen vor. Sowohl von den islamistischen Gruppen als auch von den Regierungssoldaten wurden zahlreiche Menschenrechtsverletzungen begangen. Rund 350 000 Flüchtlinge flohen vor dem Krieg, davon 150 000 in die ebenfalls sehr armen Nachbarstaaten, die mit der Versorgung der Flüchtlinge völlig überfordert waren. Das UN-Hochkommissariat für Flüchtlinge (UN-HCR) organisierte Versorgung und Unterkunft der Flüchtlinge.

2. UNO schickt Friedenstruppen

2012 beschloss der Sicherheitsrat, erstmals Friedenstruppen aus den Nachbarstaaten nach Mali zu senden. Diese kamen jedoch gar nicht zum Einsatz, weil Frankreich als ehemalige Kolonialmacht Truppen entsandte. Sie erreichten, dass der Norden wieder weitgehend befreit wurde. Anschließend übergab Frankreich die Verantwortung an die UN-Blauhelmsoldaten.

Doch die Situation blieb instabil. Immer wieder kam es zu Überfällen der Islamisten. Seit 2013 wurden die UN-Truppen laufend aufgestockt.

3. Friedensabkommen zwischen den verfeindeten Parteien

Nach schwierigen Verhandlungen wurde 2015 unter Vermittlung der UNO, der Europäischen Union und Algeriens ein „Friedens- und Versöhnungsabkommen" unterzeichnet. Es sieht mehr Rechte für den Norden vor, dafür verpflichten sich die Re-

* Weitere Informationen zu dem Begriff Scharia findet ihr im Glossar.

bellen, die Regierung anzuerkennen. Allerdings unterzeichnete eine wichtige Gruppe der Aufständischen den Vertrag nicht. Kernaufgabe der UN-Truppen ist es, die Einhaltung und Umsetzung des Friedensvertrags zu überwachen

(Autorentext).

4. Ausweitung des UN-Einsatzes

Der UN-Sicherheitsrat hat der Entsendung weiterer 2 000 Soldaten und fast 500 Polizisten für die Friedensmission in Mali zugestimmt. Damit reagierte er darauf, dass zuletzt verstärkt UN-Stützpunkte angegriffen wurden. In vier Jahren wurden in Mali mehr als 70 UN-Soldaten getötet.

Mit der von Frankreich entworfenen UN-Resolution hat der Rat die Zahl der Blauhelme von 11 240 auf knapp 13 300 erhöht. [...] Die Resolution erlaubt es den Blauhelmsoldaten in Mali, „alle notwendigen Mittel" zur Ausübung ihres Mandats [= Auftrags] zu ergreifen. Dazu zählen auch bewaffnete Einsätze gegen islamistische Terrorgruppen, allerdings nur „im Fall schwerer Bedrohung". Außerdem soll die Mission modernere Ausrüstung erhalten. Der UN-Truppe gehören Soldaten und Polizisten aus 73 Ländern an.

(Nach: Tausende weitere Blauhelme für Mali, www.tagesschau. de, 30.06.2016, Zugriff: 05.08.2016)

5. Beteiligung der Bundeswehr

Der Einsatz in Mali gilt als der gefährlichste UN-Einsatz weltweit. Seit 2013 beteiligt sich die Bundeswehr an der Friedensmission, zunächst mit Transportflugzeugen und der Ausbildung von Soldaten. 2016 wurde die Zahl der deutschen Soldaten erheblich auf 650 aufgestockt. Deutsche Soldaten wurden nun vermehrt im gefährlichen Norden bei der Erkundung und Aufklärung eingesetzt. Dabei kam es auch zu Angriffen auf deutsche Soldaten. Die deutsche Regierung rechnet damit, dass es noch Jahre dauern wird, bis der Einsatz der Friedenstruppen beendet werden kann.

6. Der Internationale Strafgerichtshof ermittelt

Erstmals hat der Internationale Strafgerichtshof die Zerstörung wichtiger Kulturgüter in einem Krieg bestraft. Im September 2016 verurteilte er Ahmad Al Faqi Al Mahdi, Führer einer islamistischen Miliz, zu neun Jahren Haft, weil er in der historischen Wüstenstadt Timbuktu mittelalterliche Heiligengräber und eine Moschee zerstören ließ. In der Urteilsbegründung nannte die Chefanklägerin Fatou Bensouda die Taten „einen feigen Angriff auf die Würde und Identität ganzer Völker". Die Bauten in Timbuktu waren von der UNESCO 1988 zum Weltkulturerbe erklärt worden. Kritisiert wurde an dem Urteil, dass der Strafgerichtshof ausschließlich die Zerstörung der Kulturgüter bestrafe, während die zahlreichen Kriegsverbrechen an Menschen nicht verfolgt wurden.

Deutsche UN-Soldaten beteiligen sich an der Friedensmission in Mali.

---

1. Zur Vorbereitung des Vortrags: Stelle in einer Tabelle zusammen, was die UNO im Konflikt in Mali unternommen hat, um den Frieden herbeizuführen.

2. Bereitet dann anhand der Zwischenüberschriften einen Kurzvortrag vor: „Welchen Beitrag zum Frieden leistet die UNO in Mali?"

3. Präsentiert euren Vortrag in der Klasse. Auswerten und beurteilen könnt ihr die Vorträge mithilfe der Methodenkarte auf Seite 311.

Was auch noch interessant sein kann:

● die aktuelle Situation in Mali im Internet recherchieren und in den Kurzvortrag aufnehmen.

B Die UNO: Ziele und Organisation

Aufgaben der UNO

Die UNO ist die größte und wichtigste internationale Organisation zur Sicherung des Friedens in der Welt. Ihr gehören 193 der 195 Staaten der Welt an. Nach dem Zweiten Weltkrieg schlossen sich am 26. Juni 1945 51 Staaten zu der „United Nations Organization (UNO)" zusammen. Deutschland gehört der UNO seit 1973 an.

Die UNO hat zum Ziel,

- den Weltfrieden und die internationale Sicherheit zu wahren,
- weltweit die Achtung der Menschenrechte durchzusetzen,
- freundschaftliche Beziehungen zwischen den Nationen zu wahren und zu fördern. Es gilt dabei der Grundsatz der Gleichberechtigung.

Alle Mitglieder der UNO haben die „Charta der Vereinten Nationen" unterschrieben. Darin verpflichten sich diese,

- Streitigkeiten untereinander ausschließlich mit friedlichen Mitteln beizulegen,
- jede Androhung und Anwendung von Gewalt gegen einen anderen Staat zu unterlassen,
- die Weltorganisation bei allen Maßnahmen zu unterstützen.

Die wichtigsten Organe der UNO

Die **Generalversammlung** besteht aus Vertretern von allen Mitgliedsländern der UNO. Jedes der 193 Länder hat eine Stimme. Auf der jährlichen Vollversammlung in New York, dem Hauptsitz der Weltorganisation, werden aktuelle Gefährdungen des Weltfriedens und Menschenrechtsfragen diskutiert.

Die Generalversammlung kann in Krisengebieten Untersuchungen durchführen und Empfehlungen zur Konfliktregelung aussprechen. Alle zwei Jahre wählt sie die zehn nicht ständigen Mitglieder des Sicherheitsrates.

Alle fünf Jahre wählt die Generalversammlung auf Empfehlung des Sicherheitsrats den **Generalsekretär**, den obersten Verwaltungsbeamten der UNO. Er reist in Krisengebiete, führt Gespräche mit Regierungen und macht Vorschläge zur Beilegung von Konflikten.

Der **Sicherheitsrat** ist verantwortlich für die Wahrung des Weltfriedens. Er setzt sich aus fünf ständigen Mitgliedern (China, Frankreich, Großbritannien, Russland, USA) und zehn nicht ständigen Mitgliedern zusammen. Diese werden von der Generalversammlung auf zwei Jahre gewählt. Er kann Empfehlungen aussprechen, wie die streitenden Länder ihre Konflikte friedlich bei-

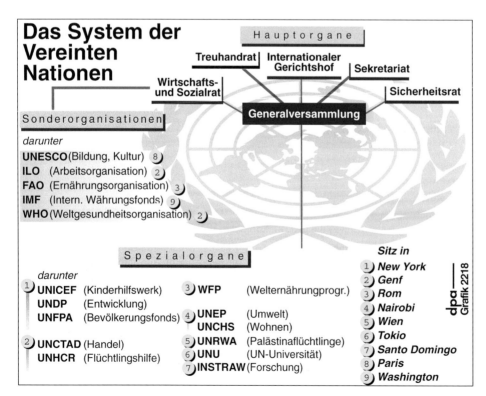

Das System der Vereinten Nationen

Hauptorgane

Treuhandrat | Internationaler Gerichtshof | Sekretariat

Wirtschafts- und Sozialrat | Sicherheitsrat

Generalversammlung

Sonderorganisationen

darunter

UNESCO (Bildung, Kultur) ⑧
ILO (Arbeitsorganisation) ②
FAO (Ernährungsorganisation) ③
IMF (Intern. Währungsfonds) ⑨
WHO (Weltgesundheitsorganisation) ②

Spezialorgane

darunter

① **UNICEF** (Kinderhilfswerk)
UNDP (Entwicklung)
UNFPA (Bevölkerungsfonds)
② **UNCTAD** (Handel)
UNHCR (Flüchtlingshilfe)

③ **WFP** (Welternährungsprogr.)
④ **UNEP** (Umwelt)
UNCHS (Wohnen)
⑤ **UNRWA** (Palästinaflüchtlinge)
⑥ **UNU** (UN-Universität)
⑦ **INSTRAW** (Forschung)

Sitz in
① **New York**
② **Genf**
③ **Rom**
④ **Nairobi**
⑤ **Wien**
⑥ **Tokio**
⑦ **Santo Domingo**
⑧ **Paris**
⑨ **Washington**

dpa Grafik 2218

legen können. Als einziges Organ der UNO kann er auch militärische Maßnahmen gegen ein Mitglied anordnen. Gegen die Beschlüsse des Sicherheitsrats können die fünf ständigen Mitglieder ihr Veto einlegen. Das bedeutet, dass sie mit ihrer Stimme einen Beschluss verhindern können, obwohl die Mehrheit dafür gestimmt hat.

Maßnahmen des Sicherheitsrats

Wenn sich ein Konflikt anbahnt, wird der Sicherheitsrat zunächst versuchen, die verfeindeten Parteien mit friedlichen Mitteln, wie Untersuchungen und Verhandlungen, zum Einlenken zu bringen. Wenn diese Versuche erfolglos sind, kann er Sanktionen (= Zwangsmaßnahmen) verhängen. Das kann z. B. die Sperrung von Bankkonten im Ausland sein, um z. B. uneinsichtige Konfliktparteien in finanzielle Schwierigkeiten zu bringen. Notfalls kann er auch militärische Mittel anordnen.

Peacekeeping (friedenssichernde Einsätze)

Im Auftrag der UNO werden leicht bewaffnete Truppen, aber auch zivile Helfer aus verschiedenen Mitgliedstaaten der UNO in Konfliktgebieten eingesetzt. Nach der Farbe ihrer Kopfbedeckung werden die UN-Soldaten Blauhelme genannt. Peacekeeper wurden zunächst eingesetzt, um einen Waffenstillstand zu überwachen. Sie dürfen nur zur Selbstverteidigung zu den Waffen greifen. Häufig übernehmen UN-Truppen in den betroffenen Staaten zusätzlich auch andere Aufgaben. So überwachen sie z. B. Wahlen, sorgen für die Einhaltung von Menschenrechten und helfen beim Wiederaufbau der zerstörten Länder mit.

Robustes Peacekeeping

In den 1990er-Jahren zeigte sich, dass die klassischen Blauhelmtruppen an ihre Grenzen stießen: So konnten Friedenstruppen der UNO z. B. 1994 in Ruanda einen Völkermord mit über 800 000 Opfern nicht verhindern. Zunehmend wurden auch UN-Solda-

ten selbst zu Opfern von Gewalttaten. Daher erhielten Blauhelmtruppen in der Folgezeit das Recht, ihren Auftrag notfalls auch mit Waffengewalt zu verfolgen. Das bezeichnet man als robustes Peacekeeping. Diese Aufgaben können auch NATO-Truppen übertragen werden, wie dies z. B. in Libyen 2011 der Fall war.

Internationaler Strafgerichtshof

Er wurde 2003 gegründet und hat seinen Sitz im niederländischen Den Haag. Seine Aufgabe ist die Verfolgung und Bestrafung von Kriegsverbrechen.

 Zur Vorbereitung des Vortrags: Fasse stichwortartig Ziele und Aufgaben der Organe zusammen. Das geht auch in einer Mindmap.

 Bereitet dann anhand der Zwischenüberschriften einen Kurzvortrag zum Thema „Ziele und Aufgaben der UNO" vor.

 Präsentiert euren Vortrag in der Klasse. Auswerten und beurteilen könnt ihr die Vorträge mithilfe der Methodenkarte auf Seite 311.

C Wie erfolgreich ist die UNO?

„Künftige Generationen vor der Geißel des Krieges bewahren" will die UNO. Gemessen an diesem Ziel, sind ihre inzwischen 193 Mitgliedstaaten gescheitert: In den letzten 70 Jahren fanden weltweit über 260 bewaffnete Konflikte statt, oftmals verbunden mit Völkermord und anderen schweren Menschenrechtsverletzungen.

Aber ohne die UNO hätten viele dieser Konflikte noch länger gedauert. Viel mehr Menschen wären gestorben. Ohne die UNO wäre es wahrscheinlich zu einem dritten Weltkrieg gekommen. Im UNO-Sicherheitsrat wurden vielfach Situationen entschärft, in der die Welt kurz vor einem atomaren Krieg stand. Und ohne die UNO und ihre humanitären Unterorganisationen wären Hunderte Millionen Opfer von Naturkatastrophen, Hungersnot und Vertreibung in den letzten 70 Jahren nicht versorgt worden.

Schließlich hat die UNO den Rahmen für die Vereinbarung zahlreicher internationaler Normen, Regeln und Verträge geboten – unter anderem zu Rüstungskontrolle und Abrüstung, Menschenrechten, Umweltschutz und Sozialstandards.

„Um uns vor der Hölle zu bewahren"

Diese Normen, Regeln und Verträge haben die Erde zwar nicht in ein Paradies verwandelt, aber sie trugen dazu bei, das Leben für viele der inzwischen über sieben Milliarden ErdbewohnerInnen zu verbessern. Schon 1945 sagte Winston Churchill: „Die UNO wurde nicht gegründet, um uns den Himmel zu bringen, sondern um uns vor der Hölle zu bewahren".

Dennoch hat das vergangene Jahr bei Menschen stärker als je zuvor seit Ende des Kalten Krieges den Eindruck vom „globalen Chaos" geschaffen. Dazu haben die Gewaltkonflikte in Syrien, Irak, der Ukraine und im Gazastreifen, das Vordringen der Terrororganisation Islamischer Staat und die Ausbreitung der Ebola-Seuche beigetragen. Es schien, als sei die Welt aus den Fugen geraten, und die UNO versage nur noch oder spiele überhaupt keine Rolle mehr. Tatsächlich war die UNO – besonders gravierend im Fall Syriens – politisch blockiert; wegen ihrer gegensätzlichen Interessen waren die fünf Vetomächte unfähig, Gewaltkonflikte zu beenden. Und in einem bislang nie dagewesenen Ausmaß haben sie dabei versagt, die überlebenden Opfer wenigstens ausreichend humanitär zu unterstützen.

Die UNO leidet unter Geldmangel

Das UNO-Hochkommissariat für Flüchtlinge (UNHCR) und das Welternährungsprogramm mussten die Versorgung von 2,5 Millionen syrischer und afrikanischer Flüchtlinge drastisch reduzieren und zeitweise ganz einstellen. Grund: Trotz dringender Appelle erhielten sie viel zu wenig Finanzmittel von den UNO-Mitgliedstaaten. Damit die Weltorganisation handlungsfähiger wird, muss die Finanzierung des UNO-Systems dringend gründlich reformiert werden.

(Nach: Andreas Zumach: Die UNO muss reformiert werden, in: www.taz.de, 26.05.2015, Zugriff: 10.08.2016)

Ioan Cozacu

1. Arbeite aus dem Text Erfolge und Rückschläge der UNO heraus.
2. Stelle sie in einer Tabelle einander gegenüber.
3. Die Karikatur thematisiert aktuelle Probleme der UNO. Erkläre sie.
4. Überprüft anhand der Tabelle und eurer Arbeitsergebnisse, ob euer Wissen ausreicht, um den Erfolg der UNO zusammenfassend zu bewerten.

Bewertung von Kurzvorträgen

Worum geht es?

Wenn ihr im Politikunterricht einige Routine in der Präsentation von Kurzvorträgen gewonnen habt, könnt ihr darangehen, eure Kurzvorträge zur Friedenssicherung einer genaueren Beurteilung zu unterziehen, und den Vortragenden Rückmeldung über die Wirkung ihrer Vorträge geben. Das nennt man Feedback.

Wie könnt ihr vorgehen?

Den Fragebogen auf dieser Seite könnt ihr für alle Schülerinnen und Schüler kopieren, damit ihr eure Bewertungen eintragen könnt. Ihr vergebt Punkte für die einzelnen Bewertungsmerkmale und zählt am Ende eure Gesamtpunktzahl zusammen.

Was solltet ihr noch beachten?

Während des Vortrags sollte sich das Publikum auf das Zuhören und Zuschauen konzentrieren. Den Fragebogen könnt ihr im Anschluss daran ausfüllen. In der Phase der Besprechung der Vorträge sollte die gegenseitige Hilfestellung vor der gegenseitigen Kritik im Vordergrund stehen. Später in der Berufsausbildung könnt ihr davon ausgehen, dass solche Beurteilungsbogen als Grundlage für eine Leistungsbewertung herangezogen werden. Der Fragebogen auf dieser Seite wurde von Lehrern und Schülern gemeinsam erarbeitet.

Thema: UNO, Entwicklungspolitik

Beurteilungsbogen für Kurzvorträge								
		maximale Punktzahl	erreichte Punktzahl	Vortragende von A bis Z				
				A	B	C	D	E
A	**Die Sache**							
1.	Wurde zu Beginn des Vortrags das Thema deutlich benannt und erklärt?	0 – 2						
2.	War der Vortrag anschaulich und gut gegliedert?	0 – 4						
3.	Wie gut verständlich und wie lehrreich war er für die Zuhörerinnen und Zuhörer?	0 – 4						
4.	Enthielt der Vortrag eine angemessene Menge an Informationen?	0 – 3						
5.	Gab es am Ende eine Zusammenfassung und einen gut nachvollziehbaren Abschluss?	0 – 2						
		15 Punkte						
B	**Die Personen**							
6.	Haben die Vortragenden die Aufmerksamkeit der Klasse abgewartet und in Ruhe eröffnet?	0 – 2						
7.	Wurde Blickkontakt zum Publikum hergestellt und gehalten?	0 – 1						
8.	Wurde klar, laut und deutlich, frei und in angemessenem Tempo gesprochen?	0 – 2						
9.	War erkennbar, dass die Vortragenden sich gut vorbereitet haben?	0 – 3						
10.	War das äußere Erscheinungsbild der Vortragenden der Situation angemessen (Art des Auftretens, Körperhaltung etc.)?	0 – 2						
		10 Punkte						
C	**Sonderpunkte**							
11.	Können ein oder mehrere Zusatzpunkte für besondere Einfälle und Leistungen gegeben werden?	0 – 2						
		2 Punkte						

D Bürgerkrieg in Malawesi: Wie soll der Weltsicherheitsrat entscheiden?

Unsere Klasse als Weltsicherheitsrat

Der Weltsicherheitsrat ist für die Wahrung des Weltfriedens zuständig. Zur Verhütung und Beendigung von Konflikten stehen ihm verschiedene Mittel zur Verfügung.

Ihr könnt eine Sitzung des Sicherheitsrats im Rollenspiel nachspielen. Teilnehmer sind die fünf ständigen Mitglieder des Sicherheitsrats: China, Frankreich, USA, Russland und Großbritannien.

Eure Aufgabe besteht darin, Empfehlungen zur Entschärfung eines Konflikts zu erarbeiten und zu entscheiden, ob die UNO in diesen Konflikt eingreifen soll. Der Fall ist erfunden, doch die Probleme sind real. Natürlich könnt ihr im Rollenspiel nicht die tatsächliche Position dieser Staaten vertreten, da sie nicht bekannt ist. Wie in Wirklichkeit jedoch müssen eure Entscheidungen im Sicherheitsrat einstimmig gefasst werden.

So könnt ihr vorgehen:

- Bildet Gruppen mit jeweils fünf Teilnehmern. Jedes Gruppenmitglied vertritt die Meinung eines Mitglieds im Sicherheitsrat.
- Jedes Gruppenmitglied arbeitet allein die Informationen zum Fall und die Rollenkarte durch, bildet sich ein Urteil und bereitet eine kurze Rede vor dem Sicherheitsrat vor, in der es seinen Standpunkt begründet.
- Diskutiert in der Gruppe entsprechend eurer Rolle, ob und welche UNO-Maßnahme hier sinnvoll ist.
- Testet die Möglichkeit einer einstimmigen Entscheidung.
- Nach einer vorher vereinbarten Zeit stellen die Gruppen ihre Entscheidung in der Klasse vor.

Angenommen, dass …
Bürgerkrieg in Malawesi

Stellt euch Malawesi als einen kleinen Staat irgendwo in der Mitte Afrikas vor. Bis 1963 war Malawesi eine französische Kolonie. Noch heute leben dort viele französische Staatsbürger, die sich in dem Land als Farmer niedergelassen haben. Wie viele Staaten in Afrika ist Malawesi heute ein Vielvölkerstaat. Die beiden größten Bevölkerungsgruppen sind die wirtschaftlich und politisch sehr einflussreichen Tulugis sowie das Hirtenvolk der Kawangas. Das Land ist sehr fruchtbar und verfügt auch über reichhaltige und seltene Bodenschätze, die von einer großen amerikanischen Gesellschaft gefördert werden.

In der jungen Geschichte des Landes kam es immer wieder zu blutigen Machtkämpfen zwischen den beiden verfeindeten Stämmen; zuletzt als General Makuti, ein Kawanga, durch einen Putsch mit Waffengewalt die Macht übernahm. Er versprach zwar, bald Wahlen abzuhalten, errichtete jedoch eine Diktatur.

Die wichtigsten Positionen in Wirtschaft und Politik sind mit seinen Stammesgenossen aus dem Volk der Kawangas besetzt. Inzwischen konnte die verbotene Bewegung „Demokratie jetzt" viele neue Anhänger gewinnen, besonders unter den Tulugis. Als General Makuti eine Versammlung der Demokratiebewegung mit Waffengewalt auflöste, kam es zu blutigen Auseinandersetzungen zwischen den Volksgruppen. In kürzester Zeit griff der Krieg auf das ganze Land über. Es kam zu einer Hungersnot, Hilfsgüter konnten wegen des Krieges jedoch nicht verteilt werden. Fast täglich erschienen in den Medien Bilder von verhungernden Menschen.

Sowohl aufseiten der Regierung als auch aufseiten der Rebellen kam es zu zahlreichen Menschenrechtsverletzungen. Nachdem die Rebellen die Hauptstadt erobert hatten, schlossen die beiden Parteien einen Waffenstillstand. Anhänger des Generals überfielen seitdem immer wieder Dörfer und griffen die ehemaligen Rebellentruppen an. Nach dem langen Bürgerkrieg sehnte sich die Bevölkerung nach Frieden.

Rollenkarten

Das sind die Ausgangspositionen der fünf ständigen Mitglieder zu Beginn der Verhandlung:

Großbritannien
sieht die Kostenfrage als Haupthindernis für ein Eingreifen der UNO. Schon jetzt befinde sich die UNO in großen Zahlungsschwierigkeiten. Zudem sind die bisherigen Erfahrungen der UNO in Afrika nicht ermutigend.

Russland
ist gegen ein Eingreifen. Es befürchtet, dass sein Einfluss in Afrika weiter schwindet, wenn eine UNO-Truppe entsandt wird. Zudem hat Russland General Makuti in der Endphase des Kampfes mit Waffen beliefert.

China
ist noch unentschlossen. Es hat großes Interesse an den Rohstoffen des Landes, möchte jedoch verhindern, dass die USA ihren Einfluss in Afrika ausweiten. Es könnte sich jedoch eine Stationierung von afrikanischen Blauhelmsoldaten vorstellen.

Frankreich
tritt für ein Engagement der UNO ein. Es befürchtet einen großen Flüchtlingsandrang aus der ehemaligen Kolonie. Zudem sieht es die Sicherheit der französischen Siedler gefährdet.

Die USA
weisen vor allem auf die Menschenrechtsverletzungen hin. Außerdem sind sie an der Förderung der Rohstoffe interessiert. Deshalb befürworten sie einen UN-Einsatz.

5 Reicher Norden – armer Süden: Ist auch Entwicklungspolitik ein Beitrag zum Frieden?

Die Bereitschaft zum persönlichen Engagement bewerten

A Beispiele für Projekte

Ugandische Jugendliche lernen an einfachen Solarcomputern.

1. UNICEF fördert Bildung und Jobchancen in Uganda

Die Republik Uganda hat etwa 35 Millionen Einwohner und ist um ein Drittel kleiner als Deutschland.

Die junge Generation hat im ostafrikanischen Uganda noch immer zu wenige Zukunftschancen. Nur jeder Fünfte aller jungen Menschen zwischen 15 und 24 Jahren hat Arbeit. Doch es mangelt nicht nur an Arbeitsplätzen, die Jugendlichen sind auch schlecht für die Arbeitswelt gerüstet. Die Zustände in vielen Schulen sind katastrophal, es fehlt an qualifizierten Lehrern, Schulbüchern und sanitären Anlagen. Nur etwa die Hälfte der Grundschüler schließt die Schule tatsächlich ab – oft, weil der Unterricht schlecht ist. Viele sind frustriert, weil sie keine Perspektive sehen. Bildung ist der Schlüssel, um Jugendlichen Perspektiven zu geben. UNICEF fördert die Grundbildung und nutzt gezielt neue Wege.

Solarbetriebene Computer für Jugendliche

UNICEF will mithilfe von Spenden 1500 Jugendliche in 15 Distrikten erreichen. Wir stellen in 15 Jugend- und Gemeindezentren unverwüstliche „Digital Drums" bereit, einfache solarbetriebene Computer. Hier sind kostenlose Anwendungsprogramme und ansprechende Artikel und Videos installiert, zum Beispiel zu Gesundheitsthemen oder Arbeitsmöglichkeiten. Die Betreuer in den Zentren schulen die Jungen und Mädchen im Umgang mit den Computern und helfen bei der Jobsuche.

Soziales Netzwerk

UNICEF unterstützt das soziale Netzwerk „U-Report". Hier können sich Kinder und Jugendliche per SMS zu aktuellen Themen äußern – und sich mit wichtigen Informationen zum Beispiel zum Schutz von Aids versorgen. Über 150 000 Jugendliche diskutieren mit. Die Ergebnisse verbreitet UNICEF auf der Internetseite www.ureport.ug und schickt sie direkt an Journalisten und Abgeordnete. So können sie sich für die Interessen junger Menschen einsetzen und mithelfen, ihre Situation konkret zu verbessern.

EduTrac für bessere Bildung

Mit dem Pilotprojekt EduTrac verbessert UNICEF gemeinsam mit der Regierung die Qualität der Schulen in Uganda. 100 Betreuer werden als Qualitätsprüfer ausgebildet. Sie kontrollieren regelmäßig, ob die Schulen in einem guten Zustand sind und ob die eingeschulten Kinder regelmäßig am Unterricht teilnehmen.

(Nach: Uganda: mit Solarcomputern in die Zukunft, in: www.unicef.de/uganda-solarcomputer, Zugriff: 12.07.2016)

2. Hilfe für ehemalige Kindersoldaten im Kongo

In der Demokratischen Republik Kongo setzt sich die Caritas für die Entlassung von Kindersoldaten ein. Dort werden die Kinder in dem seit Jahrzehnten dauernden Bürgerkrieg von Rebellen zum Militärdienst gezwungen. Nach der Entlassung betreut die Caritas die Jugendlichen medizinisch und psychologisch, ermöglicht ihnen den Schulbesuch und führt sie in ihre Familien zurück (www.caritas-internatio nal.de).

3. Patenschaften für Kinder in Entwicklungsländern

Die christliche Kinderhilfsorganisation „World Vision" vermittelt Paten, die ein Kind finanziell unterstützen, damit es ausreichend ernährt werden und zur Schule gehen kann. Mit dem Beitrag werden auch die Familien unterstützt und Entwicklungsprojekte vor Ort finanziert (www.worldvision. de).

4. Hühnerzucht als Weg aus der Armut

In Äthiopien gibt es häufig Dürren, die Hungersnöte auslösen. Die Kleinbauern sind sehr arm und müssen hart um ihr Überleben kämpfen. Die Welthungerhilfe unterstützt die Frauen der Bauern beim Aufbau einer Hühnerzucht. Der Erlös verhilft den Familien zu einem zusätzlichen Einkommen und ist für viele ein erster Schritt in eine bessere Zukunft ohne Armut (www.welthungerhilfe.de).

WebQuest: Entwicklungspolitische Organisationen

Zu der Arbeit der auf dieser Doppelseite vorgestellten deutschen und internationalen Organisationen könnt ihr eine WebQuest durchführen. Die Internetadressen findet ihr unter dem Text. An folgenden Gesichtspunkten könnt ihr euch orientieren:

- Ziele der Organisation
- Themen, mit denen sie sich befasst
- Länder, in denen sie tätig ist
- Ein oder zwei weitere Projektbeispiele
- Finanzierung der Projekte
- Bewertung: Was leistet die Organisation in der Entwicklungspolitik? Verbessern die entwicklungspolitischen Projekte nachhaltig das Leben der Menschen in diesem Land?

Stellt die Ergebnisse eurer Recherche in einem Kurzvortrag vor.

---

1. Beschreibe, was UNICEF in Uganda unternimmt, um die Situation von Jugendlichen zu verbessern.

2. „Hilfe zur Selbsthilfe" will Entwicklungszusammenarbeit leisten. Erkläre, warum Computerkenntnisse die Zukunftschancen von Jugendlichen verbessern.

3. Was kann Entwicklungspolitik leisten, was eher nicht? Entwickelt auf der Grundlage der Beispiele und der WebQuest Kriterien für eure Urteilsbildung.

B Entwicklungspolitik als Beitrag zum Frieden

Was sind Entwicklungsländer?

Rund 800 Millionen Menschen weltweit sind so arm, dass sie von weniger als 1,25 Dollar am Tag leben. Wenn in einem Land sehr viele Menschen arm sind, bezeichnet man es als Entwicklungsland. Weil die Mehrzahl dieser Länder geografisch im Süden liegt, spricht man auch vom reichen Norden (Industrieländer) und dem armen Süden. Die Unterschiede zwischen den Ländergruppen bezeichnet man als Nord-Süd-Gegensatz oder sogar als Konflikt. Entwicklungsländer bilden eine sehr uneinheitliche Gruppe von Staaten. Häufig gibt es sogar innerhalb eines Staates wohlhabende Regionen neben Gebieten, in denen bittere Armut und Hunger herrschen.

Ursachen für Kriege in Entwicklungsländern

Wo es an dem Nötigsten zum Leben fehlt, wo Menschenrechte ständig verletzt werden und Menschen keinerlei Zukunftschancen haben, entsteht ein Nährboden für Gewalt. Die meisten bewaffneten Konflikte finden in Entwicklungsländern statt. Die Bekämpfung von Armut ist folglich auch ein wichtiger Schwerpunkt deutscher Entwicklungspolitik. Neben der Solidarität mit den Ärmsten, geht es dabei auch um eigene Interessen. Denn im Zeitalter der Globalisierung wirken sich auch weit entfernte Konflikte auf die Sicherheit unseres Landes aus.

Nachhaltige Entwicklungsziele bis 2030

2015 hat die UNO 17 Entwicklungsziele verabschiedet, die bis 2030 verwirklicht werden sollen. Entwicklung soll stets nach dem Prinzip der Nachhaltigkeit gestaltet werden. Das bedeutet, dass alle Ziele nicht nur für die armen Länder, sondern auch für den reichen Norden gelten. Diese Länder haben die Verpflichtung, ihren verschwenderischen Umgang mit Umweltgütern und Energie zu ändern und armen Ländern zu helfen. Bis 2030 sollen weltweit unter anderem

- der Hunger besiegt,
- Armut beseitigt werden,
- alle Kinder eine Schulausbildung erhalten,
- die wirtschaftliche Ungleichheit zwischen armen und reichen Ländern verringert werden,
- nachhaltige Konsum- und Produktionsweisen gesichert,
- die Nutzung alternativer Energien und die Bewältigung der Folgen des Klimawandels vorangebracht werden.

Auch die deutsche Regierung hat sich dem Aktionsprogramm angeschlossen. Kritiker halten das Programm für zu ehrgeizig – auch weil die Länder selbst entscheiden können, welche Schwerpunkte sie in der Entwicklungspolitik setzen. Klar ist: Die Entwicklungsziele können nur erreicht werden, wenn die Industriestaaten wesentlich mehr Geld in Entwicklungspolitik investieren.

Arme und reiche Länder
Jährliches Volkseinkommen je Einwohner in Dollar*

	Die 10 ärmsten Länder	$
1	Burundi	260
2	Malawi	270
3	Zentralafr. Republik	320
4	Niger	400
5	Liberia	410
6	Dem. Rep. Kongo	430
7	Madagaskar	440
8	Guinea	460
9	Äthiopien	470
10	Eritrea	490

	Die 10 reichsten Länder	$
1	Norwegen	102 610
2	Schweiz	90 760
3	Katar	86 790
4	Luxemburg	69 900
5	Australien	65 390
6	Schweden	61 760
7	Dänemark	61 680
8	Singapur	54 040
9	USA	53 470
10	Kanada	52 200
14	Deutschland	47 270

*umgerechnet nach Weltbankmethode   Quelle: Weltbank   Stand 2013   © Globus 10089

 Was sind Entwicklungsländer? Definiere den Begriff.

 Erkläre anhand der Karte, warum man das Verhältnis von Industrieländern und Entwicklungsländern auch als Nord-Süd-Konflikt bezeichnet.

3. Die Entwicklungsziele gelten für alle Länder gleichermaßen. Erläutere, in welchen Punkten sich Deutschland noch „entwickeln" muss.

 Welchen Beitrag zur Unterstützung von Entwicklungspolitik können wir selbst leisten?

Schülerinnen und Schüler engagieren sich außerhalb der Schule – z. B. wie hier bei UNICEF-Youth.

Euer Auftrag:

- Entscheide zunächst alleine, welche der Vorschläge du für eine gute Idee hältst. Notiere die entsprechenden Nummern.
- Setzt euch dann in Gruppen zusammen und stellt euch gegenseitig eure Auswahl vor.
- Einigt euch in der Gruppe auf eine Liste von drei bis fünf besonders sinnvolle Ideen.
- Wählt eine Idee aus, mit der ihr euch konkret weiter beschäftigen werdet. Stellt diese und eure Überlegungen dazu in der Klasse vor.

Wir können

1. dafür eintreten, dass Staaten und Hilfsorganisationen nur dann wirkungsvolle Entwicklungspolitik betreiben können, wenn sie dafür von der Bevölkerung unterstützt werden.

2. uns in unserem eigenen Umfeld dafür einsetzen, dass niemand aufgrund seiner Heimat und Herkunft benachteiligt wird, so wie es das Grundgesetz im Artikel 3 bestimmt.

3. uns für die Situation in den Armutsländern in Afrika, Asien und anderswo interessieren und uns über die Situation in einzelnen Ländern informieren.

4. uns im Internet mit der Arbeit von Hilfsorganisationen beschäftigen und herausfinden, wie deren Arbeit unterstützt werden kann.*

5. an Aktionen teilnehmen, die auf die Situation armer Menschen und armer Länder aufmerksam machen, z. B. an der Aktion „Straßenkind für einen Tag" (von terre des hommes) oder „Tulpen für Brot" (Welthungerhilfe) oder „Schüler helfen leben".

6. in der eigenen Schule Projekte unterstützen oder selbst planen, die sich mit Entwicklungspolitik und Armutsbekämpfung beschäftigen.

7. eine Veranstaltung organisieren, z. B. eine Theaterszene aufführen, einen Flohmarkt organisieren, um Spenden für Entwicklungsprojekte zu sammeln.

8. uns im Lebensmittelhandel oder in einem „Eine-Welt-Laden" über fair gehandelte Produkte informieren, diese in der Klasse vorstellen und beim Kauf solchen Produkten den Vorzug geben.

9. in einer Jugendorganisation einer der Hilfsorganisationen Mitglied werden und uns dauerhaft engagieren.

* Wie man sich informieren oder mitmachen kann, erfahrt ihr z. B. bei:
www.welthungerhilfe.de
www.misereor.de
www.diakonie.de
www.unicef.de
www.sos-kinderdorf.de
www.schueler-helfen-leben.de

Frieden und Sicherheit als Aufgaben internationaler Politik

Station 1

Welche Gefahren bedrohen den Frieden?

> Im Südsudan in Ostafrika tobt seit 2013 ein blutiger Bürgerkrieg. Auslöser war ein Machtkampf zwischen der Regierung und der Armee. In dem noch jungen Staat ist die Armee in viele ethnische Gruppen zersplittert, die sich zudem untereinander bekämpfen. Die Folge: 50 000 Tote, über zwei Millionen Vertriebene. Wegen der andauernden Kämpfe kam es bereits wiederholt zu Hungersnöten.

1. Erkläre, um welche Art von Bedrohung es sich im vorliegenden Beispiel handelt. Warum ist sie besonders gefährlich?
2. Beschreibe eine weitere Bedrohung für den Frieden.
3. Können Menschen lernen, Konflikte friedlich zu lösen? Wie lautet deine Antwort auf die Frage? Begründe.

Station 2

Welche Gefahren gehen vom „Islamischen Staat" aus?

1. Die meisten Anschläge verübte der IS bisher in Nordafrika und im Nahen Osten. Sind auch Menschen in Mitteleuropa gefährdet? Begründe deine Antwort.
2. Beschreibe, wie der IS Nachwuchskämpfer gewinnt.
3. Welche Maßnahmen wurden bisher im Kampf gegen den IS ergriffen, mit welchem Erfolg?

Station 3

Beispiel Nahostkonflikt: Kein Frieden in Sicht?

1. Interpretiere die Karikatur und nimm dabei Bezug auf die Kernursache des Konflikts.
2. Der Nahostkonflikt ist eine besonders schwierige Auseinandersetzung. Um sie besser zu verstehen, kann man eine Konfliktanalyse vornehmen. Beschreibe die Vorgehensweise mithilfe der fünf Leitfragen.

Jürgen Janson

Station 4

Welchen Beitrag zur Friedenssicherung leistet die UNO?

Vervollständige den Steckbrief in Stichwörtern.

Steckbrief UNO

Zahl der Mitglieder: _____

Hauptziel: _____

Organe: _____

Möglichkeiten des Sicherheitsrats/Instrumente zur militärischen Friedenssicherung:

_____

Station 5

Entwicklungspolitik als Beitrag zum Frieden

Ayfer und Ilja sitzen gemeinsam vor dem Fernseher. Gerade kommen Nachrichten. „Schrecklich, jeden Tag so viel Armut und Hungerkatastrophen! Die Menschen in diesen armen Ländern tun mir so leid", murmelt Ayfer. „Jammern hilft auch nichts", erwidert Ilja. „Da hast du recht. Wir sollten etwas unternehmen, aber was?"

1. Zunächst wollen sich die beiden im Internet über die Möglichkeiten von Entwicklungspolitik informieren. Dabei stoßen sie auf die oben stehende Abbildung. Erkläre ihnen, worum es bei den globalen Entwicklungszielen geht.
2. Schlage Ayfer und Ilja drei Möglichkeiten vor, wie sie sich entwicklungspolitisch engagieren können.

Glossar

Arbeit

Darunter versteht man die Summe aller Tätigkeiten, die Menschen verrichten, um ihren Lebensunterhalt zu verdienen. Man kann zwischen bezahlter und unbezahlter Arbeit unterscheiden. Es fehlt hier und in anderen Ländern an bezahlter Arbeit. Die Beseitigung von Arbeitslosigkeit bzw. die Sicherung und Schaffung neuer Arbeitsplätze gilt als eine der wichtigsten Zukunftsaufgaben für die Politik.

Armut

Hier muss man zwischen absoluter und relativer Armut unterscheiden. Weltweit leben über eine Milliarde Menschen in absoluter Armut. Das bedeutet, dass sie nicht genug zu essen, keinen Zugang zu sauberem Trinkwasser und keine menschenwürdige Wohnung haben. Auch in Deutschland gibt es viele Menschen, denen wenig Geld zur Verfügung steht und die sich wenig leisten können. Im Vergleich zur absoluten Armut leben diese Menschen in relativer Armut. Als relativ arm gelten in Deutschland Familien, denen weniger als die Hälfte eines durchschnittlichen Familieneinkommens zur Verfügung steht.

Betrieb

In den Betrieben werden die Waren, die wir zum Leben brauchen, hergestellt und auf den Märkten angeboten. Das kann in einem Einpersonenbetrieb geschehen, aber auch in einem Unternehmen, in dem Tausende von Mitarbeitern mit der Herstellung eines Produkts beschäftigt sind. Neben der Größe unterscheiden sich die vielen Betriebe nach der Art der Waren, die dort hergestellt werden, und nach der Rechtsform. Zum Beispiel kann ein Betrieb eine Personengesellschaft sein mit einer Chefin oder einem Chef an der Spitze oder eine große Aktiengesellschaft. Zu einem Unternehmen können mehrere Betriebe gehören.

Betriebsrat

Er ist die gewählte Interessenvertretung der Arbeitnehmerinnen und Arbeitnehmer in einem Wirtschaftsbetrieb. Er kann in Betrieben mit einer Mindestzahl von fünf Personen alle vier Jahre gewählt werden. Die wichtigste Aufgabe des Betriebsrats besteht darin, alle Belange der Belegschaft gegenüber der Leitung des Betriebes zu vertreten. Seine Rechte sind im Betriebsverfassungsgesetz geregelt.

Bruttoinlandsprodukt

Den Wert aller in einer Volkswirtschaft erstellten Waren und Dienstleistungen in einem Jahr bezeichnet man als Bruttoinlandsprodukt. Dies wird in einer Geldsumme ausgedrückt. Die Höhe des BIP gilt als Maßstab für den Wohlstand und die wirtschaftliche Leistungsfähigkeit einer Gesellschaft. Nach wie vor ist eines der wichtigsten Ziele der Wirtschaftspolitik, ein hohes und gleichmäßiges Wachstum des Bruttoinlandsprodukts zu erreichen. Früher sprach man vom Bruttosozialprodukt. Der Unterschied besteht darin, dass das Bruttoinlandsprodukt den Wert aller Waren und Dienstleistungen ausdrückt, die im Land erzeugt werden. Dazu zählen auch die von Ausländern im Land erbrachten Leistungen. Das Bruttosozialprodukt berechnete auch die Leistungen, die Deutsche im Ausland erbringen. Mit dem BIP lassen sich Länder besser vergleichen.

Bundeskanzler

Er wird vom Bundestag gewählt und ist der mächtigste Politiker in der Bundesrepublik Deutschland. Der Bundeskanzler ist gegenüber dem Parlament für die Politik der gesamten Bundesregierung verantwortlich. Als Chef der Regierung bestimmt er die Richtlinien der Politik. Ihm steht das Recht zu, die Ministerinnen und Minister zu entlassen und neue zu berufen.

Bundespräsident

Er ist Staatsoberhaupt der Bundesrepublik Deutschland. Zu seinen Aufgaben gehört, dass er Deutschland bei Staatsbesuchen im In- und Ausland vertritt. Er empfängt die Staatsgäste, unterzeichnet Bundesgesetze und internationale Verträge. Er wird von der Bundesversammlung für einen Zeitraum von fünf Jahren gewählt und kann sich ein Mal zur Wiederwahl stellen. Im Vergleich zum Bundeskanzler hat der Bundespräsident wenig direkte Macht. Zu den wirkungsvollsten Mitteln, Einfluss auf die Politik zu nehmen, gehört die öffentliche Rede bei besonderen Anlässen.

Bundesrat

Er ist die politische Vertretung der 16 Bundesländer. Seine Mitglieder werden nicht vom Volk gewählt, sondern von den Landesregierungen der 16 Länder entsandt. Durch den Bundesrat wirken die Länder an der Gesetzgebung des Bundes mit. Alle Bundesgesetze, die die Interessen der Bundesländer betreffen, bedürfen der Zustimmung des Bundesrats, bevor sie in Kraft treten. Bundesrat und Bundestag bilden zusammen das Parlament der Bundesrepublik Deutschland.

Bundesregierung

Sie besteht aus dem Bundeskanzler und den Bundesministern. Die Bundesregierung übt für den Zeitraum zwischen zwei Wahlen die politische Herrschaft im Staate aus. Sie berät und entscheidet darüber, was im eigenen Land geschehen soll. Sie regelt die Beziehungen zu anderen Staaten. Bei ihren Entscheidungen muss sich die Regierung an die Gesetze halten. Sie hat das Recht, Gesetzesvorschläge vorzubereiten und beim Parlament einzureichen.

Bundesstaat (siehe auch Föderalismus)

Das ist ein Staat, der aus mehreren Teilstaaten besteht, die gemeinsam zu einem Bund zusammengeschlossen sind. Die Bundesrepublik Deutschland ist ein solcher Bundesstaat. Sie besteht aus 16 Bundesländern und hat in der Bundeshauptstadt Berlin ein gemeinsames Parlament und eine gemeinsame Regierung.

Bundestag

Der Bundestag ist die gewählte Volksvertretung der Bundesrepublik Deutschland. Er gilt als wichtigste Bundeseinrichtung und als „Herz der Demokratie". Die Abgeordneten zum Deutschen Bundestag werden alle vier Jahre in allgemeiner, unmittelbarer, freier, gleicher und geheimer Wahl gewählt. Zu den wichtigsten Aufgaben des Bundestags gehört die Wahl des Bundeskanzlers, die Überwachung der Bundesregierung, das Recht, über die Einnahmen und die Ausgaben des Bundes zu beschließen, und die Verabschiedung aller Bundesgesetze.

Bundestagswahl

Sie findet alle vier Jahre statt. Bei der Wahl haben die Wählerinnen und Wähler zwei Stimmen. Mit der Erststimme wählen sie nach dem Mehrheitswahlsystem die Abgeordneten in ihren Wahlkreisen. Mit der Zweitstimme wählen sie nach dem Verhältniswahlrecht eine Partei. Für die prozentuale Sitzverteilung der Parteien im Bundestag ist die Zweitstimme entscheidend, deswegen ist sie die wichtigere von beiden. Das Wahlsystem zur Bundestagswahl wird prozentuales Verhältniswahlrecht genannt.

Bundesverfassungsgericht

Es ist das oberste deutsche Gericht und hat die Aufgabe, zu überwachen, dass das Grundgesetz nicht verletzt wird. Das BVerfG wird als „Hüter der Verfassung" bezeichnet. Es kann ein Gesetz, das nach seinem Urteil gegen das Grundgesetz verstößt, außer Kraft setzen. Jeder Bürger der Bundesrepublik Deutschland hat die Möglichkeit, Verfassungsbeschwerde zu erheben, wenn er oder sie sich in den im Grundgesetz festgelegten Grundrechten verletzt fühlt.

Bundesversammlung

Sie tritt in der Regel nur ein Mal alle fünf Jahre zusammen und hat nur eine Aufgabe: die Wahl des Bundespräsidenten. Sie setzt sich zur Hälfte ihrer Mitglieder aus allen Abgeordneten des Bundestages zusammen und zur anderen Hälfte aus Bürgerinnen und Bürgern, die von den Landtagen in den Bundesländern gewählt werden. Von der Mitgliederzahl her gesehen, ist die Bundesversammlung das größte Staatsorgan in Deutschland.

Bürgerbegehren/Bürgerentscheid

In den meisten Bundesländern in Deutschland sind Bürgerbegehren und Bürgerentscheide als eine Form direkter Demokratie auf der Ebene der Gemeindepolitik vorgesehen. Mit diesem Instrument können sich die Bürger für oder gegen ein Vorhaben einsetzen. Das Verfahren sieht immer zwei Stufen vor: Zunächst müssen die Bürger für ihr Vorhaben ein Begehren durchführen. Dazu müssen zwischen 6 und 10 Prozent der Stimmberechtigten unterschreiben. Lehnt der Rat das Begehren ab, kommt es zur zweiten Stufe: dem Bürgerentscheid. Er gilt als angenommen, wenn die Mehrheit dafür ist. In den meisten Bundesländern ist es Bedingung, dass ein bestimmter Prozentsatz der Stimmberechtigten an der Abstimmung teilgenommen hat (Entscheidungsquorum) (siehe auch Volksinitiative, Volksbegehren, Volksentscheid auf Landesebene).

Bürgerinitiative

Wenn man „initiativ" wird, unternimmt man etwas. Man wehrt sich z. B. gegen eine politisch geplante Maßnahme. Eine Bürgerinitiative ist ein Zusammenschluss von Bürgerinnen und Bürgern, die sich gegen bestimmte Maßnahmen wehren – z. B. gegen den Ausbau von Flughäfen, den Bau von Straßen, Kernkraftwerken, Fabriken etc. Bürgerinitiativen setzen sich meist für den Schutz der Umwelt, die Verbesserung der Lebens- und Wohnverhältnisse und für die Gleichberechtigung von Frauen und Männern ein. Sie üben mit vielfältigen Mitteln Druck auf die Politiker, Parteien, Verbände und Wirtschaftsunternehmen aus. Sie sind eine Form spontaner und direkter politischer Aktivität und gelten in einer lebendigen Demokratie als erwünscht.

Bürgermeister

Eine Bürgermeisterin oder ein Bürgermeister ist Leiterin bzw. Leiter einer Gemeinde. Ob haupt- oder ehrenamtlich, hängt von der Größe der Gemeinde ab. In kreisfreien Städten heißt der Bürgermeister Oberbürgermeister. Bürgermeister führen den Vorsitz in den Gemeinde- und Stadträten. Ihre Rechte und Pflichten sind in den Gemeindeordnungen festgeschrieben, die von Bundesland zu Bundesland unterschiedlich sind. Zum Beispiel werden die Bürgermeister in Nordrhein-Westfalen seit 1994 von der Bevölkerung direkt gewählt. In anderen Bundesländern gilt die Regelung, dass ein Bürgermeister vom Gemeinde- oder Stadtrat gewählt wird.

Datenschutz

Wer einer Freundin oder einem Freund ein Foto von sich schenkt, will nicht, dass es in fremde Hände gelangt, womöglich, damit sich andere darüber lustig machen, das Foto bearbeiten, zur Schau stellen usw. Man will, dass persönliche Daten in besonderer Weise geschützt werden. Aus diesem Wunsch leitet sich ein Recht ab, das als Datenschutz bezeichnet wird. In Deutschland wird es als so wichtig angesehen, dass es den Charakter eines Grundrechts hat. Man bezeichnet es als das *Recht auf informationelle Selbstbestimmung*. Danach kann jeder Mensch selbst entscheiden, wem er welche persönlichen Daten zur Verfügung stellt. Die Politik hat die Aufgabe, diesen Schutz zu gewährleisten. Dazu gibt es das Datenschutzgesetz. Mit der zunehmenden Verbreitung des Internets wird es zu einer sehr schwierigen Aufgabe, die Bürgerinnen und Bürger vor einem Datenmissbrauch zu schützen.

Demokratie

Wörtlich übersetzt heißt das aus der griechischen Sprache stammende Wort „Herrschaft des Volkes". Für unsere moderne Zeit bedeutet Demokratie, dass alle Herrschaft im Staat vom Volk ausgeht. Das Volk wählt seine Vertreter in die Gemeinderäte, die Landtage und in den Bundestag. Weil diese Vertreterinnen und Vertreter das Volk repräsentieren, nennt man unsere Demokratie auch repräsentative Demokratie. Die wichtigsten Werte in einer Demokratie sind, dass die Menschen frei sind und gleiche Rechte haben.

Digitalisierung

Unter Digitalisierung versteht man die Erfassung, Speicherung und Versendung von Informationen mithilfe der Sprache des Computers. Will man ein Foto im PC speichern, muss es digitalisiert werden. Das bedeutet, dass alle Bildelemente in Zahlen umgewandelt werden. Gelb erhält zum Beispiel die Zahl 1, Rot die Zahl 3 usw. Das digitale Foto besteht so aus unzähligen Punkten, denen allesamt Zahlen zugeordnet sind. „Digital" kommt aus dem Lateinischen und bedeutet Finger (= digitus) bzw. Zahl. Die digitale Technologie ist die Voraussetzung zur Nutzung von internetfähigen Computern.

Diktatur

Sie ist das Gegenteil einer Demokratie. Hier sind die Menschen nicht frei. In einer Diktatur liegt die politische Gewalt in der Hand einer Person oder in der Hand einer Gruppe. So gut wie nie gibt eine Staatsführung zu, dass der eigene Staat eine Diktatur sei. Die wahren Zustände werden häufig durch scheindemokratische Elemente verschleiert – wie z. B. durch ein machtloses Parlament oder durch Scheinwahlen, in denen es keine Auswahl gibt. Diktatur kann durch eine Einzelperson (Diktator, „Führer"), eine Familie (Familiendiktatur) oder durch Militärmachthaber (Militärdiktatur; „Junta") ausgeübt werden. Menschenrechtsverletzungen und die Verfolgung Andersdenkender sind in Diktaturen an der Tagesordnung.

Emanzipation

Das Wort stammt aus der lateinischen Sprache und bedeutet ursprünglich, dass man sich als Sklave von seinen Fesseln befreit und in die Selbstständigkeit entlassen wird. Heute versteht man unter dem Begriff den Kampf der Frauen um Gleichberechtigung bzw. um die Beseitigung vielfältiger Benachteiligungen gegenüber den Männern.

Emissionen

Das ist die Bezeichnung für die Abgabe von festen, flüssigen oder gasförmigen Schadstoffen (z. B. Gase, Stäube), die die Luft, das Wasser und den Boden verunreinigen, sowie für Geräusche, Erschütterungen und Strahlen, die die Umwelt belasten.

Entwicklungsländer

So werden die armen Länder der Erde genannt. Vor allem auf wirtschaftlichem Gebiet sind sie im Vergleich zu den hoch entwickelten Industrieländern „unterentwickelt". Mehr als drei Viertel der Menschen leben in diesen Staaten, die auch als Länder der „Dritten Welt" bezeichnet werden. Wichtige Merkmale der Armut sind: hohes Bevölkerungswachstum, mangelnde Ernährung, mangelhafte Infrastruktur und hohe Arbeitslosigkeit. Der Begriff „Entwicklungsländer" wird zunehmend als problematisch angesehen, weil er den Eindruck erweckt, als müssten sich alle Länder in Richtung der Ziele bewegen, die von den Wertvorstellungen und Kulturen der Industrieländer geprägt sind.

Europäische Union

Die Europäische Union ist ein Verbund europäischer Staaten, zu dessen wichtigsten Zielen die Sicherung des Friedens, der Freiheit und die Förderung des wirtschaftlichen Wohlergehens gehört. Die Mitgliedstaaten haben sich vertraglich verpflichtet, weite Bereiche der Politik gemeinsam zu gestalten und zu einem immer festeren wirtschaftlichen und politischen Bündnis zusammenzuwachsen. Dabei sollen die einzelnen Mitgliedstaaten ihre Selbstständigkeit behalten. Die EU verfügt über gemeinsame „europäische Organe", die in der Lage sind, verbindliche Entscheidungen für alle Menschen in der EU zu treffen. Dazu gehören das Europäische Parlament, die Europäische Kommission, der Rat der Minister sowie der Rechnungshof und der Europäische Gerichtshof. Mit dem Vertrag von Lissabon, der am 1. Dezember 2009 in Kraft trat, werden die Institutionen der EU modernisiert und ihre Arbeitsmethoden optimiert, um den Herausforderungen der Zukunft gewachsen zu sein.

Europäischer Binnenmarkt

Ein Binnenmarkt ist ein Gebiet ohne Grenzen für alles, was sich im wirtschaftlichen Geschehen von einem Ort zum anderen bewegen soll. Das gesamte wirtschaftliche Geschehen spielt sich im Binnenmarkt nach einheitlichen Regeln und gleichen Bedingungen ab. Der europäische Binnenmarkt umfasst die Mitgliedstaaten der Europäischen Union (EU). Grundlegend gelten vier Freiheiten:

1. Waren können ungehindert in allen Mitgliedstaaten verkauft werden.
2. Personen eines Mitgliedslandes der EU können in jedem anderen EU-Land leben, arbeiten oder eine Ausbildung absolvieren.
3. Dienstleistungen können von jedem EU-Bürger über die nationalen Grenzen hinweg erbracht werden.
4. Geld und Kapital können von jedem Mitgliedsland in ein anderes frei bewegt werden. Zwischen den Mitgliedstaaten des europäischen Binnenmarktes gibt es nur noch Innenhandel und keinen Außenhandel mehr.

Europäisches Parlament

Das Europäische Parlament wird alle fünf Jahre von den Bürgerinnen und Bürgern der EU gewählt. Es setzt sich zusammen aus 750 Abgeordneten aus den Mitgliedstaaten und dem Parlamentspräsidenten. Die Anzahl der Sitze hängt von der Einwohnerzahl des Landes ab. Deutschland stehen 96 Sitze zu. Das Parlament teilt sich die Aufgabe der Gesetzgebung mit dem Ministerrat. Es besitzt das Haushaltsrecht und entscheidet mit über die Aufnahme neuer Mitgliedstaaten in die EU.

Exekutive

Sie ist die ausführende Gewalt und damit eine der drei klassischen Staatsgewalten. Polizisten sind zum Beispiel Teil der staatlichen Exekutive, weil sie dafür sorgen, dass die Ord-

nung im Staat aufrechterhalten wird. Auf Bundesebene ist die Bundesregierung das oberste Organ der Exekutive.

Extremismus

Das lateinische Wort bedeutet „außerhalb". In der Politik sind Extremisten Menschen, die außerhalb der Demokratie stehen. Extremistisch ist eine politische Partei, die die Demokratie ablehnt und das Ziel verfolgt, die Demokratie zu beseitigen. Das Grundgesetz sieht vor, dass extremistische Parteien verboten werden können.

Familie

Die Familie ist die erste und die wichtigste Gruppe, in die ein Mensch hineingeboren wird. Niemand kann sie sich aussuchen. Ihre Form kann sehr unterschiedlich sein. Oft verstehen wir darunter eine Gemeinschaft, die aus Eltern und einem oder mehreren Kindern besteht. Sie kann aber auch aus einer alleinerziehenden Mutter oder einem alleinerziehenden Vater bestehen. Die häufigste Form in Deutschland ist gegenwärtig das Ehepaar ohne Kinder.

Föderalismus

Das lateinische Wort „födus" heißt „Bund". Ein föderalistischer Staat ist ein Staat, in dem mehrere Teilstaaten zu einem Bund zusammengeschlossen sind. Dabei kann man zwischen einem Staatenbund und einem Bundesstaat unterscheiden. Die Bundesrepublik Deutschland ist ein föderalistischer Bundesstaat.

Fraktion

Eine Fraktion ist die Gruppe der Abgeordneten in einem Parlament, die der gleichen Partei angehören. Geleitet wird die Fraktion von einer Fraktionssprecherin bzw. einem Fraktionssprecher.

Freiheit

bezeichnet die Fähigkeit des Menschen, aus eigenem Willen und aus eigener Verantwortung Entscheidungen zu treffen und zwischen mehreren Möglichkeiten auswählen zu können. Man kann frei *von etwas* sein – also frei von Unterdrückung, Not, Mobbing oder ungerechter Behandlung. Und man kann *frei für etwas* sein – frei zu tun und zu lassen, was man will, den eigenen Beruf zu wählen, sich für die Demokratie und gegen Fremdenfeindlichkeit einzusetzen, und vieles andere mehr. Die Grenzen der eigenen Freiheit liegen immer dort, wo Recht und Gesetz bestimmte Handlungen verbieten und wo die Freiheit anderer Menschen durch die eigene Freiheit verletzt wird.

Gemeinde

Mit diesem Sammelbegriff kann ein Dorf oder auch eine Großstadt bezeichnet werden. Eine Gemeinde hat das Recht, sich selbst zu verwalten und ihre Angelegenheiten selbst zu regeln. Gemeinden sind sogenannte Gebietskörperschaften. Das heißt, sie sind für ihr Gebiet mit bestimmten Aufgaben, Rechten, Pflichten und Einrichtungen ausgestattet. Für Gemeinden verwendet man auch den Begriff Kommunen.

Gemeinderat
(siehe Stadtrat)

Gerechtigkeit

Schülerinnen und Schüler erwarten von ihren Lehrern, dass sie gerecht handeln. Dazu gehört einerseits, dass diese ihre Sache richtig machen, indem sie sich an die geltenden Regeln und Gesetze halten, und andererseits, dass sie gut handeln, z. B. indem sie niemanden bevorzugen oder benachteiligen. Gerechtigkeit hat immer damit zu tun, wie wir uns anderen Menschen gegenüber verhalten. Welches Handeln wir als gut empfinden, hängt von unseren eigenen Wertvorstellungen ab. Weil das so ist, unterscheiden sich die Auffassungen von Gerechtigkeit von Mensch zu Mensch. Das gilt auch für die Vorstellungen von einer gerechten Politik. Die einen meinen, es gehe dann gerecht in der Gesellschaft zu, wenn alle etwa gleich viel besitzen. Andere meinen, Gerechtigkeit bestehe, wenn alle gleiche Bildungschancen hätten. Wieder andere sind davon überzeugt, dass es gerecht ist, wenn diejenigen, die mehr leisten als andere, dadurch auch einen höheren Reichtum erzielen. Verteilungs-, Chancen- und Leistungsgerechtigkeit sind drei Vorstellungen, zwischen denen es zu unterscheiden gilt.

Gesellschaft

bedeutet dem Wortursprung nach eine Vereinigung mehrerer Gefährten oder ein freundliches Beisammensein. Wenn wir von unserer Gesellschaft sprechen, meinen wir damit in der Regel die Gesamtheit der Menschen, die in diesem Staat leben. Der Mensch braucht die Gesellschaft, weil er als soziales Wesen auf andere Menschen angewiesen ist. Man unterscheidet verschiedene Gesellschaftsformen. Die deutsche Gesellschaft wird – je nach Sichtweise – als eine demokratische, offene bezeichnet, die sich im Wandel von einer Industrie- zu einer Dienstleistungsgesellschaft befindet.

Gesetze

Gesetze sind die aufgeschriebenen und vom Parlament verabschiedeten Regeln, an die sich alle Menschen in einem Staat halten müssen. Damit die Gesetze eingehalten werden, gibt es Strafen für die Nichtbeachtung. In einem Rechtsstaat ist auch der Staat an die Einhaltung der Gesetze gebunden. Im Streitfall entscheiden die Gerichte frei und unabhängig im Rahmen der Gesetze.

Gewaltenteilung

Darunter versteht man die Aufteilung der Macht im Staat auf die drei Gewalten Legislative, Exekutive und Judikative. Die Legislative ist die gesetzgebende Gewalt. Sie wird vom Bundesparlament und den Landesparlamenten wahrgenommen. Die Exekutive ist die ausführende Gewalt, also diejenige, die die Politik für einen begrenzten Zeitraum bestimmt. Diese Aufgabe wird von den Regierungen ausgeübt. Die dritte Staatsgewalt ist die Judikative, also die Rechtsprechung. Sie wird ausgeführt von den unabhängigen Gerichten. Die Staatsgewalten sind geteilt, damit sie sich gegenseitig kontrollieren. Die Teilung soll verhindern, dass zu viel Macht in einer Hand zusammenkommt.

Gewerkschaften

sind Vereinigungen von Arbeitnehmern, um deren Interessen gegenüber den Arbeitgebern und dem Staat zu vertreten. Sie haben viele Aufgaben, vor allem kümmern sie sich um die Verbesserung der Arbeitsbedingungen, die Sicherung und Erhöhung der Löhne, den Schutz bestehender und die Schaffung neuer Arbeitsplätze und um die Mitbestimmung der Arbeitnehmer in den Betrieben. Die ersten Gewerkschaften entstanden als Arbeitervereine zu Beginn des 19. Jahrhunderts. Über ein Drittel aller Arbeitnehmer sind in den 16 Einzelgewerkschaften des Deutschen Gewerkschaftsbundes (DGB) organisiert.

Gewissen

Gewissensentscheidungen spielen in der Politik eine große Rolle. Zum Beispiel sind die Abgeordneten des Deutschen Bundestags nach Artikel 38 des Grundgesetzes bei Abstimmungen nur ihrem Gewissen unterworfen und nach Artikel 12a darf niemand gegen sein Gewissen zum Dienst an der Waffe gezwungen werden. Das Gewissen ist der innere Gradmesser, nach dem wir selbst unsere Handlungen bewerten. Es sagt uns, was gut und richtig und was falsch und verwerflich ist. Das Gewissen bildet sich aufgrund von Erfahrungen und erzieherischen Einflüssen heraus. Hinterlässt eine Entscheidung ein gutes Gewissen, fühlt man sich wohl. Entscheidungen, die man mit schlechtem Gewissen trifft, wirken demgegenüber belastend.

Gleichberechtigung
(siehe Emanzipation)

Globalisierung

Sie ist ein Prozess der weltweiten Vernetzung der wirtschaftlichen Abläufe und Abhängigkeiten, der technischen Möglichkeiten, der wissenschaftlichen Forschung, der kulturellen Angleichung der Lebensumstände, der Auswirkungen des Lebens auf die Umwelt, der politischen Möglichkeiten, Chancen und Probleme. Der vielschichtige Begriff wird einmal zur Charakterisierung eines neuen Zeitalters nach dem Ende des Ost-West-Konfliktes verwendet und andererseits als Sammelbegriff für alle Megatrends, die in einem weltweiten Zusammenhang gesehen werden müssen.

Grundrechte

Sie sind die in der Verfassung niedergeschriebenen grundlegenden Menschenrechte. Zu ihnen zählen die Freiheits- und Gleichheitsrechte sowie soziale Grundrechte. Sie sind in erster Linie Schutzrechte des Einzelnen gegenüber dem Staat. In der Bundesrepublik Deutschland sind die Grundrechte im ersten Abschnitt des Grundgesetzes aufgeführt.

Inflation

heißt Geldentwertung. Von einer Inflation spricht man, wenn die Verbraucherinnen und Verbraucher für die gleiche Menge Geld weniger kaufen können, weil die Waren teurer geworden sind. Die Inflationsrate wird in der Regel mit einer Prozentzahl ausgedrückt. Diese Zahl drückt aus, wie sich die Waren im Vergleich zum Vorjahr durchschnittlich verteuert haben.

Interessenverbände

Sie spielen in der parlamentarischen Demokratie eine große Rolle und sind auf die unterschiedlichsten Arten organisiert. Gemeinsam ist ihnen, dass sich Menschen zusammenschließen, um sich so wirkungsvoller gegenüber der Regierung oder gegenüber anderen Interessengruppen durchsetzen zu können. Interessengruppen versuchen, Druck auf die Politik auszuüben, um die Entscheidungen der Politiker in ihrem Sinne zu beeinflussen. Das ist rechtlich geregelt und legitim. Allerdings wird der Einfluss mächtiger Interessenverbände auf die politischen Entscheidungen auch häufig als zu groß kritisiert.

Internet

Auf Deutsch kann man Internet mit Verbundnetz übersetzen. Das Internet ist ein weltweiter elektronischer Verbund von vielen Millionen Computern. Vergleicht man es mit einem Netz, so ist jeder einzelne PC ein Knoten in diesem Netz. Das Verbundsystem ermöglicht es, Daten weltweit zu versenden und auszutauschen. Zum ersten Mal wurde das Internet im Jahr 1969 genutzt – damals noch ausschließlich zu militärischen Zwecken.

Judikative

Wenn jemand gegen die Gesetze verstoßen hat und sich dafür vor Gericht verantworten muss, dann ist er bei der Judikative gelandet. Sie ist die Recht sprechende Gewalt und eine der drei klassischen Staatsgewalten. Sie wird von unabhängigen Gerichten bzw. Richtern ausgeübt, die nur den Gesetzen verpflichtet sind.

Jugendliche

Die Jugendphase ist die Zeit zwischen Kindheit und Erwachsensein, dazu gehört auch die Zeit der Ausbildung. Oft werden Leute bis zum Ende des 20. Lebensjahres als Jugendliche bezeichnet. Unter rechtlichen Gesichtspunkten ist man Jugendliche oder Jugendlicher im Alter zwischen 14 und 18 Jahren. Für diese Altersgruppe gelten in der Regel die Bestimmungen des Jugendrechts. Vor Gericht kann man auch bis 21 als Jugendlicher behandelt werden.

Jugendrecht

ist ein Sammelbegriff für alle Rechtsgrundsätze, die speziell für Jugendliche gelten. Dazu gehören das Jugendschutzgesetz, das Jugendarbeitsschutzgesetz und das Jugendstrafrecht. Die Gesetze zum Schutz der Jugend haben die Aufgabe, Jugendliche vor seelischen und körperlichen Gefährdungen zu bewahren und ihnen eine gesunde Entwicklung zu ermöglichen.

Kartell

bedeutet Vereinbarung. In der Wirtschaft wird das Wort oft zur Bezeichnung geheimer Preisabsprachen benutzt, die zwei oder mehr Unternehmen treffen, um die Preise ihrer Produkte untereinander abzusprechen. Solche Preiskartelle haben das Ziel, den Wettbewerb auszuschalten und den Unternehmensgewinn zu sichern. Kartelle sind grundsätzlich verboten und werden mit hohen Geldbußen bestraft.

Koalition

Koalition bedeutet Bündnis oder Zusammenschluss. In der parlamentarischen Demokratie versteht man darunter einen Zusammenschluss von zwei oder mehreren Parteien in einem Parlament zum Zwecke der Regierungsbildung. Koalitionen entstehen, wenn keine der in einem Parlament vertretenen Parteien alleine in der Lage ist, eine Mehrheit zu bilden. Das gemeinsame Regierungsprogramm einer Koalitionsregierung wird in einem Koalitionsvertrag festgelegt.

Kommunalpolitik

Das ist die Politik, die in den Gemeinden gemacht wird, also in den Stadt- und Landgemeinden. Kommunal heißt die Gemeinde betreffend; eine Kommune ist eine Gemeinde. Neben der Bundes- und der Landespolitik ist die Kommunalpolitik die dritte Ebene der nationalen Politik.

Kompromiss

Das lateinische Wort bedeutet „Übereinkunft" bzw. „Ausgleich". Der Kompromiss ist eine Art der Entscheidung zwischen Personen oder Gruppen, die unterschiedliche Interessen vertreten und unterschiedlicher Meinung sind, die sich aber irgendwie einigen müssen. In der Demokratie spielen Kompromisse eine große Rolle, weil es fast immer darum geht, verschiedene Interessen so unter einen Hut zu bringen, dass alle Beteiligten eine Entscheidung akzeptieren können. Kompromissfähigkeit gilt als eine Qualifikation, über die jeder demokratische Mensch verfügen sollte.

Konflikt

Das Wort bedeutet „Zusammenstoß". Es bezeichnet eine Auseinandersetzung, die entsteht, wenn Menschen oder Gruppen aufeinandertreffen, die unterschiedliche Interessen vertreten. Die streitenden Parteien versuchen dann mit Argumenten und mit Macht, den Streit siegreich zu beenden. Oft gelten Konflikte als unvermeidbar, z. B. wenn alljährlich die Vertreter der Arbeitgeber und Arbeitnehmer über die Höhe der Löhne streiten. In der Demokratie gilt der Konflikt nicht als etwas Schlechtes. Wichtig ist, dass die Konflikte mit friedlichen und fairen Mitteln zu einem vernünftigen Ausgleich gebracht werden.

Konsument

ist in der Sprache der Wirtschaft ein anderes Wort für Verbraucher. Konsumenten sind wir alle, wenn wir regelmäßig einkaufen gehen und Wirtschaftsgüter erwerben, die wir verbrauchen oder gebrauchen und von Zeit zu Zeit durch neue ersetzen.

Kredit

Wer einer anderen Person einen Kredit gewährt, leiht dieser in der Regel eine größere Geldsumme, die diese dann zurückzahlen muss. Man spricht von einem Darlehen. Eine häufige Form ist der Ratenkredit. Nimmt z. B. eine Familie einen Kredit auf, um ein Auto oder ein Haus zu finanzieren, so zahlt sie die Summe nicht auf einmal, sondern in vereinbarten Raten zurück. Bei großen Anschaffungen kann sich die Rückzahlung über viele Jahre hinweg hinziehen. Kredit bekommt in der Regel nur, wer sich als kreditwürdig erweist. Das Wort bedeutet „glauben" und „vertrauen". Der Kreditgeber muss darauf vertrauen können, dass der Kreditnehmer zur Rückzahlung in der Lage ist. Banken und Sparkassen vergeben Kredite nicht umsonst. Sie verlangen von Kreditnehmern Zinsen, die der Höhe des Darlehens hinzugerechnet werden.

Landtage

sind die von der wahlberechtigten Landesbevölkerung gewählten Parlamente in den Bundesländern. Ein Landtag beschließt die Landesgesetze, also diejenigen, die nur im eigenen Bundesland gelten. Dazu gehören z. B. die Gesetze über das Schul- und das Polizeiwesen. Er wählt die Ministerpräsidentin oder den Ministerpräsidenten und hat die Aufgabe, die Landesregierung zu kontrollieren. Da Deutschland aus 16 Bundesländern besteht, gibt es 16 Landesparlamente.

Legislative

Sie ist die gesetzgebende Gewalt und damit eine der drei klassischen Staatsgewalten. In der Bundesrepublik Deutschland wird sie vom Bundesparlament, bestehend aus dem Bundestag und dem Bundesrat, ausgeübt. Auch die Länderparlamente in den Bundesländern gehören zur Legislative, weil auch sie das Recht haben, Gesetze zu erlassen.

Manipulation

Wörtlich übersetzt bedeutet der Begriff „geschickte Handhabung". Man versteht darunter die Beeinflussung von Menschen, ohne dass diese es merken. Wer andere manipuliert, will sie zu einem ganz bestimmten Fühlen, Denken und Handeln verführen. Der Vorwurf der Manipulation wird oft gegenüber der Werbung erhoben, wenn diese mit raffinierten Mitteln versucht, die Menschen zum Kauf eines bestimmten Produktes zu verführen. Auch Zeitungen und Zeitschriften und die übrigen Massenmedien haben die Macht, Menschen zu manipulieren. Vor Manipulation schützen kann man sich, indem man lernt, die Tricks und Absichten zu durchschauen.

Massenkommunikation

Das Wort „Kommunikation" von Lateinisch „communicatio" bedeutet Mitteilung, Unterredung. Gemeint ist die Verständigung zwischen zwei oder mehreren Teilnehmern: Massenkommunikation ist die Form der Übertragung von Informationen und Meinungen, die sich an eine unbegrenzte Zahl von Personen wendet und die – zumindest theoretisch – jedermann zugänglich ist. Eine Zeitung kann sich theoretisch jeder kaufen, auch wenn sie in Amerika oder Asien erscheint. Das Wesen der Massenkommunikation besteht darin, dass sie in der Regel einseitig von einem Sender zu einem Empfänger verläuft.

Massenmedien

Presse, Rundfunk und Fernsehen werden unter dem Oberbegriff „Massenmedien" zusammengefasst. Auch die als „neue Medien" bezeichneten Computer, die in einem Netzwerk, z. B. im Internet, miteinander verbunden sind, gehören dazu. Sie sind allesamt technische Verbreitungsmittel, mit denen man eine unbegrenzte Zahl von Menschen gleichzeitig erreichen kann. Sie prägen und verändern das Leben der meisten Menschen in den modernen Gesellschaften. Massenmedien gelten einerseits als unverzichtbar und hilfreich, andererseits können durch Missbrauch auch Gefährdungen von ihnen ausgehen.

Mehrheitswahl

Sie ist eine Form der politischen Wahl, bei der das Wahlgebiet in Wahlkreise eingeteilt wird. In den Wahlkreisen haben die Wähler die Möglichkeit, einen Kandidaten zu wählen. Gewählt ist, wer die Mehrheit der Stimmen bekommt. In der Regel genügt die relative Mehrheit, also auch weniger als 50 Prozent. Die Stimmen für die unterlegenen Kandidaten fallen bei diesem Wahlrecht unter den Tisch (siehe auch Verhältniswahl).

Menschenrechte

Das sind die grundlegenden Rechte, die jedem Menschen zustehen, und zwar unabhängig von seinem Geschlecht, seiner Sprache, seiner Heimat und Herkunft, seiner religiösen oder politischen Anschauung. Sie gehören sozusagen zur Natur des Menschen und können von niemandem aberkannt werden. Einige Herrschaftssysteme, Staaten und Kulturen zweifeln allerdings den universalen Gültigkeitsanspruch der Menschenrechte an (siehe auch Grundrechte).

Mitbestimmung

Für größere Wirtschaftsbetriebe bedeutet dieser Begriff, dass die Arbeitnehmerinnen und Arbeitnehmer an der Leitung des Betriebes mitbestimmend teilnehmen. Die Unternehmer können z. B. nicht alleine darüber entscheiden, wer eingestellt und wer entlassen wird, wie der Betrieb gestaltet wird usw.

Nachhaltigkeit

Der Begriff wurde aus der Forstwirtschaft übernommen und bedeutete ursprünglich, dass man nicht mehr Holz schlagen darf, als nachwachsen kann. Heute gilt „nachhaltige Entwicklung" (sustainable development) in der Umweltpolitik als international eingeführtes Prinzip. Es bedeutet, dass Eingriffe des Menschen in die Natur die Lebensbedingungen künftiger Generationen nicht gefährden dürfen. Indirekt ist das Prinzip der Nachhaltigkeit unter der Überschrift „Schutz der natürlichen Lebensgrundlagen" in den neu formulierten Artikel 20a des Grundgesetzes aufgenommen worden.

NATO

Das ist die Abkürzung für „North Atlantic Treaty Organization", auch Nordatlantikpakt genannt. Die NATO wurde 1949 gegründet und ist ein Verteidigungsbündnis. Die 28 Mitgliedstaaten des Bündnisses haben sich zu gegenseitiger Hilfe verpflichtet, falls einer von ihnen mit Waffengewalt angegriffen wird. Seit der Auflösung des Ostblocks hat sich das Aufgabengebiet der NATO verändert. Von 1999 – 2008 wurden 12 Mitgliedstaaten des ehemaligen Ostblocks in die NATO aufgenommen. Auf Bitten Albaniens griff die NATO 1999 im jugoslawischen Kosovo zum Schutz der Kosovo-Albaner mit militärischen Luftangriffen ein. Die NATO versteht diese Militäraktion nicht als Kriegseinsatz, sondern als einen Akt humanitärer Hilfe.

Ökologie

Das Wort stammt aus dem Griechischen. Es bezeichnet die Lehre von den Wechselbeziehungen zwischen Mensch und Umwelt. Wichtigstes Ziel der Ökologie ist es, die Zerstörung der Umwelt zu verhindern und das Gleichgewicht der verschiedenen Kräfte in der Natur zu erhalten. Damit leistet diese Wissenschaft einen wichtigen Beitrag zur Bewahrung der Lebensgrundlagen für die Menschheit.

Ökonomie

(siehe Wirtschaft)

Opposition

Im Parlament besteht die Opposition aus allen Parteien, die nicht an der Regierung beteiligt sind. Das Wort bedeutet Widerspruch, Gegensatz. Die Opposition ist immer die Minderheit, die einer Mehrheit gegenübersteht und die darauf wartet, z. B. bei der nächsten Wahl, die Mehrheit zu erlangen. In der Demokratie hat die Opposition zwei entscheidende Aufgaben: Sie soll die Regierung überwachen und kritisieren. Sie soll eigene politische Pläne entwickeln, die eine Alternative zu denen der regierenden Mehrheit darstellen.

Parteien

In den Parteien finden sich Menschen mit gleichen oder ähnlichen politischen Interessen zusammen. Jede Partei versucht, so groß und einflussreich wie möglich zu werden, um alleine oder in Zusammenarbeit mit anderen Parteien Macht auszuüben und ihre Ziele durchzusetzen. Nach dem Grundgesetz der Bundesrepublik Deutschland haben die Parteien die Aufgabe, an der politischen Willensbildung der Bevölkerung mitzuwirken (Artikel 21). Jeder Bürger kann Mitglied einer Partei werden. In der Regel werden Mitglieder von Parteien als Abgeordnete in die verschiedenen Parlamente geschickt. Die Parteien spielen im politischen Leben eine sehr große Rolle. Häufig werden der übergroße Einfluss der Parteien und die Art der Parteienfinanzierung kritisiert.

Politik

Dieser Begriff leitet sich von dem griechischen Wort „Polis" ab, das man mit „Gemeinschaft" übersetzen kann. Heute verstehen wir darunter alle Aufgaben und Zukunftsprobleme, die gelöst werden müssen, damit die Menschen im Staat friedlich, frei und in Sicherheit miteinander leben können. Politik wird von einzelnen Personen, vor allem aber auch von Parteien, Bürgerinitiativen und Interessenverbänden gemacht. Zum Wesen demokratischer Politik gehört, dass die Vorstellungen über die Lösung der Zukunftsaufgaben sehr unterschiedlich sein können.

Rechtsordnung

Darunter versteht man die Gesamtheit aller Regeln und Gesetze, die für die Menschen in einem Land verbindlich gelten. An die bestehende Rechtsordnung muss man sich halten, sonst droht Strafe. Grundlage der Rechtsordnung in der Bundesrepublik Deutschland ist das am 23. Mai 1949 verabschiedete Grundgesetz.

Rechtsstaat

Im Rechtsstaat ist alles staatliche Handeln an die bestehenden Gesetze gebunden. Der Rechtsstaat schützt so die Bürger vor willkürlichen Übergriffen der Staatsgewalt. Kein Gesetz, keine Verordnung, kein Richterspruch darf den in der Verfassung festgelegten Rechtsgrundsätzen widersprechen. Die Aufgaben von Regierung und Parlament sind durch die Verfassung vorgeschrieben. Zur Rechtsstaatlichkeit gehören auch die Garantie der Grundrechte und die Teilung der Staatsgewalt.

Repräsentative Demokratie

Die Bundesrepublik Deutschland ist eine repräsentative Demokratie. Das bedeutet, dass die Staatsgewalt vom Volk ausgeht, dass sie aber nicht direkt vom Volk ausgeübt wird. Zur Ausübung der Staatsgewalt wählt das Volk seine Repräsentanten, die dann für die Dauer einer Wahlperiode die politischen Entscheidungen treffen. Den Repräsentanten, die auch als Abgeordnete bezeichnet werden, wird ein Entscheidungsspielraum zugestanden. Nach dem Grundgesetz sind sie „an Aufträge und Weisungen nicht gebunden und nur ihrem Gewissen verantwortlich" (GG Artikel 38, Abs. 1).

Republik

Der Begriff stammt aus dem Lateinischen. „Res publica" bedeutet, dass der Staat die Sache des Volkes ist. Von einer Republik sprechen wir, wenn die Macht im Staat vom Volk ausgeht. Die Bundesrepublik Deutschland ist eine Republik, weil das Volk durch Wahlen bestimmt, wer für die Zeit zwischen zwei Wahlen die politische Herrschaft ausüben darf. Republik bedeutet auch, dass es keinen König oder Kaiser geben kann.

Scharia

bedeutet „Vorschrift" und auch „religiöses Gesetz". Der Begriff ist eng mit dem Islam verbunden. Er bezeichnet das islamische Recht. Gemeint sind damit alle Gesetze, die in einer islamischen Gesellschaft zu beachten sind. Grundlage der Scharia ist der Koran, die heilige Schrift des Islam.

Schülervertretung (SV)

Durch die SV wirken die Schülerinnen und Schüler an der Gestaltung des Schullebens mit. Sie hat die Aufgabe, die Interessen der Schüler zu vertreten. Sie besteht aus den gewählten Klassensprecherinnen und Klassensprechern sowie deren Stellvertretern, aus der Klassensprecherversammlung und den gewählten Schülersprechern. In einigen Bundesländern trägt die Klassensprecherversammlung die Bezeichnung Schülerrat.

Solidarität

Das Wort Solidarität stammt aus dem Lateinischen. Man versteht darunter den engen Zusammenhalt einzelner Personen oder Gruppen. Diese bilden eine Solidargemeinschaft. Man unterstützt sich gegenseitig, kämpft für gemeinsame Interessen und hat gemeinsame Ziele. Das Wesen einer Solidargemeinschaft wird in dem Motto „Einer für alle, alle für einen" deutlich.

Soziale Marktwirtschaft

Nach dem Zweiten Weltkrieg wurde in der Bundesrepublik Deutschland die soziale Marktwirtschaft eingeführt. In dieser Wirtschaftsordnung ist das Privateigentum auch an Produktionsmitteln garantiert.

Die Preise bilden sich auf dem Markt nach Angebot und Nachfrage. Garantiert werden Produktions- und Berufsfreiheit sowie ein freier Kapitalverkehr. Neben diesen marktwirtschaftlichen Elementen enthält die soziale Marktwirtschaft auch sozialpolitische Elemente. Der Staat darf in das Wirtschaftsgeschehen eingreifen, um den Wettbewerb zu sichern. Er übernimmt aber auch eine Schutzfunktion gegenüber seinen Bürgern. Mit einer umfangreichen Sozialgesetzgebung schützt er die Arbeitnehmer und bewahrt den sozialen Frieden.

Soziale Netzwerke

In sozialen Netzwerken bilden Internetnutzer Gemeinschaften, um miteinander zu kommunizieren und Kontakte zu pflegen. Immer mehr Menschen nutzen so das Internet als ständigen Begleiter ihres Alltagslebens. Besondere Vorteile bestehen in der Erweiterung der kommunikativen Möglichkeiten jedes einzelnen Menschen. Auf der Negativseite stehen die Gefahren des Datenmissbrauchs, Computersucht und die Verunglimpfung anderer durch Cybermobbing.

Sozialhilfe

Im System der sozialen Sicherung ist in Deutschland die Sozialhilfe das letzte Auffangnetz für alle, die in Not geraten sind. Nach dem Bundessozialhilfegesetz (BSHG) soll die Sozialhilfe den Bedürftigen ein menschenwürdiges Leben ermöglichen und sie befähigen, bald wieder selbst ihren Lebensunterhalt zu verdienen. Die Sozialhilfe ist also in erster Linie als Hilfe zur Selbsthilfe gedacht. Sie umfasst die Hilfen zum Lebensunterhalt, mit der die Grundbedürfnisse (wie Ernährung, Kleidung, Wohnung und Heizung) abgedeckt werden sollen, und die Hilfen in besonderen Lebenslagen für Personen, deren Einkommen oder Vermögen nicht ausreicht, um außerordentliche Notsituationen (wie Krankheit, Behinderung oder Pflegebedürftigkeit) zu bewältigen.

Sozialstaat

Einen Staat, der in seiner Verfassung als Ziel soziale Gerechtigkeit anstrebt, bezeichnet man als Sozialstaat. Der Sozialstaat hat eine Fürsorgepflicht gegenüber den Schwachen in der Gesellschaft. Er setzt sich das Ziel, allen Bürgerinnen und Bürgern ein Leben zu ermöglichen, das mit der Menschenwürde vereinbar ist. In der deutschen Geschichte wurde das Sozialstaatsprinzip erstmals im Grundgesetz für die Bundesrepublik Deutschland verankert. Nach Artikel 20 des Grundgesetzes ist die Bundesrepublik ein Sozialstaat. Erstmals haben damit die Bürger einen Rechtsanspruch auf eine soziale Mindestsicherung. Umgekehrt wird von den leistungsstarken Bürgern erwartet, dass sie durch das Bezahlen von Steuern und Sozialabgaben dazu beitragen, dass der Staat diese Aufgabe erfüllen kann.

Staat

Der Staat ist die Gesamtheit aller Bürgerinnen und Bürger, die zu einem Volk gehören. Wörtlich übersetzen kann man das Wort aus dem frühen Mittelalter mit „Lebensweise". Man versteht darunter auch die Organisation, die sich die Menschen in der Gesellschaft gegeben haben, damit sie geregelt und friedlich miteinander leben können. Der Staat fordert von den Menschen, dass sie einen nicht unerheblichen Teil ihres Einkommens in Form von Steuern und Abgaben an ihn entrichten. Er verteilt dieses Geld dann wieder, z. B. an Familien in Form von Kindergeld, und verwendet es zum Bau von Straßen, Schienen, Flugplätzen, Krankenhäusern, Schulen, für die Bundeswehr und für vieles andere mehr.

Staatsbankrott

Bankrott bedeutet Zusammenbruch. Ein Staatsbankrott tritt ein, wenn die Regierung eines Staates erklären muss, dass er seinen Zahlungsverpflichtungen entweder nicht mehr nachkommen kann oder nicht mehr nachkommen will. Die Staatsbediensteten erhalten dann keine Gehälter mehr, die Zahlung von Sozialleistungen und Subventionen wird eingestellt, und der Staat zahlt dann weder seine Bankschulden noch die fälligen Zinsen zurück. In gleicher Bedeutung wird der Begriff der Staatsinsolvenz benutzt. Die Folgen eines Staatsbankrotts sind dramatisch. Es kommt zu einer schweren Wirtschaftskrise mit Firmenpleiten und hoher Arbeitslosigkeit und erheblichen sozialen Spannungen. 2001 erlebte Argentinien einen solchen Bankrott. Auch in Europa sind die besonders hoch verschuldeten Länder davon bedroht. Ein Staat braucht lange, um sich von einem Bankrott zu erholen.

Staatsgewalt

Wenn man von der Staatsgewalt spricht, versteht man Gewalt im Sinne von Macht. Der Staat, in dem wir leben, übt eine gewisse Macht über uns aus, weil er uns dazu zwingt, die Gesetze einzuhalten, und uns bestraft, wenn wir das nicht tun. In der Demokratie ist der Staat die einzige Macht, die die politische Herrschaft ausüben darf und die das Recht hat, sie auch mit Gewalt aufrechtzuerhalten. Die Staatsmacht ist unterteilt in die Exekutive, die Legislative und die Judikative (siehe auch dort).

Stadtrat

Der Stadtrat, auch Gemeinderat genannt, ist die gewählte politische Vertretung der Bürgerinnen und Bürger in einer Gemeinde bzw. Stadt. Er übt das Recht auf Selbstverwaltung einer Gemeinde aus. Nach Artikel 28 des Grundgesetzes haben die Gemeinden das Recht, „alle Angelegenheiten der örtlichen Gemeinschaft im Rahmen der Gesetze in eigener Verantwortung zu regeln". Die hierzu notwendigen Beschlüsse werden per Mehrheitsentscheidung in den Stadt- und Gemeinderäten gefasst.

Steuern

Steuern sind Abgaben, die die Bürger an den Staat zahlen. Es besteht Steuerpflicht. Wer sie nicht bezahlt, macht sich strafbar. Mit den Steuern bestreitet der Staat seine Ausgaben. Man unterscheidet direkte und indirekte Steuern. Direkte Steuern werden vom Lohn und Einkommen und dem Besitz der Bürger bezahlt. Indirekte Steuern werden auf Waren und Dienstleistungen aufgeschlagen. Von der Summe, die die Bürger für diese Produkte zahlen, wird ein Teil als Steuer an die Staatskasse abgeführt.

Tarifautonomie

Darunter versteht man das Recht der Vertretungen der Arbeitgeber (Arbeitgeberverbände) und der Vertretungen der Arbeitnehmer (Gewerkschaften), die Löhne, Arbeitszeiten und die übrigen Arbeitsbedingungen selbst, also autonom, auszuhandeln und in einem Tarifvertrag für eine bestimmte Zeit festzulegen (Tarif = Vereinbarung). Die Regierung darf sich grundsätzlich nicht in Tarifverhandlungen einmischen. Die Tarifpartner sind frei in ihren Entscheidungen und selbst dafür verantwortlich.

Toleranz

bedeutet Duldsamkeit. Tolerant ist, wer mit Ansichten und Lebensweisen leben kann, die seinen eigenen Überzeugungen nicht entsprechen. Toleranz bedeutet nicht, dass einem andere Auffassungen gleichgültig sind. Man ist aber bereit, sie zu respektieren, ohne sie als richtig zu akzeptieren.

Überhangmandate

Sie entstehen bei Bundestagswahlen und bedeuten, dass eine Partei mehr Sitze im Parlament erhält, als ihr nach der erreichten Prozentzahl der Stimmen eigentlich zustehen. Das ist der Fall, wenn in den Wahlkreisen eines Bundeslandes mehr Kandidaten einer Partei ihren Wahlkreis direkt gewinnen, als ihr nach den erreichten Zweitstimmen zustehen. Der Grund für Überhangmandate liegt in der Kombination des Wahlrechts von Mehrheits- und Verhältniswahl. Wenn eine Partei Überhangmandate erhält, muss für die anderen im Bundestag vertretenen Parteien ein Ausgleich an Sitzen geschaffen werden. Überhangmandate können so zu einer erheblichen Vergrößerung der Zahl der Parlamentssitze führen.

Umweltpolitik

Darunter versteht man die Summe aller Maßnahmen, die zum Ziel haben, a) bestehende Umweltschäden zu beseitigen und b) die Zukunft so zu gestalten, dass neue Belastungen für die Umwelt nicht entstehen können. Umweltpolitik wird vom Staat im Bund, in den Ländern und in den Gemeinden gestaltet.

Zahlreiche Umweltbestimmungen werden mittlerweile auf europäischer Ebene innerhalb der Europäischen Union vereinbart. Umweltpolitik wird auch von zahlreichen Bürgerinitiativen und anderen nicht staatlichen Verbänden geleistet.

Vereinte Nationen (UNO)

Die englische Abkürzung bedeutet United Nations Organization. Die Vereinten Nationen wurden 1945 nach dem Ende des Zweiten Weltkrieges gegründet. Ihre wichtigsten Ziele, die Sicherung des Weltfriedens, die Förderung der wirtschaftlichen und sozialen Entwicklung in den armen Ländern der Erde und die Durchsetzung der Menschenrechte, sind in der „Charta der Vereinten Nationen" festgelegt. Neben der Generalversammlung ist der Sicherheitsrat eine Einrichtung von großer weltpolitischer Bedeutung. Seine Hauptaufgabe besteht darin, Streitigkeiten zwischen den Staaten auf der Welt beizulegen. Derzeit (Stand 2016) sind 193 Staaten Mitglied der Vereinten Nationen.

Verhältniswahl

Bei dieser Form der politischen Wahl erhalten die Parteien genau den Anteil an Sitzen im Parlament, der ihnen im Verhältnis zur erreichten Stimmenzahl zusteht. Alle Stimmen zählen gleich und haben den gleichen Erfolgswert. Bei Bundestagswahlen findet das System eine Einschränkung darin, dass eine Partei mindestens fünf Prozent der Stimmen erhalten muss, um überhaupt in das Parlament einziehen zu können (Fünfprozenthürde).

Volksbegehren/Volksentscheid

Viele Landesverfassungen (vor allem auch in den neuen Bundesländern) haben das Mittel des Volksbegehrens und des Volksentscheids als Element direkter Demokratie aufgenommen. In einem Volksbegehren können die Bürgerinnen und Bürger eines Bundeslandes den Landtag dazu zwingen, einem bestimmten Gesetz innerhalb einer festgelegten Frist zuzustimmen. Das Begehren kommt zustande, wenn eine bestimmte Zahl der Wahlberechtigten (z. B. 15 Prozent) das Begehren unterschreibt. Lehnt der Landtag mit seiner Mehrheit dieses Volksbegehren ab, kommt es zu einem Volksentscheid. Der Landtag stellt dann dem Volk das Gesetz zur Abstimmung. Wenn die Mehrheit der Abstimmenden (mindestens aber eine bestimmte Prozentzahl aller Wahlberechtigten, z. B. ein Drittel) dem Gesetz zustimmt, ist der Volksentscheid angenommen. Bestimmte Themenbereiche, wie z. B. öffentliche Abgaben (Steuern), sind allerdings von diesen Möglichkeiten ausgenommen.

Wertvorstellungen

Das sind Grundsätze und Zielvorstellungen, die ein einzelner Mensch oder die gesamte Gesellschaft als erstrebenswert ansieht. Werte beziehen sich oft auf die Art und Weise des Umgangs mit anderen Menschen, z. B. die Gerechtigkeit und die Hilfsbereitschaft. In einer Partnerschaft spielen Werte wie Liebe und Treue eine große Rolle. Eine Gesellschaft braucht ein gewisses Maß an gemeinsamen Werten, die alle Menschen teilen, weil sie sonst nicht funktionieren kann. Dazu gehören zum Beispiel die Ablehnung von Gewalt, die Achtung vor den Gesetzen, die Toleranz gegenüber Andersdenkenden etc. Werte können sich im Laufe der Zeit verändern.

Wirgefühl

Das ist das Zusammengehörigkeitsgefühl, das zwischen den Mitgliedern einer Gruppe besteht. Das Wirgefühl führt dazu, dass man sich mit der eigenen Gruppe identifiziert, sich darin wohlfühlt usw. Es kann auch zur Folge haben, dass man sich ganz bewusst von anderen Gruppen abgrenzt. Das geschieht z. B. zwischen verschiedenen Mannschaften im Sport, auch zwischen verschiedenen Schulklassen usw.
Gefährlich wird das Wirgefühl, wenn es so weit geht, dass andere Gruppen als Feinde angesehen werden, z. B.: „Wir Deutsche" gegen „die Ausländer".

Wirtschaft (auch Ökonomie)

Unter Wirtschaft versteht man die Gesamtheit aller menschlichen Tätigkeiten, die sich auf die Produktion und den Verbrauch von Waren und Dienstleistungen beziehen. Die Wirtschaft versorgt uns mit diesen Waren (z. B. Lebensmittel, Kleidung, Autos, Computer) und Dienstleistungen (z. B. ärztliche Versorgung, Haarpflege, Krankenpflege, öffentliche Verwaltung). In der Wirtschaft sind wir nicht nur Käufer und Verbraucher. In der beruflichen Tätigkeit erbringen wir Leistungen, erzielen dafür Einkommen und erstellen die verschiedensten Waren und Dienstleistungen, die wir als Verbraucher wieder kaufen. Daher sind wir alle Teile in einem großen Wirtschaftskreislauf.

Wirtschaftsordnungen

In einem großen Staatsgebilde muss es für den Bereich der Wirtschaft einen Ordnungsrahmen geben. Er hat die Aufgabe, die wirtschaftliche Versorgung der Menschen möglichst reibungslos zu garantieren. Dazu greift der Staat mithilfe von Gesetzen ordnend und gestaltend in das Wirtschaftsgeschehen ein. Die Wirtschaftsordnung in der Bundesrepublik Deutschland trägt die Bezeichnung soziale Marktwirtschaft.

Wirtschaftswachstum

Das „Gesetz zur Förderung der Stabilität und des Wachstums in der Wirtschaft" verpflichtet die Bundesregierung zu einer Wirtschaftspolitik, die angemessenes Wirtschaftswachstum zum Ziel hat. Die Vorzüge wirtschaftlichen Wachstums bestehen vor allem in der Schaffung von Arbeitsplätzen und der Verbesserung des gesellschaftlichen Wohlstands. Allerdings wird Wirtschaftswachstum heute zunehmend auch kritisch gesehen. Dabei wird zwischen dem problematischen quantitativen und dem wünschenswerten qualitativen Wachstum unterschieden. Quantitatives Wachstum ist berechenbar und wird in einer Prozentzahl ausgedrückt. Beträgt das Wachstum der Wirtschaft zwei Prozent, so bedeutet dies, dass der Wert aller Waren und Dienstleistungen in diesem Jahr im Vergleich zum vorigen Jahr um zwei Prozent gestiegen ist. Diese Zahl sagt jedoch nichts über eine sozial gerechte Verteilung des Wohlstands und erst recht nichts über die Umweltschäden aus. Deshalb ist das Ziel heute ein qualitatives Wirtschaftswachstum. Damit ist gemeint, dass Wachstum mit den Erfordernissen des Schutzes der Umwelt vereinbar sein muss und darüber hinaus der sozial gerechten Verteilung des Wohlstands dient.

Register

Bildquellenverzeichnis

action press: 178 – action press/Michael Wallrath: 198 l. – © Agence DER - Fotolia.com: 150 l. – © Amnesty International: 214 – © Amnesty International/Foto: Henning Schacht: 6 u., 196 – AP Photo/The Oregonian, Paul Kitagaki Jr.: 272 – Yuri Arcurs - Fotolia.com: 141 l.u. – Kurt Guth, Testtrainer für alle Arten von Einstellungstests, Eignungstests und Berufeignungstests, Ausbildungspark Verlag 2016: 54 l.o. – Harm Bengen/toonpool.com: 118 – © Bergmoser + Höller Verlag AG: 99, 140, 158, 188, 232 – © Adam Berry/Getty Images: 110 o. – BERUF AKTUELL 2016/2017, hrsg. von der Bundesagentur für Arbeit: 51 u.r. – Bildarchiv Preußischer Kulturbesitz (bpk), Berlin: 134 – © Bilderberg, Stefan Enders: 198 r. – bpk/Antikensammlung, SMB/Reinhard Saczewski: 235 u. – © Bundeskoordination Schule ohne Rassismus - Schule mit Courage: 20 – Bundesarbeitsgemeinschaft Berufswahlpass: 51 u.l. – Bundesbildstelle Berlin: 89, 97 o. – Foto: Bundesregierung/ Steffen Kugler: 254 – © Bundeswehr: 306 – Angelika Gulder: Finde den Job, der dich glücklich macht, 3. Auflage 2013, Campus Verlag, Frankfurt/New York: 51 o.l. – © Caritas international, www.caritas-international.de: 315 o.l. – CARO/Thomas Ruffer: 70 m.m. – Christliche Initiative Romero e.V. (www.ci-romero.de) | Bleifrei: 288 – © contrastwerkstatt - Fotolia.com: 150 r.o. – Foto: Dietsch/Landtag NRW: 64 u.r. – © dpa-Fotoreport/Michael Jung: 80, 84 u.l., 86 l. – © ehrenberg-bilder - Fotolia.com: 56 – © Peter Essick/Aurora Photos/Alamy Stock Foto: 194 o. – © Europäische Kommission/Grafik: Verlagsarchiv Schöningh: 233 – F.A.Z.-Grafik/Stefan Walter: 257 – © Jörg Axel Fischer/VISUM: 70 o.l. – © Global Goals, www.globalgoals.org.: 319 u. – © GEORGES GOBET/AFP/Getty Images: 238 o.r. – © Jens Grossmann: 315 o.r. – © Horst Haitzinger: 269 – infratest dimap: 138 – iStockphoto.com: 176 – iStockphoto.com/ MARIA TOUTOUDAKI: 247 – © Jürgen Janson: 194 u., 304, 318 u. – JOBFACTORY, www.jobfactory.de/© Foto: Andreas Duerst: 3 u., 32 – © Robert Kneschke - Fotolia.com: 54 r. – © Kostas Koufogiorgos: 289 o.r. – Landesjugendring Brandenburg: 82 – Kai Loeffelbein/laif: 172 – © Marie Marcks: 61 – © Gerhard Mester: 72, 112, 174, 206, 235 o., 267 o.l.+u.r. – © Jiri Miklo - Fotolia.com: 141 l.2.v.o. – © Burkhard Mohr: 259 u., 275 – © Monkey Business - Fotolia.com: 39 – FILIPPO MONTEFORTE/Staff/Getty Images: 251 – © NEL/Ioan Cozacu: 310 – © Nikada - iStockphoto: 187 – © Edyta Pawlowska - Fotolia.com: 236 – © photocreo - Fotolia.com: 84 o.r., 87 r. – © photography33 - www.fotosearch.de: 46 u. – © picture alliance/AA: 252 u. – © picture-alliance/abaca: 8, 290 – © picture-alliance/ANP XTRA: 218 – © picture alliance/AP Photo: 297 o. – © picture alliance/Arco Images GmbH: 200 – © picture-alliance/ausloeser-photographie: 216 – © picture alliance/Ulrich Baumgarten: 163 o. – © picture alliance/Bildagentur-online: 5 u., 148 – © picture alliance/Bildagentur Huber: 303 r. – © picture alliance/chromorange: 7 o., 154, 220 o.l., 262– © picture alliance/CITYPRESS24: 296 – © picture alliance/Cultura: 146 – © picture alliance/Wiktor Dabkowski: 259 o. – © picture alliance/dieKLEINERT.de/Leopold Maurer: 225 – © picture-alliance/dieKLEINERT.de/Schwarwel: 123 – © picture-alliance/dpa: 3 o., 4 o.+u., 5 o., 14, 16 l., 46 o., 62, 64 o.l.+r.+u.l., 68, 70 m.l.+m.r., 78, 84 o.l.+m., 86 r., 88 l., 90, 91, 94, 98, 101, 104, 106, 110 u., 114, 124, 126, 137 r., 163 u., 169 u., 203, 210, 212, 217, 220 o.r.+u.l., 229, 237, 238 o.l.+m.l.+m.r., 245, 248, 250, 253, 255, 264, 265, 294, 299, 302, 303 l., 307, 309, 312, 318 o. – © picture-alliance/dpa-Fotoreport: 136 o.r. – © picture-alliance/dpa-infografik: 47, 57, 74, 79, 109, 116, 117, 153, 165, 169 o., 177 o., 182, 183, 184, 189, 190 (beide), 191 (alle), 204, 205, 224 o., 228, 230, 231, 249, 252 o., 263, 271, 276, 289 o.l., 293, 297 u., 298, 300, 308, 316 – © picture-alliance/EB-Stock: 48 – © picture-alliance/R. Goldmann: 180 – © picture-alliance/HB-Verlag: 128 – © picture alliance/JOKER: 202 – © picture-alliance/Helga Lade Fotoagentur GmbH: 186 – © picture-alliance/Thomas Meder: 127 – © picture-alliance/Photoshot: 238 u. – © picture alliance/prisma: 208 – © picture-alliance/Süddeutsche Zeitung Photo: 69 – © picture alliance/Westend61: 44, 246 – © picture-alliance/ZB: 6 o., 133, 170, 278 – © picture-alliance/ZB-Fotoreport: 136 o.l.+u. – © picture-alliance/ZUMAPRESS.com: 220 u.r., 224 u. – © Thomas Plaßmann: 159, 219, 267 o.r., 275 l. – RAIGO PAJULA/AFP/Getty Images: 120 – © Rawpixel.com - Fotolia.com: 7 u., 260 – REUTERS/ Ibraheem Abu Mustafa: 292 – © Schüler Helfen Leben e. V., Foto: Karin Costanzo: 16 r. – Finde raus, was DU drauf hast! Der persönliche Berufs-Check-up für Jugendliche, Schulwerkstatt-Verlag 2011: 51 o.r. – Hesse, Jürgen/Schrader, Hans Christian: Testtraining 2000plus. Einstellungs- und Eignungstests erfolgreich bestehen. Hallbergmoos: STARK 2015. Mit freundlicher Genehmigung der STARK Verlag GmbH: 54 l.u. – © StepMap GmbH: 213 – © Stiftung Jugend und Bildung: 161 u. – © stringerphoto - Fotolia.com: 281 – © Klaus Stuttmann: 30, 267 u.l. – aus: Süddeutsche Zeitung vom 28./29. November 2015, Nr. 275, S. 2: 277 o. – Foto: terre des hommes: 209 – ullstein bild - Becker & Bredel: 21 – ullstein bild: 97 u. – © UNICEF/NYHQ2011-2053crop/Tylle: 314 – © UNICEF/DT2016-47430/Jonas Krombach: 317 – © UNO: 319 o. – vario-images/Ulrich Baumgarten: 113 – vario-press/Ulrich Baumgarten: 84 u.r., 87 l. – Berufswahl: Das will ich - das kann ich - das mach ich. Lebensplanung spielerisch ausprobieren, von Sabine Fritz, Peter H. Ebner, Verlag an der Ruhr: 51 o.m. – Verlagsarchiv Schöningh/Fotostudio Henke, Salzkotten: 11, 24 (alle), 45, 50, 58 (beide), 59 (beide), 83 (beide), 100, 108, 132, 141 l.o.+2.v.u.+r.o.+m.+u., ,167 (beide), 177 u. (beide), 211 – Verlagsarchiv Schöningh/Wolfgang Mattes: 227 (alle), 234 u., 256 – WELTonline vom 12.05.2015: 161 o. – © Volker Witt - Fotolia.com: 137 l. – © Joern Wolter/wolterfoto.de: 150 r.u. – © World Vision: 315 u. – © Alena Yakusheva - Fotolia.com: 142 – © Jan Zappner/Greenpeace: 17 – © Zoonar.com/Peter Probst: 70 o.m.+o.r.+u. – weitere: Verlagsarchiv Schöningh

Sollte trotz aller Bemühungen um korrekte Urheberangaben ein Irrtum unterlaufen sein, bitten wir darum, sich mit dem Verlag in Verbindung zu setzen, damit wir eventuell notwendige Korrekturen vornehmen können.

Lösungen zu den Kompetenzstationen

1. Jugendliche in der Demokratie

Station 1:

Bewertung: Auswirkung auf andere Menschen: Den Kindern im Hospiz wird ihre schwierige Situation ein wenig erleichtert. Eltern der Kinder und die Angestellten im Hospiz freuen sich über die Unterstützung.

Zeit, Aufwand: Begrenzt, da es sich bei Sönkes Aktion um eine einmalige Angelegenheit handelt; allerdings setzt er schon seit seinem zehnten Lebensjahr einen großen Teil seiner Freizeit für sein soziales Engagement ein.

Vorbildfunktion: Viele solcher kleiner Hilfen können das Zusammenleben verbessern, weil so deutlich wird, dass Menschen füreinander einstehen und sich gegenseitig unterstützen.

Station 2:

Beschreibung: Ein Ehepaar liegt bei Mondschein (also nachts) und bei geöffnetem Fenster im Ehebett und hört zu, wie jemand draußen auf der Straße um Hilfe schreit. Die Schrift und die Symbole in einer Sprechblase zeigen, dass hier offensichtlich ein Gewaltverbrechen von Neonazis passiert. Die Frau erkennt die Situation. Der Mann reagiert mit der Bemerkung, dass sie ihre Verbrechen doch bitte auch ein bisschen leiser ausführen könnten.

Analyse: Der Karikaturist kritisiert, dass viele Menschen die Verbrechen der Neonazis zwar zur Kenntnis nehmen, aber keinesfalls dazu bereit sind, sich in ihrer Ruhe stören zu lassen. Sie nehmen dafür in Kauf, dass die Opfer verletzt und sogar getötet werden. Die austretenden Schweißtropfen vom Kopf des Mannes deuten an, dass er ein schlechtes Gewissen bei seinem Verhalten hat. Es reicht aber nicht aus, um gegen Neonazis aktiv zu werden.

Bewertung: Neonazis stellen die eigene Nation über alle anderen, hassen Ausländer und Juden, leugnen die Rechte des Einzelnen, fordern Unterordnung, wollen die Demokratie abschaffen, treten für eine Diktatur ein, missachten den Rechtsstaat, wollen die Herrschaft des Rechts durch die Herrschaft des Stärkeren ersetzen, bekämpfen und missachten Andersdenkende. Sie sind Rassisten.

Station 3:

Einleitung: Der Text erklärt grundlegende Elemente der Demokratie und unterscheidet dabei zwischen der direkten, der parlamentarischen und der präsidialen Demokratie.

Er kann in folgende Abschnitte untergliedert werden: Ursprungsland Griechenland, die wichtigsten Kennzeichen, der Unterschied zwischen direkter und parlamentarischer Demokratie, Länder mit parlamentarischer Demokratie, Merkmale einer Präsidialdemokratie.

Geklärt werden müssen folgende Begriffe: Volkssouveränität, Gewaltenteilung, plebiszitäre Entscheidungen, Opposition.

Die Textbewertung kann erfolgen anhand der Kriterien: Informationen, die man sich langfristig merken sollte, Bedeutung des Textes für die eigene Urteilsbildung, Verständlichkeit und ob er zum Lesen empfohlen werden kann.

2. Auf dem Weg zur Berufswahl

Station 1:

Einleitung: Hier muss deine Antwort ganz individuell ausfallen. Da alle aufgeführten Begriffe eine Bedeutung für die Durchführung des Betriebspraktikums haben, solltest du diejenigen für deine Erläuterung auswählen, die für dich ganz persönlich besonders wichtig sind.

Station 2:

Die Antworten findet man auf den Seiten 41 und 42.

3 Gründe für eine anschließende Berufsausbildung: Man verdient sofort Geld. Der Zeitaufwand für die Berufsausbildung ist absehbar. Man erwirbt praktische Schlüsselqualifikationen.

3 Gründe für das Abitur: Das Abitur ist eine Eintrittskarte für eine Vielzahl von Berufen. Mit anschließendem Studium hat man als Akademiker bessere Aufstiegsmöglichkeiten. Die höhere Bildung fördert die Persönlichkeitsentwicklung.

3 mögliche Ausbildungswege: Praktische Berufsausbildung im dualen System (Lehre); Besuch einer Berufsfachschule; Abitur mit anschließendem Hochschulstudium.

Station 3:

Zwei mögliche Hilfen durch die Arbeitsagentur: Besuch der Berufsinformationszentren (BIZ); Nutzung der Angebote im Internet mit www.planet-beruf.de (anschließend Terminvereinbarung für ein persönliches Beratungsgespräch).

Was soll man als Erstes tun? Man sollte sich einen persönlichen Plan zur Vorgehensweise erstellen und den Planungsprozess untergliedern in die Orientierungsphase, die Phasen der Weichenstellung und Information und dann der Entscheidung und Bewerbung. Zu Beginn empfiehlt es sich, mithilfe von Tests die persönlichen Interessen und Stärken herauszufinden. Frühzeitig sollte man die neueste Ausgabe von „Beruf aktuell" studieren.

Freiwillige Praktika führen zu mehr Erfahrungen und erhöhen die Erfolgsaussichten bei der Suche nach dem geeigneten Ausbildungsplatz. Sie können im Lebenslauf aufgeführt werden und verschaffen der Bewerberin/dem Bewerber so einen Bonus.

Station 4:

Englischkenntnisse: Englisch ist die wichtigste Sprache in der globalisierten Arbeitswelt. Englischkenntnisse werden heute in nahezu allen Ausbildungsberufen als selbstverständlich vorausgesetzt.

Locker bleiben?: Pflichttugenden wie Pünktlichkeit, Verlässlichkeit, Fleiß und Höflichkeit zählen zu den wichtigsten Erwartungen, welche die Ausbildungsbetriebe an die Azubis stellen.

Station 5:

1. Schriftliche Einstellungstests sollen Auskunft geben über das Wissen und die Kompetenzen von Bewerberinnen und Bewerbern. Unternehmen wollen so feststellen, ob jemand die Voraussetzungen mitbringt, um im Ausbildungsberuf erfolgreich zu sein. Sie ermöglichen einen Vergleich zwischen verschiedenen Bewerbern.
2. Es gibt zahlreiche Bücher zum Thema „Testtraining für Auszubildende" und im Internet gibt es Tests, mit denen man üben kann. Außerdem sollte man Zeitung lesen und sich regelmäßig über das aktuelle Weltgeschehen informieren.
3. Unternehmen wollen in der Regel Azubis, die über eine solide Grundbildung verfügen und am gesellschaftlichen Leben interessiert sind.

Station 6:

Beschreibung der Karikatur: Die Frau ist größer und übernimmt die Arbeit. Der Mann diktiert.

Analyse: Mädchen erbringen oft in der Schule die besseren Leistungen, haben die besseren Zeugnisse und die besseren Abschlüsse. Trotzdem sind sie in den Führungsetagen der Unternehmen unterrepräsentiert. Sie finden sich oft in sogenannten typischen, schlecht bezahlten Frauenberufen wieder (hier als Sekretärin).

Bewertung: Hier solltest du deine Antwort individuell formulieren und begründen. Darüber, dass sich etwas ändern muss, besteht weitgehender Konsens in der Gesellschaft. Die klassischen Rollenvorstellungen sind nicht mehr zeitgemäß. Mädchen sollten sich mehr zutrauen und auch Berufe wählen, die früher eher den Jungen vorbehalten waren. Gleichberechtigung muss dazu führen, dass es keinerlei Benachteiligungen aufgrund des Geschlechts geben darf.

Station 7:

Für Vincenzo sprechen: gutes Sozialverhalten, gute Noten in mehreren Fächern, Besuch der Informatik-AG, mehrere Praktika, hat sich über die Firma informiert.

Dagegen sprechen: Einschränkungen im Sozialverhalten und in der Zuverlässigkeit (schlechte Note in Mathematik).

3. Demokratie in der Bundesrepublik Deutschland

Station 1:

Bürgerinitiative: Sie ist ein Zusammenschluss von Bürgerinnen und Bürgern, die sich gegen bestimmte Maßnahmen wehren – z. B. gegen den Ausbau von Flughäfen, den Bau von Straßen, Kernkraftwerken, Fabriken etc. Wenn das Ziel erreicht ist, ein tragfähiger Kompromiss erzielt wurde oder das Verfolgen des Ziels als aussichtslos angesehen wird, löst sich eine Bürgerinitiative in der Regel wieder auf.

Bürgerbegehren: Sie sind eine Form direkter Demokratie auf der Ebene der Gemeindepolitik. Die Bürgerinnen und Bürger einer Stadt stellen darin den schriftlichen Antrag an den Rat der Gemeinde, eine bestimmte Entscheidung zu treffen. Das Bürgerbegehren muss mit einer vorgeschriebenen Mindestzahl von Unterschriften versehen sein. Der Rat der Stadt kann dem Bürgerbegehren stattgeben oder es ablehnen.

Bürgerentscheid: Er kommt zustande, wenn der Rat der Gemeinde ein zuvor eingereichtes Bürgerbegehren ablehnt. Im Bürgerentscheid können die Bürgerinnen und Bürger direkt über eine Maßnahme in der Stadt abstimmen (z. B. über den Bau einer Umgehungsstraße).

(Weitere Erläuterungen dazu findet ihr auch im Glossar dieses Buches.)

Station 2:

Parteien sind Vereinigungen von Bürgern, die dauernd oder für längere Zeit auf die politische Willensbildung Einfluss nehmen und nach politischer Mitgestaltung im Bundestag, in den Landtagen, den Kreistagen und den Gemeinde- bzw. Stadträten streben. Ziel aller Parteien ist es in der Regel, politische Macht auszuüben (z. B. in der Regierungsverantwortung), um so die politischen Verhältnisse im Land maßgeblich gestalten zu können.

Aufgaben der Parteien: Mitwirkung an der politischen Willensbildung, Gestaltung der öffentlichen Meinung, Förderung der aktiven Teilnahme möglichst vieler Menschen an der Politik, Teilnahme an Wahlen, Festlegung politischer Ziele in Parteiprogrammen, Kandidatenauswahl für politische Ämter u. a.

Station 3:

- Warum zwei Kreuze? Mit der Erststimme wählt man einen Wahlkreiskandidaten, mit der Zweitstimme eine Partei.
- Was ist der Unterschied? Der Erststimme liegt das Mehrheitswahlsystem zugrunde. Danach zieht derjenige Kandidat in den Bundestag ein, der im Wahlkreis die Mehrheit der Stimmen auf sich vereint. Die Zweitstimme funktioniert nach dem Verhältniswahlsystem. Danach wird der prozentuelle Anteil einer Partei am Gesamtergebnis der

Wahl berechnet. Die erreichte Prozentzahl entscheidet über die Anzahl der Sitze einer Partei im Parlament.

- Welcher Name? Das Wahlrecht zum Deutschen Bundestag wird als personalisiertes Verhältniswahlrecht bezeichnet, weil es aus einer Kombination von Mehrheitswahl- und Verhältniswahlsystem besteht.

Station 4:

A Es geht hier um die Frage, ob Jugendliche auch ab 16 an den Bundestagswahlen teilnehmen sollen. Bei den Kommunalwahlen ist das in mehreren Ländern bereits möglich.
B Hinweise zu Argumenten dagegen: zu wenig Wissen über Politik; die Verantwortung ist für Jugendliche zu groß; Jugendliche würden oft extreme Parteien wählen.
C Hinweise zu Argumenten dafür: Ab 16 ist man reif genug; wer mitbestimmen kann, interessiert sich auch stärker für Politik; manche Jugendliche wissen besser Bescheid als Erwachsene.

Station 5:

Frage 1: Wer wählt den Bundeskanzler bzw. die Bundeskanzlerin?
Frage 2: Woraus besteht die Bundesregierung?
Frage 3: Werden die Mitglieder des Bundesrates vom Volk gewählt?
Frage 4: Welche Aufgabe hat das Bundesverfassungsgericht?

Station 6:

Tierschutz ist in Deutschland keine Privatsache. Der Tierschutz wurde sogar als *Staatsziel* in das *Grundgesetz* aufgenommen (Artikel 20a). Es gibt in Deutschland ein *Tierschutzgesetz*, das vom *Bundestag* und vom *Bundesrat* verabschiedet wurde.

Station 7:

Wenn die Macht nicht kontrolliert wird, können die Regierenden tun und lassen, was sie wollen. Das führt nahezu in allen Fällen zu einem Missbrauch der Macht in Form der Zerstörung demokratischer Freiheiten. In Deutschland gab es den schlimmsten Missbrauch staatlicher Macht in der Zeit des Nationalsozialismus.
Die Teilung der Staatsgewalt ist wichtig, damit Machtkonzentration und Machtmissbrauch verhindert werden und damit die Staatsgewalten sich gegenseitig kontrollieren.
Die Person links in der Zeichnung symbolisiert die Legislative (= die gesetzgebende Gewalt), die mittlere Person in der Robe des Richters die Judikative (= Recht sprechende Gewalt) und die rechte Person die Exekutive (= die vollziehende Gewalt).

Station 8:

Extremisten akzeptieren keine anderen Meinungen als ihre eigenen und lassen keine anderen Religionen zu, allenfalls die oder die Richtung einer bestimmten Religion, die sie selbst vertreten. Sie missachten daher den grundlegenden Wert der Freiheit. Rassisten teilen die Menschen in Rassen ein und vertreten die Ansicht, die (scheinbare) Rasse, der sie selbst angehören, sei mehr wert und habe daher mehr Rechte als alle anderen. Sie verstoßen daher gegen das Werteprinzip der Gleichheit aller Menschen vor dem Gesetz.

4. Medien und Politik

Station 1:

Meinung 1: Diese Ansicht gründet sich auf die Erfahrung, dass wir nahezu all unser Wissen über das, was in der Gesellschaft passiert, durch die Medien erfahren. Man lernt, indem man die Berichterstattung der Medien verfolgt, unterschiedliche Informationen miteinander vergleicht und sich so ein eigenes Urteil bildet. Politische Bildung entsteht vor allem durch aktive und kritische Mediennutzung. Du kannst diese Ansicht beurteilen, indem du sie mit anderen Einflussfaktoren auf das Lernen und die politische Bildung vergleichst: Haben Gespräche mit Eltern Freunden und Bekannten vielleicht doch noch größeren Einfluss auf die politische Bildung? Ist der Einfluss der Medien auf das Lernen noch größer als der Einfluss der Schule?

Meinung 2: Mit Medienkompetenz sind hier zwei besonders wichtige Fähigkeiten gemeint: Man muss wissen, in welchem Medium man welche Information findet. Man muss sich für politische und gesellschaftliche Themen interessieren.
Du kannst Stellung dazu nehmen, ob fehlende Medienkompetenz auch ein Desinteresse an politischer Bildung zur Folge hat.

Meinung 3: Begründet wird diese Ansicht mit dem grundlegenden Wesensmerkmal Demokratie, wonach diese auf das aktive Mitmachen und Mitgestalten setzt. Demokratische Rechte haben dann einen Sinn, wenn sie von möglichst vielen genutzt werden und nicht nur auf dem Papier stehen.
Du kannst diese Äußerung beurteilen, indem du zum Beispiel der Frage nachgehst, ob eine Demokratie auch dann funktionieren kann, wenn sich weite Kreise der Bevölkerung aus der Politik heraushalten.

Station 2:

Mögliche Aussagen zur Bedeutung der Pressefreiheit: Ohne die Möglichkeit freier Meinungsäußerung in der Presse gibt es keine Demokratie. Presse- und Meinungsfreiheit sind elementare Grundrechte.

Aussagen zum Artikel 5 des Grundgesetzes: Jeder hat das Recht auf Information. Pressefreiheit ist gewährleistet.

Aussagen zu den Pflichten des Journalisten: Informationen müssen vor der Veröffentlichung auf ihren Wahrheitsgehalt hin überprüft werden (Sorgfaltspflicht bei der Recherche). Journalisten haben die Pflicht, die Bevölkerung wahrheitsgetreu zu informieren.

Aussagen über die Grenzen der Pressefreiheit: Bestehende Gesetze dürfen nicht verletzt werden (z. B. Gesetze zum Schutz der Jugend). Keine Beleidigungen oder Verleumdungen.

Station 3:

Sinnvolle Reihenfolge: C/A/F/E/D/B

Zusatzaufgabe: Die Karikatur weist auf Einschränkungen der Pressefreiheit und deren weltweite Gefährdung hin. Das Dixi-Klo steht für den geringen Raum und die geringe Achtung, die eine freie und unabhängige Presse global genießt. Anfüllen kannst du deine Interpretation mit Informationen, die du über die Situation der Pressefreiheit in Erfahrung bringen konntest.

Station 4:

Thema 1, Shitstorms: pro: Leute können spontan reagieren, belebendes Element der Demokratie, Politiker können weniger gut „über die Köpfe der Menschen hinweg" agieren. Kontra: Primitive Form übler Beschimpfung im Netz, es geht nicht um den Austausch von Argumenten, Shitstorms zerstören die politische Kultur (und schwächen die Demokratie).

Thema 2, online wählen: Argumente pro und kontra befinden sich auf der Seite 120 in diesem Buch.

5. Die Bedeutung der sozialen Marktwirtschaft

Station 1:

Das Warenangebot in einem Supermarkt entsteht aus dem Wechselspiel zwischen Angebot und Nachfrage. Die Regale werden mit den Produkten aufgefüllt, die von den Kunden häufig nachgefragt werden. Waren, für die wenig oder keine Nachfrage besteht, verschwinden aus den Regalen. Der Markt ist das ausgleichende Instrument. Weil das so ist, wird unsere Wirtschaftsordnung als Marktwirtschaft bezeichnet.

Station 2:

Die Preisbildung richtet sich nach dem Verhältnis zwischen Angebot und Nachfrage. Im Fall von Herrn Kleinschmidt bleibt das Angebot an Hotelzimmern gleich, aber die Nachfrage ändert sich. In den Sommerferien möchten mehr Menschen in Urlaub fahren als im März. Weil die Nachfrage steigt, kann auch der Preis angehoben werden.

Station 3:

Ordnung schaffen

Der Staat sorgt mit gesetzlichen Regelungen dafür, dass sich das Wirtschaftsleben in einem geordneten Rahmen abspielen kann.

Sozialer Schutz

Der Staat übernimmt eine soziale Schutzfunktion gegenüber den Menschen, indem er die Macht der Mächtigen begrenzt, die Schwachen schützt und der Herstellung sozialer Gerechtigkeit verpflichtet ist.

Aktive Mitgestaltung

Der Staat betreibt eine aktive Wirtschaftspolitik – z. B. indem er Unternehmensgründungen unterstützt oder staatliche Aufträge für den Bau von Straßen vergibt.

Sicherung des Wettbewerbs

Wettbewerb ist eine Grundvoraussetzung für eine funktionierende Marktwirtschaft. Der Staat muss dafür sorgen, dass der Wettbewerb erhalten bleibt. Durch das Verbot von Preisabsprachen und der Zusammenschlüsse allzu mächtiger Unternehmen will er die Konkurrenz erhalten und allzu große Marktmacht verhindern.

Station 4:

In der freien Marktwirtschaft um 1880 ging es der großen Mehrheit der Menschen keineswegs besser als heute. Der Grund liegt darin, dass die soziale Schutzfunktion des Staates fehlte (denn dieser griff damals kaum in die sozialen Verhältnisse ein). „Frei" bedeutete, dass die Unternehmer in ihren Fabriken frei schalten und walten konnten. So mussten die Fabrikarbeiterinnen und Fabrikarbeiter unter zum Teil unmenschlichen und gefährlichen Bedingungen arbeiten – bei Löhnen, die kaum zum Leben reichten. Unternehmer versuchten, ihre Kosten möglichst gering zu halten, um so den maximalen Gewinn zu erzielen.

Station 5:

Hier ist die Beantwortung frei. Wichtig ist zu erkennen, dass den drei Behauptungen verschiedene Vorstellungen von sozialer Gerechtigkeit zugrunde liegen. Dem ersten Beispiel liegt das Konzept der Solidarität zugrunde, Beispiel 2 die Idee der Eigenverantwortlichkeit und Beispiel 3 dem Konzept der Kombination aus Solidarität und Eigenverantwortlichkeit. (Drei Gerechtigkeitsbegriffe, die man hier zuordnen kann, sind Verteilungs-, Leistungs- und Chancengerechtigkeit.) In der Antwort sollte man darauf hinweisen, dass die These 3 sich mit der Vorstellung deckt, welcher die Politik in der sozialen Marktwirtschaft folgt.

Station 6:

Möglichkeit 1 Steuererhöhung: wirkt auf Unternehmen negativ, weil die Menschen weniger Geld zum Ausgeben haben, negativ auch auf die privaten Haushalte, weil sie das Einkommen schmälern, negativ auf den Bankensektor, weil dieser weniger Kredite verkauft und weniger Spareinlagen erhält, negativ auf das Ausland, weil die Nachfrage nach Importgütern sinkt und Auslandsreisen abnehmen. Positiv wirken Steuern auf den Sektor Staat, weil er seine Einnahmen verbessert.

Möglichkeit 2 Autohersteller in Japan senken die Preise: Negativ sind die Folgen für die Unternehmen in Deutschland, weil die Nachfrage nach inländischen Autos sinkt, positiv sind sie für die privaten Haushalte, weil die importierten Autos billiger werden, eher negativ sind sie für den Staat, weil das inländische Wirtschaftswachstum schrumpft. Preissenkungen – egal ob für inländische oder ausländische Produkte – sind für die Banken positiv, weil den Menschen mehr Geld zum Sparen übrig bleibt und weil sie eher einen Kredit aufnehmen können.

Möglichkeit 3 Die Banken senken die Zinsen: Das ist sowohl für den Unternehmenssektor als auch für das Ausland positiv, weil sich Neukäufe leichter durch Kredite finanzieren lassen, der Staat profitiert, weil die Wirtschaft angekurbelt wird, die privaten Haushalte profitieren, weil sie leichter einen Kredit aufnehmen können, Nachteile haben sie, wenn parallel dazu auch die Zinsen für Spareinlagen gesenkt werden.

6. Soziale Sicherung heute und morgen

Station 1:

- Unter **Sozialpolitik** versteht man alle Maßnahmen des Staates, welche die Menschen in Risikosituationen schützen sollen.
- Unter einem **Sozialstaat** versteht man einen Staat, der die Pflicht übernimmt, für den sozialen Schutz seiner Bürgerinnen und Bürger zu sorgen, um ihnen ein menschenwürdiges Leben zu ermöglichen.
- Das Prinzip **Solidarität** bedeutet, dass die Menschen zusammenhalten, sich gegenseitig unterstützen und dass der Staat den Menschen eine Verantwortung für die gesamte Gemeinschaft abverlangt.
- Das Prinzip **Eigenverantwortung** bedeutet, dass man in einer Notsituation nicht untätig bleiben darf und den Staat für sich sorgen lässt. Man muss selbst versuchen, sich aus der Notlage zu befreien.
- zwei **Situationen**, in denen Jugendliche mit dem Sozialstaat in Berührung kommen, können sein: Im Falle eines Unfalls oder im Laufe einer Krankheit genießen sie Versicherungsschutz; als gewähltes Mitglied in der Ausbildungsvertretung eines Betriebes können sie sich für den Jugendarbeitsschutz einsetzen; als Berufsanfänger am

Beginn einer Ausbildung werden sie Mitglied im System der sozialen Sicherung; als Auszubildende können sie Ausbildungsförderung beantragen (BAföG).

Station 2:

Die fünf Sozialversicherungen sind: Rentenversicherung, Unfallversicherung, Krankenversicherung, Pflegeversicherung, Arbeitslosenversicherung.

Ziel ist ein möglichst umfangreicher sozialer Schutzschirm für alle Versicherten.

Bezahlt werden die Versicherungen größtenteils je zur Hälfte vom Arbeitnehmer und Arbeitgeber. Die Unfallversicherung zahlt nur der Arbeitgeber. Hinzu kommen weitere staatliche Zuschüsse, weil das Geld aus den Versicherungsbeiträgen nicht ausreicht, um die Kosten zu decken.

Station 3:

Stufe 1: Das Schaubild zeigt die Auswirkungen des demografischen Wandels auf den Altersaufbau in Deutschland am Beispiel der Jahre 1950, 2013 und 2060. Deutlich ist zu sehen, dass die Zahl der bis zu 30-Jährigen kontinuierlich abnehmen wird, während der Anteil der 70- bis 100-Jährigen ansteigt.

Stufe 2: 2060 werden Senioren um die 70 Jahre den größten Anteil an der Bevölkerung stellen. Je jünger die Jahrgänge, desto geringer wird der Bevölkerungsanteil sein. Der Anteil der 30- bis 60-Jährigen, also derjenigen, die in der Regel in einem Arbeitsverhältnis stehen und Sozialversicherungsbeiträge bezahlen, wird gegenüber 2013 zurückgehen. Eine Netto-Zuwanderung von mindestens 200 000 Personen im Jahr wird dazu führen, dass der Anteil von Menschen unterhalb des Seniorenalters leicht zunimmt. Dieser Entwicklung liegt die Annahme zugrunde, dass Frauen durchschnittlich 1,4 Kinder bekommen und dass die durchschnittliche Lebenserwartung 2060 bei Jungen 84,8 Jahre und bei Mädchen 88,8 Jahre sein wird.

Stufe 3: Das Schaubild weist auf das Problem hin, dass die Zahl der Beitragszahler in die Rentenkasse weiterhin abnimmt, während die Zahl der Rentenempfänger stark zunimmt. Das hat Auswirkungen auf das Umlageverfahren, nach dem das Geld für die Renten von den Einnahmen der aktuellen Beitragszahler finanziert wird. Immer weniger Beitragszahler müssten für die Renten von immer mehr Senioren aufkommen.

Stufe 4: Hier ist die Antwort offen. Wichtig ist, dass du erkennst, dass die staatlich garantierte Rente in der Zukunft nicht sonderlich hoch sein wird. Vorbeugen kannst du für dich persönlich, indem du eine private Zusatzversicherung abschließt, sobald du Geld verdienst. Vorbeugen kannst du auch durch eine möglichst gute Ausbildung, weil du so eher ein höheres und sicheres Einkommen erwirbst und zusätzlich etwas zurücklegen kannst. Bei der Frage der Einwanderung junger Leute nach Deutschland solltest du sehen, dass die positiven Folgen für die Altersstruktur und für den Generationenvertrag aller Wahrscheinlichkeit nach überwiegen werden.

Station 4:

In deinem Text solltest du die Situation armer Kinder in Deutschland beschreiben und erklären, unter welchen Entbehrungen sie leiden. Mit der einen oder anderen Zahl solltet ihr das Ausmaß des Problems verdeutlichen. Einen oder mehrere Vorschläge darüber, wie sich die Situation armer Kinder verbessern lässt, solltet ihr euch selbst überlegen.

7. Wirtschaft und Umwelt

Station 1:

Frage 1: Auf dem Boden des Slums Agbogbloshie türmt sich Elektromüll bestehend aus ausgedienten Computern, Druckern, Fernsehgeräten, der in der Regel aus Altgeräten stammt, die in den Industrieländern weggeworfen wurden.
Frage 2: Der Junge (und viele andere Jungen und Mädchen) arbeitet hier, indem er die wiederverwertbaren Stoffe aus den Altgeräten entfernt und verkauft.
Frage 3: Das Foto zeigt ein Negativbeispiel zum Problem, wie wirtschaftliches Handeln zulasten des Umweltschutzes funktioniert. Dort, wo sich heute der Slum befindet, gab es vor Jahren noch eine grüne Lagune. Die riesigen Schrottberge machen deutlich, wie Rohstoffe ausgebeutet und achtlos verbraucht werden. Ein nachhaltiger Umweltschutz müsste die Verschwendung von Rohstoffen verhindern und darüber hinaus den Menschen in Afrika bessere Lebenschancen bieten.

Station 2:

Frage 1: Mit Wachstum ist Wirtschaftswachstum gemeint. Die Wirtschaft wächst, wenn die Menge und der Wert der in einem Jahr produzierten Güter und Dienstleistungen (im Vergleich zum Vorjahr) zunimmt.
Frage 2: Verlangsamtes Wirtschaftswachstum kann für ein Unternehmen bedeuten, dass Umsatz und Gewinn zurückgehen. Das löst in diesem Falle die Panikattacke aus.
Zum Tipp: Den Herren geht es offensichtlich nur um ein quantitatives Wachstum, weil es messbar ist und sich in einer Zahl ausdrücken lässt. Qualitatives Wachstum bezeichnet demgegenüber ein Wachstum, das die Umwelt schont und die Lebensqualität verbessert. Das haben die Figuren in der Karikatur offensichtlich nicht im Sinn.

Station 3:

Top-Sportive muss darauf achten, (1.) alle gesetzlichen Umweltschutzvorgaben genauestens einzuhalten, (2.) seine Energiebilanz zu verbessern und (3.) alle Mitarbeiterinnen und Mitarbeiter in die ökologische Umgestaltung des Unternehmens einzubeziehen. Außerdem muss die Firma nachweisen, dass sie kontinuierlich an einer Verbesserung des Umweltschutzes arbeitet, und sie muss ein Leitbild erstellen, das alle Umweltschutzmaßnahmen öffentlich macht.

Station 4:

1. Schritt: Beschäftigung bzw. Konfrontation mit dem Fall; 2. Schritt: Suche nach weiteren Informationen; 3. Schritt: Anwendung der Informationen auf den Fall; 4. Schritt: Fallbewertung und Diskussion von Lösungsmöglichkeiten.

Station 5:

1. Die Schlagzeile bedeutet, dass Staaten in Südeuropa mehr Geld für den Warenimport ausgeben müssen, als sie für den Export erzielen. Außenwirtschaftliches Gleichgewicht besteht, wenn die Einnahmen, die durch den Export (= die Ausfuhr) von Waren in das Ausland erzielt werden, in einem ausgewogenen Verhältnis stehen zu den Kosten, die für den Import (= die Einfuhr) von Waren aus dem Ausland geleistet werden müssen.

2. Das Kooperationsprinzip im Umweltschutz dient dem Ziel der Zusammenarbeit aller wichtigen Gruppen in Sachen Umweltschutz.

3. Nachhaltig ist der Umweltschutz, wenn er auch das Leben zukünftiger Generationen schützt.

8. Grund- und Menschenrechte

Station 1:

1. Grundrechte
2. Bundesverfassungsgericht
3. Menschenwürde
4. Staatsgewalt
5. Grundgesetz
6. Religionsfreiheit
7. Recht auf körperliche Unversehrtheit
8. Gleichberechtigung

Station 2:

1. Die Karikatur zeigt ein Paar, das im Fernsehen einen Bericht über die Flüchtlingskrise sieht. Sie kritisiert das fremdenfeindliche Denken, dass vor allem in der Aussage des Mannes zum Ausdruck kommt, sowie die mangelnde Bereitschaft, sich für die Flüchtlinge einzusetzen. Der Mann denkt nicht an die möglichen Folgen seines Vorschlags, sondern

vor allem daran, dass durch die Schließung der Grenzen das Problem aus seiner Sicht gelöst sei.

Station 3:

Piktogramme: Recht auf Freiheit, Glaubensfreiheit, Recht auf Leben und körperliche Unversehrtheit.

Drei besonders oft von Menschenrechtsverletzungen betroffene Gruppen: Frauen, Kinder und Minderheiten.

Drei Hauptgründe für Menschenrechtsverletzungen: Diktatorische Regime fürchten um ihre Macht und unterdrücken jede Art von Opposition; radikale Überzeugungen (auch religiöse) dienen als Rechtfertigung für Menschenrechtsverletzungen; fehlender Respekt vor dem Leben und der Freiheit anderer.

Drei Verpflichtungen von Staaten lt. Deklarationen: Achtung der Menschenrechte, Schutz vor dem Eingriff in Menschenrechte, Erfüllung der Menschenrechte durch staatliche Leistungen.

Station 4:

Amnesty International, für urgent actions 125 000 Menschen in 85 Ländern, Millionen Unterstützer; Amnesty kümmert sich um Menschen, die aus politischen Gründen gefangen, gefoltert oder auf andere Weise unterdrückt werden; Eilaktionen: Unterstützer schreiben Protestbriefe an Regierungen und fordern Freilassung der politisch Unterdrückten; machen durch einen jährlichen Bericht Menschenrechtsverletzungen öffentlich; Amnesty setzte sich z. B. für den zur Todesstrafe verurteilten Moses Akatugba ein und erreichte, dass er begnadigt wurde; in zahlreichen Fällen wie diesem erreichte Amnesty, dass Inhaftierte freigelassen oder zumindest Hafterleichterungen erhielten.

9. Die Europäische Union – Erfolge, Krisen und Herausforderungen

Station 1:

Sein Glühbirnenlicht muss europäischen Standards entsprechen, ebenso die Qualität seines Trinkwassers, auch was mit seinem Abwasser geschieht, ist EU-weit einheitlich geregelt. Er profitiert von der Warenvielfalt im europäischen Binnenmarkt und von den vergleichbar niedrigen Lebensmittelpreisen. Er kann aus dem Ausland billiger telefonieren. Er kann sein Altauto überall in der EU recyceln lassen. Er profitiert von den offenen Grenzen und genießt Reise- und Aufenthaltsfreiheit im gesamten Gebiet der Europäischen Union.

Station 2:

A + 4 + 8; B + 3 + 5; C + 1 + 7; D + 2 + 6.

Station 3:

Richtig sind: 1, 3, 4, 6, 7.

Station 4:

Vorteile des Euro: Kein Geldumtausch bei Grenzübertritten, Erleichterung des Zahlungsverkehrs, gute Vergleichbarkeit der Preise im gesamten Euroraum, Handelserleichterungen, der Euro als Ausdruck guter europäischer Zusammenarbeit, Zeichen für die friedliche Vereinigung der Staaten Europas.

Station 5:

- Die EU kann aus ihrem eigenen Haushalt mehr finanzielle Mittel zur Verfügung stellen.
- Sie kann mithelfen, dafür zu sorgen, mehr Praktikums- und Ausbildungsplätze anzubieten.
- Staaten mit geringer Jugendarbeitslosigkeit können Jugendliche aus anderen Ländern der EU aufnehmen und Ausbildungsplätze anbieten.

Station 6:

Hier sind die Antworten offen. Einige Tipps:

„Darin sehe ich wichtige Leistungen der EU" – Dazu zählen nach Erhebungen der EU der freie Warenverkehr (der europäische Binnenmarkt), die Freizügigkeit mit dem Recht, in allen Staaten der EU leben und arbeiten zu können, die Sicherung des Friedens durch die EU.

„Darin sehe ich große Herausforderungen für ihre Zukunft" – Dazu zählen nach Ansicht vieler Menschen der Umgang mit Flüchtlingen und die Bekämpfung des Terrorismus.

„Folgende Probleme sollten die Mitgliedstaaten gemeinsam lösen" – Damit ist gemeint, dass die großen Herausforderungen der Zukunft besser von einem starken statt von einem schwachen Europa bewältigt werden können. Dies gilt für den Umgang mit Flüchtlingen ebenso wie für die Bekämpfung der Jugendarbeitslosigkeit, für Maßnahmen im Umweltschutz, gegen Klimaerwärmung usw.

„Die Mitgliedschaft in der EU halte ich für wichtig, weil …" – Hierzu formulierst du dein ganz persönliches Urteil.

Station 7:

So kann der Zusammenhang aussehen: Syrien ist ein Land, aus dem die Menschen vor Krieg und Angst um ihr Leben flüchten. Fluchtziel der meisten Flüchtlinge ist Europa. Viele flüchten über das Wasser des Mittelmeeres (unter Gefahr für ihr Leben). Die große Zahl der Flüchtenden wird oft als Flut bezeichnet. Europa sieht, dass dieses Problem sich vor der eigenen Haustür, also unmittelbar an den Grenzen Europas abspielt.

Die Frage, zu der du Stellung nehmen kannst, ist, ob die Europäer ihre Türen für die Flüchtlinge öffnen oder verschließen sollen.

10. Leben in der globalisierten Welt

Station 1:

1. *Waren- und Kapitalströme:* internationale Arbeitsteilung – die einzelnen Produktionsschritte bei der Herstellung von Produkten werden auf verschiedene Länder verteilt. Produziert wird dort, wo die Kosten am niedrigsten sind.

Umweltveränderungen: Globalisierung belastet die Umwelt und verschärft z. B. durch den zunehmenden Verbrauch von Energie und Wasser bestehende Umweltprobleme.

Kunst und Literatur: Konsumgewohnheiten gleichen sich weltweit an, dadurch werden auch Filme und Bücher auf der ganzen Welt verbreitet und gelesen, z. B. Harry-Potter-Bände.

Verkehr, Nachrichten und Datennetze: Über das Internet können Menschen weltweit und kostengünstig miteinander kommunizieren.

2. *Waren- und Kapitalströme:* Durch die weltweite Konkurrenz sind viele Produkte billiger geworden, sie kostet jedoch auch Arbeitsplätze in den Industrieländern.

Umweltveränderungen: Umweltprobleme erfordern internationale Lösungen, die Bereitschaft zu internationalen Umweltabkommen ist gestiegen; von den Umweltveränderungen sind besonders die ärmsten Staaten betroffen, die dafür nicht verantwortlich sind.

Kunst und Literatur: Die Menschen haben die Chance, auch andere Kulturen besser kennenzulernen; die Kulturen gleichen sich immer mehr, regionale Gebräuche verschwinden dagegen.

Verkehr, Nachrichten und Datennetze: Riesige Containerschiffe verbilligen den Transport von Waren rund um den Globus. Dadurch wird allerdings die Umwelt stärker belastet.

Station 2:

Global Player gelten als *Herz* der globalisierten Wirtschaft. Typisch ist, dass sie in den Ländern produzieren, wo die Bedingungen für sie am günstigsten sind. Wichtige Faktoren für die Standortwahl sind die *Nähe zum Kunden*, die Kosten, die Infrastruktur und die politischen Verhältnisse. Ihre *Produktionsstätten* sind auf viele Länder verteilt. Die Produkte werden in *Containerschiffen* über Tausende Kilometer transportiert. Kritiker werfen ihnen vor, dass sie in Entwicklungsländern Arbeiterinnen und Arbeiter *ausbeuten*, die Umwelt schädigen und mit Tricks die Gewinne in die Länder verlagern, wo die *Steuern* am niedrigsten sind

Station 3:

1. Das Poster kritisiert die Ausbeutung von Arbeitskräften in den Fabrikhallen von Entwicklungsländern, wo diese unter sehr schlechten Bedingungen und zu Niedriglöhnen arbeiten.

2. Drei Vorschläge zur Verbesserung:
   - Die Organisation „Saubere Kleidung" fordert ein Verbot von Kinderarbeit, die Reduzierung von Arbeitszeiten und Bezahlung angemessener Löhne in der Textilindustrie.
   - Die Politik kann das Los der Textilarbeiterinnen verbessern, indem sie Mindestlöhne durchsetzt, die Bildung von Gewerkschaften fördert und die wöchentliche Arbeitszeit senkt. Denkbar ist auch der Einsatz staatlicher Kontrolleure zur Überwachungen der Gesetze.
   - Auch die Verbraucher können durch den Kauf fair produzierter Textilien indirekt Einfluss nehmen.

Station 4:

1. Die Grafik zeigt den allmählichen Anstieg der globalen Durchschnittstemperatur; die Karikatur thematisiert in überspitzter Form, wie sich der Klimawandel in Europa langfristig auswirken wird.

2. Sicht eines Entwicklungslandes: Entwicklungsländer sind überproportional vom Klimawandel betroffen. Doch können sie die Folgen des Klimawandels nicht ohne Unterstützung bewältigen, da dafür die erforderlichen Mittel fehlen. Lange Zeit waren Industrieländer nicht bereit, die Entwicklungsländer bei der Bewältigung der Folgen wirksam zu unterstützen. Erst nachdem auch in Europa die Folgen sichtbar werden, ändert sich die Einstellung. In den letzten Jahren hat auch Europa die Auswirkungen zu spüren bekommen: sehr heiße Sommer, Dürren, Stürme und Überschwemmungen. Nun wird allen klar, dass Klimawandel ein Thema ist, das alle Staaten der Erde angeht. Es kann nur international gelöst werden.

3. Das Pariser Abkommen bedeutet für das Weltklima, dass endlich verbindliche Ziele festgeschrieben wurden, die von fast allen Staaten der Erde anerkannt werden. Es kann ein erster Schritt dabei sein, dem Klimawandels entgegenzuwirken.

Station 5:

1. Ein Szenario ist ein Zukunftsbild zu einem Thema. Es kann helfen, künftige Entwicklungen vorherzusagen und rechtzeitig geeignete Maßnahmen zu ergreifen, um die Folgen einer Entwicklung zu steuern.

2. Best-Case-Szenario: Wie sieht die Zukunft im besten Fall aus? Trend-Szenario: Wie sieht die Zukunft aus, wenn das Problem wie bisher behandelt wird? Worst-Case-Szenario: Wie wird die Zukunft im schlimmsten Fall aussehen?

3. Wie sieht die Zukunft aus, wenn die Staaten der Welt den CO_2-Ausstoß drastisch reduzieren? Wie sieht die Zukunft aus, wenn sich einige Staaten am Klimaschutz beteiligen,

andere nicht? Wie sieht die Zukunft aus, wenn die Staaten keine Klimaschutzmaßnahmen durchführen oder sogar ihren CO_2-Ausstoß erhöhen?

11. Frieden und Sicherheit als Aufgaben internationaler Politik

Station 1:

1. Es handelt sich um einen regionalen Konflikt. Regionale Konflikte sind deshalb besonders gefährlich, weil die Spannungen auch auf Nachbarstaaten übergreifen können. Außerdem sind Nachbarstaaten wegen der großen Zahl von Flüchtlingen betroffen.
2. Eine weitere Bedrohung ist der internationale Terrorismus. Er ist eine relativ neue Erscheinung. Immer wieder sterben bei Anschlägen zahlreiche Zivilisten.
3. Dafür spricht: In Mitteleuropa gab es seit dem Zweiten Weltkrieg keinen weiteren Krieg. Offensichtlich haben die Europäer gelernt, Konflikte friedlich zu regeln. In anderen Teilen der Welt gibt es dennoch Kriege, vor allem Bürgerkriege.

Station 2:

1. Der IS verübt auch in Mitteleuropa Selbstmordanschläge, z. B. in Paris. Deshalb sind auch wir gefährdet. Eine besondere Gefahr geht von Heimkehrern aus. Experten befürchten, dass sie hier Attentate planen.
2. Der IS rekrutiert junge Menschen, indem er sie gezielt über die sozialen Netzwerke und über Videos anspricht, in denen der Dschihad glorifiziert wird. Besonders labile junge Menschen sind für diese Art Propaganda empfänglich.
3. Ein internationales Militärbündnis versucht, durch Luftangriffe den IS zurückzudrängen.

Station 3:

1. Die Karikatur zeigt eine Friedenstaube, die auf ein Straßenschild mit dem Symbol einer Sackgasse prallt. Der Karikaturist kritisiert, dass der Friedensprozess im Nahostkonflikt durch neue Gewalt auf beiden Seiten wieder einmal in einer Sackgasse gelandet ist. Im Kern geht es um einen Kampf um Land: Beide Parteien erheben Anspruch auf Palästina und leiten den Anspruch aus ihrer Geschichte ab.
2. Ausgangslage – Konfliktverlauf – Ziele und Interessen – Konfliktlösungen

Station 4:

UNO: 193 Staaten; Wahrung des Weltfriedens und Durchsetzung der Menschenrechte; Generalversammlung (je Mitglied eine Stimme); Generalsekretär oberster Verwaltungsbeamter;

Sicherheitsrat: USA, Großbritannien, Russland, China und Frankreich als ständige Mitglieder, zehn gewählte nicht ständige Mitglieder; Sicherheitsrat kann Sanktionen aussprechen und militärische Mittel anordnen (dabei Vetorecht der ständigen Mitglieder); Peacekeeping durch Blauhelmsoldaten sowie robustes Peacekeeping durch Armeen oder NATO-Truppen im Auftrag der UNO.

Station 5:

a) Die globalen Entwicklungsziele wurden 2015 von der UNO verabschiedet und gelten sowohl für die reichen als auch für die armen Staaten. Die 17 Ziele sollen bis 2030 verwirklicht werden. Entwicklung soll stets nach dem Prinzip der Nachhaltigkeit gestaltet werden.

b) Beispiele: Spenden für Projekte sammeln, ein Projekt in der Schule starten, einer lokalen entwicklungspolitischen Gruppe beitreten.